高等学校通识课程系列教材

当代中国政治制度

杨凤春　编著

中国人民大学出版社
·北京·

目 录

第一编 绪论

第二编 政党制度

第三编 国家制度

第四编 行政区划与政府管理制度

第一编　绪论

第一章 当代中国政治制度的建立与发展

本章通过对中国当代政治制度的形成与变迁及其基础与基本结构的剖析，介绍了当代中国政治制度的基础概念；对人民的地位与公民的权利，国家的任务、目标及国家与公众关系进行了扼要介绍；介绍了中华人民共和国历次宪法性文件和宪法的具体内容，宪法修改、宪法监督，以及宪法实施相关问题的概念及具体内容。

重点问题

中华人民共和国的建立
中国当代政治制度的变迁
当代中国政治制度的基本结构
国家的任务、目标及其与公众的关系
中华人民共和国宪法性文件和宪法的制定与修改
宪法监督及宪法监督的主要方式和结果
宪法的实施

第一节　中华人民共和国的建立和发展

一、中华人民共和国的建立

1. 毛泽东的国家理论

1949 年 6 月 30 日，毛泽东发表了纪念中国共产党成立 28 周年的文章——《论人民民主专政》，该文阐明了新政权的性质、国家中各个阶级的地位和相互关系、国家的基本任务和前途等问题，指出：中华人民共和国的性质即国体是“工人阶级（经过共产党）领导的以工农联盟为基础的人民民主专政”；“人民是什么？在中国，在现阶段，是工人阶级，农民阶级，城市小资产阶级和民族资产阶级。这些阶级在工人阶级和共产党的领导之下，团结起来，组成自己的国家，选举自己的政府，向着帝国主义的走狗即地主阶级和官僚资产阶级以及代表这些阶级的国民党反动派及其帮凶们实行专政……对于人民内部，则实行民主制度，人民有言论集会结社等项的自由权。选举权，只给人民，不给反动派。这两方面，对人民内部的民主方面和对反动派的专政方面，互相结合起来，就是人民民主专政。”① 国家的基本任务是使中国“稳步地由农业国进到工业国，由新民主主义社会进到社会主义社会和共产主义社会，消灭阶级和实现大同”。人民民主专政需要工人阶级的领导，而为了使中国有可能在工人阶级和共产党的领导下实现基本任务，就必须强化人民的国家机器——主要是指人民的军队、人民的警察和人民的法庭，借以保护国防和保护人民的利益。毛泽东说：“人民的国家是保护人民的。有了人民的国家，人民才能有可能在全国范围内和全体规模上，用民主的方法，教育自己和改造自己……向着社会主义社会和共产主义社会前进。”②

毛泽东的上述观点，成为 1949 年 9 月通过的《中国人民政治协商会议共同纲领》和 1954 年 9 月制定的《中华人民共和国宪法》的根本精神。

2. 中国人民政治协商会议的召开

为了建立新政权，中国共产党号召“各民主党派、各人民团体、各社会贤达迅速召开政治协商会议，讨论并实现召集人民代表大会，成立民主联合政府”③。1949 年 6 月 15 日至 19 日，新政治协商会议筹备会第一次会议在北平（现北京）召开。1949 年 9 月 21 日至 30 日，中国人民政治协商会议第一届全体会议在北平召开。参加会议的有各党派、人民团体、人民解放军、各地区、各民族、国外华侨和其他爱国民主人士的代表和特邀代表共 662 人。

中国人民政治协商会议第一届全体会议承担了临时制宪会议的作用，宣告成立中华人民共和国。

会议通过的具有临时宪法作用的《中国人民政治协商会议共同纲领》规定：“中华人民共和国为新民主主义即人民民主主义的国家，实行工人阶级领导的、以工农联盟为基础的、团结各民主阶级和国内各民族的人民民主专政”；“人民行使国家政权的机关为各级人民代表大会和各级人民政府”；“各级政权机关一律实行民主集中制”；国内“各民族一律平等”，“各少数民族聚居的地区，应实行民族的区域自治”；外交政策的原则是“保障本国独立、自由和领土主权的完整，拥护国际持久和平和各国人民间的友好合作，反对帝国主义的侵略政策和战争政策”；决定国名为中华人民共和国，北平为首都并改称为北京；采用公元纪年；以《义勇军进行曲》为代国歌，五星红旗为国旗。在普选产生的全国人民

① 《毛泽东选集》，2 版，第 4 卷，1476 页，北京，人民出版社，1991。
② 同上书，1476～1477 页。
③ 同上书，1349 页。

代表大会召开之前，由中国人民政治协商会议的全体会议执行全国人民代表大会的职权。在普选产生的地方人民代表大会召开以前，由地方各界人民代表会议逐步地代行人民代表大会的职权。当时中央人民政府委员会组成人员见图1—1，中央人民政府政务院组成人员见图1—2。

主席

- 毛泽东

副主席

- 朱德、刘少奇、宋庆龄、李济深、张澜、高岗

委员（56人）

- 陈毅、贺龙、李立三、林伯渠、叶剑英、何香凝、林彪、彭德怀、刘伯承、吴玉章、徐向前、彭真、薄一波、聂荣臻、周恩来、董必武、赛福鼎、饶漱石、陈嘉庚、罗荣桓、邓子恢、乌兰夫、徐特立、蔡畅、刘格平、马寅初、陈云、康生、林枫、马叙伦、郭沫若、张云逸、邓小平、高崇民、沈钧儒、沈雁冰、陈叔通、司徒美堂、李锡九、黄炎培、蔡廷锴、习仲勋、彭泽民、张治中、傅作义、李烛尘、李章达、章伯钧、程潜、张奚若、陈铭枢、谭平山、张难先、柳亚子、张东荪、龙云

图1—1　中央人民政府委员会组成人员

注：中国人民政治协商会议第一届全体会议1949年9月30日选举产生。

总理

- 周恩来（中国共产党）

副总理（4人）

- 董必武（中国共产党）、陈云（中国共产党）、郭沫若（无党派民主人士）、黄炎培（民主建国会）

政务委员（15人）

- 谭平山（三民主义同志联合会）、谢觉哉（中国共产党）、罗瑞卿（中国共产党）、薄一波（中国共产党）、曾山（中国共产党）、滕代远（中国共产党）、章伯钧（中国民主同盟）、李立三（中国共产党）、马叙伦（中国民主促进会）、陈劭先（中国国民党革命委员会）、王昆仑（三民主义同志联合会）、罗隆基（中国民主同盟）、章乃器（民主建国会）、邵力子（国民党民主派）、黄绍竑（国民党民主派）

秘书长

- 李维汉（中国共产党）

图1—2　中央人民政府政务院组成人员

注：1949年10月1日中央人民政府委员会第一次会议任命政务院总理、10月19日第三次会议任命副总理、政务委员、秘书长。

二、改革开放前中国政治制度的变化和发展

1. 1954—1966 年中国政治制度的变化和发展

1954 年 9 月 15—28 日在北京召开第一届全国人民代表大会第一次全体会议。

第一届全国人民代表大会第一次全体会议制定了中华人民共和国第一部宪法，通过了《中华人民共和国全国人民代表大会组织法》、《中华人民共和国国务院组织法》、《中华人民共和国人民法院组织法》、《中华人民共和国检察院组织法》、《中华人民共和国地方各级人民代表大会和地方各级人民政府组织法》等重要法律。第一届全国人民代表大会第一次全体会议制定的宪法、法律，以及 1953 年初颁布的《中华人民共和国选举法》，构成了中国政治制度的基本框架。

在中共八大召开前后，党和国家许多领导人就政治体制的调整与改革提出了一些有益的设想，包括下放中央政府权力，扩大地方管理权限，发挥中央和地方两个积极性；大幅精简党政机构；完善党内民主制度，反对个人崇拜与个人专断；加强人民民主与法制；正确处理党政关系；健全人民代表大会制度；修改宪法，实行国家主席限任制等。尽管这些设想最后真正得到实施的并不多（仅只有少量设想得到一定程度的实施，如精简国家机构、调整干部管理的职权范围、扩大地方权限等），但这些设想本身对当时和以后改革、完善中国政治制度均具有重要的意义。

1956 年下半年到 1957 年上半年，国民经济建设都取得了良好的效果。但与此同时，正如《关于建国以来党的若干历史问题的决议》所指出的那样，“由于对社会主义建设经验不足，对经济发展规律和中国经济基本情况认识不足，更由于毛泽东同志、中央和地方不少领导同志在胜利面前滋长了骄傲自满情绪，急于求成，夸大了主观意志和主观努力的作用”，使得在经济工作中早已表现出的“左”的思想严重泛滥起来。这种思潮进一步波及政治领域，导致了反右斗争的扩大化，造成了严重的后果。

与反右运动所体现出的政治极端化思维相一致，在“捍卫党的领导”、“捍卫社会主义制度”的口号下，政治体制方面所固有的一些弊端开始进一步发展：党的“一元化”领导被理解为党政不分、以党代政，政府、司法机关不再对人民代表大会负责，而成了直接向党组织负责的机构；人民代表大会的地位与作用被忽视，立法工作基本停顿下来，民主与法制建设遭遇挫折；民主党派的政治地位明显下降，政治协商、多党合作的实际作用显著减弱。这些都使得中国政治制度中高度集权化的趋势进一步强化和发展。①

从 20 世纪 60 年代初开始，毛泽东开始强调阶级斗争的观点，主张阶级斗争要“年年讲，月月讲，天天讲”，断言资产阶级时时企图复辟，党内会出修正主义。毛泽东的这一思考最终发展出无产阶级专政下继续革命的理论。

2. 1966—1976 年中国政治制度的变化和发展

1966—1976 年发生了“文革”，在此期间，中国政治制度发生了某些方面的明显变化。

---

① 参见浦兴祖主编：《中华人民共和国政治制度》，20 页，上海，上海人民出版社，1999。

首先，在最高决策层，正式权力往往被一些随意设立的机构所取代，并成为事实上的最高权力和领导机关，如“中央文革小组”逐步取代了中央政治局和书记处，成为实际的决策机构。

其次，原有的政治体制和机构受到普遍的冲击，陷入瘫痪境地。全国出现了“踢开党委闹革命”和“摧毁旧的国家机器”的造反、夺权运动，各级领导机关被围攻、主要掌权领导干部被揪斗，各级领导机关普遍瘫痪或被迫停止活动；国家主席职位长期空缺，国家元首制度遭到破坏；全国人大及其常委会被停止活动长达八年之久；各民主党派机关和全国政协机关也都停止办公。

最后，建立了新的地方政权体制。“文革”期间，为了彻底“摧毁旧的国家机器”，建立能够适应“无产阶级专政下继续革命理论”需要的新型政权组织，全国所有的夺权单位都普遍建立了“革命委员会”。“革命委员会”的组织模式是“三结合”，即群众组织的负责人、当地驻军负责人和“革命的领导干部”三个方面的结合。它的组成成员是在各方酝酿、协商基础上，由上级直接任命产生。“革命委员会”最初集党、政、军、经、文等所有大权于一身，包揽行政、审判、检察、党务、社会管理等一切事务。在地方政府制度方面，“革命委员会”成为新的地方政权组织形式。“革命委员会”的体制与地位，在1975年和1978年的宪法中得到确认。“文革”结束以后，1979年7月1日，五届人大二次会议通过《关于修正〈中华人民共和国宪法〉若干规定的决议》，决定“将地方各级革命委员会改为地方各级人民政府”，“革命委员会”的名称随之取消，这一体制遂告正式消亡。

“文革”极左政治的最终破产，为以后的改革提供了历史基础和契机。

三、改革开放与四项基本原则的提出

1. 邓小平复出与改革开放

1976年10月，“四人帮”被逮捕。1977年7月，中共十届三中全会恢复邓小平的职务。1977年8月，中共第十一次全国代表大会宣告“文革”已经结束。

1978年11月至12月，中共中央在北京召开工作会议。12月13日，邓小平在闭幕会上作了题为《解放思想，实事求是，团结一致向前看》的讲话，指出：“再不实行改革，我们的现代化事业和社会主义事业就会被葬送。”18日至22日，中共中央召开十一届三中全会，全会决定把党和国家的工作着重点转移到社会主义现代化建设上来。邓小平开始成为中央领导集体的核心（见图1—3）。

1979年3月，邓小平代表中共中央在理论工作务虚会上讲话，指出：在中国要实现四个现代化，必须坚持社会主义道路、坚持无产阶级专政（即人民民主专政）、坚持共产党的领导、坚持马列主义毛泽东思想，这四项基本原则“是实现四个现代化的根本前提”；强调要同怀疑或反对四项基本原则的思潮作坚决斗争。从此，四项基本原则与以经济建设为中心和改革开放一起，构成十一届三中全会路线的基本内容。

1980年8月18日，邓小平在中共中央政治局扩大会议上作了《党和国家领导制度的改革》的重要讲话。邓小平论述了我国政治体制改革的核心——党和国家领导制度的改革问题，突出强调了制度的重要性，区分了“基本制度”与“具体制度”，指出中国政治体制的“总病根”是“权力过分集中”，阐明了政治体制改革的目的和必要性，回答了如何进行改革等重大问题。这个讲话“提出了政治体制改革的根本纲领”，“成为我国政治体制改革的指导性文件”①。

在1982年9月召开的中共十二大上，邓小平提出了建设有中国特色的社会主义的思想，成为新时期全党的指导思想。十二大提出要把党建设成为领导社会主义现代化事业的坚强核心，要“继续改革和完善国家的政治体制和领导体制”。在随后召开的第五届全国人民代表大会第五次会议上，通过了新修改的《中华人民共和国宪法》。

1987年10月召开的中共十三大，把政治体制改革列入正式议程，对政治体制改革的目标、意义、内容、步骤和关键进行了勾画。十三大报告提出：“进行政治体制改革，就是要兴利除弊，建设有中国特色的社会主义民主政治。改革的长远目标，是建立高度民主、法制完备、富有效率、充满活力的社会主义政治体制。”

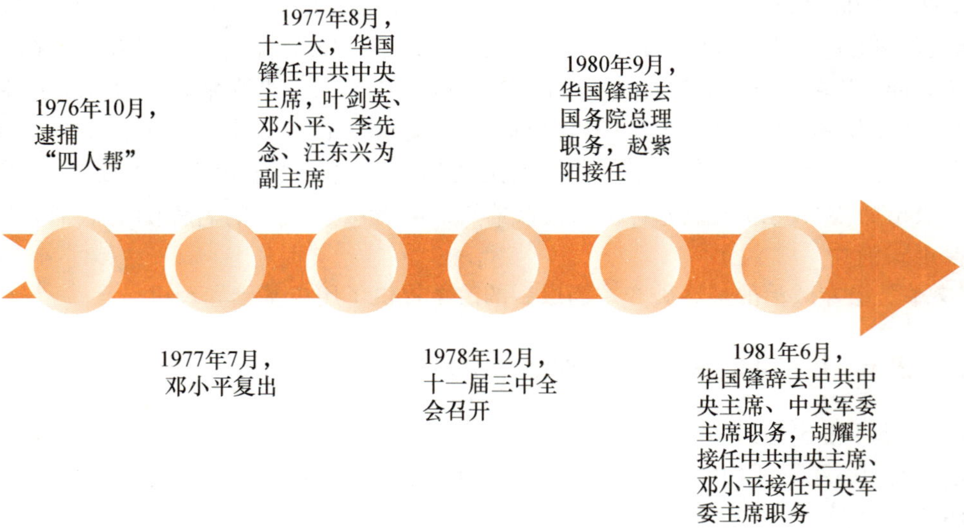

图1—3 “文革”结束后党内领导职务的更迭

2. “三个代表”重要思想与和谐社会

1992年召开的中共十四大和1997年召开的中共十五大，在大力建设社会主义市场经济体制的同时，继续主张积极推进政治体制改革。十五大报告指出：“建设有中国特色社会主义的政治，就是在中国共产党领导下，在人民当家作主的基础上，依法治国，发展社会主义民主政治。这就要坚持和完善工人阶级领导的、以工农联盟为基础的人民民主专政；坚持和完善人民代表大会制度和共产党领导的多党合作、政治协商制度以及民族区域自治制度；发展民主，健全法制，建设社会主义法治国家。实现社会安定，政府廉洁高效，全国各族人民团结和睦，生动活泼的政治局面。”

2002年11月召开的中共十六大提出：高举邓小平理论伟大旗帜，全面贯彻“三个代

① 迟福林、田夫主编：《中华人民共和国政治体制史》，398页，北京，中共中央党校出版社，1998。

表”重要思想，继往开来，与时俱进，全面建设小康社会，加快推进社会主义现代化，为开创中国特色社会主义事业新局面而奋斗。大会确立的“三个代表”重要思想成为与马克思列宁主义、毛泽东思想、邓小平理论具有同样重要性的中国共产党的指导思想，也是中国政治体制改革和各项制度创新的指南。“三个代表”重要思想强调中国共产党必须始终代表中国先进生产力的发展要求，代表中国先进文化的前进方向，代表中国最广大人民的根本利益。

2006 年 10 月，中共十六届六中全会通过《中共中央关于构建社会主义和谐社会若干重大问题的决定》。2007 年 10 月召开的中共十七大，把科学发展观和建设社会主义和谐社会载入党章。2012 年 11 月召开的中共十八大，把科学发展观同马克思列宁主义、毛泽东思想、邓小平理论、“三个代表”重要思想一道，确立为党的指导思想；把生态文明建设纳入中国特色社会主义事业五位一体的总体布局；对党的建设提出了建设学习型、服务型、创新型的马克思主义执政党的新要求。

中国当代政治制度的形成与变迁中的重大事件见图 1—4。

第二节　中华人民共和国的政治制度

一、政治制度的含义

政治制度是特定社会中统治阶级掌握政权、组织政权，实施政治统治的一系列原则和方式的总和，包括了社会政治领域中有关政治的规范、原则和体制，以及不同政治主体处理其相互关系的准则与方式。

政治制度是以实现特定的公共秩序和利益分配为最终目的的，反映了人类政治社会的本质。

政治制度具有如下一些特征：

第一，历史性。政治制度是人类在进入阶级社会以后才出现的现象，是一个与国家密切相关的历史范畴。在原始社会，尽管也存在着组织和管理人类共同体并为其成员所普遍遵守的规则或习惯，但这些规则或习惯并不具有政治性质。政治制度是随着国家的产生而产生的，它包括一个国家的阶级本质、国家政权的组织形式和管理形式、国家结构形式，以及公民在国家生活中的地位等。政治制度建立在一定的经济基础之上，并且随着经济基础的变化而不断发展演进。历史上先后出现过奴隶制政治制度、封建制政治制度、资本主义政治制度和社会主义政治制度。

第二，阶级性。政治制度作为阶级社会所特有的现象，反映了特定社会形态的阶级本质和阶级关系，具有鲜明的阶级性。政治制度本身就是阶级矛盾和阶级斗争的产物，是阶级统治的工具，是统治阶级意志的体现。它由统治阶级确立，并为该阶级的利益服务。政治制度总是直接或间接反映社会各阶级的地位，以及实际社会生活中各种政治力量对比关系。任何国家的政治制度都必然与它所代表的阶级本质和经济基础相适应，也必将随着统

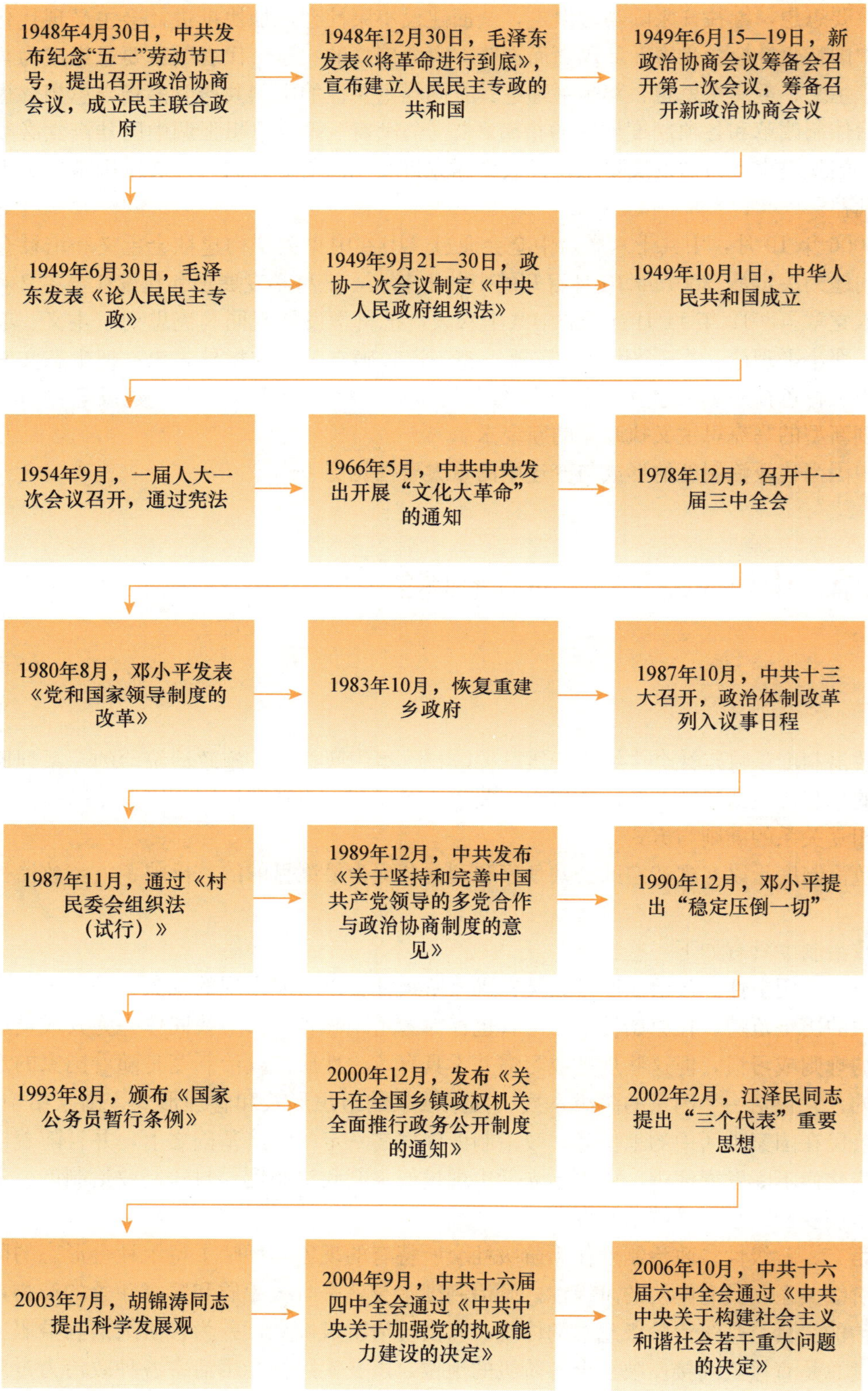

图1—4　中国当代政治制度的形成与变迁中的重大事件

治阶级的改变而发生相应的变化。

第三，权威性。政治制度通常是统治阶级依靠政权的力量，以国家的名义正式颁布和强制执行的，对全社会具有普遍的约束力。它规定了政治体系的组成和结构，规定了政治活动的范围和界限，规定了政治实体所应遵循的行为准则。政治制度一般是以法律、法规的形式并以国家机器为后盾来强制实施的。

第四，层次性。政治制度的内层或核心层是国体，它是一个国家最根本的政治制度，是国家政权的阶级属性，它规定国家的一切权力（首先是政权）由谁来行使；中层是政体（国家政权组织形式）、国家结构形式以及政党和公民的行为准则等基本政治制度；外层则是可供政治实体直接操作的各类具体的规则、程序、方式等。我们把中层和外层的具体政治制度称为“政治体制”。三个层次的关系是外层体现中层，中层体现核心层；同时，核心层制约中层，中层制约外层。

第五，可变性。政治制度的形成、确立和被接受表现为某种动态的平衡。政治制度不仅会随着经济基础和统治阶级的性质与构成的变化而变化，也会因某些内外部因素的影响而发生变化。一般说来，核心层的稳定性最强，中层次之，外层可变性相对明显。我国目前一般而言的政治体制改革主要指的是中层和外层（具体政治制度）的变革。

二、中华人民共和国的政治制度

中华人民共和国的政治制度主要是指人民民主专政制度、宪法制度、政党制度、人民代表大会制度、国家元首制度、国家行政制度、民族区域自治制度、特别行政区制度、司法制度、军事制度、干部人事制度、多党合作和政治协商制度、选举制度，以及基层自治与民主制度等一系列旨在通过组织政权以实现政治统治的各类原则和实现方式的总和。

中国政治制度的具体内容包罗万象，但区别于其他政治制度的根本在于中国共产党的领导。以中国共产党的领导为核心，形成了有中国特色的政治制度。中国特色的政治制度的基本构成见图 1—5。

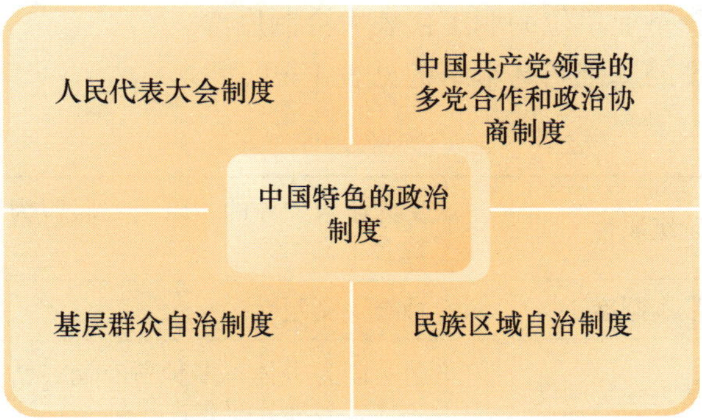

图 1—5　中国特色的政治制度的基本构成

三、中国政治制度的基本结构

人民民主专政制度是中华人民共和国的国体，它居于中国政治制度多层次结构中的内层，是中国最根本的政治制度。人民民主专政是具有中国特色的无产阶级专政形式。

人民民主专政制度规定了中华人民共和国的一切权力（首先是国家权力）属于人民。人民是国家的主人，在我国现阶段，人民指的是全体社会主义劳动者、拥护社会主义的爱国者和拥护祖国统一的爱国者。

人民民主专政制度规定工人阶级是中国的领导阶级，工农联盟是中国国家政权的阶级基础。

人民民主专政作为我国最根本的政治制度，决定和制约着其他一切政治制度。

人民民主专政的核心是坚持工人阶级对国家的领导权。工人阶级对国家的领导，是通过自己的先锋队——共产党实现的。中国近现代的历史决定了中国共产党是中国革命和建设事业的领导核心，是中国唯一的执政党，坚持人民民主专政就是坚持中国共产党的领导。

当代中国的政党制度是中国共产党领导的多党合作和政治协商制度，即中国共产党邀请民主党派参与执政，共同管理国家事务。民主党派参政议政的基本方式是政治协商。中国人民政治协商会议是中国人民爱国统一战线的组织形式，也是中国共产党领导的多党合作和政治协商的重要机构，同时也是各党派、各人民团体、各界代表人士团结合作、参政议政的重要场所。

中华人民共和国的政体是人民代表大会制度。我国的一切权力属于人民。人民代表大会制度是我国的根本政治制度，是具有中国特色的社会主义国家的代议民主共和制政体，是人民民主专政制度的直接体现。人民代表组成全国人民代表大会和地方各级人民代表大会，由人民代表大会代表人民掌握和行使全部国家权力。人民代表大会产生其他国家机关，分别行使国家的行政、审判、检察等权力，这些国家机关对人大负责，受人大监督。

中华人民共和国是统一的多民族国家，国家结构形式是中央集权的单一制。在实现中央集权的同时，实行民族区域自治和特别行政区的高度自治。

人民可以依据法律规定，采取直接民主的方式实现自治或参与国家、经济和社会事务的管理。在现阶段，直接民主制度主要体现在基层群众组织自治方面，即农村村民自治、城市居民自治和国有企事业单位的职工代表大会制度等。

当代中国政治制度的基础与基本结构见表1—1。

表1—1 当代中国政治制度的基础与基本结构

国家制度	阶级属性	工人阶级领导的、以工农联盟为基础的人民民主专政的社会主义国家
	根本制度	社会主义制度
	基本经济制度	公有制为主体、多种所有制经济共同发展；按劳分配为主体、多种分配方式并存
国家的基本原则与根本任务	基本原则	中国共产党领导；马克思列宁主义、毛泽东思想、邓小平理论、“三个代表”重要思想、科学发展观指导；人民民主专政；社会主义道路；改革开放
	根本任务	沿着中国特色社会主义道路，集中力量进行现代化建设

国家的政策基础	健全社会主义法制 依法治国 各民族一律平等 武装力量属于人民 爱国统一战线 中央统一领导，充分发挥地方的主动性、积极性 独立自主的对外政策，坚持互相尊重主权和领土完整、互不侵犯、互不干涉内政、平等互利、和平共处的五项原则	
国家形式	国家政权组织形式	人民代表大会制度
	国家结构形式	单一制中央集权制；民族区域自治制度；特别行政区制度
	国家与社会的关系	县乡人民代表直接选举；村民（居民）自治
国家机构	国家机构的组织原则	民主集中制；精简；责任制；群众路线
	权力机关	全国人民代表大会及地方各级人民代表大会
	行政机关	国务院及地方各级人民政府
	审判机关	最高人民法院及地方各级人民法院与专门人民法院
	检察机关	最高人民检察院及地方各级人民检察院与专门人民检察院
	军事统率机关	中央军事委员会

第三节　人民的地位与公民的基本权利

一、人民的地位

中华人民共和国的一切权力属于人民。

人民依照法律规定，通过各种途径和形式，管理国家事务，管理经济和文化事业，管理社会事务。

社会主义初级阶段的政治关系见图 1—6。

图 1—6　社会主义初级阶段的政治关系

二、公民的基本权利（见图 1—7）

公民的合法的私有财产不受侵犯。

国家尊重和保障公民的人权。

年满十八周岁的公民，有选举权和被选举权。

公民有言论、出版、集会、结社、游行、示威的自由。

公民有宗教信仰自由。

公民的人身自由不受侵犯。

公民的人格尊严不受侵犯。

公民的住宅不受侵犯。

公民的通信自由和通信秘密受法律的保护。

公民对于任何国家机关和国家工作人员，有提出批评和建议的权利；对于任何国家机关和国家工作人员的违法失职行为，有向有关国家机关提出申诉、控告或者检举的权利。

由于国家机关和国家工作人员侵犯公民权利而受到损失的人，有依照法律规定取得赔偿的权利。

公民有劳动的权利和义务。国家对就业前的公民进行必要的劳动就业训练。

劳动者有休息的权利。

公民在年老、疾病或者丧失劳动能力的情况下，有从国家和社会获得物质帮助的权利。

公民有受教育的权利。

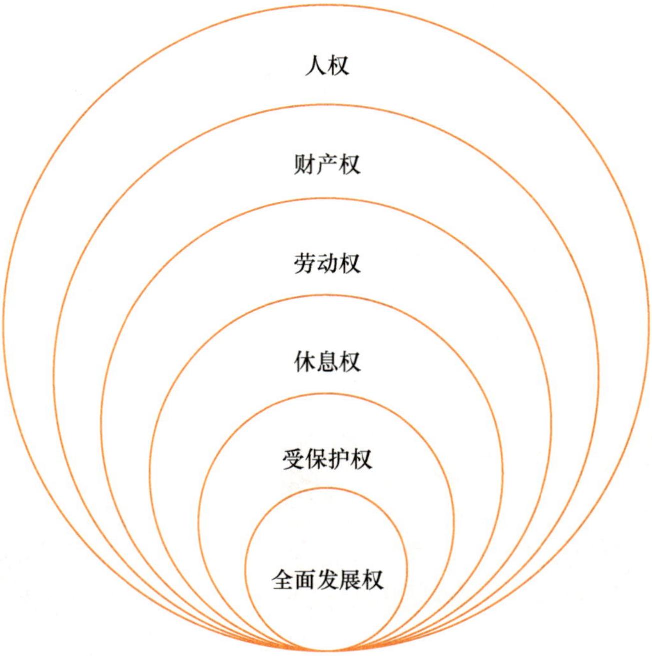

图 1—7　公民的基本权利

公民有进行科学研究、文学艺术创作和其他文化活动的自由。

妇女在政治的、经济的、文化的、社会的和家庭的生活等各方面享有同男子平等的权利。

婚姻、家庭、母亲和儿童受国家的保护。

第四节 国家的任务、目标及其与公民的关系

一、国家的任务与目标

国家的根本任务是，沿着中国特色社会主义道路，集中力量进行社会主义现代化建设。

《宪法》规定：中国共产党领导中国各族人民，在马克思列宁主义、毛泽东思想、邓小平理论和“三个代表”重要思想指引下，坚持人民民主专政，坚持社会主义道路，坚持改革开放，不断完善社会主义的各项制度，发展社会主义市场经济，发展社会主义民主，健全社会主义法制，自力更生，艰苦奋斗，逐步实现工业、农业、国防和科学技术的现代化，推动物质文明、政治文明和精神文明协调发展，建设富强、民主、文明的社会主义国家（见图 1—8）。

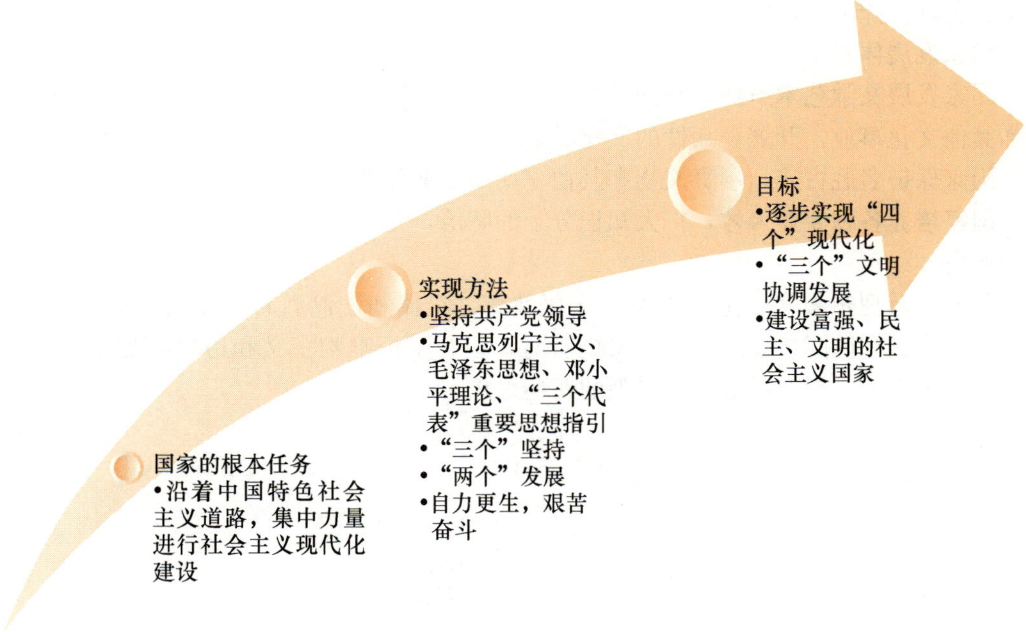

图 1—8 国家的根本任务、实现方法和目标

二、国家的责任（见图 1—9）

国家保障国有经济的巩固和发展。

国家保护城乡集体经济组织的合法权利和利益，鼓励、指导和帮助集体经济的发展。

国家保障自然资源的合理利用，保护珍贵的动物和植物。

国家保护个体经济、私营经济等非公有制经济的合法的权利和利益。国家鼓励、支持和引导非公有制经济的发展。

国家保护社会主义的公共财产。

国家保护公民的私有财产权和继承权。

国家改进劳动组织，发展社会生产力。

国家厉行节约，反对浪费。

国家在发展生产的基础上，逐步改善人民的物质生活和文化生活，建立健全同经济发展水平相适应的社会保障制度。

国家实行社会主义市场经济，禁止任何组织或者个人扰乱社会经济秩序。

国家举办各种学校，普及初等义务教育，发展中等教育、职业教育和高等教育，并且发展学前教育。国家发展各种教育设施，扫除文盲，对工人、农民、国家工作人员和其他劳动者进行政治、文化、科学、技术、业务的教育，鼓励自学成才。国家鼓励集体经济组织、国家企业事业组织和其他社会力量依照法律规定举办各种教育事业。国家推广全国通用的普通话。

国家发展自然科学和社会科学事业。

国家发展医疗卫生事业，鼓励和支持农村集体经济组织、国家企业事业组织和街道组织举办各种医疗卫生设施。

国家发展体育事业，开展群众性的体育活动。

国家发展文学艺术事业、新闻广播电视事业、出版发行事业、图书馆、博物馆、文化馆和其他文化事业，开展群众性的文化活动。

国家保护名胜古迹、珍贵文物和其他重要历史文化遗产。

国家培养各种专业人才，扩大知识分子的队伍，充分发挥他们在社会主义现代化建设中的作用。

国家普及理想教育、道德教育、文化教育、纪律和法制教育，在人民中进行爱国主义、集体主义和国际主义、共产主义的教育，进行辩证唯物主义和历史唯物主义的教育，反对资本主义的、封建主义的和其他的腐朽思想。

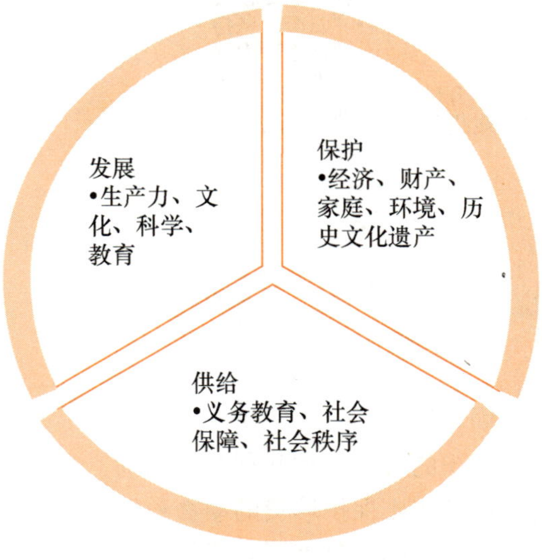

图 1—9 国家的责任

国家推行计划生育。国家保护婚姻、家庭、母亲和儿童。

国家保护和改善生活环境和生态环境，防治污染和其他公害。国家组织和鼓励植树造林，保护林木。

国家维护社会秩序，镇压叛国和其他危害国家安全的犯罪活动，制裁危害社会治安、破坏社会主义经济和其他犯罪的活动，惩办和改造犯罪分子。

三、国家机关的性质

一切国家机关实行精简的原则，实行工作责任制，实行工作人员的培训和考核制度，反对官僚主义。

一切国家机关和国家工作人员必须依靠人民的支持，经常保持同人民的密切联系，倾听人民的意见和建议，接受人民的监督，努力为人民服务（见图 1—10）。

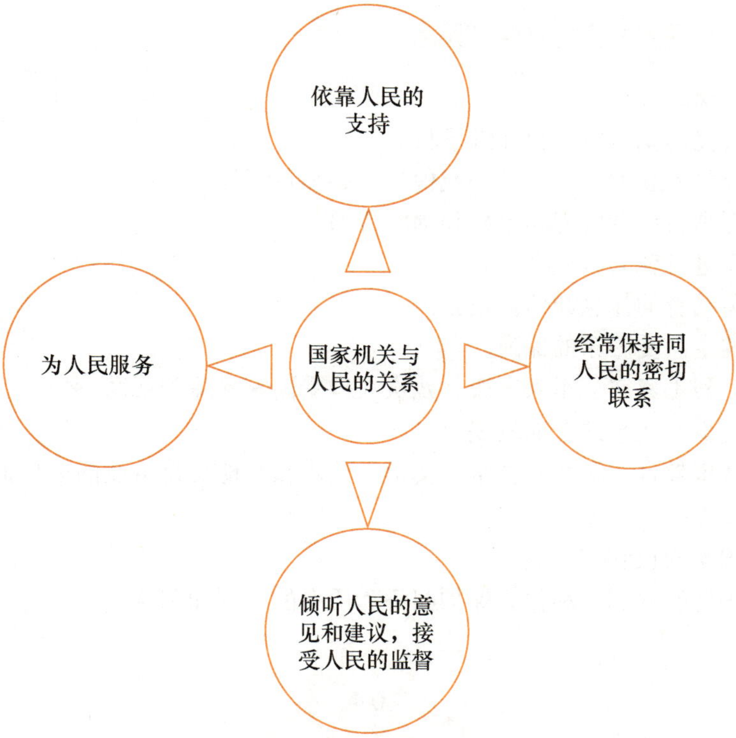

图 1—10　国家机关与人民的关系

四、国家武装力量的性质与任务

中华人民共和国的武装力量属于人民。

武装力量的任务是巩固国防，抵抗侵略，保卫祖国，保卫人民的和平劳动，参加国家建设事业，努力为人民服务（见图 1—11）。

国家加强武装力量的革命化、现代化、正规化的建设，增强国防力量。

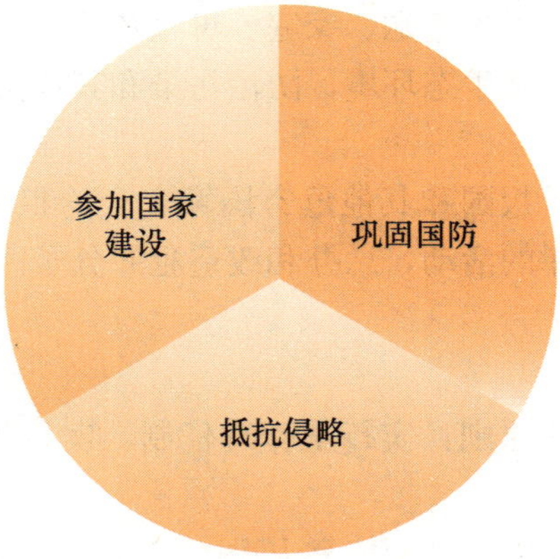

图 1—11 国家武装力量的主要任务

五、国家对公民的责任与义务（见图 1—12）

国家尊重和保障人权。

国家保护公民的私有财产权和继承权。

国家对于公民提起的申诉、控告或检举，必须负责处理。

国家负责提高劳动者的劳动报酬和福利待遇。

国家对公民进行劳动就业训练。

国家发展劳动者的休息和休养设施。

退休人员的生活受国家的保障。

残废军人、烈士家属、军人家属、残疾人口受国家保障和帮助。

国家培养青少年儿童的全面发展。

国家对于从事教育、科学、技术、文学、艺术和其他文化事业的公民的有益于人民的创造性工作给以鼓励和帮助。

国家保护妇女的权利和利益。

国家保护华侨的权利和利益，保护归侨和侨眷的权利和利益。

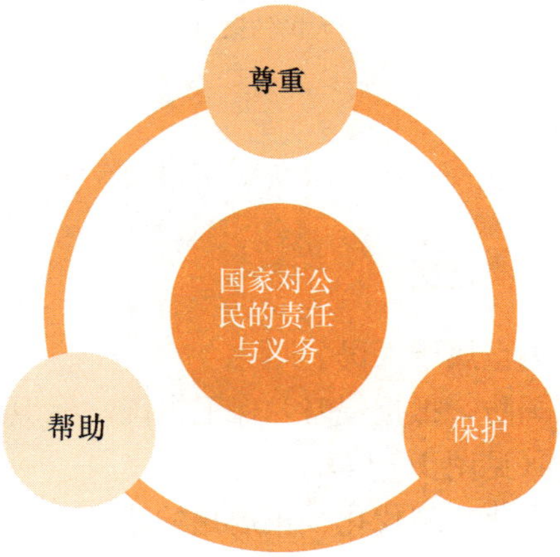

图 1—12 国家对公民的责任与义务

六、公民的基本义务（见图 1—13）

维护国家统一和各民族团结的义务。

遵守宪法和法律，保守国家秘密，爱护公共财产，遵守劳动纪律，遵守公共秩序，尊重社会公德的义务。

维护国家安全、荣誉和利益的义务。

任何公民不得因为个人或小集团的利益而损害国家的安全、荣誉和利益。

保卫祖国，抵抗侵略，依法服兵役和参加民兵组织的义务。

依法纳税的义务。

实行计划生育的义务。

父母有抚养教育未成年子女的义务，成年子女有赡养扶助父母的义务。

劳动的义务。

受教育的义务。

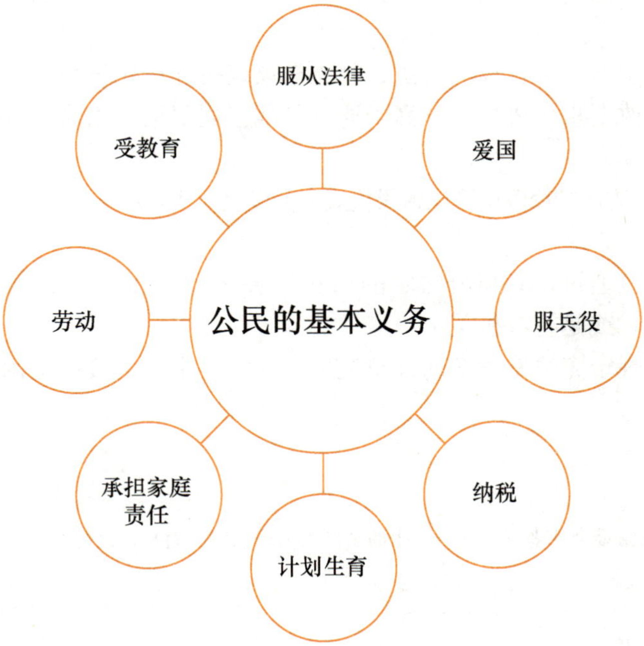

图 1—13　公民的基本义务

第五节　宪法与宪法监督制度

一、宪法的制定、修改与解释

1. 制宪机关与制宪程序

中国宪法对制宪机关没有做出具体规定，但规定了全国人民代表大会是修宪机关。从宪政原理和实践中可以认定，全国人大是我国的制宪机关。

制宪程序包括宪法草案的提出和讨论、宪法草案的通过和批准以及宪法的公布（见图1—14）。

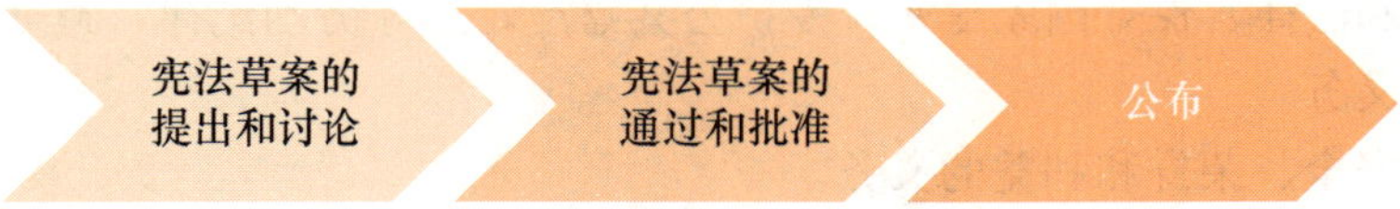

图 1—14 制宪程序

2. 宪法修改

宪法的修改是指国家有关机关依照法定的程序对宪法进行变更、调整、增加或删减的活动。宪法修改程序见图 1—15。

（1）提案。

全国人大常委会或者五分之一以上的全国人大代表联名有权提议修改宪法。

我国修改宪法通常由中共中央提出修改宪法的建议案，然后由全国人大启动宪法修改程序。

（2）议决。

议决的形式一般有三种：议会议决、制宪会议议决和全民公决。与一般性法律的制定不同的是，宪法修改要求议决机关以高于通过其他普通议案的出席及同意人数，才能通过宪法修改草案。

我国宪法规定：宪法的修改由全国人民代表大会以全体代表的三分之二以上的多数通过。

（3）公布。

宪法修正案一旦通过，必须由法定的公布机关予以公布。法定公布机关或是国家元首，或是代议机关，或是行政机关。

我国宪法没有规定宪法修正案的公布机关，在实践中，一般由全国人大主席团以全国人大公告的方式公布。

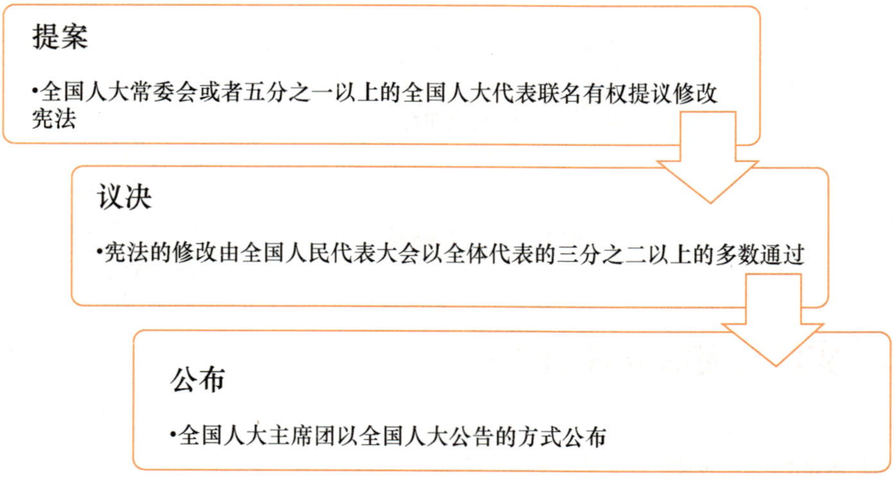

图 1—15 宪法修改程序

3. 宪法解释

宪法解释是指有权解释宪法的机关按照一定的原则和程序阐明宪法含义的行为。

解释宪法的目的是为了统一理解和正确执行宪法，以维护国家根本大法的尊严和最高权威。

我国实行立法机关解释制。

宪法规定，全国人大常委会具有解释宪法和监督宪法实施的职权。从法理上看，由于全国人大常委会是全国人大的常设机构，因此全国人大亦有监督全国人大常委会进行宪法解释活动的职权。

全国人大常委会一般通过制定法律，发布决定、决议的形式解释宪法。

4. 现行宪法的结构

我国现行宪法是 1982 年 12 月 4 日由第五届全国人民代表大会第五次会议通过并实行的，是中华人民共和国成立以来的第四部宪法，共 4 章，138 条。

宪法文本的结构包括序言，总纲，公民的基本权利和义务，国家机构，国旗、国歌、国徽、首都（见图 1—16）。

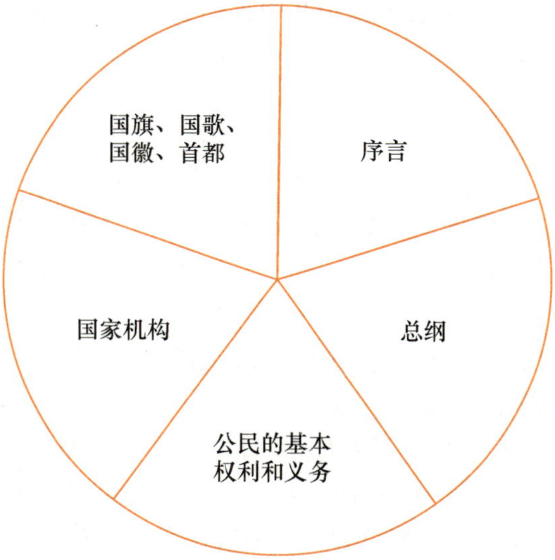

图 1—16 宪法文本的结构

二、中华人民共和国宪法性文件和宪法的制定与修改

1. 共同纲领

1949 年 6 月新政治协商会议筹备会在北平召开，会议起草了《新民主主义的共同纲领》。1949 年 9 月，筹备会通过了《中国人民政治协商会议共同纲领（草案）》，并正式提交给中国人民政治协商会议第一届全体会议。1949 年 9 月 29 日，政协全体会议通过了《中国人民政治协商会议共同纲领》。

2. 1954 年宪法

1953 年 1 月，中央人民政府委员会举行第 20 次会议，通过了制定宪法的决议，决定成立以毛泽东为主席的宪法起草委员会起草宪法。6 月，中央人民政府委员会第 30 次会议通过了宪法草案。1954 年 9 月 20 日，第一届全国人民代表大会第一次会议通过了《中华人民共和国宪法》。

3. 1975年宪法

1970年初，毛泽东提出召开四届人大和修改宪法的提议。中共中央随即着手开展修改宪法的准备工作。1975年1月，中共十届二中全会召开，决定将中华人民共和国宪法修正案提交即将召开的四届人大讨论。1月17日，四届人大一次会议通过了修改后的《中华人民共和国宪法》。

4. 1978年宪法

1977年8月，中共中央成立宪法修改委员会。10月，中共中央向四届人大常委会第四次会议提出召开五届人大和修改宪法的建议。1978年2月，中共十一届二中全会通过了《中华人民共和国宪法修改草案》和《关于修改宪法的报告》，决定提请五届人大一次会议审议。3月5日，五届人大一次会议通过了《中华人民共和国宪法》。

1978年宪法的第一次修改

1979年6月，全国人大常委会根据中共中央的建议，向五届人大二次会议提出修改宪法的建议，7月通过了《关于修正〈中华人民共和国宪法〉若干规定的决议》，对宪法做了19处修改。

1978年宪法的第二次修改

1980年1月，邓小平提出要取消宪法条文中的“大鸣、大放、大字报、大辩论”的规定，2月，中共十一届五中全会建议全国人大修改宪法。9月，五届人大三次会议通过决议，修改宪法第四十五条，取消“大鸣、大放、大辩论、大字报”的规定。

5. 1982年宪法

1980年，邓小平提出全面修改宪法的建议。随后，中共中央向五届人大三次会议主席团提出修改宪法、成立宪法修改委员会的建议。9月宪法修改委员会召开第一次会议，成立宪法修改委员会秘书处。1982年4月12日，宪法修改委员会召开第三次会议，4月20日，通过了宪法修改草案。4月26日，五届人大常委会第二十三次会议决定公布宪法修改草案。11月23日，宪法修改委员会召开第五次会议，决定向五届人大五次会议提交宪法修改草案。12月4日，五届人大五次会议通过新宪法。

1982年宪法的第一次修改（1988年）

1988年4月12日，七届全国人大一次会议通过宪法修正案，对1982年宪法第十一条、第十条第四款做了两处修改，确认了私营经济、土地转让问题的合法地位。

1982年宪法的第二次修改（1993年）

1993年3月29日，八届全国人大一次会议通过宪法修正案，对国家的根本任务、国有经济、农村经济组织与形式、市场经济、企业管理制度等内容进行了修改。此外，在宪法序言中写入“建设有中国特色社会主义理论”和“改革开放”；增加：“中国共产党领导的多党合作和政治协商制度将长期存在和发展”。将宪法第九十八条“省、直辖市、设区的市的人民代表大会每届任期五年。县、不设区的市、市辖区、乡、民族乡、镇的人民代表大会每届任期三年”，修改为“省、直辖市、县、市、市辖区的人民代表大会每届任期五年。乡、民族乡、镇的人民代表大会每届任期三年。”

1982年宪法的第三次修改（1999年）

1999年3月15日，九届全国人大二次会议通过宪法修正案，对宪法进行了6处修改。

主要包括：在宪法序言中明确了“社会主义初级阶段”的长期性；规定“中华人民共和国实行依法治国，建设社会主义法治国家”；规定非公有制经济是“社会主义市场经济的重要组成部分”；将“镇压叛国和其他反革命的活动”改为“镇压叛国和其他危害国家安全的犯罪活动”。

1982 年宪法的第四次修改（2004 年）

2004 年 3 月 14 日，十届全国人大二次会议通过宪法修正案，对宪法做了 14 处修改：在宪法序言部分，将“在马克思列宁主义、毛泽东思想、邓小平理论指引下”修改为“在马克思列宁主义、毛泽东思想、邓小平理论和‘三个代表’重要思想指引下”，将“沿着建设有中国特色社会主义的道路”修改为“沿着中国特色社会主义道路”，在“逐步实现工业、农业、国防和科学技术的现代化”之后，增加“推动物质文明、政治文明和精神文明协调发展”；第十条第三款修改为：“国家为了公共利益的需要，可以依照法律规定对土地实行征收或者征用并给予补偿”；第十一条第二款修改为：“国家保护个体经济、私营经济等非公有制经济的合法的权利和利益。国家鼓励、支持和引导非公有制经济的发展，并对非公有制经济依法实行监督和管理”；第十三条修改为：“公民的合法的私有财产不受侵犯。”“国家依照法律规定保护公民的私有财产权和继承权。”“国家为了公共利益的需要，可以依照法律规定对公民的私有财产实行征收或者征用并给予补偿”；第三十三条增加“国家尊重和保障人权”；第六十七条全国人民代表大会常务委员会“决定全国或者个别省、自治区、直辖市的戒严”修改为“决定全国或者个别省、自治区、直辖市进入紧急状态”；第八十一条“中华人民共和国主席代表中华人民共和国，接受外国使节；根据全国人民代表大会常务委员会的决定，派遣和召回驻外全权代表，批准和废除同外国缔结的条约和重要协定”修改为：“中华人民共和国主席代表中华人民共和国，进行国事活动，接受外国使节；根据全国人民代表大会常务委员会的决定，派遣和召回驻外全权代表，批准和废除同外国缔结的条约和重要协定”；第九十八条“省、直辖市、县、市、市辖区的人民代表大会每届任期五年。乡、民族乡、镇的人民代表大会每届任期三年”修改为：“地方各级人民代表大会每届任期五年。”

中华人民共和国成立以来制定的宪法性文件和宪法汇总见图 1—17。

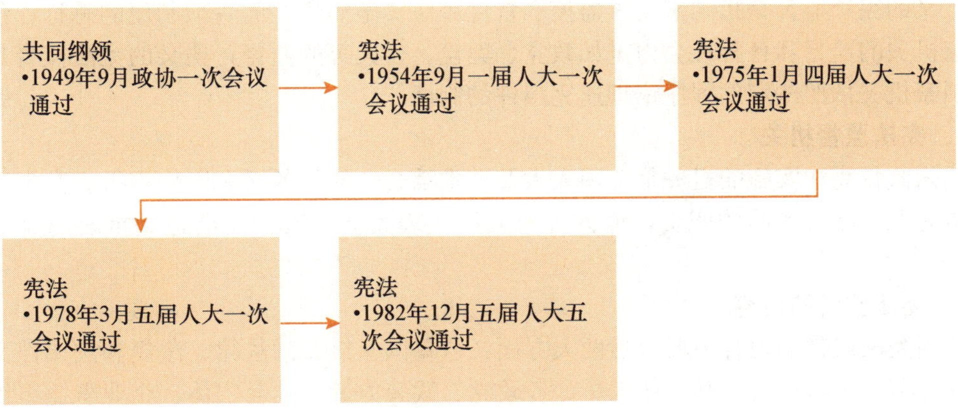

图 1—17　中华人民共和国成立以来制定的宪法性文件和宪法

全国人大（全国人大常委会）通过的修改宪法的决议与修正案汇总见图 1—18。

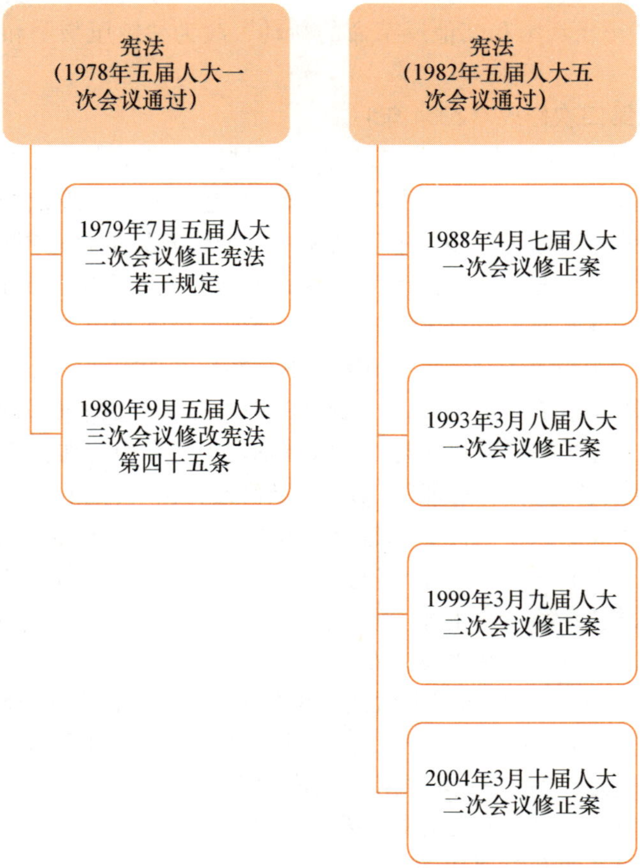

图 1—18　全国人大（全国人大常委会）通过的修改宪法的决议与修正案

三、宪法监督制度

广义的宪法监督是指国家为了监控、督促宪法实施而建立的各项制度的总称，包括特定国家机关的监督和各种社会力量如政党、舆论、公民等的监督；狭义的宪法监督是指特定的国家机关依照法定的程序审理违宪事件的制度。

1. 宪法监督机关

我国监督宪法实施的机关是全国人大及其常委会。地方各级人民代表大会在本行政区域内负有保证宪法实施的职责，地方各级人民代表大会及其常委会也是重要的宪法监督机关。

2. 宪法监督的内容

我国宪法监督的内容主要包括两大方面：监督国家机关的法律、法规和法律性文件的合宪性；监督国家机关及其工作人员、各政党、武装力量、社会团体、企业事业组织和全体公民的行为的合宪性（见图 1—19）。

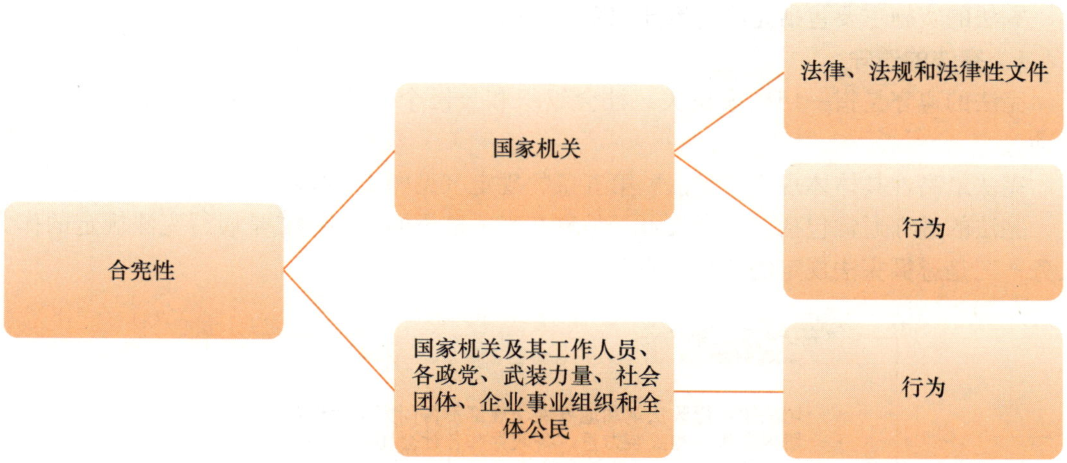

图 1—19　宪法的监督

3. 宪法监督的主要方式和结果

我国的宪法监督采取事先审查和事后审查相结合的方式。

事先审查是指在法律文件尚未颁布实施之前，由有权机关对其是否合宪进行审查；经审查认定违宪的，要立即进行修改、纠正。

事后审查是指在法律文件颁布实施之后，或者在特定行为产生影响之后，由有权机关对其是否合宪进行的审查。

宪法监督的结果主要有三种：一是不批准违宪法案。如果需要报请批准才能生效的法案在事先审查时被认定违宪，则不予批准生效。二是撤销违宪的法律、法规、决议、决定和命令。三是追究违宪组织和人员的法律责任（见图 1—20）。

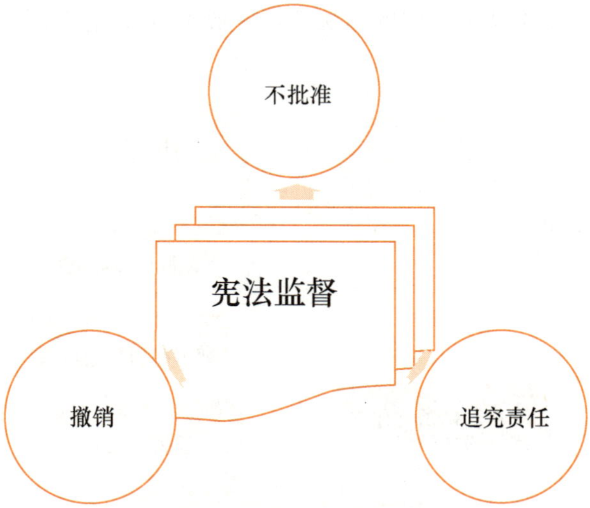

图 1—20　宪法监督的结果

四、宪法的实施

宪法的实施是指宪法在国家生活、社会生活中得到贯彻和实现的活动和过程。

宪法的实施主要包括宪法的遵守和宪法的适用。

1. 宪法的遵守

宪法的遵守是指一切国家机关、社会组织和公民个人严格依照宪法的规定从事任何活动。

宪法最高性具体体现为《宪法》第五条的规定（见图 1—21）。

宪法的遵守通常包括三层含义：一是享有宪法赋予的权利；二是履行宪法规定的作为义务；三是遵循宪法规定的禁止性命令。

《宪法》第五条规定：

- 一切法律、行政法规和地方性法规都不得同宪法相抵触。
- 一切国家机关和武装力量、各政党和各社会团体、各企业事业组织都必须遵守宪法和法律。一切违反宪法和法律的行为，必须予以追究。
- 任何组织或者个人都不得有超越宪法和法律的特权。

图 1—21　宪法最高性的具体体现

2. 宪法的适用

宪法适用是国家机关依照法定的职权和程序具体运用宪法的活动。

根据宪法适用主体的不同，可以把宪法适用分为执宪和司宪。

执宪是指国家代议机关和国家行政机关贯彻执行宪法的活动。包括这些机关依照宪法设置机构、确定和划分职权，同时依照宪法的有关规定行使职权，通过追究宪法责任以确保宪法的禁止性规定和宪法设定的义务能够得到落实。

司宪是指国家司法机关依照法定的原则和程序贯彻运用宪法的活动。

我国的司法实践基本不认可宪法的司法性，一般不直接引用宪法条文作为判决的依据（见图 1—22）。

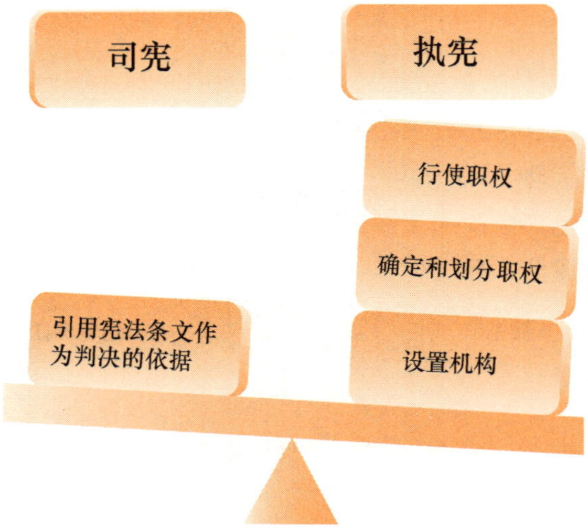

图 1—22　司法实践基本不认可宪法的司法性

第六节 国家象征

国家象征是一个主权国家的代表和标志，主要包括国旗、国歌、国徽和首都等。它往往代表一个国家的主权、独立和尊严，反映一个国家的历史传统和民族精神，体现一个国家的国体、政体和政治思想。

一、国旗

中华人民共和国国旗是五星红旗。国旗由 1949 年 9 月召开的中国人民政治协商会议第一届全体会议制定。国旗旗面的红色象征革命，旗上的五颗五角星及其相互关系象征中国共产党领导下的革命人民大团结。

二、国歌

中华人民共和国国歌是《义勇军进行曲》。

三、国徽

中华人民共和国国徽呈圆形，中间是五星照耀下的天安门，周围是谷穗和齿轮。齿轮和谷穗象征工人阶级领导下的工农联盟；天安门体现了人民的革命传统和民族精神；五星代表中国共产党领导下的中国人民的大团结。

四、首都

中华人民共和国首都是北京。

本章小结

1949 年 9 月 21—30 日，中国共产党、各民主党派、无党派人士、各人民团体、人民解放军、各地区、各民族，以及国外华侨的代表参加的中国人民政治协商会议第一届全体会议在北平召开。中国人民政治协商会议第一届全体会议起到了制宪会议的作用。会议通过了具有临时宪法作用的《中国人民政治协商会议共同纲领》，宣告了中华人民共和国的成立，组建了中央人民政府。1979 年 3 月，邓小平提出：在中国实现四个现代化，必须坚持社会主义道路、坚持无产阶级专政即人民民主专政、坚持共产党的领导、坚持马列主义毛泽东思想，强调要同怀疑或反对四项基本原则的思潮作坚决斗争。从此，四项基本原则与以经济建设为中心和改革开放一起，构成十一届三中全会路线的基本内容。中华人民共和国政治制度主要是指中华人民共和国实行的，包括人民民主专政制度，宪法制度，政党制度，人民代表大会制度，国家行政制度，军事制度，干部人事制度，选举制度，以及基层自治与民主制度等一系列制度在内的，关系到国家政治和社会生活的根本性、全局性的体制与制度。

关键术语

中华人民共和国　政治制度　国体　政体　公民　权利与义务　宪法　制宪程序　宪法监督

复习思考题

1. 政治制度的含义。
2. 中国当代政治制度的形成与变迁。
3. 当代中国政治制度的基本结构。
4. 人民民主专政制度的性质。
5. 当代中国政治制度的主要特色。
6. 国家机关与人民的关系。
7. 国家的根本任务、目标与实现方法。
8. 我国的制宪与修宪程序。
9. 宪法监督的主要方式和结果。
10. 宪法实施的含义。

第二编　政党制度

第二章 政党制度与民主党派

政党制度是关于政党在国家政治生活中的地位和作用，关于政党与国家政权关系的制度、惯例与规范的总称。中国实行中国共产党领导的多党合作和政治协商制度的政党制度。中国有八个民主党派，中共与民主党派之间实行“共产党领导、多党派合作，共产党执政、多党派参政”制度，在此制度下，各民主党派的参政党地位和参政权利受宪法和法律的保护。中国共产党与民主党派的合作主要体现在：民主党派成员担任各类国家政权职务，参与国家大政方针和国家领导人选的协商，参与国家事务的管理，参与国家方针政策、法律法规的制定和执行。民主党派还可以监督宪法和法律法规的实施情况，中国共产党和政府重要方针政策的制定、贯彻和执行情况，以及中共各级党委依法执政、中共党员领导干部履行职责、为政清廉等方面的情况。

重点问题

中国政党制度的概念
中国共产党领导的多党合作和政治协商制度
中国民主党派的概念
中国共产党与民主党派的合作
民主党派参政的具体方式和主要内容
民主党派民主监督的主要内容

第一节　中国的政党制度

一、政党制度

政党制度是关于政党在国家政治生活中的地位和作用，关于政党与国家政权关系的制度、惯例与规范的总称。

政党是现代政治的产物。随着现代政治的发展，政党也在不断地变化。

政党制度在不同的政治体制、文化传统和社会条件下，各不相同。尽管如此，政治共同体在特定时间阶段内，居支配地位的政党制度通常是唯一的。以一定时期内，居支配地位的政党的数量与相互关系划分，政党制度大致可以区分为：一党制、两党制、多党制，以及相应的变种。

二、中国政党制度的含义

中国实行中国共产党领导的多党合作和政治协商制度的政党制度。中国共产党领导的多党合作和政治协商制度已经成为中华人民共和国的一项基本政治制度，将长期存在和发展。

中国的政党制度不同于两党或多党竞争制，是一种中国独自形成和发展起来的、具有中国特色的政党制度，其基本特征是“共产党领导、多党派合作，共产党执政、多党派参政”。

中华人民共和国的政党目前有中国共产党和八个民主党派。八个民主党派是中国国民党革命委员会、中国民主同盟、中国民主建国会、中国民主促进会、中国农工民主党、中国致公党、九三学社、台湾民主自治同盟。

中国共产党与民主党派的关系是：中国共产党是中华人民共和国的唯一执政党，八个民主党派在接受中国共产党领导的前提下，具有参政党的地位，与中国共产党合作，参与执政；中国共产党与各民主党派长期共存、互相监督、肝胆相照、荣辱与共，共同致力于建设中国特色社会主义（见图 2—1）。

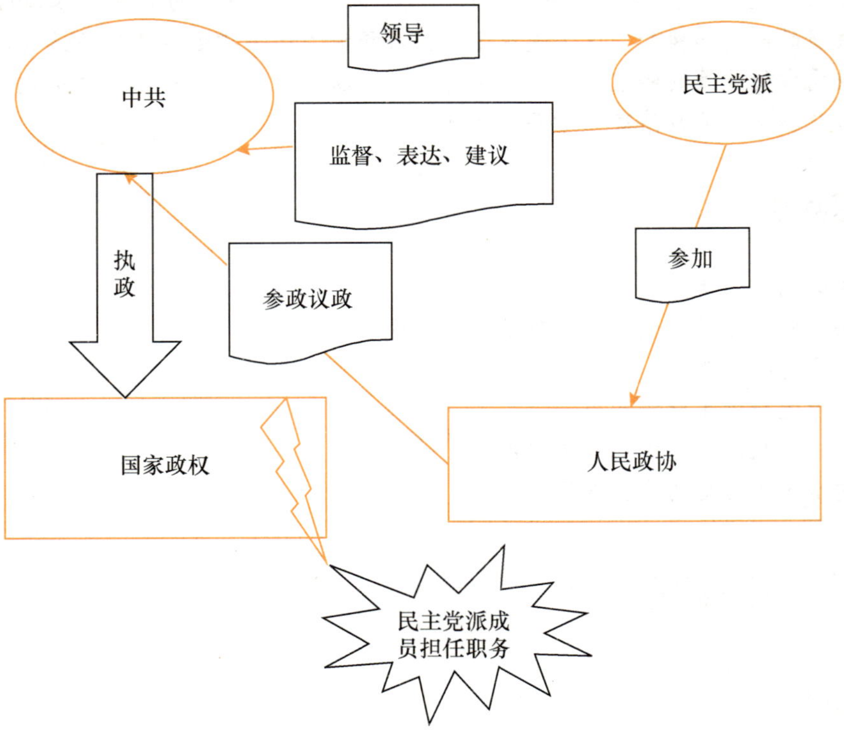

图 2—1 中国共产党与民主党派的关系

三、中国多党合作和政治协商制度的形成与发展

多党合作和政治协商制度有漫长的发展历史。1949 年以前，中共就通过统一战线的方式，与其他党派合作。以多党合作和政治协商制度为主要表现形式的中共统一战线工作，在“文革”时期受到破坏，改革开放以后逐步得到恢复。1989 年底，中共中央经与各民主党派充分协商制定了《中共中央关于坚持和完善中国共产党领导的多党合作和政治协商制度的意见》。1992 年中共十四大把完善中国共产党领导的多党合作和政治协商制度，作为建设有中国特色社会主义理论的主要内容之一。1993 年第八届全国人大一次会议通过的宪法修正案将“中国共产党领导的多党合作和政治协商制度将长期存在和发展”载入宪法，获得明确的宪法地位。1997 年中共十五大把坚持和完善中国共产党领导的多党合作和政治协商制度，提高到建设有中国特色社会主义政治的高度，列入社会主义初级阶段基本纲领，并把坚持和完善这一制度作为社会主义民主政治建设和政治体制改革的重要内容之一（见图 2—2）。

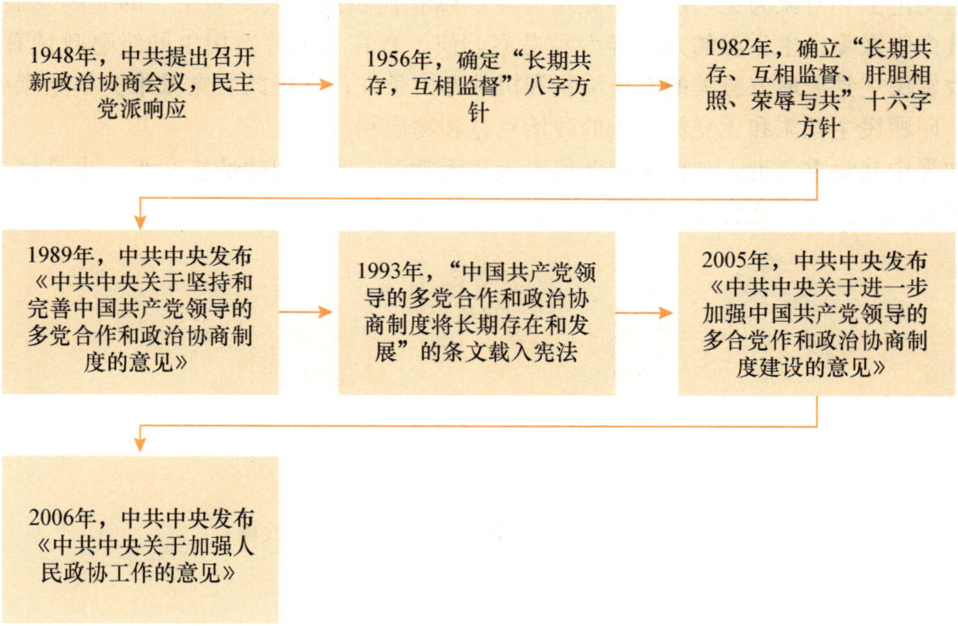

图 2—2　中国共产党多党合作和政治协商政策的演进

第二节　中国的民主党派

一、中国民主党派的建设与发展

1. 中国民主党派的概念

中国的民主党派是指那些成立于 1949 年之前、致力于在中国实现资产阶级共和国，

同时在中共推翻国民党统治的过程中明确支持中共、承认中共领导权、反对国民党，并在中华人民共和国成立以后、代表一定社会阶级和阶层利益，在中共的领导之下存在和发展着的中国国民党革命委员会、中国民主同盟、中国民主建国会、中国民主促进会、中国农工民主党、中国致公党、九三学社、台湾民主自治同盟八个政党。

民主党派是中国共产党领导下的多党合作和政治协商制度的重要组成部分，是构成中国特色社会主义政治制度的重要主体之一，是中共领导之下的爱国统一战线的组成部分之一。

2. 中国共产党对民主党派的领导

中国共产党主张：民主党派的建设和发展必须坚持中国共产党的领导。中国共产党的领导是民主党派建设、发展的首要前提和根本保证（见图 2—3）。

中国共产党的领导主要表现在：

中国共产党对民主党派实行政治领导。中国共产党在政治原则、政治方向和重大方针政策上，对民主党派实行政治引导，使民主党派能够坚持正确的政治方向。

中国共产党协助民主党派做好组织发展和成员的教育管理工作。民主党派按照“以协商确定的范围和对象为主，以大中城市为主，以有代表性的人士为主”的原则发展成员；中国共产党保障民主党派的办公经费和考察调研、教育培训等费用由同级财政预算开支；提供改善民主党派地方机关的人员编制和机关办公条件；支持民主党派维护本党派成员的利益，照顾民主党派和无党派人士的政治利益和物质利益。

加强中共党委负责人与民主党派负责人和无党派人士之间的情感交流，也是民主党派建设和发展、实行多党合作的重要内容。

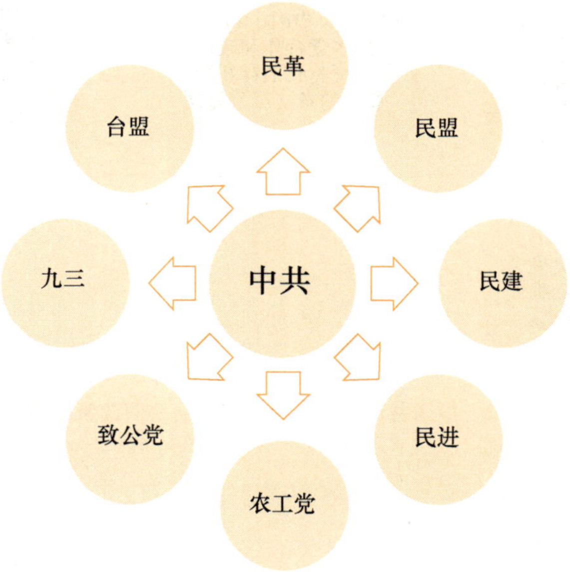

图 2—3　民主党派接受中国共产党的领导

二、中国国民党革命委员会（民革）

中国国民党革命委员会是具有政治联盟性质的、致力于建设中国特色社会主义和祖国统一事业的政党，是中国共产党领导的多党合作和政治协商制度中的参政党。

民革由原中国国民党民主派和其他爱国民主人士于 1948 年 1 月创建。民革最初的政治主张是“实现中国之独立、民主与和平”。1949 年 11 月，民革宣告以《中国人民政治协商会议共同纲领》、《中国人民政治协商会议章程》的总纲为自己的政治纲领，接受中国共产党领导，为社会主义服务。

中共十一届三中全会以来，民革在参加国家政治生活，协助落实对知识分子、对国民党起义投诚人员、对去台人员家属等方面的政策，组织成员兴办业余教育，开展咨询服务、支援边疆和少数民族地区的建设等活动中，以及在加强同台湾、港澳和在国外的国民党爱国人士的联系和团结、宣传关于和平统一方针政策方面，做了大量工作。

现阶段民革的任务是：不断建立和健全参政议政工作机制，动员和鼓励党员与所联系人士发挥主动性、积极性和创造性，在各自岗位上努力工作，作出成绩；积极参与各级组织的参政议政、民主监督工作，以发挥整体优势，形成合力；代表与反映党员及所联系群众的具体利益和要求，积极协调关系，维护社会稳定，促进社会和谐。

民革发展党员主要面向：同原中国国民党有关系的人士；同民革有历史联系和社会联系的人士；同台湾各界有联系的人士；其他人士，包括国家机关工作人员和科技、文教、卫生战线的知识分子。民革着重吸收其中有代表性的中上层人士和中高级知识分子。

截至 2012 年 12 月，民革共有 30 个省级委员会，267 个市级委员会，52 个县级委员会和 386 个总支，4 248 个支部，共有党员 101 865 人，其中担任各级人大代表的 1 938 人，担任各级政协委员的 11 342 人，在政府、司法部门担任厅局级实职职务的 59 人，担任中央和国家部委各类特邀（约）监督员的 26 人（见图 2—4）。

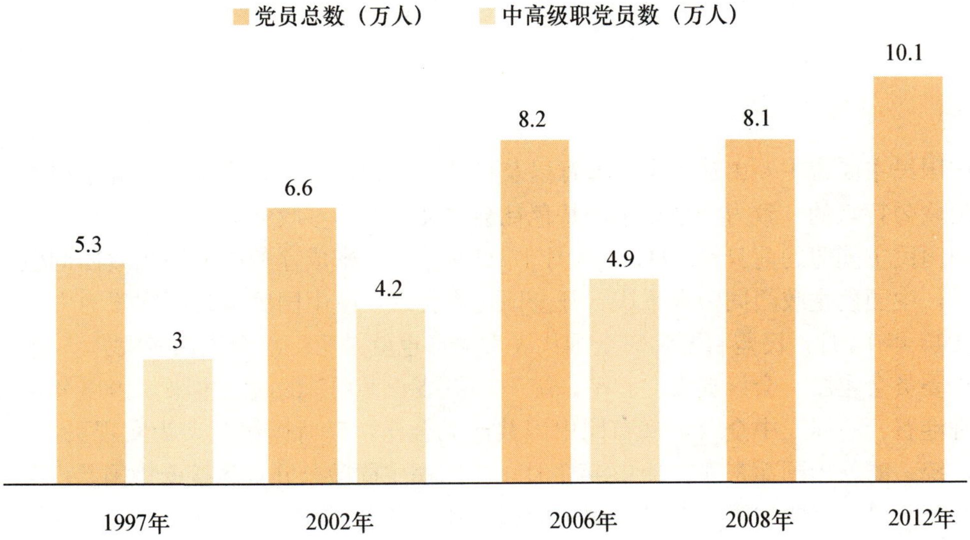

图 2—4　民革组织发展状况

民革历届名誉主席及主席详见图 2—5。

第一届中央委员会
（1948年1月至1949年11月）
•名誉主席：宋庆龄（女）
•主席：李济深

第二届中央委员会
（1949年11月至1956年2月）
•主席：李济深

第三届中央委员会
（1956年2月至1958年11月）
•主席：李济深

第四届中央委员会
（1958年11月至1979年10月）
•主席：李济深（1959年10月9日逝世）、何香凝（女）

第五届中央委员会
（1979年10月至1983年12月）
•主席：朱蕴山（1981年4月30日逝世）、王昆仑

第六届中央委员会
（1983年12月至1988年11月）
•主席：王昆仑（1985年8月23日逝世）、屈武（1987年12月民革六届五中全会接受屈武辞职，推举屈武为名誉主席）、朱学范

第七届中央委员会
（1988年11月至1992年12月）
•名誉主席：屈武
•主席：朱学范

第八届中央委员会
（1992年12月至1997年11月）
•名誉主席：朱学范 侯镜如 孙越崎
•主席：李沛瑶（1996年逝世）、何鲁丽（女）

第九届中央委员会
（1997年11月至2002年12月）
•主席：何鲁丽（女）

第十届中央委员会
（2002年12月至2007年12月）
•主席：何鲁丽（女）

第十一届中央委员会
（2007年12月至2012年12月）
•主席：周铁农

第十二届中央委员会
（2012年12月至今）
•主席：万鄂湘

图 2—5 民革历届名誉主席及主席

三、中国民主同盟（民盟）

中国民主同盟主要由从事文化教育以及科学技术工作的高、中级知识分子组成，是具有政治联盟特点的，致力于建设中国特色社会主义事业的参政党。

中国民主同盟的前身是 1941 年 3 月 19 日在重庆秘密成立的中国民主政团同盟。1944 年 9 月，中国民主政团同盟在重庆召开全国代表会议，改中国民主政团同盟为中国民主同盟。1945 年 10 月，民盟召开临时全国代表大会（也就是第一次全国代表大会），推选张澜为中央委员会主席，会议提出“和平、统一、团结、民主”的政治主张。1948 年 1 月，民盟在香港召开一届三中全会，宣布同中国共产党合作，反对国民党，为实现民主、和平、独立、统一的新中国而奋斗。1949 年 1 月，中国民主同盟公开宣告接受中国共产党领导。

在现阶段，民盟主张：在宪法赋予的权利和义务范围内，按照政治自由、组织独立、法律地位平等的原则开展工作；维护中国共产党的执政地位；参加国家政权，参与国家大政方针和国家领导人选的协商，参与国家事务的管理，参与国家方针、政策、法律、法规的制定执行；在国家政治生活中积极发挥参政议政、民主监督作用。

民盟组织发展以大中城市为主，成员以从事文化、教育、科技、医疗、卫生工作的高、中级知识分子为主。截至 2013 年底，民盟共有成员 24.7 万余人，其中高教界占 24.1%，普教界占 31.6%，文化艺术新闻出版界占 5.8%，科学技术界占 9.1%，医卫界占 8.5%。省级组织 30 个，市、县级组织 408 个。盟员中有 1.7 万余人担任各级人大代表和政协委员，有 1 003 人担任县处级以上政府部门的领导工作。

民盟中央历届名誉主席及主席详见图 2—6。

第一届中央委员会
（1945年10月，1949年12月）
•主席：张澜（1955年2月9日逝世）、沈钧儒

第二届中央委员会
（1956年2月）
•主席：沈钧儒

第三届中央委员会
（1958年12月）
•主席：沈钧儒（1963年去世）、杨明轩

第四届中央委员会
（1979年10月）
•主席：史良（女）

第五届中央委员会
（1983年12月）
•名誉主席：楚图南
•主席：史良（女）(1985年9月6日逝世）、胡愈之（1986年1月逝世）、楚图南（1987年1月当选名誉主席）、费孝通

第六届中央委员会
（1988年10月）
•名誉主席：楚图南
•主席：费孝通

第七届中央委员会
（1992年12月）
•主席：费孝通（1996年11月辞去主席职务）、丁石孙

第八届中央委员会
（1997年10月）
•主席：丁石孙

第九届中央委员会
（2002年12月）
•名誉主席：费孝通、钱伟长、谈家桢、苏布青 丁石孙
•主席：蒋树声

第十届中央委员会
（2007年12月）
•主席：蒋树声

第十一届中央委员会
（2012年12月）
•主席：张宝文

图 2—6 民盟中央历届名誉主席及主席

四、中国民主建国会（民建）

中国民主建国会是主要由经济界人士组成的、具有政治联盟特点的、致力于建设中国特色社会主义事业的政党。凡经济界人士以及其他方面的专家学者，均可申请加入。

民建的任务是：针对改革开放、经济建设和社会发展中的重大问题，开展调查研究，反映社情民意，建言献策。

民建于 1945 年 12 月 16 日在重庆成立，成员主要是民族工商业者和有联系的知识分子，发起人有黄炎培、胡厥文、章乃器、施复亮、孙起孟等。

改革开放以来，民建各级组织开展智力扶贫、非公有制经济发展、职业教育、社会公益等活动；开展联谊工作，加强同港澳各界特别是工商、教育等专业界人士的联系；协助政府引进资金、技术和人才。

目前，民建在全国 30 个省、自治区、直辖市和大中城市都建立了组织。

组织发展以大中城市、中上层人士、经济界人士为主。现有成员 14 万多人，大多数为经济界和其他方面的代表性人士。

民建成员中，有 3 338 人担任各级人大代表、16 637 人担任各级政协委员、3 709 人担任区、县级以上各级政府和司法机关领导职务，还有 4 152 人担任各级特邀、特约监察员、检察员职务。

民建中央历届名誉主席及主席详见图 2—7。

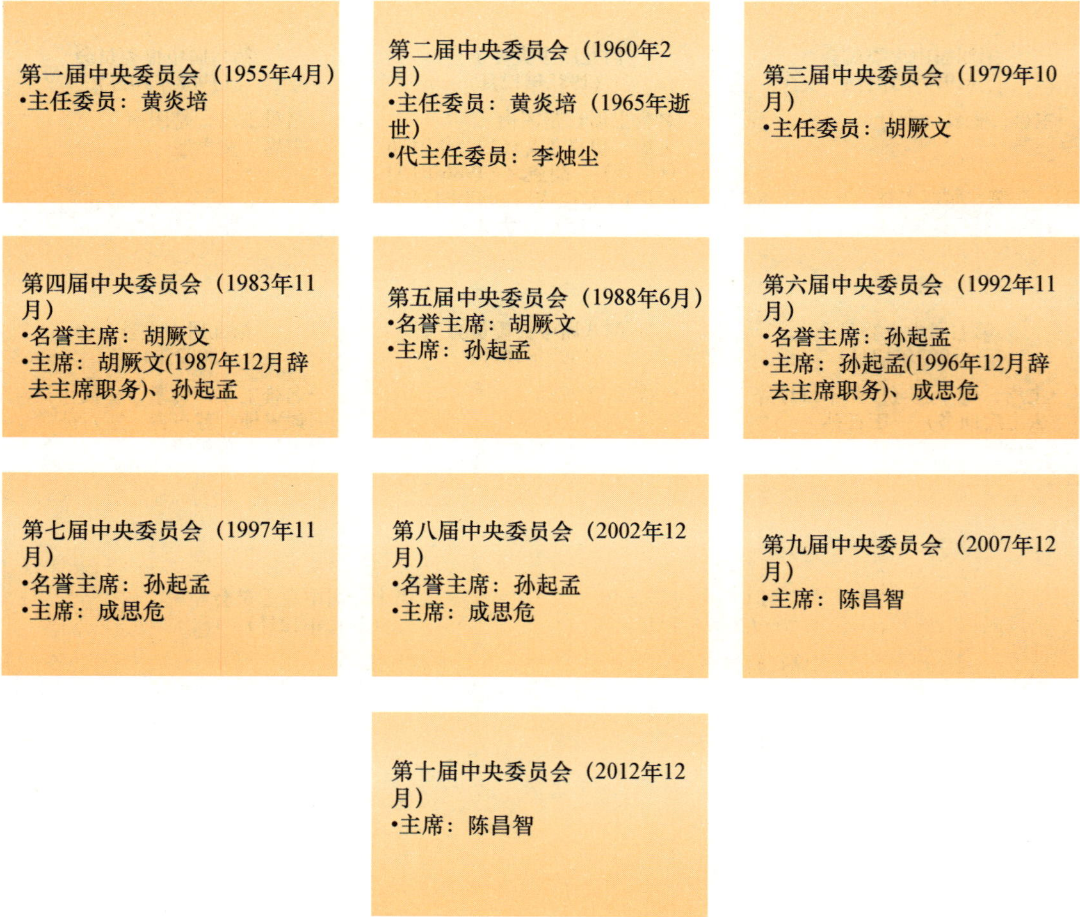

图 2—7　民建中央历届名誉主席及主席

五、中国民主促进会（民进）

中国民主促进会简称民进，由从事教育、文化、出版、科学和其他工作的知识分子组成具有政治联盟特点、为社会主义服务的政党。

民进主要创始人大多是抗日战争时期留居上海的文化教育界进步知识分子，具有“发扬民主精神，推进中国民主政治之实践”旨趣。1945 年 12 月 30 日，马叙伦等在上海宣告成立中国民主促进会，主张结束一党专制、还政于民、停止内战、保障人民自由权利。中华人民共和国成立后，民进以《中国人民政治协商会议共同纲领》、全国政协《中国人民政治协商会议章程》的总纲为纲领，制定了接受中国共产党的领导，为社会主义服务的政治路线。

改革开放以来，民进在继续关注教育文化出版领域的同时，对科技、经济、资源节约、环境保护，西部大开发和“三农”问题、贫困地区和边疆地区经济社会发展、石漠化和沙漠化治理等重大课题，开展调查研究，建言献策；发动各级组织和会员，开展科技示范、发展教育、引进资金和项目、培训人才等“西进”活动。

截至 2012 年 12 月 31 日，民进在全国 29 个省、自治区、直辖市建立了地方组织，有市县级组织 335 个，基层组织 6 816 个，会员 13.3 万余人，平均年龄 50.5 岁。全会成员中有各级人大代表 2 066 人，各级政协委员 11 600 人，其中全国人大代表 62 人，全国政协委员 80 人，在政府和司法机关担任处级以上领导职务的 920 人。

民进历任领导人详见图 2—8。

第一届理事会 （1946年1月至1947年2月） •理事：马叙伦等	第二届理事会 （1947年2月至1950年4月） •理事：马叙伦等	第三届中央理事会 （1950年4月至1956年8月） •主席：马叙伦	第四届中央委员会 （1956年8月至1958年11月） •主席：马叙伦
第五届中央委员会 （1958年11月至1979年10月） •主席马叙伦（1970年5月逝世）、周建人（代）	第六届中央委员会 （1979年10月至1983年11月） •主席：周建人	第七届中央委员会 （1983年11月至1988年11月） •主席周建人（1984年7月逝世）、叶圣陶（1987年6月被推举为名誉主席）、雷洁琼	第八届中央委员会 （1988年11月至1992年12月） •名誉主席：谢冰心 •主席：雷洁琼
第九届中央委员会 （1992年12月至1997年11月） •名誉主席：谢冰心、赵朴初 •主席：雷洁琼	第十届中央委员会 （1997年12月至2002年12月） •名誉主席：雷洁琼、谢冰心、赵朴初 •主席：许嘉璐	第十一届民进中央委员会 （2002年12月至2007年12月） •名誉主席：雷洁琼 •主席：许嘉璐	第十二届中央委员会 （2007年12月至2012年12月） •主席：严隽琪（女）
	第十三届中央委员会 （2012年12月至今） •主席：严隽琪（女）		

图 2—8　民进历任领导人

六、中国农工民主党（农工党）

1930 年 8 月，国民党左派领导人邓演达在上海主持召开会议，成立中国国民党临时行动委员会。临时行动委员会反对帝国主义、封建主义和蒋介石控制的国民党，不赞成共产主义，力图成为在共产党和国民党之外的、领导中国革命的政党，当时被称为“第三党”。

1935 年 11 月，为适应抗日救国任务，更名为中华民族解放行动委员会，以反蒋联共抗日为总方针，主张团结全国，对日作战，土地革命，实行民主。抗日战争胜利后，积极参加争取和平民主、反内战独裁的爱国民主运动。1947 年 2 月改称农工民主党。

中华人民共和国建立后，农工党接受中国共产党的领导。

1992 年 12 月，农工党第十一次全国代表大会通过了农工党新的章程。根据新章程，农工党的发展对象是从事医药卫生、人口资源和生态环境领域的高中级知识分子。

农工党在现阶段的主要任务是协助中国共产党和政府贯彻落实知识分子政策，推动医药卫生事业发展，开展咨询服务。农工党深入调查研究，积极建言献策，反映社情民意，在战胜非典疫情，开展智力支边扶贫、助学支教、法律援助、健康咨询和科技服务等方面作出了贡献。

目前，农工党在 30 个省、自治区、直辖市建立了组织，现有党员 12.56 万人。

中华人民共和国成立后农工党历任领导人详见图 2—9。

第五届中央执行委员会（1949年11月）
•主席：章伯钧

第六届中央委员会（1951年12月）
•主席：章伯钧
•代理主席：季方（1958年4月4日）

第七届中央委员会（1958年12月）
•主席团主席：季方

第八届中央委员会（1979年10月）
•主席：季方

第九届中央委员会（1983年12月）
•名誉主席：季方
•主席：季方（1987年1月转任名誉主席）、周谷城

第十届中央委员会（1988年11月）
•名誉主席：周谷城
•主席：卢嘉锡

第十一届中央委员会（1992年12月）
•名誉主席：周谷城
•主席：卢嘉锡

第十二届中央委员会（1997年11月）
•名誉主席：卢嘉锡
•主席： 蒋正华

第十三届中央委员会（2002年12月）
•主席： 蒋正华

第十四届中央委员会（2007年12月）
•主席： 桑国卫

第十五届中央委员会（2012年12月）
•主席： 陈竺

图 2—9 中华人民共和国成立后农工党历任领导人

七、中国致公党（致公党）

中国致公党是以归侨、侨眷中的中上层人士和其他有海外关系的代表性人士组成的，具有政治联盟特点的，致力于建设有中国特色社会主义的政党。

中国致公党由华侨社团美洲致公堂发起，于 1925 年 10 月在美国旧金山成立。陈炯明

任首任总理，唐继尧任副总理。

1947 年 5 月，致公党在香港举行第三次代表大会，接受中国共产党的领导。

致公党维护归侨、侨眷的合法权益以及海外侨胞的正当权益，向政府反映他们的意见和要求；开展对海外华侨华人和港澳同胞的联谊活动，促进和平统一；开展经济、科技、教育、文化等领域的交流和引进工作，开展对外友好和国际学术交流与合作。

改革开放以来，致公党协助引进海外资金和捐款，支持国内公益事业，为海外华侨华人、国际友人及机构来华投资、创办公益事业提供协助。

目前，中国致公党与 40 多个国家和地区包括洪门社团在内的海外社团及人士建立了广泛联系。

在现阶段，致公党继续加强与海外华侨华人的联系，鼓励海外侨胞融入当地主流社会，推动所在国与中国的经济、文化交流与合作，关心和支持中国的现代化建设；加强同出国和归国留学人员的联系，鼓励他们回国服务和以多种形式为国服务；联系海外侨团和人士，促进华人大团结。

目前，致公党有 18 个省级组织和一个中央直属市级组织（北京、上海、天津、重庆、广东、广西、福建、云南、四川、江苏、浙江、辽宁、湖南、安徽、山东、海南、贵州、湖北、西安），1 312 个基层组织。有近 30 000 名党员中，其中中上层人士占 80%，有侨、海关系人士占 75%。党员中，担任各级人大代表的有 635 名，出任各级政协委员的有 2 962 名，有 251 名党员在县级以上政府和司法机关担任领导职务。

中华人民共和国成立后致公党历任名誉主席及主席详见图 2—10。

第四届中央委员会（1950年4月）
•主席：陈其尤

第五届中央委员会（1952年11月）
•主席：陈其尤

第六届中央委员会（1956年4月）
•主席：陈其尤

第七届中央委员会（1979年10月）
•主席：黄鼎臣

第八届中央委员会（1983年12月）
•主席：黄鼎臣（1984年4月辞职）、董寅初（代）

第九届中央委员会（1988年12月）
•名誉主席：黄鼎臣
•主席：董寅初

第十届中央委员会（1992年12月）
•名誉主席：黄鼎臣（已故）
•主席：董寅初

第十一届中央委员会（1997年11月）
•名誉主席：董寅初
•主席：罗豪才

第十二届中央委员会（2002年12月）
•名誉主席：董寅初
•主席：罗豪才

第十三届中央委员会（2007年12月）
•主席：万钢

第十四届中央委员会（2012年12月）
•主席：万钢

图 2—10　中华人民共和国成立后致公党历任名誉主席及主席

中国致公党中央组织结构详见图 2—11。

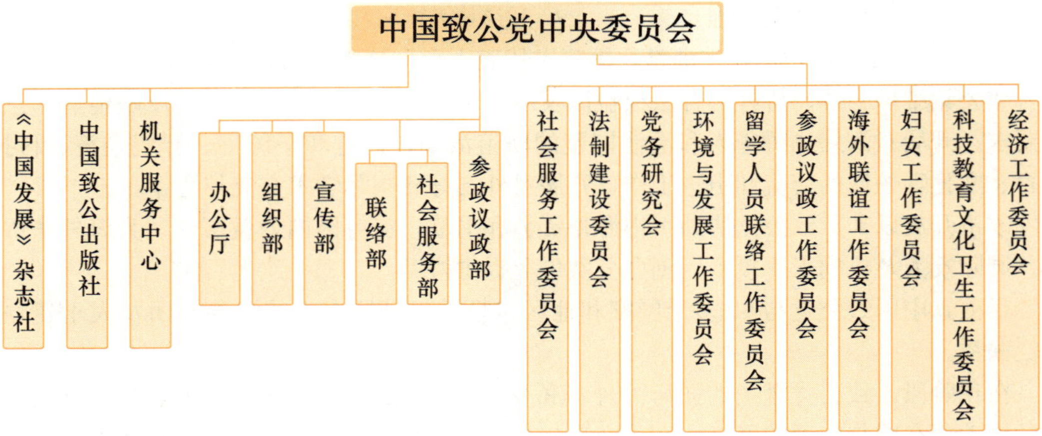

图 2—11　中国致公党中央组织结构图

八、九三学社

九三学社是以科学技术界高、中级知识分子为主的具有政治联盟特点的政党。

九三学社的前身是以发扬五四反帝爱国精神、追求民主科学为宗旨的“民主科学座谈会”。1946 年 5 月 4 日，许德珩等正式成立了以抗日战争和世界反法西斯战争胜利纪念日（九月三日）命名的九三学社。

九三学社从成立伊始即支持中国共产党的主张，与中国共产党合作，反对内战，反对独裁，积极参加民主运动。

近年来，九三学社就非典防治、三江源地区生态保护、国有企业退休科技人员待遇、引导和鼓励高校毕业生到基层就业、改进我国医疗卫生工作等重大问题，进行调查研究，建言献策；开展了提升企业自主创新能力、实施国家知识产权战略等课题的调研；探讨知识经济与高技术产业发展、粮食安全、传统文化、生态富民等问题。

截至 2012 年底，九三学社有 30 个省级组织，289 个设区市市级组织，27 个县级市组织，5 236 个基层组织，全国社员总数已达 132 000 人左右。社员中担任各级人大代表的共有 1 938 人，担任各级政协委员的共有 10 029 人，担任县处级以上政府及司法机关领导职务的共有 1 042 人。九三学社先后拥有 170 余位中国科学院院士（学部委员）和中国工程院院士，许多成员为中国科技事业作出了卓越贡献。

九三学社历届领导人详见图 2—12。

九、台湾民主自治同盟（台盟）

台湾民主自治同盟是由居住在中国内地的台湾省人士组成的具有政治联盟特点、为社会主义服务的政党。

1947 年 11 月 12 日，台湾“二二八”事件后一部分从事爱国民主运动的台湾省人士，根据当时台湾人民实现民主和地方自治的要求，在香港成立了台湾民主自治同盟。1949 年 9 月，台盟代表参加了中国人民政治协商会议第一届全体会议，参与了中华人民共和国的建立。1956 年台盟与中共及各民主党派一起发表了和平解决台湾问题的联合声明，声

成立大会（1946年5月）
•理事：许德珩等

第一届中央理事会（1950年3月）
•主席：许德珩

第二届中央理事会（1950年12月）
•主席：许德珩

第三届中央委员会（1952年9月）
•主席：许德珩

第四届中央委员会（1956年2月）
•主席：许德珩

第五届中央委员会（1958年12月）
•主席：许德珩

第六届中央委员会（1979年10月）
•主席：许德珩

第七届中央委员会（1983年12月）
•主席：许德珩（1986年12月辞去主席职务）、周培源

第八届中央委员会（1988年12月）
•名誉主席：许德珩、严济慈、茅以升、金善宝
•主席：周培源

第九届中央委员会（1992年12月）
•名誉主席：许德珩、严济慈、金善宝
•主席：吴阶平

第十届中央委员会（1997年11月）
•名誉主席：王淦昌
•主席：吴阶平

第十一届中央委员会（2002年12月）
•名誉主席：吴阶平
•主席：韩启德

第十二届中央委员会（2007年12月）
•主席：韩启德

第十三届中央委员会（2012年12月）
•主席：韩启德

图 2—12　九三学社历届领导人

援台湾人民的反帝爱国斗争。1979 年 10 月、1983 年 11 月，台盟举行第二、三次全盟代表大会，确定把工作重点转移到为国家的社会主义现代化建设服务上来。台盟的任务转变为以经济建设为中心，致力于完善和发展中国共产党领导的多党合作和政治协商制度，关心台湾的前途，关心台湾人民的利益，致力于祖国统一大业；主张中国的主权和领土完整神圣不可分割，反对“两个中国”“一中一台”“台湾独立”，反对任何外国侵略台湾；支持台湾人民争取民主权利。

1987 年 11 月，台盟第四次全盟代表大会确定有关台湾工作的主张和行动纲领是：以“一个国家、两种制度”为原则，争取用和平方式实现台湾和大陆的统一；在爱国主义旗帜下，广泛联系台湾岛内外各界人士和各方面政治力量，沟通往来，共商国是；促进通邮、通商、通航、探亲旅游、科学技术和文化体育交流；促进和平谈判的实现；支持台湾人民争取民主、维护切身利益、为共同完成祖国统一大业而努力。

台盟在 18 个省、直辖市建立了省级组织，现有成员 2 700 多人。

台盟历届领导人详见图 2—13。

第一届总部理事会（1947—1979年）
主席：谢雪红（1949—1958年）

第二届总部理事会（1979—1983年）
主席：蔡啸

第三届总部理事会（1983—1987年）
主席：苏子蘅

台盟第四届中央委员会（1987—1992年）
•名誉主席：苏子蘅
•主席团主席：
林盛中（1987—1988年）
蔡子民（1988—1992年）

台盟第五届中央委员会（1992—1997年）
•名誉主席：苏子蘅
•主席：蔡子民

台盟第六届中央委员会（1997—2002年）
•名誉主席：蔡子民
•主席：张克辉

第七届中央委员会（2002—2007年）
•名誉主席：蔡子民、张克辉
•主席：张克辉（2005年12月辞去中央主席职务）、林文漪

第八届中央委员会（2007—2012年）
•主席：林文漪

第九届中央委员会（2012年至今）
•主席：林文漪

图 2—13　台盟历届领导人

台盟中央机构结构详见图 2—14。

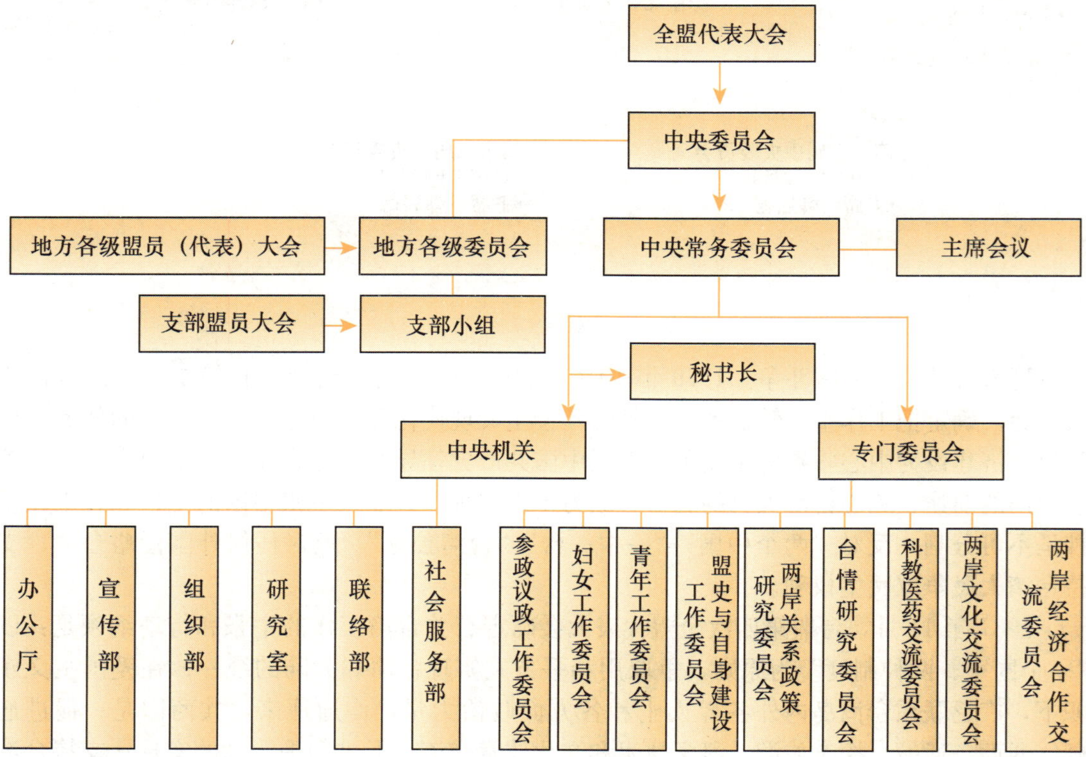

图 2—14　台盟中央机构结构图

第三节 中国共产党与民主党派的合作

一、中国共产党与民主党派合作的主要方面

中国共产党领导多党合作和政治协商制度，各民主党派的参政党地位和参政权利受宪法和法律的保护；中国共产党与各民主党派是友党关系，既不互相反对，也不轮流执政，而是"共产党领导、多党派合作，共产党执政、多党派参政"。

各民主党派认同中国共产党的基本理论、基本路线、基本纲领、基本经验，中国共产党照顾同盟者的政治利益和物质利益；各民主党派在中国共产党领导下，参加国家政权，参与国家大政方针和国家领导人选的协商，参与国家事务的管理，参与国家方针政策、法律法规的制定和执行。

中国共产党与各民主党派的合作主要有：中国共产党就重大方针政策和重要事务同各民主党派进行政治协商；各民主党派成员在国家权力机关中占有适当数量；各民主党派成员担任国家及地方政府和司法机关的领导职务；各级政府通过多种形式与民主党派联系，发挥其参政议政作用；各民主党派通过政协参加国家重大事务的协商；中国共产党支持民主党派参加改革开放和社会主义现代化建设（见图 2—15）。

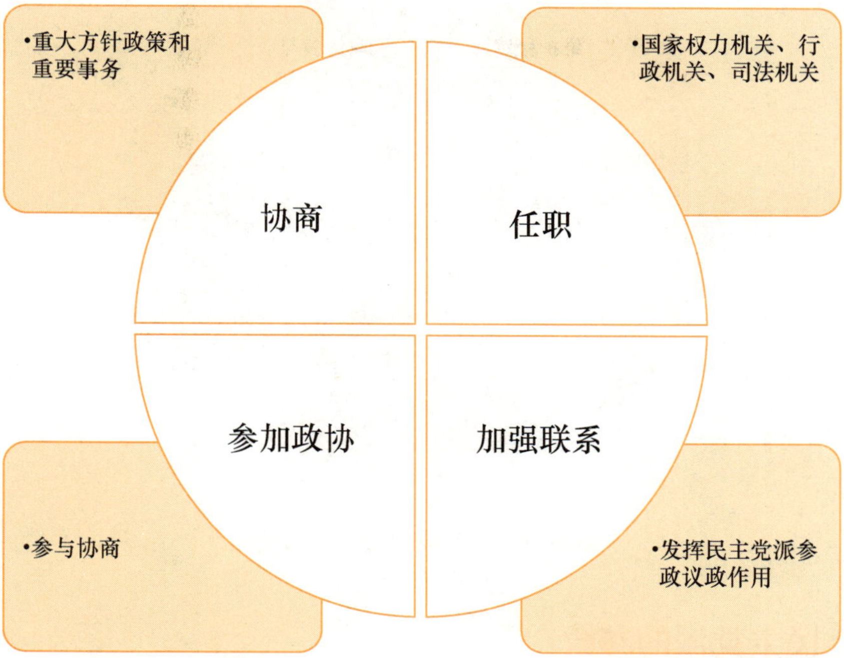

图 2—15 多党合作的主要方面

二、中国共产党与民主党派合作的价值和功能（见图 2—16）

1. 政治参与

多党合作制度为各民主党派的政治参与开辟了制度化渠道，是巩固和扩大国家政权的

基础；有利于推动执政党和政府决策的科学化、民主化。

2. 利益表达

多党合作制度能够有效反映社会各方面的利益、愿望和诉求，畅通和拓宽社会利益表达渠道，协调利益关系，照顾同盟者利益，从而保持社会和谐稳定。

3. 社会整合

多党合作制度以中国共产党的领导为前提，有各民主党派的合作，易于促进政治资源的优化配置，调动各方面的积极性。

4. 民主监督

中国共产党与各民主党派互相监督，有利于强化体制内的监督功能，加强和改进执政党的工作。

5. 维护稳定

多党合作制度以合作、协商代替对立、争斗，避免了政党互相倾轧造成的政局不稳和政权频繁更迭，最大限度地减少社会内耗，维护了安定团结的社会政治局面。同时，能够有效化解各种社会矛盾和冲突，保持政治稳定和社会和谐。

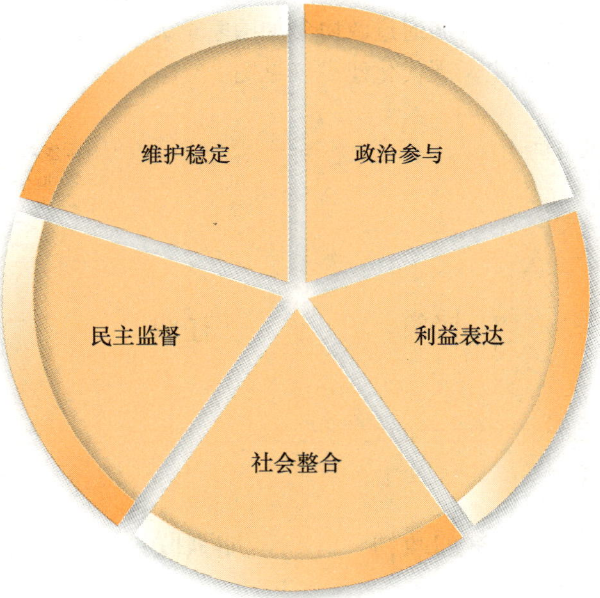

图 2—16 多党合作的价值和功能

第四节 民主党派的参政

一、民主党派参政的主要内容

民主党派成员担任各类国家政权机关的职务，参与国家大政方针和国家领导人选的协商，参与国家事务的管理，参与国家方针政策、法律法规的制定和执行（见图 2—17）。

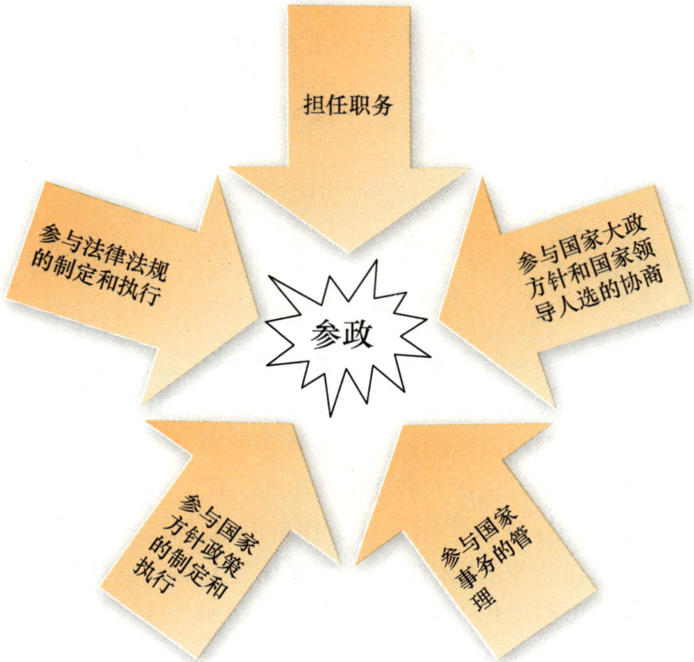

图 2—17 民主党派参政的主要内容

二、民主党派参政的具体方式

有适当比例的民主党派成员和无党派人士担任各级人大代表、人大常委会委员和人大专门委员会委员，各级人大领导班子成员中有适当数量的民主党派成员和无党派人士。在全国和省级人大常委会中应有民主党派成员或无党派人士担任副秘书长。

选配民主党派成员或无党派人士担任县级以上地方政府领导职务，尤其是在涉及行政执法监督、与群众利益密切相关、紧密联系知识分子、专业技术性强的政府工作部门领导班子中选配民主党派成员、无党派人士担任领导职务。少数符合条件的民主党派成员或无党派人士可以担任部门正职。选配民主党派成员和无党派人士进入国务院有关部委领导班子。各省、自治区、直辖市可根据各级政府机构设置情况，明确需要选配的工作部门的适当比例。

各级法院、检察院要逐步选配符合任职条件的民主党派成员和无党派人士担任领导职务。

在各级政协，民主党派可以以本党派的名义在政协大会上发表意见和主张，可以提出代表本党派组织的提案，可以自主开展调查研究等活动；保证各级政协不少于60%的委员，不少于65%的常委，不少于50%的副主席，由民主党派成员和无党派人士担任。有适当数量的民主党派成员和无党派人士担任政协各专门委员会负责人及在委员中占有适当比例。政协机关中要有一定数量的民主党派成员和无党派人士担任专职领导职务，其中在全国政协至少有1位专职副秘书长（见图2—18）。

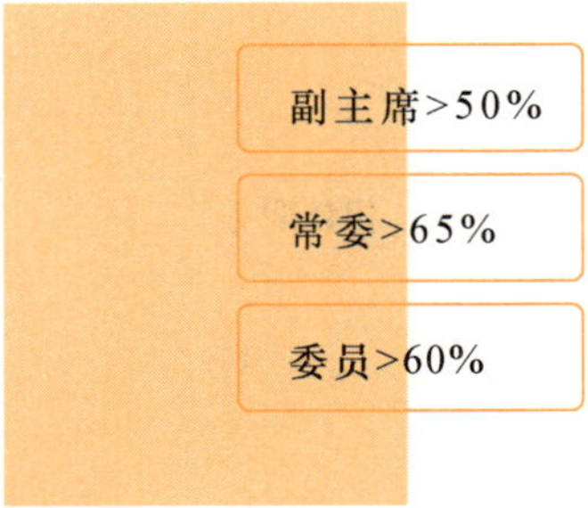

图 2—18 各级政协中民主党派成员的任职比例

在政府日常工作方面，国务院和地方各级政府召开有民主党派负责人和无党派人士参加的座谈会，就拟提交人民代表大会审议的政府工作报告、有关重大政策措施和关系国计民生的重大建设项目征求意见，通报国民经济和社会发展的有关情况；政府召开的全体会议和有关会议，可邀请民主党派负责人和无党派人士列席；政府组织的有关廉政建设、社会治安综合治理和规范市场经济秩序等检查工作，可邀请民主党派成员和无党派人士参加；政府有关部门根据工作业务范围同相关民主党派建立和加强联系，重要专业性会议和重要政策、规划的制定，可邀请相关民主党派负责人参加；政府参事的聘任，以民主党派成员和无党派人士为主体。

第五节 民主党派的监督

一、民主党派监督的性质

民主党派对中国共产党的监督是在坚持四项基本原则的基础上，通过提出意见、批评、建议的方式进行的。

二、民主党派民主监督的主要内容

民主党派民主监督的主要内容包括国家宪法和法律法规的实施情况，中国共产党和政府重要方针政策的制定和贯彻执行情况，党委依法执政及党员领导干部履行职责、为政清廉等方面的情况（见图 2—19）。

三、民主党派民主监督的形式

民主党派民主监督的形式主要有：在政治协商中提出意见；向中共党委及其职能部门提出书面调查研究意见；人大及其常委会和各专门委员会在组织有关问题的调查研究时，可邀请民主党派成员和无党派人士参加；通过在政协大会发言和提出提案、在视察调研中提出意见或其他形式提出批评和建议；参加有关方面组织的重大问题调查和专项考察等活动；应邀担任司法机关和政府部门的特约人员等（见图 2—20）。

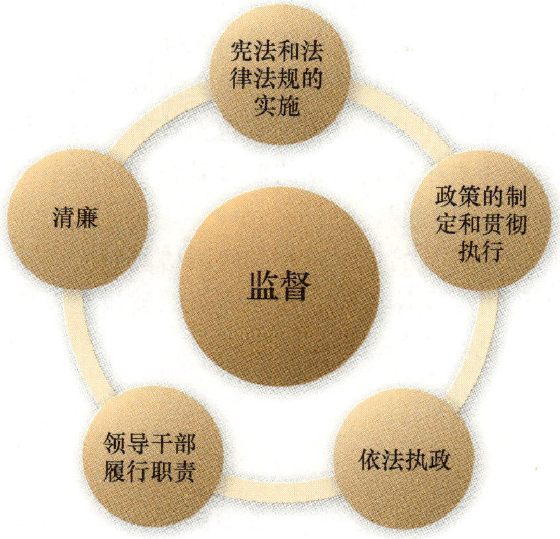

图 2—19 民主党派民主监督的主要内容

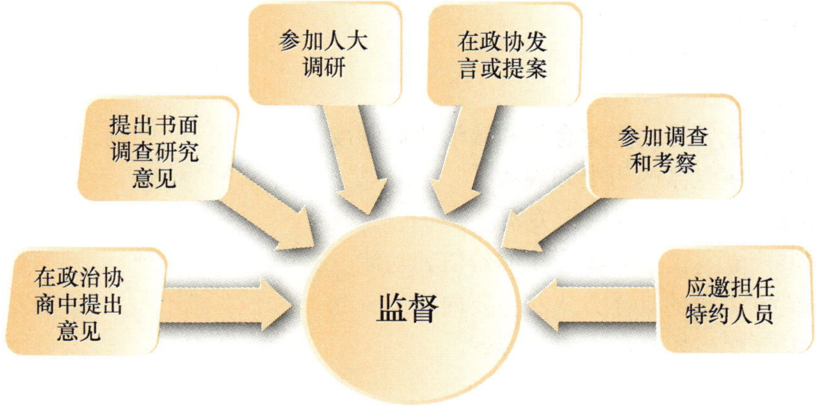

图 2—20 民主党派民主监督的形式

中共党委主要负责人通过定期召开会议，听取民主党派负责人和无党派人士对领导班子及其成员的意见；每年就党风廉政建设和反腐败工作向民主党派通报情况，听取意见；拓宽政府部门和司法机关聘任特约人员的领域，明确特约人员的职责和权利；邀请民主党派负责人参加党委和政府开展的就贯彻执行中央重要方针政策情况和党风廉政建设情况的检查和执法监督工作等形式，为民主党派民主监督拓宽渠道。

本章小结

中国实行中国共产党领导的多党合作和政治协商制度的政党制度。其基本特征是“共产党领导、多党派合作，共产党执政、多党派参政”。中国共产党与各民主党派的合作主要有：中国共产党就重大方针政策和重要事务同各民主党派进行政治协商；各民主党派成员在国家权力机关中占有适当数量；各民主党派成员担任国家及地方政府和司法机关的领导职务；各级政府通过多种形式与民主党派联系，发挥其参政议政作用；各民主党派通过政协参加国家重大事务的协商；中国共产党支持民主党派参加改革开放和社会主义现代化建设。中国共产党与民主党派合作的价值和功能包括政治参与、利益表达、社会整合、民主监督及维护稳定。民主党派对中国共产党的监督是在坚持四项基本原则的基础上，通过提出意见、批评、建议的方式进行的。

民主党派是中国共产党领导下的多党合作和政治协商制度的重要组成部分，是构成中国特色社会主义政治制度的重要主体之一。民主党派的建设与发展对坚持中国共产党的领导、保持中国政治制度的特色，至关重要。

关键术语

政党制度　民主党派　多党合作　政治协商　参政议政　民主监督　民革　民盟　民建　民进　农工党　致公党　九三学社　台盟

复习思考题

1. 中国政党制度的概念。
2. 中国共产党领导的多党合作和政治协商制度。
3. 中国各民主党派的历史和现状。
4. 中国共产党与民主党派的关系。
5. 中国共产党与民主党派合作的价值和功能。
6. 民主党派参政的具体方式和主要内容。
7. 民主党派民主监督的主要内容。
8. 民主党派民主监督的形式。

第三章

中国共产党

中国共产党章程和中国宪法规定：中国共产党是中国特色社会主义事业的领导核心，是中国的唯一执政党。中国共产党在社会主义初级阶段的基本路线是：领导和团结全国各族人民，以经济建设为中心，坚持四项基本原则，坚持改革开放，自力更生，艰苦创业，为把我国建设成为富强民主文明和谐的社会主义现代化国家而奋斗。中国共产党认为：现阶段我国社会的主要矛盾是人民日益增长的物质文化需要同落后的社会生产之间的矛盾。社会主义建设的根本任务，是进一步解放生产力，发展生产力，逐步实现社会主义现代化，改革生产关系和上层建筑中不适应生产力发展的方面和环节。中国共产党对国家和社会的领导主要包括：组织和领导国家的立法和执法活动，对军队的领导，领导和管理干部工作，组织和动员社会，统一战线，群众组织（人民团体）和思想政治工作。中国共产党的组织制度主要包括：选举制度，代表会议制度，党的组织的成立和撤销制度，派出机关制度，巡视制度，宣传制度，表决制度和报告制度。同时中国共产党也建立了完备的中央组织和地方组织。

重点问题

中国共产党的性质
中国共产党在社会主义初级阶段的基本路线与任务
中国共产党的发展与建设
中国共产党对国家和社会的领导
中国共产党的组织制度
中国共产党的中央组织
中国共产党的地方组织

第一节 中国共产党的地位、性质、目标与指导思想

一、中国共产党的地位

1. 中国共产党是中国的唯一执政党

中国共产党党章和中国宪法规定：中国共产党是中国特色社会主义事业的领导核心，是中国的唯一执政党。在中国共产党与民主党派的关系方面，中国共产党是执政党，民主党派是参政党；民主党派必须接受和服从中国共产党的领导。

2. 中国共产党领导中国

中国宪法确认：中国共产党领导中国人民建立了中华人民共和国，取得了新民主主义革命的胜利和社会主义事业的成就；在社会主义初级阶段，中国人民将继续在中国共产党领导下，发展社会主义市场经济、社会主义民主政治、社会主义先进文化，构建社会主义和谐社会（见图 3—1）。

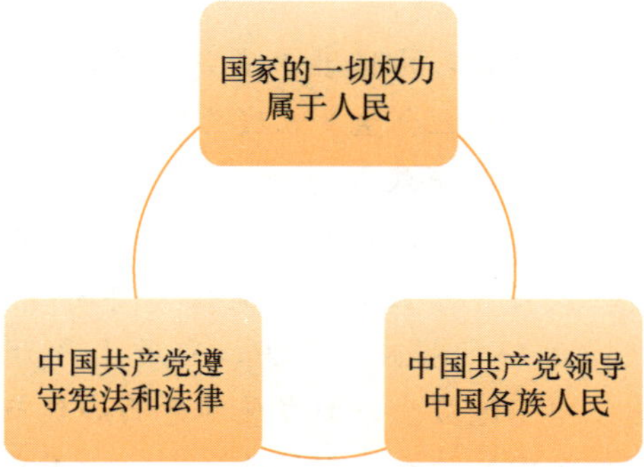

图 3—1 中国共产党的宪法地位

中国共产党的领导贯穿于基层社会生活的每一个领域。中共党章规定：企业、农村、机关、学校、科研院所、街道社区、社会组织、人民解放军连队和其他基层单位，凡是有正式党员三人以上的，都应当成立党的基层组织。党的基层组织在社会生活的各个领域发挥领导、管理和监督作用。在国家政治领域，中国共产党在各级人民代表大会、各级国家机关中居于领导核心地位，对同级国家机关实行领导和管理。在其他经济、社会生活领域，中国共产党在各种各样的经济、社会组织和机构中都建立有相应的组织，实施具体的领导和管理。中国共产党还通过吸纳社会优秀分子的方式，强化党的吸引力和行动能力。

改革开放以来，中国共产党不断强化党对经济和社会建设的领导权，要求全党提高“动员和组织人民依法管理国家和社会事务、经济和文化事业，有效治党治国治军，建设社会主义现代化国家”的执政能力。

二、中国共产党的性质、目标与指导思想

1. 性质

中国共产党是中国工人阶级的先锋队，同时也是中国人民和中华民族的先锋队，是中国特色社会主义事业的领导核心，代表中国先进生产力的发展要求，代表中国先进文化的

前进方向，代表中国最广大人民的根本利益。

2. 目标

党的最高理想和最终目标是实现共产主义。

3. 指导思想

中国共产党以马克思列宁主义、毛泽东思想、邓小平理论、“三个代表”重要思想和科学发展观为行动指南（见图3—2）。

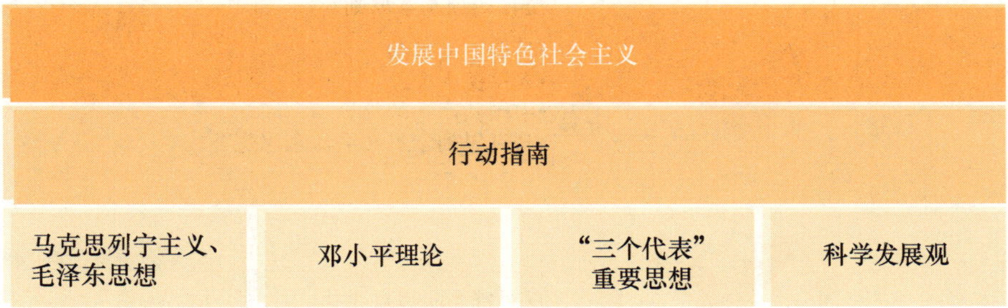

图3—2 发展中国特色社会主义的行动指南

第二节 中国共产党在社会主义初级阶段的基本路线与任务

一、中国共产党在社会主义初级阶段的基本路线

中国共产党在社会主义初级阶段的基本路线是：领导和团结全国各族人民，以经济建设为中心，坚持四项基本原则，坚持改革开放，自力更生，艰苦创业，为把我国建设成为富强民主文明和谐的社会主义现代化国家而奋斗（见图3—3）。

图3—3 中国共产党在社会主义初级阶段的基本路线

中国共产党社会主义初级阶段基本路线的含义是：

经济建设是党的工作、任务、目标的中心，其他各项工作都服从和服务于经济建设。

在政治路线和原则方面，中国共产党主张坚持社会主义道路、坚持人民民主专政、坚持中国共产党的领导、坚持马克思列宁主义毛泽东思想。四项基本原则是中国共产党的立国之本。在坚持四项基本原则的同时，反对资产阶级自由化（见图 3—4）。

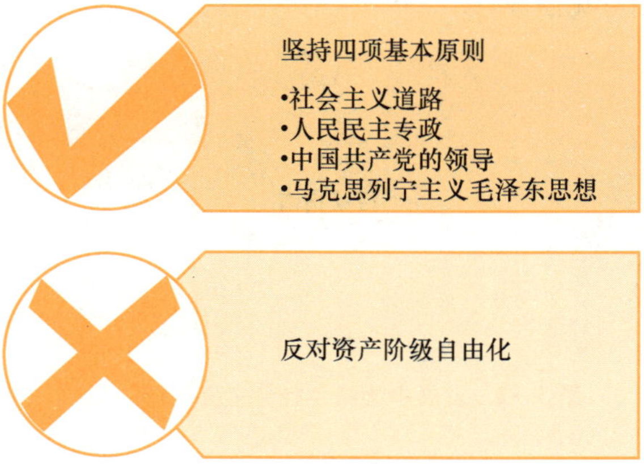

图 3—4 中国共产党社会主义初级阶段的政治路线和原则

在方式方法上，坚持改革开放。改革开放是中国共产党的强国之路。坚持和完善社会主义市场经济体制。在进行经济体制变革的同时，进行政治体制改革和其他领域的改革。坚持对外开放的基本国策。

在建设目标上，中国共产党按照民主法治、公平正义、诚信友爱、充满活力、安定有序、人与自然和谐相处的总要求和共同建设、共同享有的原则，主张以改善民生为重点，解决好人民最关心、最直接、最现实的利益问题，努力形成全体人民各尽其能、各得其所而又和谐相处的局面（见图 3—5）。

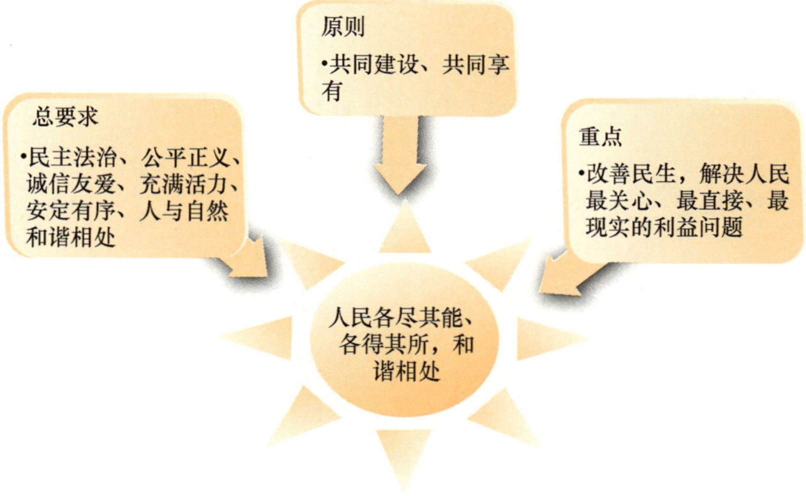

图 3—5 社会主义初级阶段建设的目标

在社会管理方面，中国共产党主张严格区分和正确处理敌我矛盾和人民内部矛盾，同时，加强社会治安综合治理，坚决打击危害国家安全和利益、危害社会稳定和经济发展的犯罪活动和犯罪分子，保持社会长期稳定（见图 3—6）。

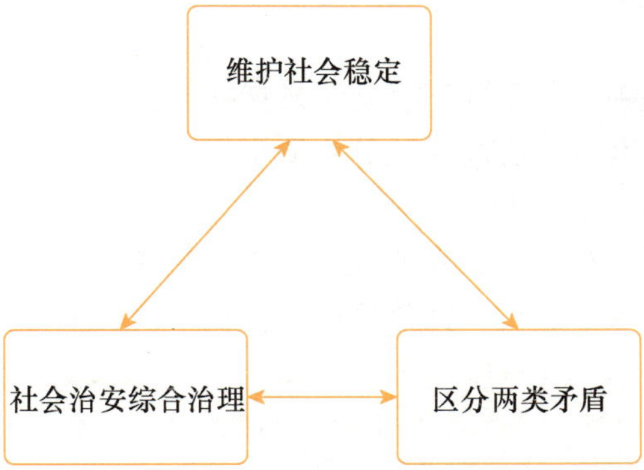

图 3—6 社会主义初级阶段的社会管理

在军队与国家的关系问题上，中国共产党坚持对人民解放军和其他人民武装力量的领导。

二、中国共产党经济和社会发展的战略目标

1. 中国共产党经济和社会发展的战略目标

中国共产党认为：现阶段我国社会的主要矛盾是人民日益增长的物质文化需要同落后的社会生产之间的矛盾。社会主义建设的根本任务，是进一步解放生产力，发展生产力，逐步实现社会主义现代化，改革生产关系和上层建筑中不适应生产力发展的方面和环节。

经济和社会发展的战略目标是：巩固和发展已经初步达到的小康水平，到中国共产党建立一百年时，建成惠及十几亿人口的更高水平的小康社会；到中华人民共和国建立一百年时，人均国内生产总值达到中等发达国家水平，基本实现现代化（见图 3—7）。

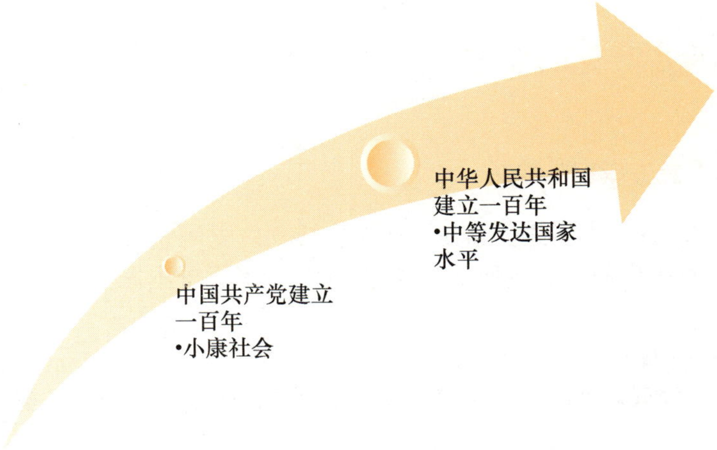

图 3—7 中国共产党经济和社会发展的战略目标

2. 实现战略目标的方式与途径（见图 3—8）

坚持和完善公有制为主体、多种所有制经济共同发展的基本经济制度，坚持和完善按劳分配为主体、多种分配方式并存的分配制度，鼓励一部分地区和一部分人先富起来，在生产发展和社会财富增长的基础上不断满足人民日益增长的物质文化需要，促进人的全面发展。

发展是第一要务。各项工作都要把有利于发展社会主义社会的生产力，有利于增强社会主义国家的综合国力，有利于提高人民的生活水平，作为总的出发点和检验标准。

尊重劳动、尊重知识、尊重人才、尊重创造。

发展为了人民、发展依靠人民、发展成果由人民共享。

全面推进经济建设、政治建设、文化建设、社会建设、生态文明建设。

内容	•经济建设、政治建设、文化建设、社会建设、生态文明建设
意义	•发展为了人民、发展依靠人民、发展成果由人民共享
方法	•尊重劳动、尊重知识、尊重人才、尊重创造
标准	•有利于发展生产力、有利于增强综合国力，有利于提高人民生活水平
体制	•以公有制为主体 •让一部分人先富起来

图 3—8　实现经济和社会发展目标的方法论体系

第三节　中国共产党的发展与建设

一、中国共产党的成立与发展

1921 年 7 月 23 日，中国共产党在上海宣告成立。党纲宣布：“推翻资本家阶级的政权”，“承认无产阶级专政，直到阶级斗争结束”，“消灭资本家私有制”，以及联合第三国际。

1922 年 7 月 16 日至 23 日，中国共产党第二次全国代表大会在上海召开。会议提出：把党建设成为革命的群众性的无产阶级政党；中国共产党是中国无产阶级的先锋队，是无产阶级的忠实代表。

1927 年 4 月 27 日至 5 月 9 日，中国共产党第五次全国代表大会对中共中央领导机构的设置进行了调整：中央执行委员会改称中央委员会，在中央委员会设政治局，政治局设常委、总书记，设立中央监察委员会。

1927 年 8 月 7 日，中共中央在汉口秘密召开紧急会议，决定进行土地革命和武装起义，建立自己的武装。

1929 年 12 月下旬，中国工农红军第四军第九次党代表大会在福建上杭县古田召开。会议通过的决议规定：红军是一个执行政治任务的武装集团，必须绝对服从党的领导，必须担负起打仗、筹款和做群众工作三位一体的任务；强调用无产阶级思想进行党和军队的建设。

1935 年 1 月 15 日至 17 日，中共中央在遵义举行政治局扩大会议。遵义会议确立了毛泽东在党和红军中的领导地位。

1945 年 4 月 23 日至 6 月 11 日，中国共产党第七次全国代表大会召开。会议通过的党章规定：毛泽东思想是中国的马克思主义，中国共产党以毛泽东思想作为一切工作的指针，确立了毛泽东思想在全党的指导地位。

1956 年 9 月，中国共产党第八次全国代表大会提出：重视发扬党的群众路线的优良传统，警惕执政党脱离群众和实际；强调对党的组织和党员的监督，坚持集体领导和个人负责相结合的制度，发扬党内民主，反对个人崇拜。

1966 年 8 月，八届十一中全会通过的《中国共产党中央委员会关于无产阶级文化大革命的决定》规定“中央文革小组”是“无产阶级文化革命的权力机构”，剥夺了政治局、书记处的权力。

1977 年 8 月，党的第十一次全国代表大会宣布结束“文革”。

1978 年 12 月 18 日至 22 日召开的十一届三中全会形成了以邓小平为核心的党的第二代中央领导集体。

1982 年 9 月，在党的第十二次全国代表大会上，邓小平提出“建设有中国特色的社会主义”概念。

1987 年 10 月 25 日至 11 月 1 日，中国共产党第十三次全国代表大会提出社会主义初级阶段理论和党在社会主义初级阶段的基本路线。

1989 年 6 月，在十三届四中全会上形成了以江泽民同志为核心的党的第三代中央领导集体。

1997 年 9 月召开的十五大，确定邓小平理论为党的指导思想，列入党章。

2002 年 11 月召开的十六大，确定“三个代表”重要思想为党的指导思想，列入党章。

2003 年 10 月，十六届三中全会提出“坚持以人为本，树立全面、协调、可持续的发展观，促进经济社会和人的全面发展”的科学发展观。

2004 年 9 月，十六届四中全会通过《中共中央关于加强党的执政能力建设的决定》。

2006 年 10 月，十六届六中全会通过《中共中央关于构建社会主义和谐社会若干重大问题的决定》。

2007 年 10 月召开的十七大，把“科学发展观”写入党章，规定：科学发展观是我国经济社会发展的重要指导方针，是发展中国特色社会主义必须坚持和贯彻的重大战略思想。

2012 年 11 月召开的十八大，把科学发展观同马克思列宁主义、毛泽东思想、邓小平理论、“三个代表”重要思想一道，确立为党的行动指南；把生态文明建设纳入中国特色社会主义事业五位一体的总体布局；对党的建设提出了建设学习型、服务型、创新型的马克思主义执政党的新要求。

中国共产党的主要发展阶段和领导核心的传承见图 3—9 和图 3—10。

1921年	•中国共产党成立
1935—1945年	•确立毛泽东的领导地位，第一代中央领导集体
1949年	•成立中华人民共和国
1978—1997年	•邓小平复出，第二代中央领导集体
1990	•邓小平提出“稳定压倒一切”
1989—2002年	•江泽民同志任总书记，第三代中央领导集体
2000年	•江泽民同志提出“三个代表”重要思想
2002年	•以胡锦涛同志为总书记的党中央
2003年	•十六届三中全会提出科学发展观
2012年	•党的十八大，科学发展观上升为党的指导思想
2012年	•习近平同志任党中央总书记

图 3—9　中国共产党的主要发展阶段

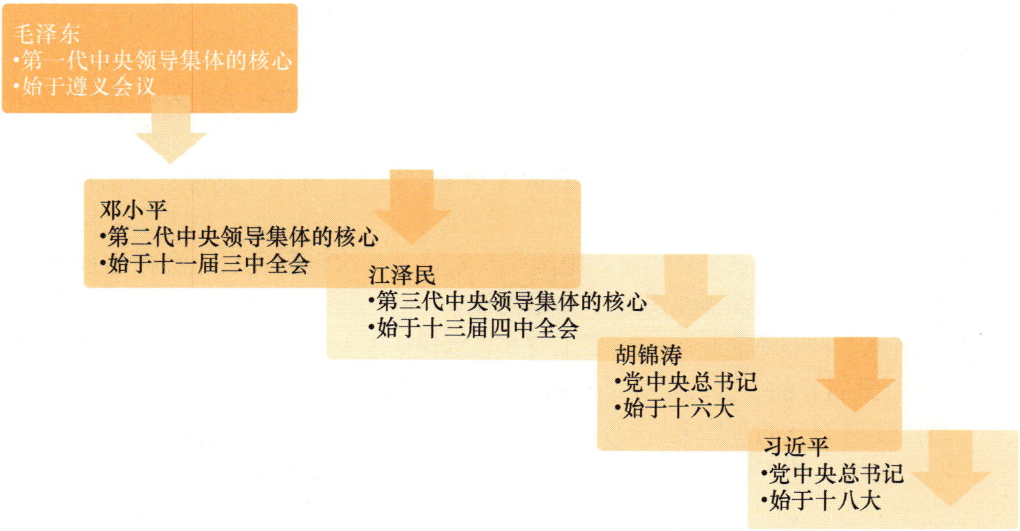

图 3—10　中国共产党领导核心的传承

二、党的工作与党的建设

1. 党的工作

党的工作涉及社会生活的所有领域，工作领域包括宣传、教育、组织、纪律检查、群众工作、统一战线、党内外思想政治工作等。党组织对所有这些方面均须注意研究、展开讨论和检查。

2. 党的建设

党的建设是指运用马克思主义理论于党的建设，以指导党在不同时代、不同情况下的工作与活动的理论与实践的统一过程，包括政治建设、思想建设、组织建设、作风建设、制度建设、纪律建设等。

《中国共产党章程》对党的建设提出了具体要求（见图 3—11）。

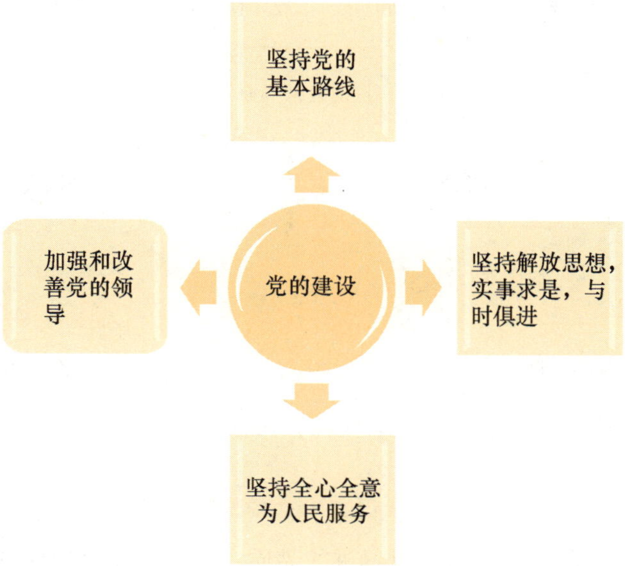

图 3—11 党章对党的建设的要求

（1）坚持党的基本路线。

用邓小平理论、“三个代表”重要思想、科学发展观和党的基本路线统一思想，统一行动；把改革开放同四项基本原则统一起来，全面落实党的基本路线，全面执行党在社会主义初级阶段的基本纲领；同时，要加强各级领导班子建设，从组织上保证党的基本理论、基本路线、基本纲领、基本经验的贯彻落实。

（2）坚持解放思想，实事求是，与时俱进。

（3）坚持全心全意为人民服务。

党章指出：中国共产党没有自己特殊的利益。党坚持权为民所用、情为民所系、利为民所谋。党在工作中实行群众路线，一切为了群众，一切依靠群众，从群众中来，到群众中去。同时，坚持不懈地反对腐败，加强党风建设和廉政建设。

（4）加强和改善党的领导。

坚持民主集中制；坚持科学执政、民主执政、依法执政，加强和改善党的领导。

党总揽全局、协调各方，在同级各种组织中发挥领导核心作用；加强对工会、共青团、妇联会等群众组织的领导；完善领导体制，改进领导方式，增强执政能力。

党集中精力领导经济建设；发挥全体党员的先锋模范作用。

党在宪法和法律的范围内活动；保证国家的立法、司法、行政机关，经济、文化组织和人民团体能够独立地工作。

三、中国共产党的执政能力和先进性建设

中共十六届四中全会通过的《中共中央关于加强党的执政能力建设的决定》指出：党

的执政能力，就是党提出和运用正确的理论、路线、方针、政策和策略，领导制定和实施宪法和法律，采取科学的领导制度和领导方式，动员和组织人民依法管理国家和社会事务、经济和文化事业，有效治党治国治军，建设社会主义现代化国家的本领。具体包括：科学判断形势、驾驭市场经济、应对复杂局面、依法执政及总揽全局的能力（见图 3—12）。

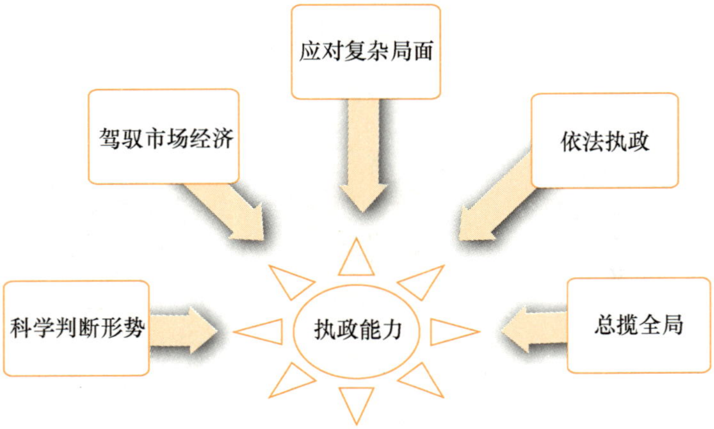

图 3—12　执政能力的五个方面

党的先进性建设，是指党保持与时俱进的品质，始终走在时代前列，不断提高执政能力、巩固执政地位、完成执政使命；通过推进思想建设、组织建设、作风建设、制度建设、反腐倡廉建设，使党的理论和路线、方针、政策始终体现社会发展进步的要求和全国各族人民的利益；不断提高广大党员的素质和各级党组织的创造力、凝聚力、战斗力，始终发挥党员的先锋模范作用，始终发挥党组织的领导核心作用和战斗堡垒作用（见图 3—13）。

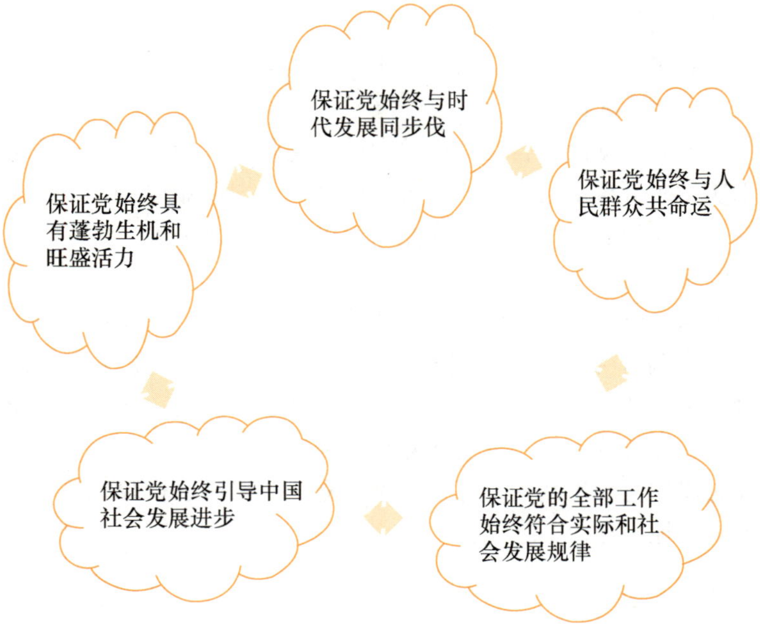

图 3—13　中国共产党先进性建设的五个方面

党的执政能力和先进性建设包括：坚持立党为公、执政为民；坚持党要管党、从严治党；不断提高党的领导水平和执政水平，提高拒腐防变和抵御风险的能力，不断增强党的阶级基础和扩大党的群众基础，不断提高党的创造力、凝聚力、战斗力，使党成为领导的坚强核心。

第四节　中国共产党对国家和社会的领导

中国共产党对国家和社会的领导，是由中共的性质决定的，也是由中共的唯一执政党地位决定的。尽管宪法没有详细规定中共在中国国家政权和社会生活中的地位和作用，但宪法确认：中华人民共和国是由中国共产党建立的，中国的经济建设和社会发展是在中共的领导下取得成就的，中国各族人民过去是、现在是、将来仍然是在中共的领导之下；宪法确认并载入了中共提出的四项基本原则。因此，中共对中国国家和社会生活的实质性的领导地位是有宪法保障的。

中国共产党章程更明确地认定了中共的领导地位：中共是中国各族人民利益的忠实代表，是中国社会主义建设事业的领导核心。在确立了中共的领导地位之后，党章列举了中共主要的领导任务和方面，形成了完整的领导国家和社会生活的纲领。

按照这两部目前在中国最有实质意义的、根本性的规范性文件的规定，中共对中国的国家和社会生活具有领导权，其领导地位是唯一的，涉及社会生活的各个方面（见图 3—14）。

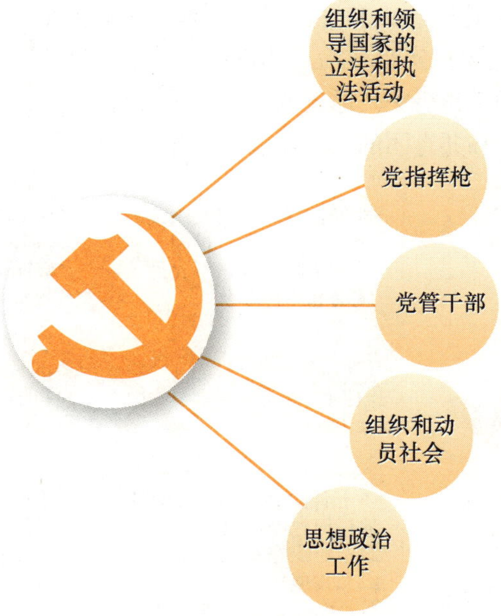

图 3—14　中国共产党对国家和社会的领导

一、组织和领导国家的立法和执法活动

立法是中共实现管理国家政权和社会生活的手段，是把管理国家和社会的意志灌输到、运用到国家政权层面的过程。

中共组织和领导立法活动的原则是：党领导人民制定宪法和法律。具体方式是：国家的立法工作主要由全国人大和全国人大常委会主持，但需要在中共的领导下进行：全国人大和全国人大常委会审议的法律，凡是带有重大原则性质的，事先须报中共中央批准；一般性质的法律案，中共中央主要就法律案的指导思想和其中的一些重大原则问题进行把关；非重大问题，可由全国人大和全国人大常委会根据多数代表或委员的意见自行决定。

执法是国家政权机关的政治和行政活动。中共强调党在国家政权机关体系中的核心领导作用，强调加强党对一切国家政权机关的领导。

二、对军队的领导

中共坚持对军队的领导。

党指挥枪是中共领导军队的根本原则：党高于军队、政治高于军事、政权高于军权，军队必须服从和实现中共的纲领、路线、方针、政策和政治原则；中共的政治目标就是军队的政治目标；在军队中，只能宣传贯彻中共的纲领、路线、方针、政策。

中共对军队的领导具体表现为：中共中央和中共中央军事委员会掌握军队的最高领导权和指挥权；未经中共中央、中共中央军委授权，任何组织或个人不得插手、过问、处理军队问题，不允许调动和指挥军队；在军队基层连队设立党支部，在团以上各级单位设立党委。党支部是连队的核心，负责确保军队有足够数量的中共党员，形成中共领导军队的稳固基础；党委对所属部队实行统一领导，部队的一切重大问题，除紧急情况下可以由首长临机处置外，都必须先由党委做出决定；中共禁止除共青团之外的其他任何党派、政治团体、政治组织在军队中建立组织和发展成员，未经中共党组织批准，不允许建立任何性质和形式的小团体、小组织；实行政治工作制度。政治委员是同级党委日常工作的主持者。政治机关是军队中中共的工作机关。通过政治工作机关对部队进行政治思想和党的路线、政策的教育，管理部队的党和共青团的工作，管理干部工作和领导班子建设（见图 3—15）。

图 3—15 中国共产党对军队的领导

三、领导和管理干部工作

党管干部是中共干部管理的根本原则。

党管干部，即党向各级国家政权机关和社会各界推荐或安排干部担任重要领导职务，通过这些干部形成对国家政权和社会生活的领导。

党管干部的具体方法包括：中共中央统一制定和贯彻执行干部工作的路线、方针、政策；各级党委按照干部管理权限和范围直接管理一定层次的领导干部，并按规定向国家政权机关推荐重要干部；党委负责监督和控制整个干部工作的贯彻执行情况；以多种方式任命党的干部担任国家机关职务。

共产党历来重视干部工作，详情见图 3—16。

毛泽东：政治路线确定之后，干部是决定的因素

刘少奇：干部问题是党内的中心问题

邓小平：正确的政治路线要靠正确的组织路线来保证

图 3—16　共产党历来重视干部工作

陈云在 1940 年提出的干部管理工作的要点见图 3—17。

挑选干部的标准

- 忠实于无产阶级事业，忠实于党
- 与群众有密切联系
- 能独立决定工作方向并负起责任
- 守纪律

干部的使用和管理

- 了解干部和审查干部
- 提拔干部
- 使用干部
- 教育和培养干部
- 纠正干部问题上的错误倾向
- 加强党内干部团结
- 建立和健全管理干部和组织

图 3—17　陈云在 1940 年提出的干部管理工作的要点

公务员管理是干部管理的一部分，详情见图 3—18。

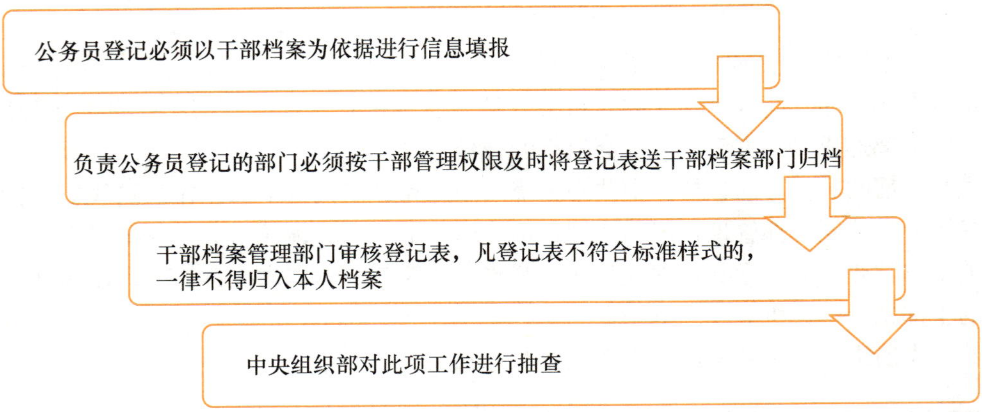

图 3—18　公务员管理是干部管理的一部分

资料来源：《中共中央组织部关于做好公务员登记中干部档案相关工作的通知》。

四、组织和动员社会

组织和动员社会的基本方法是把所有社会成员都纳入特定的组织中。为此，中共自战争年代起就建立了相应的社会组织和机构，这些组织和机构分别承担各自的职责，以容纳和管理各式各类的社会成员。

1. 统一战线

统一战线是中国共产党的一大法宝。统一战线是中国共产党团结一切可能的阶级和阶层，以适应和服从党的事业需要、战胜敌人的特殊的社会动员和组织方式。

统一战线工作的基本对象是：民主党派、无党派知名人士（其中主要是爱国人士）、非中共党员的知识分子、起义投诚的原国民党军政人员、原工商业者、少数民族的上层人物、爱国的宗教领袖、归国侨胞和海外侨胞、台港澳人士；外资企业的资本家、资方代理人、外方聘用人员、私营企业家代表人物；西藏历史上的社会上层人物及其家属等（见图 3—19）。

统一战线工作的对象

- 民主党派、无党派知名人士
- 非中共党员的知识分子
- 起义投诚人员
- 原工商业者
- 少数民族上层人物
- 爱国宗教领袖
- 归国侨胞和海外侨胞
- 台港澳人士
- 外资企业的资本家、资方代理人、外方聘用人员
- 私营企业家代表人物
- 西藏历史上的社会上层人物及其家属

图 3—19　统一战线工作的对象

统一战线的领导机构是中共的各级统战部门，统一战线的组织形式是中国人民政治协

商会议。

2. 群众组织（人民团体）

群众组织（人民团体）是指在中共领导下的、以一定的形式组织起来的、在社会生活的不同领域发挥作用的、容纳特定社会成员的非国家政权性质的团体。群众组织主要有工会、妇联、共青团以及其他类型的学术团体、行业协会等，他们是中共组织和管理社会特定成员的组织形式。

五、思想政治工作

思想政治工作由宣传和思想教育两方面构成。宣传就是通过有组织的调动干部和舆论机器对特定问题进行有倾向性的阐发和传布，以形成所预期的传播效果。思想教育就是党的干部按照党的精神和意图对具体社会成员进行思想引导、批评和纠正的活动，通常与一定的奖惩形式相配合。

中共历来重视思想政治工作，已经形成了一整套成熟的制度和模式。在各级党委均建立有专门机构，有规模庞大的宣传教育设施，有数量众多的专职思想政治工作干部队伍。

第五节　中国共产党的组织制度

一、中国共产党的组织原则

民主集中制是中国共产党的根本组织原则。

民主集中制的基本原则是：

（1）党员个人服从党的组织，少数服从多数，下级组织服从上级组织，全党各个组织和全体党员服从党的全国代表大会和中央委员会。

（2）党的各级领导机关，除它们派出的代表机关和在非党组织中的党组外，都由选举产生。

（3）党的最高领导机关，是党的全国代表大会和它所产生的中央委员会。党的地方各级领导机关，是党的地方各级代表大会和它们所产生的委员会。党的各级委员会向同级的代表大会负责并报告工作。

（4）党的上级组织要听取下级组织和党员的意见，及时解决他们提出的问题。党的下级组织既要向上级组织请示和报告工作，又要独立负责地解决自己职责范围内的问题。党的各级组织要按规定实行党务公开，使党员对党内事务有更多的了解和参与。

（5）党的各级委员会实行集体领导和个人分工负责相结合的制度。凡属重大问题都要按照集体领导、民主集中、个别酝酿、会议决定的原则，由党的委员会集体讨论，作出决定；委员会成员要根据集体的决定和分工，履行职责。

（6）禁止个人崇拜，保证党的领导人的活动处于党和人民的监督之下，同时维护一切代表党和人民利益的领导人的威信。

中国共产党的领导机关和基层组织详情见图 3—20。

中央组织

- 全国代表大会每五年举行一次
- 中央委员会任期五年

地方组织

- 省、自治区、直辖市的代表大会，设区的市和自治州的代表大会，县（旗）、自治县、不设区的市和市辖区的代表大会，每五年举行一次
- 省、自治区、直辖市，设区的市和自治州，县（旗）、自治县、不设区的市和市辖区的委员会，每届任期五年

基层组织

- 企业、农村、机关、学校、科研院所、街道社区、社会组织、人民解放军连队和其他基层单位，凡是有正式党员三人以上的，都应当成立党的基层组织
- 基层组织分别设立基层委员会、总支部委员会、支部委员会
- 基层委员会由党员大会或代表大会选举产生，总支部委员会和支部委员会由党员大会选举产生
- 基层委员会每届任期三年至五年，总支部委员会、支部委员会每届任期两年或三年

图 3—20　中国共产党的领导机关和基层组织

二、中国共产党的组织制度

1. 选举制度

选举采用无记名投票方式。

候选人名单由党组织和选举人酝酿讨论。可以采用差额选举办法进行正式选举，也可以先进行差额预选，产生候选人名单，然后进行正式选举。

党的地方各级代表大会和基层代表大会的选举，如果发生违反党章的情况，上一级党的委员会在调查核实后，应作出选举无效和采取相应措施的决定，并报再上一级党的委员会审查批准，正式宣布执行。

党的各级代表大会代表实行任期制。

2. 代表会议制度

党的中央和地方各级委员会在必要时召集代表会议，讨论和决定需要及时解决的重大问题。代表会议代表的名额和产生办法，由召集代表会议的委员会决定。

3. 党组织的成立和撤销制度

上级党组织决定党的组织的成立或撤销。

在党的地方各级代表大会和基层代表大会闭会期间，上级党的组织认为有必要时，可以调动或者指派下级党组织的负责人。

4. 派出机关制度

党的中央和地方各级委员会可以派出代表机关。

5. 巡视制度

党的中央和省、自治区、直辖市委员会实行巡视制度。

6. 上下级组织的关系（见图 3—21）

党的各级领导机关，对同下级组织有关的重要问题作出决定时，在通常情况下，要征求下级组织的意见。

凡属应由下级组织处理的问题，如无特殊情况，上级领导机关不要干预。

有关全国性的重大政策问题，只有党中央有权作出决定，各部门、各地方的党组织可以向中央提出建议，但不得擅自作出决定和对外发表主张。

党的下级组织必须坚决执行上级组织的决定。下级组织如果认为上级组织的决定不符合本地区、本部门的实际情况，可以请求改变；如果上级组织坚持原决定，下级组织必须执行，并不得公开发表不同意见，但有权向再上一级组织报告。

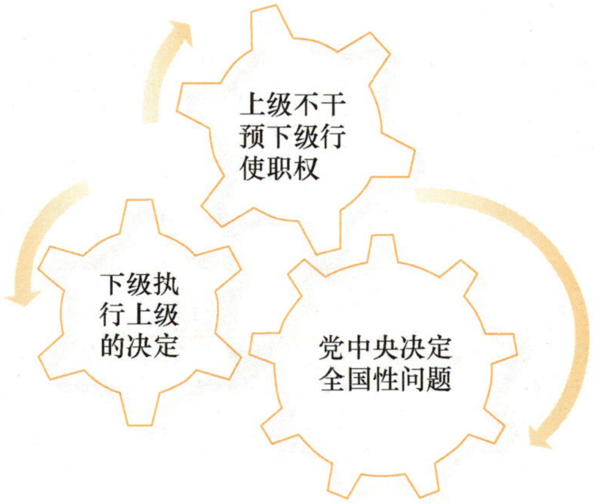

图 3—21　党内上下级组织之间的关系

7. 宣传制度

党的各级组织的报刊和其他宣传工具，必须宣传党的路线、方针、政策和决议。

8. 表决制度

党组织讨论决定重要问题，要进行表决。如对重要问题发生争论，双方人数接近，除了在紧急情况下必须按多数意见执行外，应当暂缓作出决定，以待下次再表决；在特殊情况下，也可将争论情况向上级组织报告，请求裁决（见图 3—22）。

图 3—22　双方人数接近时对表决结果的处理

9. 报告制度

党员个人代表党组织发表重要主张，如果超出党组织已有决定的范围，必须提交所在的党组织讨论决定，或向上级党组织请示。任何党员都不能个人决定重大问题；如遇紧急情况，必须由个人作出决定时，事后要迅速向党组织报告。

中国共产党的组织制度详见图 3—23。

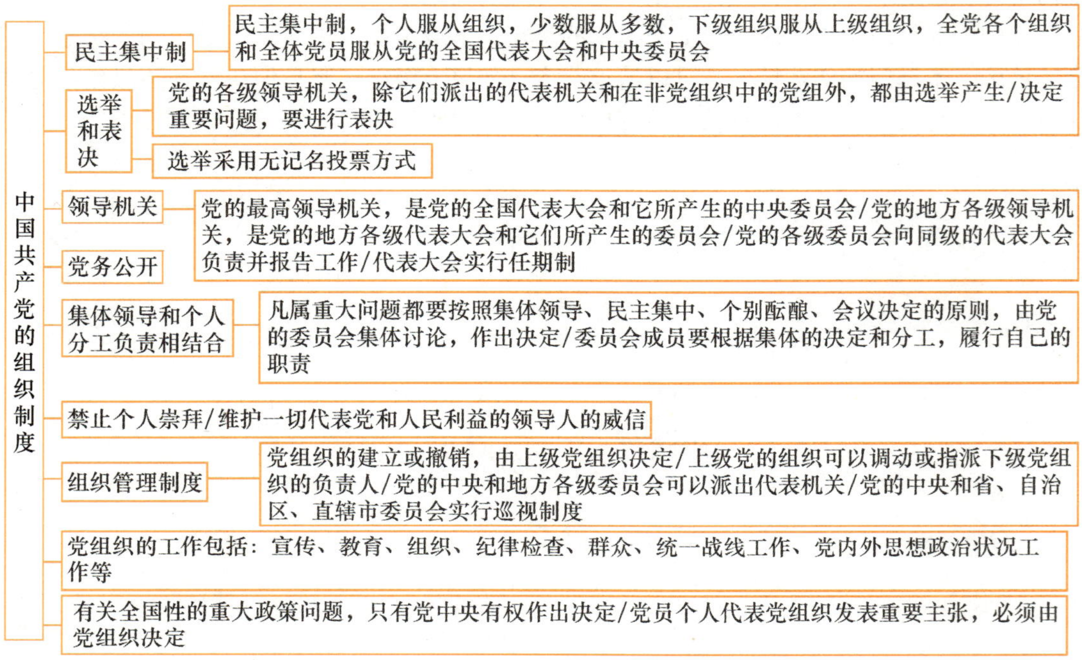

图 3—23 中国共产党的组织制度

第六节 中国共产党的中央组织

一、全国代表大会和全国代表会议

1. 全国代表大会

全国代表大会每五年举行一次，由中央委员会召集。中央委员会认为有必要，或者有三分之一以上的省一级组织提出要求，全国代表大会可以提前举行；如无非常情况，不得延期举行。

全国代表大会代表的名额和选举办法，由中央委员会决定。

全国代表大会的职权有：听取和审查中央委员会的报告；听取和审查中央纪律检查委员会的报告；讨论并决定党的重大问题；修改党的章程；选举中央委员会；选举中央纪律检查委员会。

中国共产党历次代表大会基本情况见表 3—1。

表 3—1　　中国共产党历次代表大会基本情况

	召开时间	召开地点	党员数（人）	代表数（人）	中央委员数（人）	政治局委员数（人）	政治局常委数（人）	书记处成员数（人）	最高职位
一大	1921.7.23	上海、嘉兴	50	13	中央局 3（2）				书记
二大	1922.7.16—23	上海	195	12	中央执行委员会 5（3）				委员长
三大	1923.6.12—20	广州	420	40	中央执行委员会 9（5）	中央局 5			委员长
四大	1925.1.11—22	上海	994	20	中央执行委员会 9（5）	中央局 5			总书记
五大	1927.4.27—5.9	武汉	57 967	82	31（14）	7（4）	4		总书记
六大	1928.6.18—7.11	莫斯科	40 000	142	23（13）	7（7）	5（3）		主席
七大	1945.4.23—6.11	延安	121 万	547	44（33）	13		5	主席
八大	1956.9.15—27	北京	1 073 万	1 026（107）	97（73）	17（6）	6	7	主席
九大	1969.4.1—24	北京	2 200 万	1 512	170（109）	21（4）	5		主席
十大	1973.8.24—28	北京	2 800 万	1 249	195（124）	21（4）	9		主席
十一大	1977.8.12—18	北京	3 500 多万	1 510	201（132）	23（3）	5		主席
十二大	1982.9.1—11	北京	3 965.7 万	1 545（145）	210（138）	25（3）	6	9（2）	主席
十三大	1987.10.25—11.1	北京	4 600 余万	1 936（61）	175（110）	14（1）	6	4	总书记
十四大	1992.10.12—18	北京	5 100 多万	1 989（特邀 46）	189（130）	21（2）	7	7	总书记
十五大	1997.9.12—18	北京	5 900 多万	2 048（60）	193（151）	22（2）	7	7	总书记
十六大	2002.11.8—14	北京	6 600 多万	2 114（40）	198（158）	24（1）	9	7	总书记
十七大	2007.10.15—21	北京	7 336.3 万	2 217（特邀 57）	204（167）	25	9	6	总书记
十八大	2012.11.8—14	北京	8 260.2 万	2 270（57）	205（171）	25	7	7	总书记

注：代表数后的括号中数字表示特邀代表数；表中其他括号中的数字表示候补成员数。

参考资料

十八大代表的构成

十八大代表共 2 270 名。

代表的平均年龄为 52 岁。其中，55 岁以下的 1 471 名，占 64.8；45 岁以下的 399 名，占 17.6%；年轻党员代表数量增加，35 岁以下的 114 名，占 5%。

代表中，女党员 521 名，比十七时增加 76 名，占 23%。

少数民族党员代表 249 名，比十七大时增加了 7 名，占 11%；43 个少数民族有代表，比十七大时增加了 1 个民族。

大专以上学历 2 122 名，占 93.5%。

1949 年后入党的代表 2 258 名，其中 1976 年 11 月以后入党的 1 640 名，占 72.2%，比十七大时提高 20.5 个百分点。

代表中担任党员领导干部的代表 1 578 名，占 69.5%，比十七大时降低 2.1 个百分点；生产和工作第一线的代表 692 名，占 30.5%，比十七大时提高了 2.1 个百分点。

工人党员代表由十七大时的 51 名增加到 169 名，占代表总数的 7.4%，比十七大时提高 5.1 个百分点。来自基层一线的代表中，97.8%获得过全国优秀共产党员、全国优秀党务工作者、全国劳动模范、全国先进工作者和全国道德模范等荣誉称号。

十八大代表选举首次对代表候选人初步人选实行了差额考察，全国 31 个省区市差额考察平均达到 13.4%。

资料来源：《中共中央组织部副部长王京清介绍中国共产党第十八次全国代表大会代表选举工作情况》，见 http://cpc. people. com. cn/GB/74838/123154/347760/index. html，2012-08-14。

2. 全国代表会议

党的中央和地方各级委员会可以在必要时召集代表会议，代表会议代表的名额和产生办法由相应的委员会决定。

党的全国代表会议的职权是：讨论和决定重大问题；调整和增选中央委员会、中央纪律委员会的部分成员。但增选和调整的数额不得超过全国代表大会选出的中央委员及候补中央委员总数的五分之一。

全国代表会议不是党的全国领导机关。代表会议的代表不经选举产生。会议在中央委员会的领导下召开，其所形成的决议必须经过中央委员会的批准。

1955 年 3 月 21—31 日，中国共产党在北京举行全国代表会议。出席会议的中央委员和候补中央委员 62 人，各级党组织选出的代表 257 人。

毛泽东在会上提出要在几十年内在经济上赶上或者超过世界上最强大的资本主义国家。会议一致通过《关于中华人民共和国发展国民经济第一个五年计划草案的决议》、《关于高岗、饶漱石反党联盟的决议》、《关于成立党的中央和地方监察委员会的决议》，选出了以董必武为书记的中央监察委员会，补选林彪、邓小平为中央政治局委员。

1985 年 9 月 18—23 日，中国共产党全国代表会议在北京举行。胡耀邦致《团结奋斗，再展宏图》的开幕词，赵紫阳就中央关于“七五”计划的建议（草案）作说明，邓小平、陈云发表重要讲话，李先念致闭幕词。

邓小平在讲话中表示：十一届三中全会以来，党主要做了两件事，一是拨乱反正，二是全面改革；改革是社会主义制度的自我完善，但在一定的范围内也发生了某种程度的革命性变革；党已经开始找到建设有中国特色社会主义的路子。

会议通过了《中共中央关于制定国民经济和社会发展第七个五年计划的建议》，批准了一批老同志不再担任中央三个委员会成员的请求，增选了一批新的中央委员、候补中央委员、中央顾问委员会委员和中央纪律检查委员会委员。

代表大会与代表会议的比较详见图 3—24。

各级代表大会

- 任期五年
- 全国代表大会由中央委员会召集，地方代表大会由地方党的委员会召集，并报上一级党的委员会批准
- 委员会确定代表名额和选举办法
- 听取和审查委员会的报告
- 听取和审查纪律检查委员会的报告
- 讨论并决定重大问题
- 全国代表大会修改党的章程
- 选举党的委员会
- 选举纪律检查委员会

全国代表会议

- 无固定任期
- 中央委员会召集
- 讨论并决定重大问题
- 调整和增选党的委员会和纪律委员会部分成员

地方代表会议

- 无固定任期
- 地方委员会召集
- 无规定职权

图 3—24 代表大会与代表会议

二、党代表大会的代表

1. 党代表任期制

2008 年 7 月，中共中央发布《中国共产党全国代表大会和地方各级代表大会代表任期制暂行条例》，决定实行党的全国代表大会，省、自治区、直辖市代表大会，设区的市和自治州代表大会，县（旗）、自治县、不设区的市和市辖区代表大会代表任期制。

暂行条例规定：代表由选举产生，任期与同级党代表大会相同；代表在党代表大会召开和闭会期间，享有代表资格，行使代表权利，履行代表职责，发挥代表作用（见图 3—25）。

2. 代表的权利和职责

代表的权利和职责有：在同级党代表大会召开期间参与听取和审查党的委员会、纪律

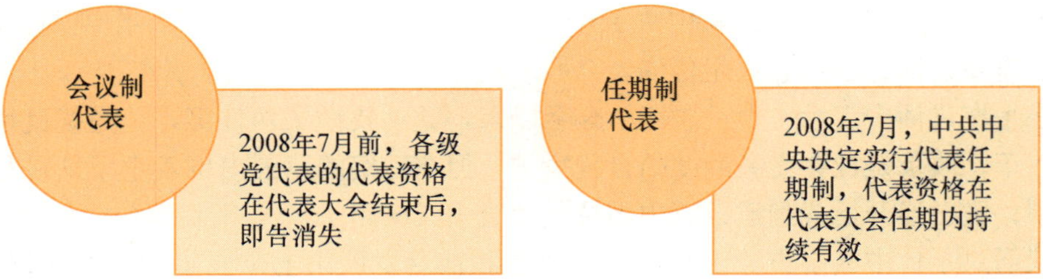

图 3—25　会议制代表和任期制代表

检查委员会的报告；在同级党代表大会召开期间参与讨论和决定有关重大问题；在同级党代表大会上行使表决权、选举权，有被选举权；了解同级党的委员会、纪律检查委员会以及所在选举单位党组织贯彻执行党的决议、决定的情况；向同级党代表大会或者同级党的委员会就经济建设、政治建设、文化建设、社会建设和党的建设的重大问题提出意见和建议；对同级党的委员会、纪律检查委员会及其成员进行监督；参加同级党代表大会或者同级党的委员会组织的活动；受同级党代表大会或者同级党的委员会的委托，完成有关工作。

3. 代表开展工作的方式

代表通过参加同级党代表大会和同级党的委员会组织的活动方式开展工作：在党代表大会召开期间，代表联名可以向大会提出提案；闭会期间，代表个人或者联名可以采用书面形式向同级党的委员会提出属于同级党代表大会和党的委员会职权范围内的提议；可以通过参加座谈、列席会议等方式，对本地区经济社会发展、党的建设等重大决策和党内重要文件的制定，提出意见和建议；代表受同级党代表大会和党的委员会的委托，可以在本地区对涉及同级党代表大会和党的委员会职权范围内的有关重大决策、重要事项进行调查研究；代表以适当方式，可以反映基层单位党员和群众的意见和建议；代表应邀可以列席同级党的委员会全体会议等会议，并有权发表意见；代表根据同级党的委员会安排，可以参加对本地区重要干部的民主推荐和对同级党的委员会、纪律检查委员会领导班子及其成员的民主评议，参加对同级党的委员会常务委员会工作的评议（见图 3—26）。

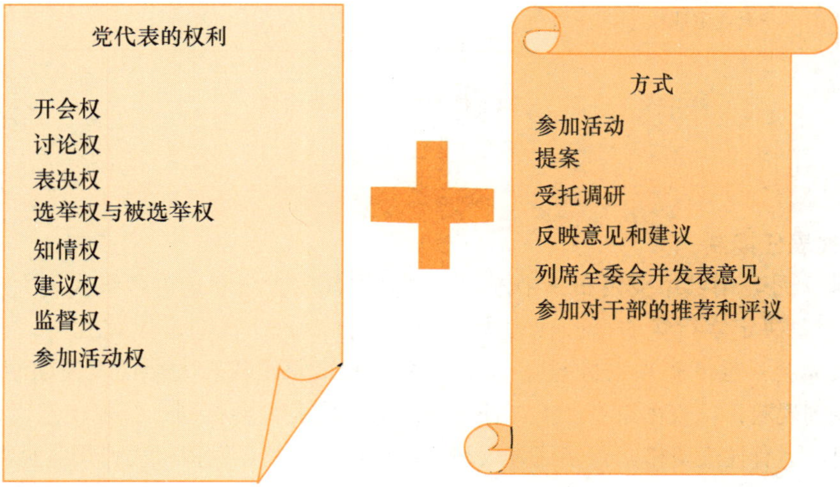

图 3—26　党代表的权利与开展工作的方式

4. 代表履行职责的保障

党的各级委员会应当建立党代表大会代表联络工作机构，负责代表联络服务工作；党代表大会可以为同级代表制发代表证；保障代表的知情权。党的各级委员会要采取适当方式向同级党代表大会代表通报党的决议、决定贯彻落实情况及党内其他重要情况；代表大会召开前，党的委员会应当征求同级本届党代表大会代表和同级下一届党代表大会代表对党的委员会、纪律检查委员会报告稿的意见。党的各级委员会召开全体会议前，可以就会议有关事项征求同级代表的意见。各级委员会可以根据工作需要，邀请有关代表列席同级党的委员会全体会议（见图 3—27）。

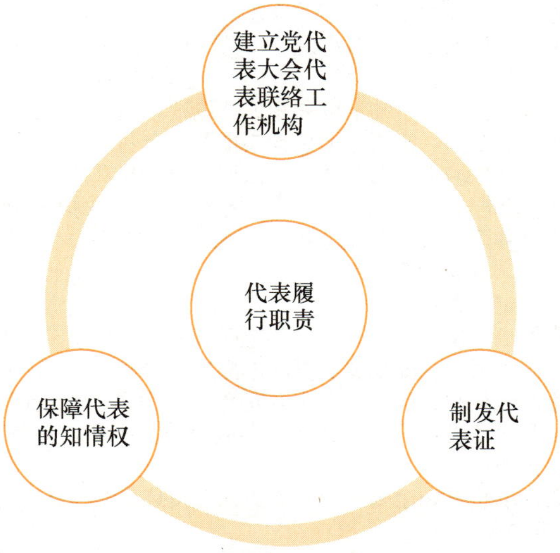

图 3—27 党代表履行职责的保障

5. 代表资格的终止和停止

代表在任期内，有下列情形之一的，其代表资格终止：受留党察看以上处分的；被停止党籍，或者丧失中华人民共和国国籍的；辞去代表职务被接受的。

地方各级代表大会代表因组织关系迁出或者工作需要等原因调离同级党代表大会所属范围的，停止执行代表职务。

代表资格的终止，由所在选举单位或者基层党组织提出，由同级党代表大会选举产生的党的委员会决定，报上级党的委员会备案。全国代表大会代表资格的终止，由中央委员会决定。

6. 十八届中央委员会和中央纪律检查委员会人选的产生

在各地方、中央国家机关各部门和军队各大单位党组织提名的基础上，由上届中央政治局向代表大会主席团提出候选人预备人选建议名单；该名单由大会主席团审议通过后，提交各代表团“酝酿”，大会主席团在各代表团意见的基础上，确定候选人预备人选名单；主席团确定预备人选名单以后，全体代表以差额方式预选产生正式候选人；在按照预选结果产生了正式候选人以后，代表大会正式以无记名方式投票选举中央委员和中央纪委委员。十八届中央委员会和中央纪律检查委员会人选的产生见表 3—2。

表 3—2 十八届中央委员会和中央纪律检查委员会人选的产生

主要工作环节	主要工作内容
十八届“两委”人事准备工作的启动	1. 全部工作是在中央政治局常委会和中央政治局领导下进行的； 2. 中共中央总书记多次作出重要指示，听取工作情况汇报。
人选的推荐与考察	1. 设立考察组 从 2011 年 7 月到 2012 年 6 月，中央先后派出 59 个考察组，分赴 31 个省区市和 130 个中央国家机关、中央金融机构、在京中央企业进行考察；中央军委派出 9 个考察组分赴全军和武警部队各大单位进行考察。 2. 主要考察内容 理想信念、政治纪律、宗旨观念、大局意识、坚持原则、工作作风、个人品行，领导能力，工作实绩，廉政情况。 3. 考察程序 （1）按照代表性、知情度和相关性原则，确定参加民主推荐人员范围。 （2）民主推荐，主要有会议投票推荐、个别谈话推荐两种方式。 在省区市考察时，召开省区市党委全委会和全委扩大会，对是否同意“两委”考察对象初步人选进行一次投票，不同意票超过三分之一的不再列为考察对象。 会议推荐后，进行个别谈话。考察组共在 42 800 余人的范围内进行民主推荐，先后同 27 500 余人进行个别谈话。 （3）确定考察对象。 在省区市，由考察组根据推荐情况和人选结构要求，按分配名额 1∶1.5 到 1∶2 的比例，向省区市党委主要负责同志提出考察对象初步名单。 考察组组长和省区市党委主要负责同志根据实际情况，个别征求常委意见或召开常委会听取意见，然后召开全委会或全委扩大会，对是否同意初步名单所提人选进行一次投票。 根据征求意见和全委会或全委扩大会投票情况，提出考察对象名单。 4. 考察方法 （1）到考察对象所在地方、部门和单位，采取民主测评、民意调查、实绩分析等方法步骤进行考察，对在现岗位工作不满两年的考察对象到其原单位进行延伸考察。跨省交流干部由赴原工作省份的考察组负责考察。 （2）组织评价与群众评价结合。考察组在 31 个省区市发放民意调查表 2.9 万多张。民意调查表包括总体评价、道德品行、为民办事、履行职责、开拓进取、廉洁自律等指标。
提名	1. 考察组确定 727 名“两委”人选考察对象。 2. 2012 年 10 月，中央政治局常委会从中建议提名 532 名“两委”候选人预备人选。2012 年 10 月 22 日，中央政治局讨论通过预备人选建议名单。 3. 2012 年 11 月 10 日，大会主席团第二次会议表决通过建议名单，提交全体代表酝酿。 4. 十八大代表和特邀代表审议建议名单，各代表团以差额选举方式对“两委”人选进行预选。 5. 2012 年 11 月 13 日，大会主席团第三次会议通过经预选产生的“两委”候选人名单。提名十八届中央委员候选人 224 名，差额数 19 名，应选 205 名，差额比例为 9.3%；提名候补中央委员候选人 190 名，差额数 19 名，应选 171 名，差额比例为 11.1%；提名中央纪委委员候选人 141 名，差额数 11 名，应选 130 名，差额比例为 8.5%。 候选人名单中，十七届中央委员会组成人员中继续提名 192 名，占 51.1%；新提名 184 名，占 48.9%；十七届中央纪律检查委员会组成人员中继续提名 30 名，占 23.1%，新提名 100 名，占 76.9%。
选举	2012 年 11 月 14 日上午，大会举行正式选举。

三、中央领导机构（见图 3—28）

1. 中央委员会

中央委员会是全国代表大会闭会期间的最高领导机构。中央委员会执行全国代表大会的决议，领导党的全部工作，代表中国共产党。

中央委员会实行常任制，每届任期五年，如全国代表大会提前或延期举行，中央委员会的任期亦相应改变。

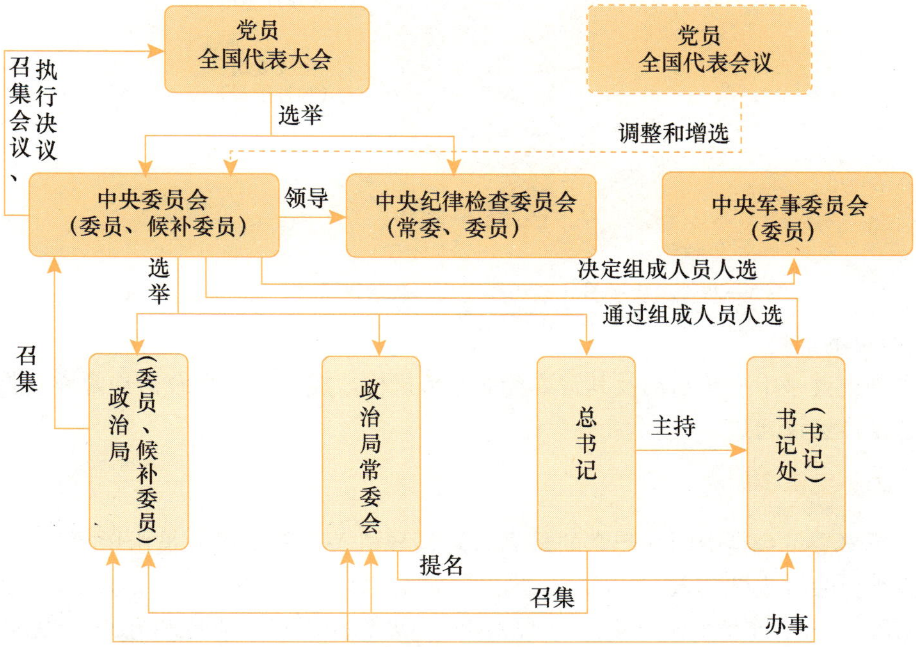

图 3—28 中共中央领导机构总图

中央委员会全体会议由中央政治局召集，每年至少举行一次。

中央委员会由全国代表大会选举产生。

中央委员会由委员和候补委员组成。在本届中央委员会任期内，中央委员出缺，由候补委员依得票数多少递补。中央委员和候补委员均须具备五年以上的党龄。委员有选举权和表决权，候补委员没有选举权和表决权。

中央委员会的委员和候补委员的名额由全国代表大会决定，各届数额不等。

2. 中央政治局及其常务委员会

中央政治局及其常务委员会在中央委员会全体会议闭会期间行使中央委员会职权。

中央政治局及其常委会由中央委员会全体会议选举产生。

中央政治局常委会向政治局报告工作，中央政治局向中央委员会报告工作。

中央政治局召集和主持中央委员会全体会议。

中央政治局及其常委会在中央委员会全体会议闭会期间，具体领导中央委员会设立的职能部门的工作。

3. 中央委员会总书记

中央委员会总书记负责召集中央政治局和中央政治局常委会会议，主持中央书记处的工作。

总书记必须是中央政治局常委，由中央委员会全体会议选举产生。

中央委员、政治局委员、政治局常委、总书记的关系见图 3—29。

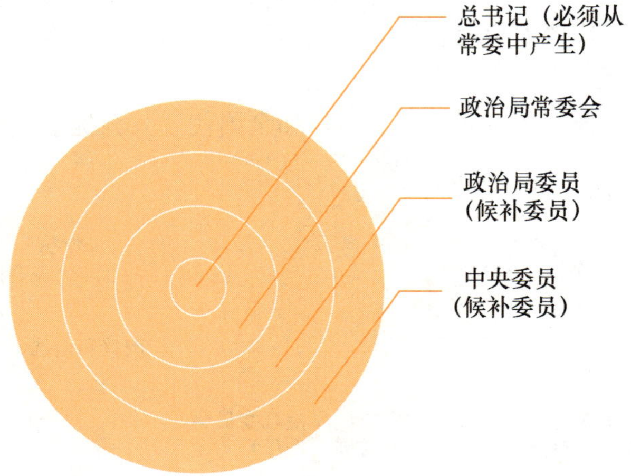

图 3—29 中央委员、政治局委员、政治局常委、总书记的关系

4. 中央书记处

中央书记处是中央政治局及其常委会的办事机构，成员由中央政治局常委会提名，中央委员会全体会议通过。

四、中央军事委员会

中央军事委员会是中国共产党的最高军事领导机关，其组成人员由中央委员会决定。中央军事委员会设主席一人。

中国共产党中央军事委员会与中华人民共和国中央军事委员会的职能和组成成员完全相同。

第十八届中央委员会领导机构见图 3—30。

中央委员会总书记

- 习近平

中央政治局常务委员会委员

- 习近平、李克强、张德江、俞正声、刘云山、王岐山、张高丽

中央政治局委员

- 习近平、马凯、王岐山、王沪宁、刘云山、刘延东（女）、刘奇葆、许其亮、孙春兰（女）、孙政才、李克强、李建国、李源潮、汪洋、张春贤、张高丽、张德江、范长龙、孟建柱、赵乐际、胡春华、俞正声、栗战书、郭金龙、韩正

中央书记处书记

- 刘云山、刘奇葆、赵乐际、栗战书、杜青林、赵洪祝、杨晶

中央军事委员会

- 主席：习近平
- 副主席：范长龙、许其亮
- 委员：常万全、房峰辉、张阳、赵克石、张又侠、吴胜利、马晓天、魏凤和

图 3—30 第十八届中央委员会领导机构

五、中共中央主要工作部门

中央委员会设立若干工作部门，处理党务及相关事务。中共中央工作部门的设立不同时期各有调整，但一些承担重要职能的部门相对稳定（见图 3—31）。

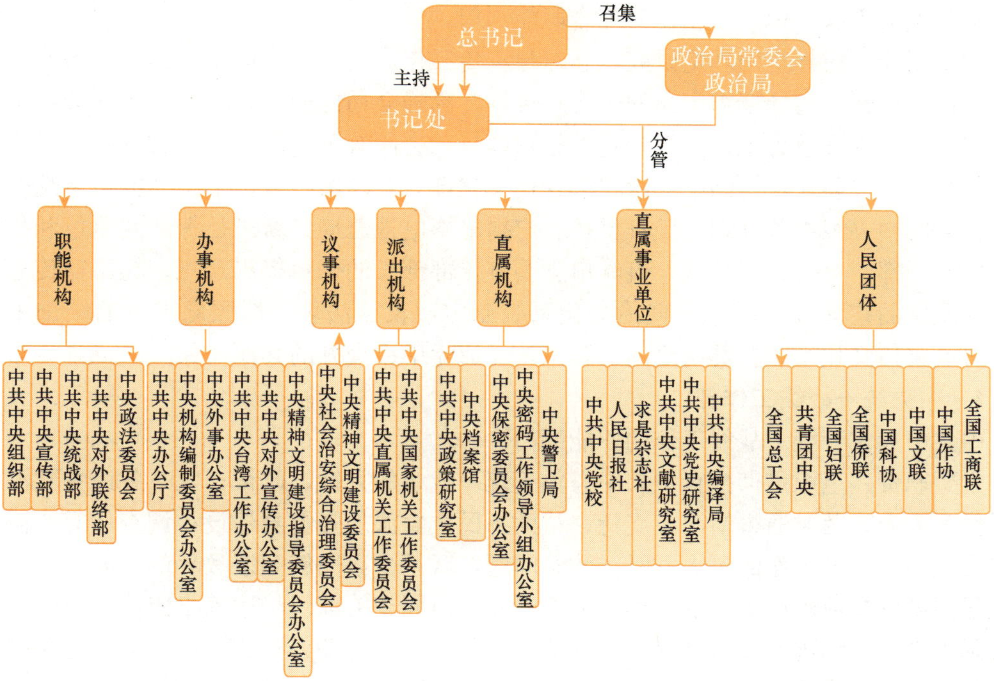

图 3—31 中共中央工作部门机构图

1. 中央办公厅

主要职能：办理党中央文秘、会务工作，中央工作部署贯彻落实的督促检查，中央指示、中央领导批示的转达和催办落实；全国党政系统密码通信和密码管理，中央文件和机要文电、信件的传递工作，全国商用密码的科研、生产、销售、使用等管理工作，全国密码保密工作；负责党和国家主要领导人的安全警卫、医疗保健，中共中央、国务院和中央领导活动场所的警卫任务；收集信息、反映动态、综合调研；中央文件、文稿的起草、修改和中央文件的校核工作；负责为中央制定党内法规和领导国家立法的具体服务工作；中央档案资料的接收、征集、整理、保管、利用和研究，全国档案事业的行政管理；管理中共中央直属各部的后勤服务，联络、处理中央各部门共同性的社会事务工作；承担中央交办的其他事项等。

2. 中央组织部

主要职能：研究和解决党的组织工作方面的问题，提出实施党的组织路线的具体措施；考察、配备和调整省级领导机构；培养、选拔中青年干部；抓好基层党组织的战斗力；指导各级组织部门，搞好党员发展、教育和管理，发展与巩固党的队伍；总结和传播党的组织工作的经验；检查下级党委组织生活情况，负责干部审查、监督工作，组织落实干部和知识分子政策，帮助中央做好离退休干部的管理；掌管全国干部和党员统计以及中央管理干部档案。部设司局包括：组织一局、组织二局（党政与外事干部局）、干部一局

（干部调配局）、干部二局（地方干部局）、干部三局（经济与科技教育干部局）、干部四局（中央与国家机关干部局）、干部五局（企业干部局）、干部监督局、干部教育局、公务员管理办公室主任、人才工作局、老干部局、直属机关事务管理局、人事局等。

3. 中央宣传部

中共中央主管意识形态工作的综合职能部门。

主要职能：指导全国理论研究、学习与宣传工作；引导社会舆论，指导、协调中央各新闻单位的工作；指导精神产品的生产；规划、部署全局性的思想政治工作任务，配合中央组织部做好党员教育工作，编写党员教育教材，会同有关部门研究和改进群众思想教育工作；受党中央委托，协同中央组织部管理文化部、新闻出版署、中国社会科学院的领导干部，会同中央组织部管理人民日报社、广播电影电视总局、新华社等新闻单位和代管单位的领导干部，对省、自治区、直辖市党委宣传部部长的任免提出意见；提出宣传思想文化事业发展的指导方针，指导宣传文化系统制定政策、法规，按照党中央的统一工作部署，协调宣传文化系统各部门之间的关系；完成党中央交办的其他任务。

4. 中央统一战线工作部

中共中央主管统一战线工作的职能部门。

主要职责：组织贯彻执行中共中央关于统一战线的方针、政策；联系各民主党派和无党派代表人士，及时通报情况，支持、帮助各民主党派加强自身建设；调查研究、协调检查有关民族、宗教工作的重大方针、政策问题，联系少数民族和宗教界的代表人物；协助有关部门做好少数民族干部的培养和举荐工作；协同有关部门与达赖集团等国内外敌对势力分裂祖国的活动进行斗争；开展海外统战工作；负责党外人士的安排，会同有关部门做好培养、选拔、推荐党外人士的工作；负责联系全国工商联，联系港、澳、台及海外工商社团和代表人士，调查、研究并反映我国非公有制经济代表人物的情况，协调关系，提出政策建议；调查研究党外知识分子的情况，反映意见，协调关系，提出政策建议；联系党外知识分子的代表人物；开展海内外统一战线的宣传工作；指导地方党委统战工作和统战部门负责人的培训工作，协调政府各有关部门的统战工作；代管全国台联、黄埔同学会、欧美同学会、和平统一促进会等有关社会团体的工作；完成中共中央交办的其他任务。

5. 中央对外联络部

中国共产党中央委员会负责对外工作的职能部门。

主要职责：贯彻落实中央对外工作的方针、政策，跟踪研究国际形势和重大国际问题的发展变化，向党中央提供有关情况和对策性建议；受党中央委托，负责中国共产党同外国政党、政治组织的交往和联络工作；协调、归口管理中央直属机构和各省、自治区、直辖市党委的有关对外交往工作。

6. 中央政法委员会

中共中央领导和管理政法工作的职能部门，从宏观上组织领导中央政法各部门的工作，指导各省、自治区、直辖市党委政法委的工作。

主要职责：统一政法各部门的思想和行动；研究制定政法工作的方针、政策，对政法工作作出全局性部署，并督促贯彻落实；组织协调指导维护社会稳定的工作；支持、监督、指导和协调政法各部门的工作；督促、推动大要案的查处工作，研究和协调有争议的重大、疑难案件；组织推动社会治安综合治理工作；推动政法工作改革；协助党中央和中组部考察、管理中央和地方政法部门的有关领导干部；协助纪检、监察部门查处政法部门领导干部违法犯罪的案件；指导地方政法委员会的工作；完成党中央交办的其他任务。

7. 中央机构编制委员会办公室

中央机构编制委员会是中共中央、国务院设立的管理国家机构设置、职能设定和人员编制的高级议事协调机构，一般由国务院总理担任主任。中央机构编制委员会办公室设立正部级办公室作为其常设办事机构。

中央机构编制委员会办公室在委员会领导下负责全国行政管理体制设置、机构改革以及机构编制的日常管理工作。

主要职能：研究拟定机构编制管理的法规和政策；研究拟定行政管理体制和机构改革的总体方案，审核国务院各部门和省级机构改革方案，指导、协调地方各级行政管理机制和机构改革以及机构编制管理工作；协调国务院各部门之间以及各部门与地方政府之间的职责分工；审核国务院各部门以及垂直管理部门、派驻地方机构的内设机构、人员编制，审核省级政府工作部门设置、人员编制和省以下地方各级机关人员编制总额；研究拟定全国事业单位管理体制和机构改革方案，审核国务院直属事业单位的机构编制方案，审批国务院各部门所属事业单位的机构编制；监督检查各级政府行政管理体制和机构改革以及机构编制的执行情况。

中央机构编制委员会办公室的机构编制设置见图 3—32。

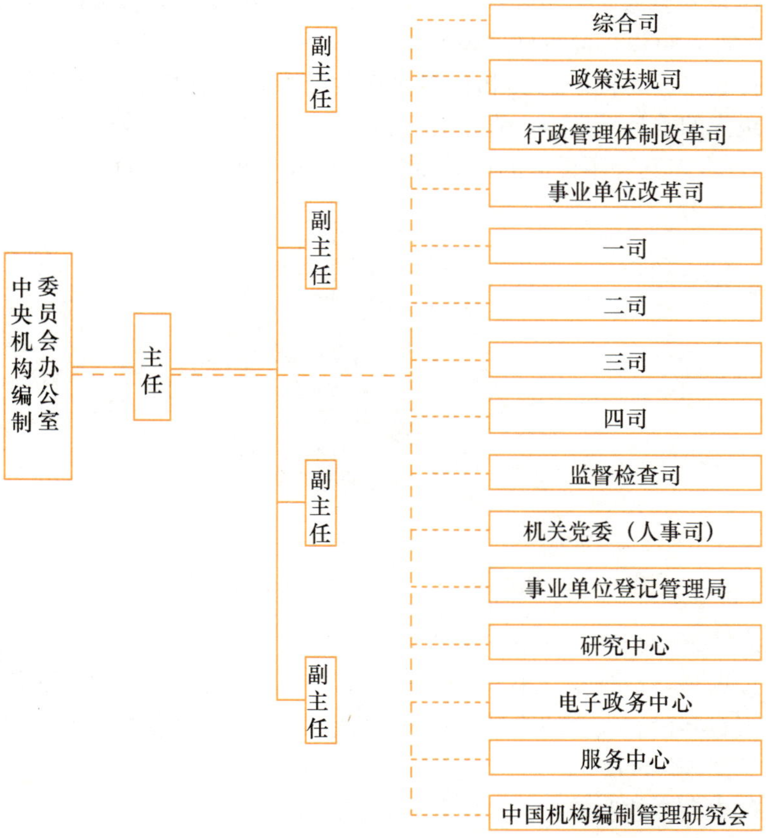

图 3—32　中央机构编制委员会办公室的机构编制设置

8. 中央直属机关工委、中央国家机关工委

这是两个各自独立的中共中央派出机构，分别负责中共中央直属机关和中央国家机关党的建设，指导各部门机关、企业、事业单位党的建设工作；指导各级党组织实施对党员特别是党员领导干部的监督，向党中央反映各部门领导班子和领导干部的情况和问题；指导各级党组织做好思想政治工作和统战工作；负责各部门机关党委和纪委书记、副书记的审批、考核及培训；领导中共中央直属机关和中央国家机关党的纪律检查工作和工、青、妇等群众组织的工作；完成党中央交办的其他任务。

第七节　中国共产党的地方组织

党的地方各级领导机关，是党的地方各级代表大会和它们所产生的委员会。

党的各级委员会向同级的代表大会负责并报告工作。

一、地方各级代表大会

1. 地方各级代表大会

地方各级代表大会是党的地方各级领导机关，由选举产生的代表组成。

地方各级代表大会每 5 年举行一次，代表大会由同级委员会召集；在特殊情况下，经上一级委员会批准，可以提前或延期举行。

地方各级代表大会的代表名额和代表名额的分配，由召集会议的委员会全体会议确定，并报上一级党的委员会批准，省市自治区代表大会的代表一般为 400～800 名，设区的市为 300～500 名，县和不设区的市为 200～400 名（见图 3—33）。

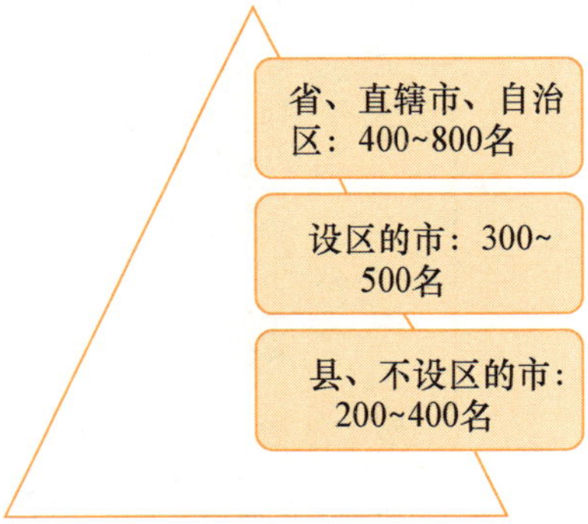

图 3—33　出席中共地方各级党代表大会的代表数量

代表候选人选举的差额比例不少于 20%；代表正式候选人由各选举单位考察和确定，然后由选举单位选举，被选举人获得赞成票超过应到会有选举权人数的半数时，始得当选；选举结果报召开代表大会的委员会审批，经代表大会或大会主席团通过，代表的资格才正式有效（见图 3—34）。

地方各级代表大会的职权是：听取和审查同级党委、同级纪律检查委员会的报告，讨论本地区范围内的重大问题并做出决议，选举同级党的委员会、纪律检查委员会。

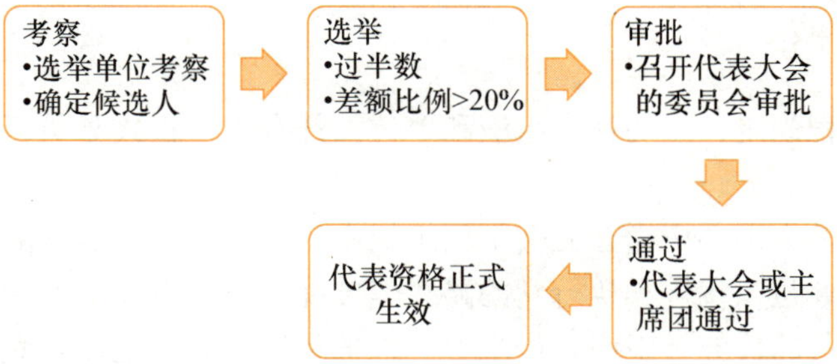

图 3—34 地方各级党代表大会代表的产生

2. 地方各级委员会

党的省、自治区、直辖市、设区的市和自治州的委员会，每届任期五年；委员和候补委员必须有五年以上的党龄。县（旗）、自治县、不设区的市和市辖区的委员会，每届任期五年；委员和候补委员必须有三年以上的党龄。党的地方各级代表大会提前或延期举行，委员会的任期相应改变。

党的地方各级委员会的委员和候补委员的名额，分别由上一级委员会决定。党的地方各级委员会委员出缺，由候补委员按照得票多少依次递补。

党的地方各级委员会在代表大会闭会期间，执行上级党组织的指示和同级党代表大会的决议，领导本地方的工作，定期向上级党的委员会报告工作。党的地方各级委员会全体会议，每年至少召开两次。

党的地方各级委员会全体会议，选举常务委员会和书记、副书记，并报上级党的委员会批准。党的地方各级委员会的常务委员会，在委员会全体会议闭会期间，行使委员会职权；在下届代表大会开会期间，继续主持经常工作，直到新的常务委员会产生为止；常务委员会定期向委员会全体会议报告工作，接受监督。

党的地区委员会和相当于地区委员会的组织，是党的省、自治区委员会在几个县、自治县、市范围内派出的代表机关。它根据省、自治区委员会的授权，领导本地区的工作。

2010 年，各级地方委员会的数量见图 3—35。

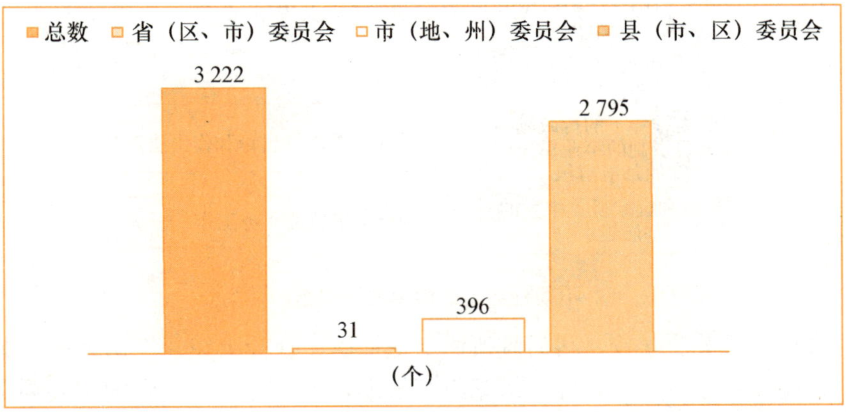

图 3—35 地方委员会的数量（2010 年）

二、党的基层组织

中国共产党章程规定：一切社会组织和单位，凡有中共正式党员三人以上的，都应当成立党的基层组织。

党的基层组织是中国共产党在社会基层组织中的战斗堡垒，是党的全部工作和战斗力的基础。其基本任务是：宣传和执行党的路线、方针、政策以及党的决议，组织干部、群众完成本单位所担负的任务，组织党员学习，维护和执行党的纪律，做好群众的思想政治工作，发现、培养和推荐人才，教育和培养入党积极分子，监督党员干部和其他任何工作人员遵守国法政纪，同各种违法犯罪行为作斗争。

在不同的工作领域，基层组织的职责有所区别（见图 3—36）：

街道、乡、镇党的基层委员会和村、社区党组织，领导本地区的工作，支持和保证行政组织、经济组织和群众自治组织充分行使职权。

国有企业和集体企业中党的基层组织，发挥政治核心作用，围绕企业生产经营开展工作。支持股东会、董事会、监事会和经理（厂长）依法行使职权；参与企业重大问题的决策；加强党组织的自身建设，领导思想政治工作、精神文明建设和工会、共青团等群众组织。

非公有制经济组织中党的基层组织，领导工会、共青团等群众组织。

实行行政领导人负责制的事业单位中党的基层组织，发挥政治核心作用。实行党委领导下的行政领导人负责制的事业单位中党的基层组织，对重大问题进行讨论和作出决定，同时保证行政领导人充分行使自己的职权。

各级党和国家机关中党的基层组织，协助行政负责人完成任务，改进工作，对包括行政负责人在内的每个党员进行监督，不领导本单位的业务工作。

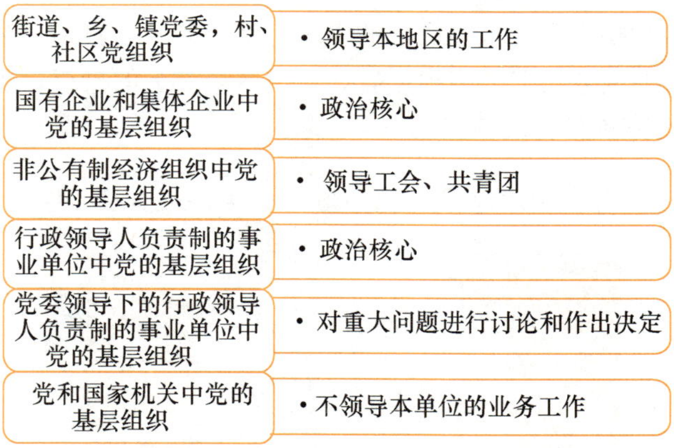

图 3—36　不同社会组织中中共基层组织的功能定位

企业、农村、机关、学校、科研院所、街道社区、社会组织、军队连队和其他基层单位，根据工作需要和党员人数，经上级党组织批准，可以分别设立党的基层委员会、总支部委员会和支部委员会。

基层委员会由党员大会或代表大会选举产生，总支部委员会和支部委员会由党员大会选举产生。基层委员会每届任期三年至五年，总支部委员会、支部委员会每届任期两年或三年。

基层委员会、总支部委员会、支部委员会选举书记、副书记。书记、副书记选举产生后，报上级党组织批准。

参考资料

中共基层党组织的设立情况

中共中央组织部2014年6月公布的资料显示，中共在传统领域已经基本全面建立了基层组织，在新兴领域，基层组织的覆面进一步扩大。

全国7 448个城市街道、3.3万个乡镇、9万个社区（居委会）、58.4万个建制村建有党组织，覆盖率全部超过99%。

23.5万个机关单位建有党组织，占机关单位总数的99.6%，所占比例较上年增加0.1个百分点；50.8万个事业单位建有党组织，占事业单位总数的90.7%，所占比例较上年增加1.2个百分点。

19.5万个公有制企业建有党组织，占公有制企业总数的90.8%，所占比例较上年增加0.1个百分点；162.7万个非公有制企业已经建立党组织，占非公有制企业总数的58.4%，所占比例较上年增加4.1个百分点。

11.5万个社会组织建有党组织，占社会组织总数的41.9%，所占比例较上年增加6.8个百分点。

资料来源：《中共党员总数达8668.6万名》，见 http://news.xinhuanet.com/politics/2014-06/30/c_1111382767.htm，2014-06-30。

三、党组（见图3—37）

在中央和地方国家机关、人民团体、经济组织、文化组织和其他非党组织的领导机关中，可以成立党组。

党组发挥领导核心作用。

党组的任务，主要是负责贯彻执行党的路线、方针、政策；讨论和决定本单位的重大问题；做好干部管理工作；完成任务；指导机关和直属单位党组织的工作。

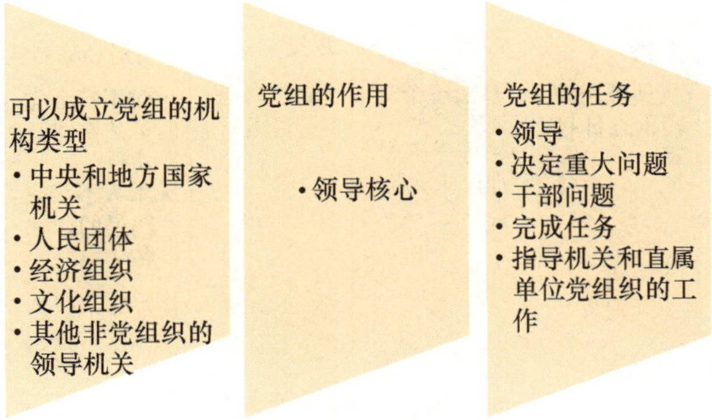

图3—37 党组的作用与任务

党组的成员，由批准成立党组的党组织决定。党组必须服从批准它成立的党组织领导。

党组设书记，必要时还可以设副书记。

党组不直接接收或批准接收党员，不能直接决定或批准对党员的纪律处分，不能作为一个选举单位，产生出席上级党代表大会的代表。

第八节　中国共产党党员

一、党员

党章规定：年满十八岁的中国工人、农民、军人、知识分子和其他社会阶层的先进分子，承认党的纲领和章程，愿意参加党的一个组织并在其中积极工作、执行党的决议和按期交纳党费的，可以申请加入中国共产党。

中国共产党党员从性质上说是中国工人阶级的有共产主义觉悟的先锋战士，能够牺牲个人的一切，为实现共产主义奋斗终身；党员是劳动人民的普通一员，必须全心全意为人民服务，不得谋求任何私利和特权。中国共产党入党宣誓词见图 3—38。

我志愿加入中国共产党，拥护党的纲领，遵守党的章程，履行党员义务，执行党的决定，严守党的纪律，保守党的秘密，对党忠诚，积极工作，为共产主义奋斗终身，随时准备为党和人民牺牲一切，永不叛党。

图 3—38　中国共产党入党宣誓词

二、党员的管理（见图 3—39）

每个党员，不论职务高低，都必须编入党的一个支部、小组或其他特定组织，参加党的组织生活。党员领导干部还必须参加党委、党组的民主生活会。

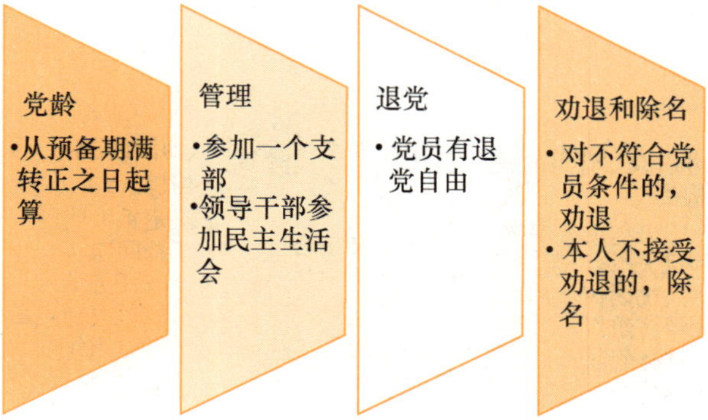

图 3—39　党员管理制度

党员有退党的自由。党员要求退党，应当经支部大会讨论后宣布除名，并报上级党组织备案。

不履行党员义务、不符合党员条件的党员，党的支部应当要求其限期改正，仍无转变的，应当劝他退党。劝党员退党，应当经支部大会讨论决定，并报上级党组织批准。如被劝告退党的党员坚持不退，应当提交支部大会讨论，决定把他除名，并报上级党组织批准。

党员如果没有正当理由，连续六个月不参加党的组织生活，或不交纳党费，或不做党所分配的工作，就被认为是自行脱党。支部大会应当决定把这样的党员除名，并报上级党组织批准。

三、入党申请与接纳

发展党员，必须经过党的支部，坚持个别吸收的原则（见图 3—40）。

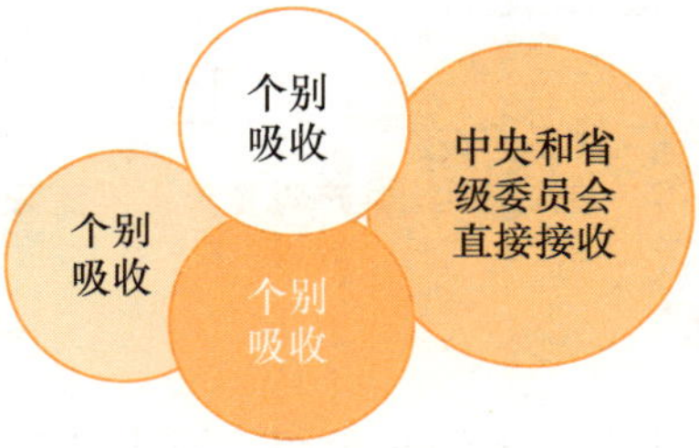

图 3—40　吸收党员的原则

申请入党的人，要填写入党志愿书，要有两名正式党员做介绍人，要经过支部大会通过和上级党组织批准，并且经过预备期的考察，才能成为正式党员。

入党介绍人要了解申请人的思想、品质、经历和工作表现，向其解释党的纲领和党的章程，说明党员的条件、义务和权利，并向党组织作出报告。

党的支部委员会对申请入党的人，要注意征求党内外有关群众的意见，进行严格的审查，认为合格后再提交支部大会讨论。

上级党组织在批准申请人入党以前，要派人同其谈话，作进一步的了解，并帮助他提高对党的认识。

在特殊情况下，党的中央和省、自治区、直辖市委员会可以直接接收党员。

预备党员的预备期为一年。党组织对预备党员应当认真教育和考察。

预备党员的义务同正式党员一样。预备党员没有表决权、选举权和被选举权。

预备党员预备期满，能够认真履行党员义务，具备党员条件的，应当按期转为正式党员；需要继续考察和教育的，可以延长预备期，但不能超过一年；不履行党员义务，不具备党员条件的，应当取消预备党员资格。预备党员转为正式党员，或延长预备期，或取消预备党员资格，都应当经支部大会讨论通过和上级党组织批准。

预备党员的预备期，从支部大会通过他为预备党员之日算起。党员的党龄，从预备期满转为正式党员之日算起。

中国共产党党员入党流程见图 3—41。

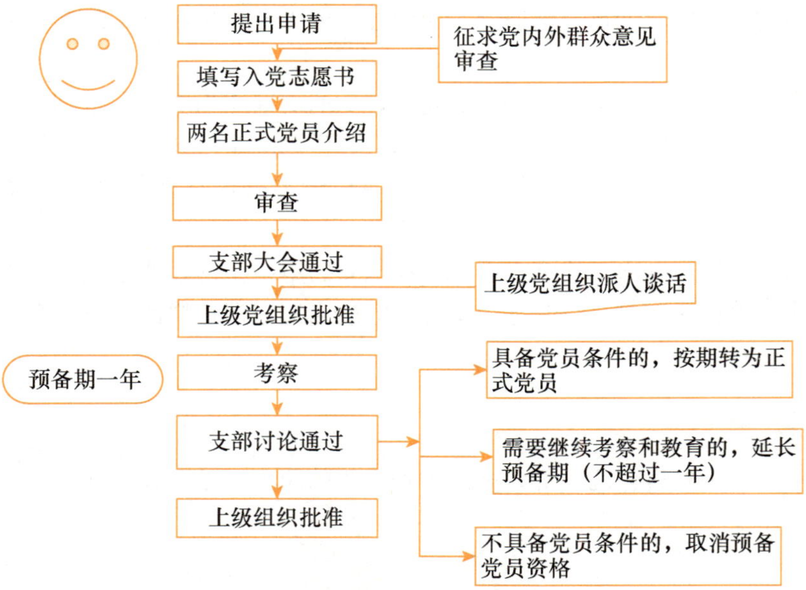

图 3—41　中国共产党党员入党流程

四、党员必须履行的义务

（1）认真学习马克思列宁主义、毛泽东思想、邓小平理论和“三个代表”重要思想，学习科学发展观，学习党的路线、方针、政策和决议等。

（2）贯彻执行党的基本路线和各项方针、政策，在生产、工作、学习和社会生活中起先锋模范作用。

（3）坚持党和人民的利益高于一切，个人利益服从党和人民的利益。

（4）自觉遵守党的纪律，模范遵守国家的法律法规，严格保守党和国家的秘密，执行党的决定，服从组织分配，积极完成党的任务。

（5）维护党的团结和统一，坚决反对一切派别组织和小集团活动。

（6）开展批评和自我批评。

（7）向群众宣传党的主张，遇事同群众商量，及时向党反映群众的意见和要求，维护群众的正当利益。

（8）发扬社会主义新风尚，带头实践社会主义荣辱观，提倡共产主义道德，为了保护国家和人民的利益，在一切困难和危险的时刻挺身而出，英勇斗争，不怕牺牲。

五、党员享有的权利

（1）参加党的有关会议，阅读党的有关文件，接受党的教育和培训。

（2）在党的会议上和党报党刊上，参加关于党的政策问题的讨论。

（3）对党的工作提出建议和倡议。

（4）在党的会议上有根据地批评党的组织和党员，向党揭发、检举党组织和党员违法乱纪的事实，要求处分违法乱纪的党员，要求罢免或撤换不称职的干部。

（5）行使表决权、选举权，有被选举权。

（6）在党组织讨论决定对党员的党纪处分或作出鉴定时，本人有权参加和进行申辩，其他党员可以为他作证和辩护。

（7）对党的决议和政策如有不同意见，在坚决执行的前提下，可以声明保留，并且可以把自己的意见向党的上级组织直至中央提出。

（8）向党的上级组织直至中央提出请求、申诉和控告，并要求有关组织给以负责的答复。

党的任何一级组织直至中央都无权剥夺党员的上述权利。

中国共产党党员的资格、性质、义务和权利情况汇总见图3—42。

资格

- 年满十八周岁
- 各社会阶层的先进分子
- 承认党的纲领和章程
- 参加党的一个组织
- 执行党的决议
- 交纳党费

性质

- 工人阶级的有共产主义觉悟的先锋战士
- 全心全意为人民服务
- 不惜牺牲个人的一切
- 为实现共产主义奋斗终身
- 不谋求任何私利和特权

义务

- 学习
- 执行党的路线、方针、政策
- 在生产、工作、学习和社会生活中起先锋模范作用
- 个人利益服从党的利益
- 遵守纪律
- 对党忠诚
- 开展批评和自我批评
- 密切联系群众
- 在一切困难和危险的时候挺身而出

权利

- 参加党的会议、阅读文件、接受党的教育和培训
- 在党的会议和报刊上对党的工作提出意见和建议
- 在党的会议上有根据地批评、揭发、检举党的组织和党员，要求纪律处分违法乱纪的党员和干部
- 表决权、选举权、被选举权
- 为自己辩护
- 为其他党员作证、辩护
- 向上级组织、中央提出保留意见

图3—42　中国共产党党员的资格、性质、义务和权利

六、党员数量与党员发展政策的调整

中共中央组织部2014年6月公布，截至2013年底，中国共产党党员总数为8 668.6万名（见图3—43）。近年来，中共发展党员数量一直呈上升趋势，不同阶段中共党员数量年平均增长数见图3—44。2004年，中共发展的党员数量达到241.8万人，此后历年发展党员的人数逐年攀升，2012年新发展党员数量323.3万名，创年度发展高峰（见图3—45）。

党的十八大以来，中共中央对党员队伍建设作出一系列新的部署，对严格发展党员程序、提高发展党员质量等提出明确要求。2014年5月28日，中共中央办公厅印发《中国共产

党发展党员工作细则》，对1990年印发的实施细则试行版进行了修订，将中央提出的“控制总量、优化结构、提高质量、发挥作用”的总要求写入总则。

按照中央关于发展党员总量调控的要求，2013年全国共发展党员240.8万名，较上年减少82.5万名，降幅为25.5%，为近十年来发展党员数量最少的年份，也是10年来年度发展党员数量首次低于上一年的年份。在新发展党员数量下降的同时，中共党员总数的增幅也比前一年下降1.3个百分点。

发展党员数量的减少，是中共对党员队伍规模与结构进行调控，致力于提高质量、优化结构的结果。发展党员要更重视质量，而不是单纯追求数量，是新形势下中共党组织建设的新动向。

参考资料

中共党员的组成情况

中共中央组织部2014年最新党内统计数据显示：

截至2013年底，中国共产党党员总数为8 668.6万名，比上年净增155.9万名，增幅为1.8%；

女党员2 109.0万名，占党员总数的24.3%，所占比例较上年增加0.5个百分点；

少数民族党员595.4万名，占党员总数的6.9%，所占比例较上年增加0.1个百分点；

大专及以上学历的党员3 606.8万名，占党员总数的41.6%，所占比例较上年增加1.6个百分点；

35岁以下的党员2 237.6万名，所占比例较上年增加0.2个百分点。

党员中有工人734.3万名，农牧渔民2 570.3万名，企业专业技术人员501.9万名，企业管理人员506.9万名，事业单位、民办非企业单位管理人员、专业技术人员1 088.0万名，党政机关工作人员730.3万名，学生260.4万名，离退休人员1 589.1万名，其他职业人员687.4万名。

资料来源：《中共党员总数达8668.6万名》，见 http://news.xinhuanet.com/politics/2014-06/30/c_1111382767.htm，2014-06-30。

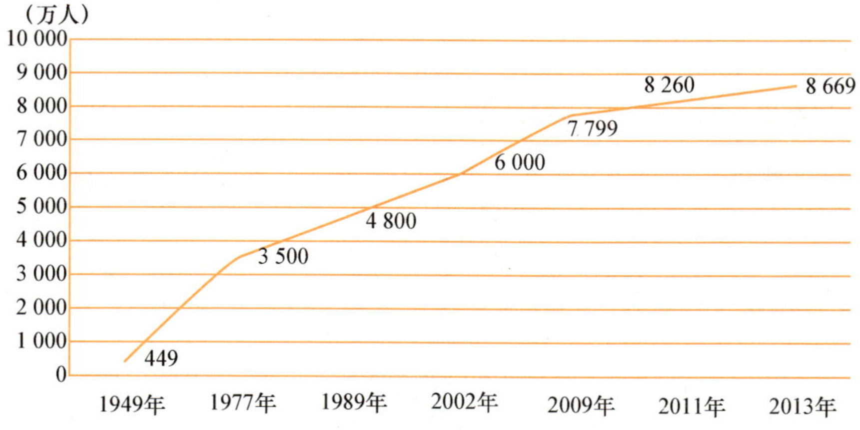

图3—43　1949—2013年中国共产党党员数量

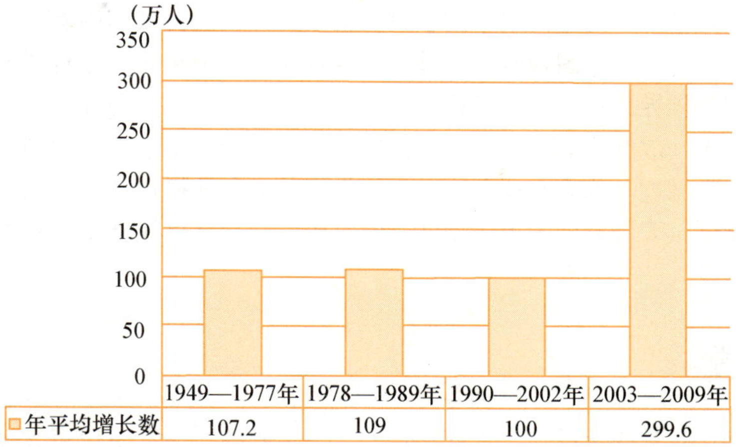

图 3—44 不同阶段中国共产党党员数量年平均增长数

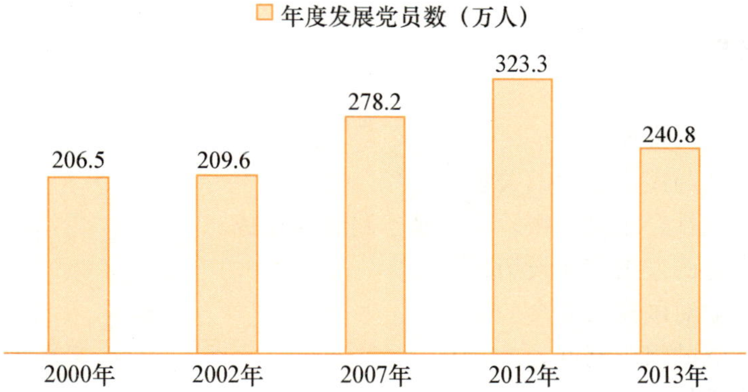

图 3—45 2000—2013 年若干年份年度发展党员数（万人）

本章小结

中国共产党党章和中国宪法规定：中国共产党是中国特色社会主义事业的领导核心，是中国的唯一执政党。中国共产党是中国工人阶级的先锋队，同时也是中国人民和中华民族的先锋队，是中国特色社会主义事业的领导核心，代表中国先进生产力的发展要求，代表中国先进文化的前进方向，代表中国最广大人民的根本利益。党的最高理想和最终目标是实现共产主义。中国共产党以马克思列宁主义、毛泽东思想、邓小平理论、“三个代表”重要思想和科学发展观为行动指南。中国共产党在社会主义初级阶段的基本路线是：领导和团结全国各族人民，以经济建设为中心，坚持四项基本原则，坚持改革开放，自力更生，艰苦创业，为把我国建设成为富强民主文明和谐的社会主义现代化国家而奋斗。中国共产党认为：现阶段我国社会的主要矛盾是人民日益增长的物质文化需要同落后的社会生产之间的矛盾。社会主义建设的根本任务，是进一步解放生产力，发展生产力，逐步实现社会主义现代化，改革生产关系和上层建筑中不适应生产力发展的方面和环节。经济和社会发展的战略目标是：巩固和发展已经初步达到的小康水平，到中国共产党建立一百年时，建成惠及十几亿人口的更高水平的小康社会；到中华人民共和国建立一百年时，人均国内生产总值达到中等发达国家水平，基本实现现代化。中国共产党对国家和社会的领导主要包括：组织和领导国家的立法和执法活动，对军队的领导，领导和管理干部工作，组织和动员社会，统一战线，群众组织（人民团体）和思想政治工作。中国共产党的组织制度主要包括：选举制度，代表会议制度，党的组织的成立和撤销制度，派出机关制度，巡视制度，宣传制度，表决制度和报告制度。同时中国共产党也建立了完备的中央组织和地方组织。

关键术语

中国共产党　　党的建设　　干部工作　　组织制度　　全国代表大会　　全国代表会议　　中央领导机构　　地方各级代表大会

复习思考题

1. 中国共产党的性质。
2. 中国共产党与民主党派的关系。
3. 中国共产党社会主义初级阶段的基本路线与任务。
4. 中国共产党的发展与建设历程。
5. 中国共产党对国家与社会的领导。
6. 中国共产党的组织制度。
7. 中国共产党的中央组织。
8. 中共中央领导机构。

第三编　国家制度

第四章 人民代表大会制度

人民代表大会制度是中国的根本政治制度。全国人民代表大会行使包括立法、监督、人事任免、重大事项决定在内的各项职权。人大代表在会议和闭会期间享有包括提案，询问，参加调查，提出建议、批评和意见等各项权利。全国人民代表大会会议每年第一季度举行。全国人民代表大会常务委员会为全国人民代表大会的常设机构，在大会闭会期间行使相应职权。

重点问题

人民代表大会制度的性质和地位
中国共产党对人民代表大会的领导
人民代表大会的职权
人大代表的产生与人大代表的法律地位
人大代表的权利和职责
全国人民代表大会的会议和议事规则
全国人民代表大会常务委员会的职权
全国人民代表大会常务委员会议事规则

第一节 人民代表大会制度的性质和地位

一、人民代表大会制度的性质

人民代表大会制度，就是以人民代表大会为基石构建国家政权体系的制度。

人民代表大会制度规定了人民代表大会与人民的关系，规定了人民代表大会与“一府两院”以及其他国家机关的关系，规定了中国共产党与人民代表大会及其他国家机关的关系（见图4—1）。

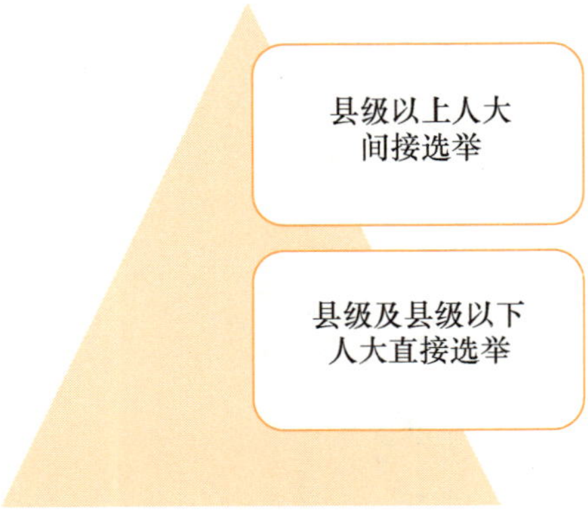

图4—1 人大与选民的关系

选举制度是人民代表大会制度的基础，民主集中制是人民代表大会制度的组织原则。

人民代表大会制度反映了国家政治生活的全貌，体现了国家的性质，是中国共产党领导国家政权的有效政权组织形式。

二、人民代表大会制度是中国的根本政治制度

按照宪法规定，人民代表大会制度是中国的根本政治制度。所谓根本政治制度，意味着：

（1）人民代表大会制度是中国国家政权的组织形式。

（2）其他一切国家机构的权力、合法性来自人民代表大会。

（3）人民代表大会制度坚持人民代表大会统一行使国家权力，不搞“三权分立”和“两院制”，走中国特色社会主义政治发展道路，与西方政治制度具有根本区别（见图4—2）。

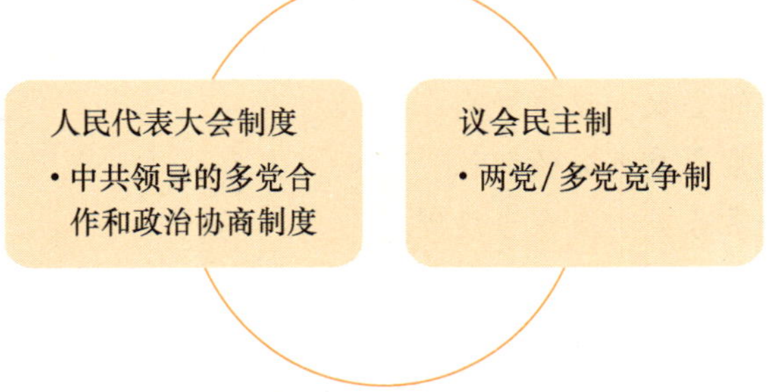

图4—2 人民代表大会制度与议会民主制是根本对立的制度

三、人民代表大会必须接受和服从中共的领导

人民代表大会制度涉及国家政权的渊源、效力和正当性等问题，涉及人民意志的形成及其对国家政权的影响和塑造问题。人民代表大会必须坚持中国共产党的领导，不搞多党

轮流执政；必须以马克思列宁主义、毛泽东思想、邓小平理论、“三个代表”重要思想和科学发展观为指导，坚持正确的政治方向。

中共对人大的领导主要体现在：领导宪法、法律的制定和修改；在人大常委会内部设立中共党组，实现中共对人大常委会的日常领导；人大的主要领导人由中共同级党委的主要领导人兼任；重大事项，如国民经济和社会发展规划、预决算草案、人事任免案、质询案、罢免案等，需要先经同级中共党委同意或由中共党委提出议案，才可被列入人大或人大常委会的议事程序等（见图 4—3）。

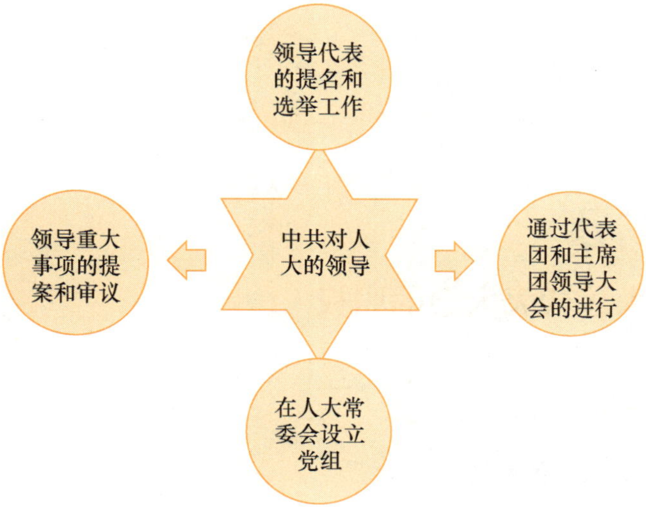

图 4—3　中国共产党对人民代表大会的领导

四、人民代表大会是其他国家机关的产生和监督机关

在宪法意义上，人民代表大会是其他国家机关的产生和监督机关，其他国家机关均须对人民代表大会负责，其权力的行使受到人民代表大会的监督和控制。

具体而言，在中共领导的前提下，人民代表大会是国家元首机关、国家行政机关、司法机构，以及军事统率机关的产生和监督机关，人民代表大会具有产生、监督和罢免这些机关领导人的权力。这些国家机关之间由于直接产生于人民代表大会，相应地只受人民代表大会的监督，而不存在相互之间的权力平衡和制约关系（见图 4—4）。

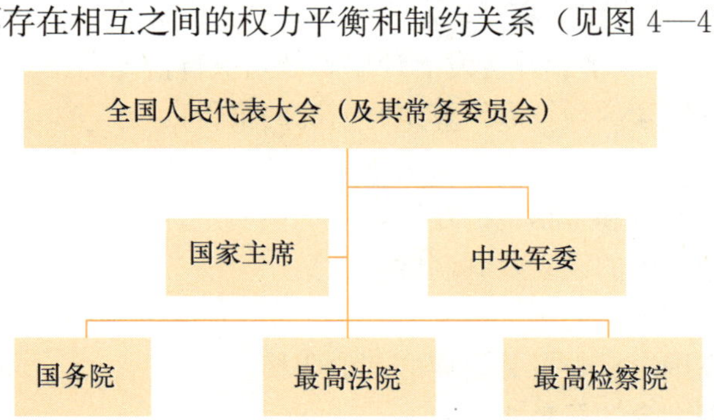

图 4—4　全国人民代表大会与其他国家机关的关系

全国人民代表大会的监督手段见图 4—5。

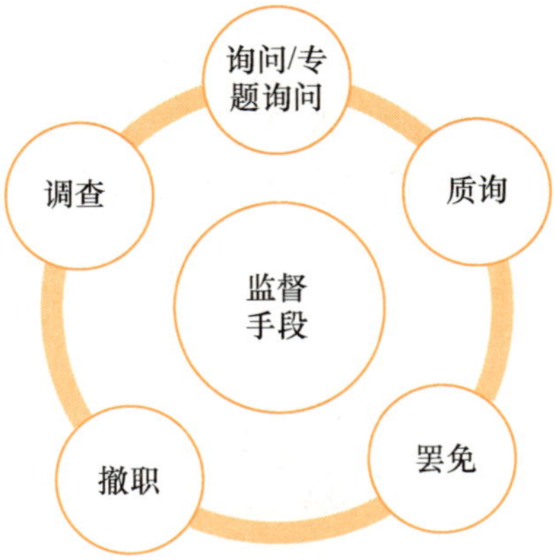

图 4—5 全国人民代表大会的监督手段

第二节 全国人民代表大会的职权

一、全国人民代表大会的职权

1. 全国人民代表大会的职权

(1) 修改宪法；

(2) 监督宪法的实施；

(3) 制定和修改刑事、民事、国家机构的和其他的基本法律；

(4) 选举中华人民共和国主席、副主席；

(5) 根据中华人民共和国主席的提名，决定国务院总理的人选；根据国务院总理的提名，决定国务院副总理、国务委员、各部部长、各委员会主任、审计长、秘书长的人选；

(6) 选举中央军事委员会主席；根据中央军事委员会主席的提名，决定中央军事委员会其他组成人员的人选；

(7) 选举最高人民法院院长；

(8) 选举最高人民检察院检察长；

(9) 审查和批准国民经济和社会发展计划和计划执行情况的报告；

(10) 审查和批准国家的预算和预算执行情况的报告；

(11) 改变或者撤销全国人民代表大会常务委员会不适当的决定；

(12) 批准省、自治区和直辖市的建置；

(13) 决定特别行政区的设立及其制度；

(14) 决定战争和和平的问题；

(15) 应当由最高国家权力机关行使的其他职权。

2. 全国人民代表大会的罢免权

全国人民代表大会有权罢免下列人员：

（1）中华人民共和国主席、副主席；

（2）国务院总理、副总理、国务委员、各部部长、各委员会主任、审计长、秘书长；

（3）中央军事委员会主席和中央军事委员会其他组成人员；

（4）最高人民法院院长；

（5）最高人民检察院检察长。

二、各级人民代表大会的职权（见图 4—6）

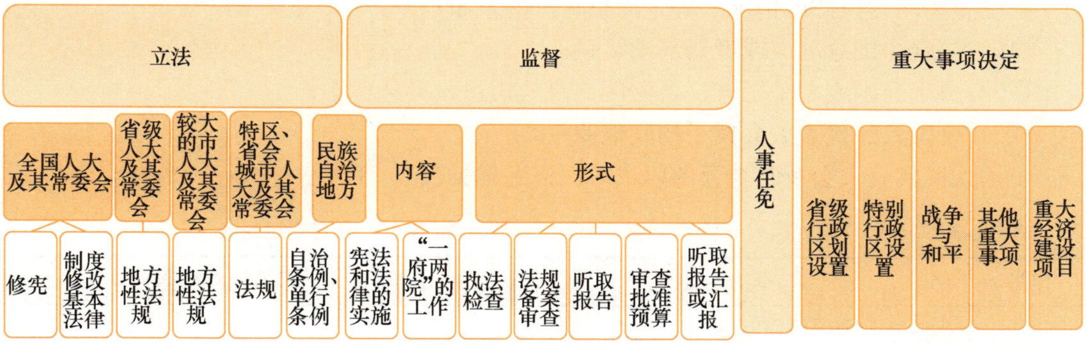

图 4—6　各级人民代表大会的职权

三、全国人民代表大会常务委员会的职权

（1）解释宪法，监督宪法的实施；

（2）制定和修改除应当由全国人民代表大会制定的法律以外的其他法律；

（3）在全国人民代表大会闭会期间，对全国人民代表大会制定的法律进行部分补充和修改，但是不得同该法律的基本原则相抵触；

（4）解释法律；

（5）在全国人民代表大会闭会期间，审查和批准国民经济和社会发展计划、国家预算在执行过程中所必须作的部分调整方案；

（6）监督国务院、中央军事委员会、最高人民法院和最高人民检察院的工作；

（7）撤销国务院制定的同宪法、法律相抵触的行政法规、决定和命令；

（8）撤销省、自治区、直辖市国家权力机关制定的同宪法、法律和行政法规相抵触的地方性法规和决议；

（9）在全国人民代表大会闭会期间，根据国务院总理的提名，决定部长、委员会主任、审计长、秘书长的人选；

（10）在全国人民代表大会闭会期间，根据中央军事委员会主席的提名，决定中央军事委员会其他组成人员的人选；

（11）根据最高人民法院院长的提请，任免最高人民法院副院长、审判员、审判委员会委员和军事法院院长；

（12）根据最高人民检察院检察长的提请，任免最高人民检察院副检察长、检察员、检察委员会委员和军事检察院检察长，并且批准省、自治区、直辖市的人民检察院检察长的任免；

(13) 决定驻外全权代表的任免；

(14) 决定同外国缔结的条约和重要协定的批准和废除；

(15) 规定军人和外交人员的衔级制度和其他专门衔级制度；

(16) 规定和决定授予国家的勋章和荣誉称号；

(17) 决定特赦；

(18) 在全国人民代表大会闭会期间，如果遇到国家遭受武装侵犯或者必须履行国际间共同防止侵略的条约的情况，决定战争状态的宣布；

(19) 决定全国总动员或者局部动员；

(20) 决定全国或者个别省、自治区、直辖市进入紧急状态；

(21) 全国人民代表大会授予的其他职权。

全国人民代表大会及常委会的职权对比情况详见表 4—1。

表 4—1　全国人民代表大会、全国人民代表大会常务委员会的职权对比

序号	全国人大	全国人大常委会
1	宪法和基本法律修改权	
2		法律修改权
3		宪法和法律解释权
4	监督宪法实施权	监督宪法实施权
5	立法权	
6	选举权	
7	罢免权	
8		国家机关人事任命决定权和任免权
9	预算决算批准权	预算调整批准权
10	对全国人大常委会的否决权	
11		对其他国家机关和地方国家机关的监督权
12		外交条约批准权
13	地方建置权	
14		衔级授予与荣典权
15		特赦权
16	宣战与媾和权	宣战权
17		实施紧急状态权
18	其他职权	
19		全国人民代表大会授予的其他职权

第三节　全国人民代表大会

一、全国人民代表大会的任期

全国人民代表大会每届任期五年。

全国人民代表大会会议每年举行一次，由全国人民代表大会常务委员会召集。

如果全国人民代表大会常务委员会认为必要，或者有五分之一以上的全国人民代表大会代表提议，可以临时召集全国人民代表大会会议。

全国人民代表大会任期届满的两个月以前，全国人民代表大会常务委员会必须完成下届全国人民代表大会代表的选举。

如果遇到不能进行选举的非常情况，由全国人民代表大会常务委员会以全体组成人员的三分之二以上的多数通过，可以推迟选举，延长本届全国人民代表大会的任期。在非常情况结束后一年内，必须完成下届全国人民代表大会代表的选举。

从第一届全国人民代表大会到第十二届全国人民代表大会历次会议的会期及人大代表的任期详见表 4—2。

表 4—2　一至十二届全国人大的任期和历次会议的会期

届次	宪法规定任期（年）	实际任期（年）	开会时间	开会次数（次）	开会天数（天）	平均会期（天）
一届	4 年	4 年 7 个月		5	87	17.4
一次			1954.9.15—28			
二次			1955.7.5—30			
三次			1956.6.15—30			
四次			1957.6.26—7.15			
五次			1958.2.1—11			
二届	4 年	5 年 8 个月		4	60	15
一次			1959.4.18—28			
二次			1960.3.30—4.10			
三次			1962.3.27—4.16			
四次			1963.11.17—12.3			
三届	4 年	10 年（1964—1975 年）		1	15	15
一次			1964.12.21—65.1.4			
四届	5 年	3 年 1 个月（1975—1978 年）		1	5	5
一次			1975.1.13—17			
五届	5 年	4 年 10 个月（1978—1982 年）		5	65	13
一次			1978.2.26—3.5			
二次			1979.6.18—7.1			
三次			1980.8.30—9.10			
四次			1981.11.30—12.13			
五次			1982.11.26—12.10			
六届	5 年	5 年		5	85	17
一次			1983.6.6—21			
二次			1984.5.15—31			
三次			1985.3.27—4.10			
四次			1986.3.25—4.12			
五次			1987.3.25—4.11			
七届	5 年	5 年		5	83	16.6

续前表

届次	宪法规定任期（年）	实际任期（年）	开会时间	开会次数（次）	开会天数（天）	平均会期（天）
一次			1988. 3. 25—4. 13			
二次			1989. 3. 20—4. 4			
三次			1990. 3. 20—4. 4			
四次			1991. 3. 25—4. 9			
五次			1992. 3. 20—4. 3			
八届	5年	5年		5	71	14. 2
一次			1993. 3. 15—31			
二次			1994. 3. 10—22			
三次			1995. 3. 5—18			
四次			1996. 3. 5—17			
五次			1997. 3. 1—15			
九届	5年	5年		5	59	11. 8
一次			1998. 3. 5—19			
二次			1999. 3. 5—16			
三次			2000. 3. 5—15			
四次			2001. 3. 5—15			
五次			2002. 3. 5—15			
十届	5年	5年		5	58	11. 6
一次			2003. 3. 5—18			
二次			2004. 3. 5—14			
三次			2005. 3. 5—14			
四次			2006. 3. 5—14			
五次			2007. 3. 5—16			
十一届	5年	5年		5	53	10. 6
一次			2008. 3. 5—18			
二次			2009. 3. 5—13			
三次			2010. 3. 5—14			
四次			2011. 3. 5—14			
五次			2012. 3. 5—14			
十二届	5年					
一次			2013. 3. 5—17			
总计				46	641	13. 9

二、全国人民代表大会的会议和议事规则

1. 会议的召集

（1）召集。

全国人民代表大会会议每年第一季度举行。全国人民代表大会常务委员会认为必要，或者有五分之一以上的全国人民代表大会代表提议，可以召开临时会议。

会议由全国人民代表大会常务委员会召集。

全国人民代表大会常务委员会在会议举行前，须提出会议议程草案、主席团和秘书长名单草案、决定列席会议人员名单，以及会议的其他准备事项；在会议举行的一个月前，将开会日期和主要事项通知代表，并将准备提请会议审议的法律草案发给代表。

（2）组成代表团。

代表按照选举单位组成代表团。《宪法》第五十九条规定：“全国人民代表大会由省、自治区、直辖市、特别行政区和军队选出的代表组成。各少数民族都应当有适当名额的代表。”省、自治区、直辖市、特别行政区和军队是全国人大代表的选举单位，也是组成35个代表团的单位。

代表团全体会议推选团长、副团长。团长召集并主持代表团全体会议。副团长协助团长工作。代表团可以分设若干代表小组。代表小组会议推选小组召集人。

2. 预备会议

全国人民代表大会会议举行前，召开预备会议，选举主席团和秘书长，通过会议议程和关于会议其他准备事项的决定。预备会议由全国人民代表大会常务委员会主持。

在预备会议上，各代表团审议主席团和秘书长名单草案、会议议程草案等。

3. 代表的出席与发言

有三分之二以上的代表出席，大会始得举行。

代表应当出席会议。因病或者其他特殊原因不能出席的，必须请假。

代表在各种会议上的发言，整理简报印发会议，并可以根据本人要求，将发言记录或者摘要印发会议。

全国人民代表大会会议及流程见图4—7及图4—8。

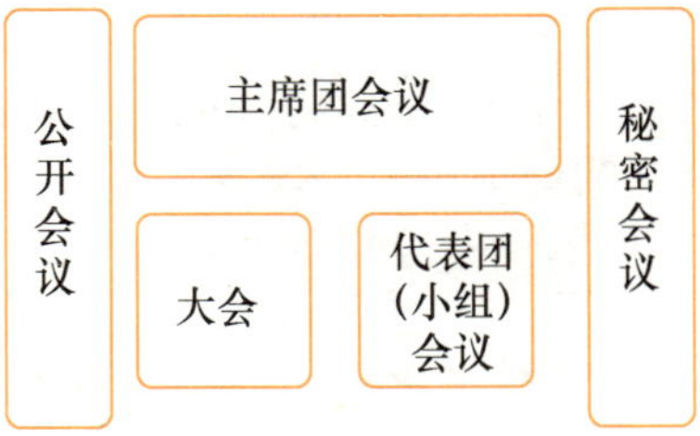

图4—7 全国人民代表大会的会议

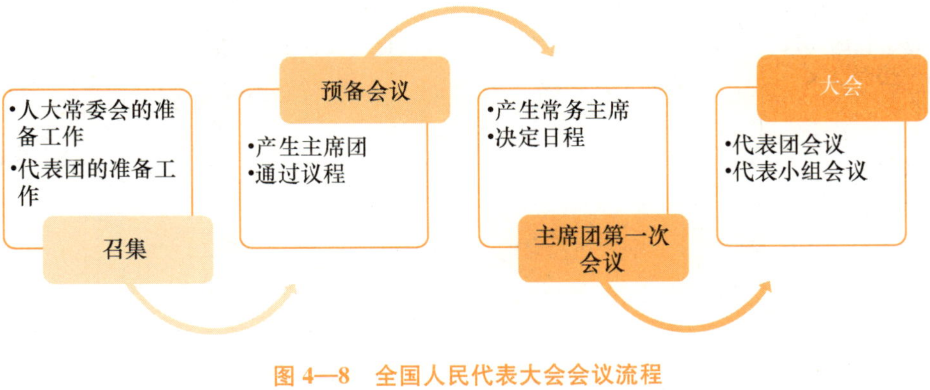

图4—8 全国人民代表大会会议流程

三、主席团、代表团、秘书处与列席人员

1. 主席团

主席团主持大会，组织大会发言，决定是否需要举行秘密会议，决定大会副秘书长的人选、会议日程、表决议案的办法、代表提出议案截止日期等事项。主席团的决定，由主席团全体成员的过半数通过。

主席团常务主席召集并主持主席团会议。

主席团第一次会议由委员长召集。第一次会议推选主席团常务主席和执行主席。

主席团常务主席可以对属于主席团职权范围内的事项向主席团提出建议，调整会议日程；可以召开代表团团长会议，就议案和有关报告的重大问题听取各代表团的审议意见，并将议论的情况和意见向主席团报告；可以就重大的专门性问题，召集代表团推选的有关代表进行讨论（见表4—3）。

全国人大主席团的构成人员详见图4—9。

主席团的构成

- 中共领导人，中共高级领导人无论在不在全国人大和全国人大常委会以及政府任职，一般均成为主席团成员
- 国家领导人，包括国家主席、副主席，全国人大常委会委员长、副委员长
- 民主党派和无党派领导人、统战对象、社会知名人士
- 中共中央和军队的高级部门领导人
- 政府机关的高级部门领导人
- 全国政协以及工会、妇联、共青团领导人
- 全国人大专门委员会负责人
- 全国人大代表中的劳动模范、先进分子和知识分子代表
- 人口在100万以上少数民族的全国人大代表
- 各省、自治区、直辖市和军队代表团的负责人

图4—9 全国人大主席团的构成

表4—3 全国人大会议主席团的职权

主席团的职权	规则
推选常务主席、执行主席 决定副秘书长的人选、会议日程、表决议案的办法、代表提出议案截止日期 决定召开秘密会议 提出议案 决定议案是否列入议程 选举提名权 候选人名单确定权 提出罢免权 公告权 先行审议权	过半数通过

续前表

主席团的职权	规则
提出主席团职权范围内建议 调整日程 召开代表团团长会议 召集代表团代表会议 组织大会发言	常务主席主持
领导秘书处	秘书长负责

2. 代表团的存在和活动方式

代表团全体会议、代表小组会议审议议案和有关报告。

以代表团名义提出的议案、质询案、罢免案，由代表团全体代表的过半数通过。

3. 秘书处

大会设立秘书处，办理主席团交付的事项和处理会议日常事务工作。

4. 列席人员

《中华人民共和国全国人民代表大会议事规则》规定：国务院的组成人员，中央军事委员会的组成人员，最高人民法院院长和最高人民检察院检察长，列席全国人大会议；其他机关、团体的负责人，经全国人大常委会决定，可以列席全国人大会议。

按照惯例，全国政协的委员也可以列席全国人大的会议（见图 4—10)。

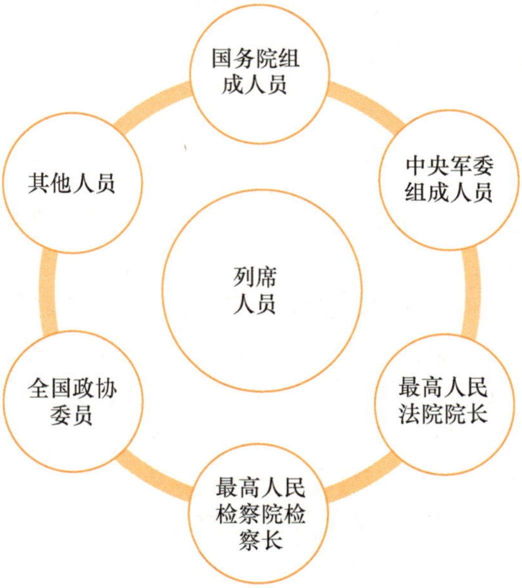

图 4—10 全国人民代表大会列席人员

通常实际列席全国人大会议的人员要超过议事规则规定的范围。

以九届全国人大常委会第二十次会议通过的九届全国人大四次会议列席人员名单为例，九届全国人大四次会议列席人员为：（1）国务院组成人员 27 人（未列入以上人员名单的国务院组成人员都是全国人大代表）；（2）全国政协委员 2 261 人：全国政协委员共

2 266 人，其中人大代表 5 人，其余 2 261 人列席会议。（3）大会副秘书长人选 1 人。（4）全国人大常委会副秘书长，全国人大常委会法制工作委员会副主任、预算工作委员会副主任，全国人大常委会香港特别行政区基本法委员会主任 12 人。（5）国务院副秘书长 2 人。（6）最高人民法院副院长、最高人民检察院副检察长 2 人。（7）省、自治区、直辖市党委、人大常委会、政府主要负责人 10 人。（8）香港特别行政区行政长官 1 人。（9）中国人民解放军、中国人民武装警察部队 15 人（其中中央军委委员 3 人）。这次会议的列席人员范围远远超出了规定 。

全国人大会议期间的功能组织见图 4—11。

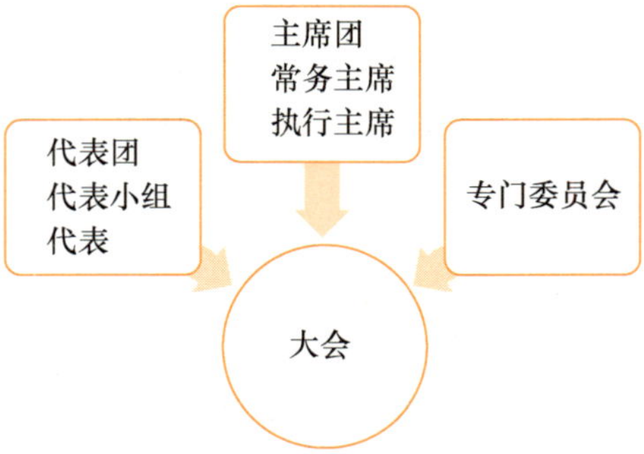

图 4—11　全国人大会议期间的功能组织

开会时间：上午 9 时至 11 时 30 分，下午 3 时至 5 时 30 分。

日程如需调整，由主席团常务主席决定。

四、议事规则

1. 议案的提出和审议

主席团、常务委员会、专门委员会，国务院，中央军事委员会，最高人民法院，最高人民检察院，可以提出议案，由主席团决定列入会议议程。

一个代表团或者三十名以上的代表联名，可以向大会提出议案，由主席团决定是否列入议程，或者先交有关的专门委员会审议、提出是否列入议程的意见，再决定是否列入议程。

代表联名或者代表团提出的议案，可以在全国人民代表大会会议举行前提出。

列入议程的议案由代表团审议，主席团可以并交专门委员会审议、提出报告，由主席团审议决定提请大会全体会议表决。

列入会议议程的法律案，由各代表团审议，并由法律委员会和有关的专门委员会审议。

法律委员会对法律案进行统一审议，向主席团提出审议结果报告和草案修改稿，主席团审议通过后，印发会议，并将修改后的法律案提请大会全体会议表决（见图 4—12）。

有关的专门委员会的审议意见应当及时印发会议。

大会决定成立的特定的法律起草委员会拟订并提出的法律案的审议程序和表决办法，另行规定。

常委会可以公布准备提请会议审议的重要基本法律案草案，征求意见，并将意见整理印发会议。

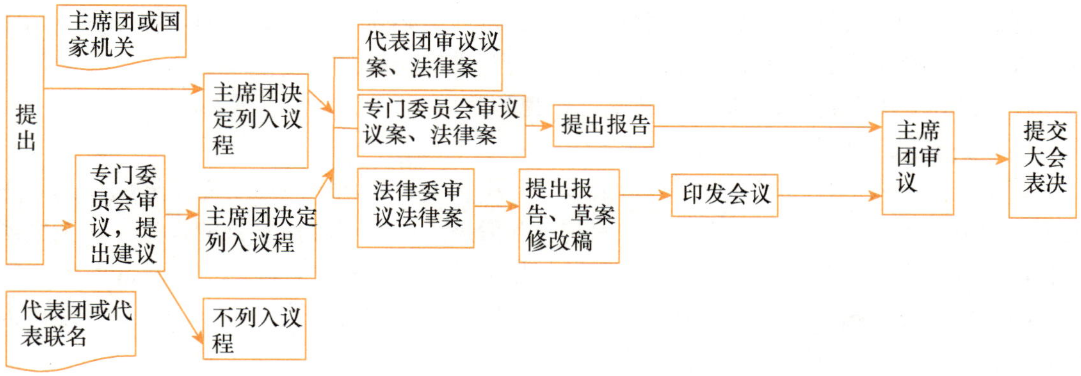

图 4—12　全国人民代表大会议案的提出和审议流程

专门委员会审议议案和有关报告，可以邀请代表和专家列席会议，发表意见。专门委员会可以决定举行秘密会议。

列入会议议程的议案，在交付表决前，提案人要求撤回的，经主席团同意，会议对该议案的审议即行终止；在审议中有重大问题需要进一步研究的，经主席团提出，由大会全体会议决定，可以授权常委会审议决定，并报大会下次会议备案或者提请大会下次会议审议。

代表向大会提出的对各方面工作的建议、批评和意见，由常委会办事机构交由有关机关、组织研究处理，并负责予以答复。

2. 审议工作报告、审查国家计划和国家预算

常委会、国务院、最高人民法院、最高人民检察院向会议提出的工作报告，经各代表团审议后，会议可以作出相应的决议。

会议举行的一个月前，国务院有关主管部门应当就国民经济和社会发展计划及计划执行情况、国家预算及预算执行情况的主要内容，向财政经济委员会和有关的专门委员会汇报，由财政经济委员会进行初步审查；举行会议的时候，国务院应当向会议提出关于国民经济和社会发展计划及计划执行情况的报告、关于国家预算及预算执行情况的报告，并将国民经济和社会发展计划主要指标（草案）、国家预算收支表（草案）和国家预算执行情况表（草案）印发会议，由各代表团审查，并由财政经济委员会和有关的专门委员会审查。财政经济委员会向主席团提出审查结果报告，主席团审议通过后，印发会议，并将关于国民经济和社会发展计划的决议草案、关于国家预算和预算执行情况的决议草案提请大会全体会议表决。有关的专门委员会的审查意见应当及时印发会议（见图 4—13）。

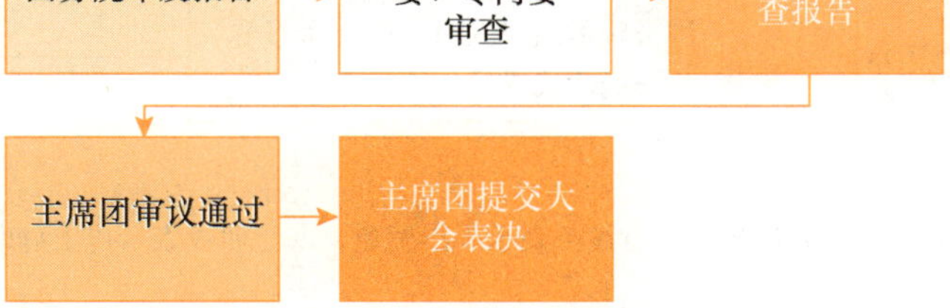

图 4—13　全国人民代表大会审议工作报告、审查国家计划和国家预算的程序

国民经济和社会发展计划、国家预算在执行过程中必须作部分调整的，国务院应当将调整方案提请全国人民代表大会常务委员会审查和批准。

3. 国家机构组成人员的选举、罢免、任免和辞职

（1）法定程序（见图 4—14）。

委员长、副委员长、秘书长、委员的人选，中华人民共和国主席、副主席的人选，中央军事委员会主席的人选，最高人民法院院长和最高人民检察院检察长的人选，由主席团提名，经各代表团酝酿协商后，再由主席团根据多数代表的意见，确定正式候选人名单。

国务院总理和国务院其他组成人员的人选，中央军事委员会除主席以外的其他组成人员的人选，依照宪法的有关规定提名。

各专门委员会主任委员、副主任委员和委员的人选，由主席团在代表中提名。

候选人的提名人应当向会议介绍候选人的基本情况。

选举或者决定任命，采用无记名投票方式。得票数超过全体代表的半数的，始得当选或者通过。选举或者表决结果，由会议主持人当场宣布。候选人的得票数，应当公布。

选举和决定任命的具体办法，由大会全体会议通过。

会议期间，常委会的组成人员，中华人民共和国主席、副主席，国务院的组成人员，中央军事委员会的组成人员，最高人民法院院长和最高人民检察院检察长提出辞职的，由主席团将其辞职请求交各代表团审议后，提请大会全体会议决定；大会闭会期间提出辞职的，由委员长会议将其辞职请求提请常委会会议审议决定。常委会接受常委会组成人员，中华人民共和国主席、副主席，国务院总理、副总理、国务委员，中央军事委员会主席，最高人民法院院长和最高人民检察院检察长辞职的，应当报请大会下次会议确认。

大会闭会期间，国务院总理、中央军事委员会主席、最高人民法院院长、最高人民检察院检察长缺位的，常委会可以分别在国务院副总理、中央军事委员会副主席、最高人民法院副院长、最高人民检察院副检察长中决定代理人选。

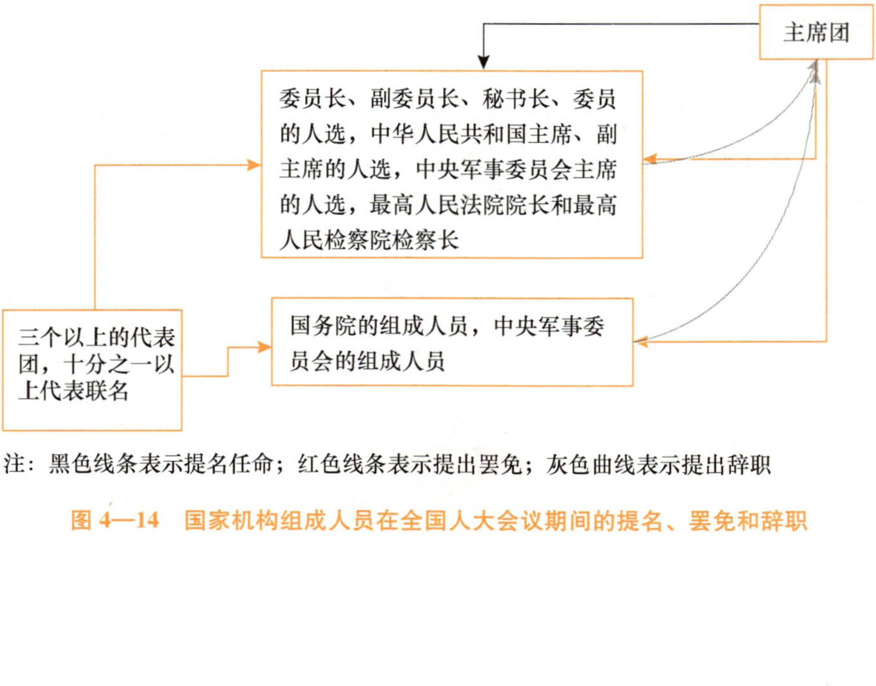

注：黑色线条表示提名任命；红色线条表示提出罢免；灰色曲线表示提出辞职

图 4—14 国家机构组成人员在全国人大会议期间的提名、罢免和辞职

主席团、三个以上的代表团或者十分之一以上的代表，可以提出对于常委会的组成人员，中华人民共和国主席、副主席，国务院的组成人员，中央军事委员会的组成人员，最高人民法院院长和最高人民检察院检察长的罢免案，由主席团交各代表团审议后，提请大会全体会议表决；或者组织调查委员会提出调查报告。

被提出罢免的人员有权在主席团会议和大会全体会议上提出申辩意见，或者书面提出申辩意见，由主席团印发会议。

常委会组成人员、专门委员会成员的代表职务被原选举单位罢免的，由主席团或者常委会予以公告。

（2）实施办法。

一般而言，每届全国人大的第一次会议都要举行各项选举和任命，为此都会制定有关选举和决定任命的具体办法。

以第十二届全国人民代表大会第一次会议为例，这次会议需要选举第十二届全国人民代表大会常务委员会委员长、副委员长、秘书长、委员；选举中华人民共和国主席、副主席；决定国务院总理的人选；决定国务院副总理、国务委员、各部部长、各委员会主任、中国人民银行行长、审计长、秘书长的人选；选举中华人民共和国中央军事委员会主席；决定中华人民共和国中央军事委员会副主席、委员的人选；选举最高人民法院院长；选举最高人民检察院检察长。

大会制定的选举和任命办法如下：

全国人民代表大会常务委员会委员长、副委员长、秘书长、委员的人选，中华人民共和国主席、副主席的人选，中华人民共和国中央军事委员会主席的人选，最高人民法院院长和最高人民检察院检察长的人选，由主席团提名，经各代表团酝酿协商后，再由主席团根据多数代表的意见确定正式候选人名单。其中，全国人民代表大会常务委员会委员长、副委员长、秘书长、委员的人选，须在代表中提名。

国务院总理的人选，由中华人民共和国主席提名；国务院副总理、国务委员、各部部长、各委员会主任、中国人民银行行长、审计长、秘书长的人选，由国务院总理提名；中华人民共和国中央军事委员会副主席、委员的人选，由中华人民共和国中央军事委员会主席提名。

第十二届全国人民代表大会常务委员会委员进行差额选举，差额比例不低于8%。

中华人民共和国主席、副主席，中华人民共和国中央军事委员会主席，最高人民法院院长，最高人民检察院检察长，进行等额选举（见表4—4）。

采用无记名投票方式。

对选举票上的候选人，代表可以表示赞成，可以表示反对，也可以表示弃权。表示反对的，可以另选他人；表示弃权的，不能另选他人。

对表决票上的人选，代表可以表示赞成，可以表示反对，也可以表示弃权，不能另提人选。

选举或者决定的人选获得的赞成票数超过全体代表的半数，始得当选或者通过。

在选举全国人民代表大会常务委员会委员时，如获得全体代表过半数赞成票的候选人超过应选名额时，以获得赞成票多的当选；如遇票数相等不能确定当选人时，应当就票数相等的候选人再次投票，以获得赞成票多的当选。如获得全体代表过半数赞成票的当选人数少于应选名额时，不足的名额留待第十二届全国人民代表大会第一次以后的会议另行选举。

大会全体会议进行选举或者决定任命时，会场设秘密写票处。

计票结束后，由总监票人向大会执行主席报告选举或者表决的计票结果，由大会执行主席向大会宣布选举或者表决的结果。

表 4—4　　十二届全国人民代表大会第一次会议选举和决定任命的办法

<table>
<tr><td colspan="5">选举票（共 6 张）</td></tr>
<tr><td></td><td>选举对象</td><td>提名主体</td><td>正式候选人名单的提出</td><td>差额/等额</td></tr>
<tr><td rowspan="4">第四次全体会议</td><td>全国人民代表大会常务委员会委员长、副委员长、秘书长选举票</td><td rowspan="6">主席团提名</td><td rowspan="6">各代表团酝酿协商后，再由主席团根据多数代表的意见确定正式候选人名单
委员长、副委员长、秘书长、委员的人选，须在代表中提名</td><td>等额</td></tr>
<tr><td>全国人民代表大会常务委员会委员选举票</td><td>161/173（差额 7%）</td></tr>
<tr><td>中华人民共和国主席、副主席选举票</td><td rowspan="4">等额</td></tr>
<tr><td>中华人民共和国中央军事委员会主席选举票</td></tr>
<tr><td rowspan="5">第五次全体会议</td><td>最高人民法院院长选举票</td></tr>
<tr><td>最高人民检察院检察长选举票</td></tr>
<tr><td colspan="4">表决票（共 3 张）</td></tr>
<tr><td>国务院总理人选的表决票</td><td>国家主席</td><td></td><td rowspan="3">等额</td></tr>
<tr><td>中央军事委员会副主席、委员人选的表决票</td><td>中央军委主席</td><td></td></tr>
<tr><td>第六次全体会议</td><td>国务院副总理、国务委员、各部部长、各委员会主任、中国人民银行行长、审计长、秘书长人选的表决票</td><td>国务院总理</td><td></td></tr>
</table>

4. 询问和质询

代表团、主席团和专门委员会审议议案和有关报告的时候，有关部门应当派负责人员到会，听取意见，回答代表提出的询问。

大会会议期间，一个代表团或者三十名以上的代表联名，可以书面向主席团提出对国务院和国务院各部门的质询案。主席团决定质询的答复方式。

5. 发言和表决

代表在大会各种会议上的发言和表决，不受法律追究。

代表在大会全体会议上发言的，每人可以发言两次，第一次不超过十分钟，第二次不超过五分钟。要求在大会全体会议上发言的，会前向秘书处报名，由大会执行主席安排发言顺序；在大会全体会议上临时要求发言的，经大会执行主席许可，始得发言。

主席团成员和代表团团长或者代表团推选的代表在主席团每次会议上发言的，每人可以就同一议题发言两次，第一次不超过十五分钟，第二次不超过十分钟。经会议主持人许可，发言时间可以适当延长。

大会全体会议表决议案，由全体代表的过半数通过。宪法的修改，由全体代表的三分之二以上的多数通过。

表决结果由会议主持人当场宣布。

会议表决议案采用投票方式、举手方式或者其他方式，由主席团决定。

宪法的修改，采用投票方式表决（见表 4—5）。

全国人大表决方式的演变见图 4—15。

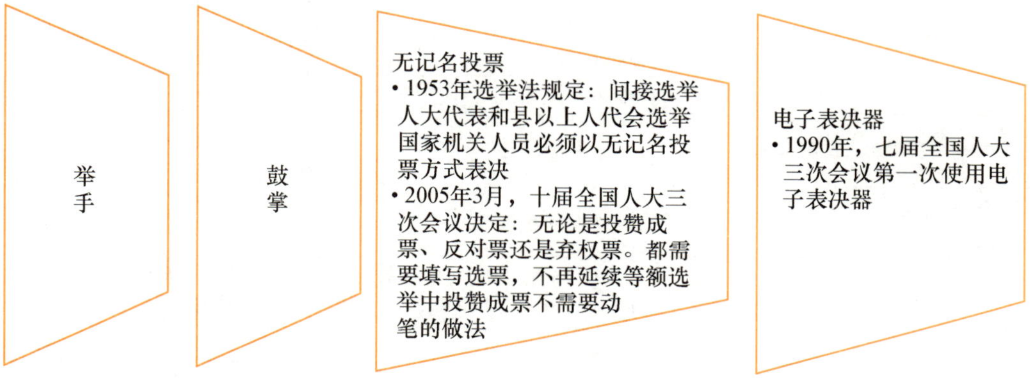

图 4—15　全国人大表决方式的演变

表 4—5　全国人大表决的事项、方式与有效性

表决事项	表决方式	有效性
修改宪法	投票	三分之二通过
选举、任命	无记名投票	过半数通过
其他事项	投票、举手或其他方式	过半数通过

从五届人大五次会议开始全国人大议案表决情况见表 4—6。

表 4—6　全国人大议案表决情况　单位：票

届次	大会举行时间	表决案	赞成	反对	弃权
五届人大五次会议	1982.11.26—12.10	宪法修正案	3 037	0	0
七届人大一次会议	1988.3.25—4.13	宪法修正案	2 821	22	16
七届人大二次会议	1989.3.20—4.4	行政诉讼法	2 662	3	23
		全国人大议事规则	2 673	0	15
		授予深圳特区立法权	1 609	274	805
七届人大五次会议	1992.3.20—4.3	关于兴建长江三峡工程的决议	1 767	177	664（未按表决器 25）

续前表

<table>
<tr><th>届次</th><th>大会举行时间</th><th>表决案</th><th>赞成</th><th>反对</th><th>弃权</th></tr>
<tr><td>八届人大一次会议</td><td>1993.3.15—31</td><td>宪法修正案</td><td>2 848</td><td>8</td><td>36</td></tr>
<tr><td rowspan="2">九届人大二次会议</td><td rowspan="2">1999.3.5—16</td><td>宪法修正案</td><td>2 811</td><td>21</td><td>24</td></tr>
<tr><td>立法法</td><td>2 560</td><td>89</td><td>126</td></tr>
<tr><td rowspan="3">九届全国人大三次会议（出席2 789）</td><td rowspan="3">2000.3.5—15</td><td>最高人民法院工作报告</td><td>1 953</td><td>530</td><td>306</td></tr>
<tr><td>最高人民检察院工作报告</td><td>1 873</td><td>916</td><td></td></tr>
<tr><td>企业所得税法</td><td>2 826</td><td>37</td><td>22</td></tr>
<tr><td rowspan="2">十届人大一次会议</td><td rowspan="2">2003.3.5—18</td><td>最高人民法院工作报告</td><td></td><td>398</td><td></td></tr>
<tr><td>最高人民检察院工作报告</td><td></td><td>545</td><td></td></tr>
<tr><td rowspan="3">十届人大二次会议</td><td rowspan="3">2004.3.5—14</td><td>宪法修正案</td><td>2 863</td><td>10</td><td>17</td></tr>
<tr><td>政府工作报告</td><td>2 874</td><td>7</td><td>15</td></tr>
<tr><td>最高人民法院工作报告</td><td></td><td>586</td><td></td></tr>
<tr><td>十届人大三次会议</td><td>2005.3.5—14</td><td>反分裂国家法</td><td>2 863</td><td>0</td><td>2</td></tr>
<tr><td>十届全国人大五次会议</td><td>2007.3.5—16</td><td>最高人民法院工作报告</td><td>2 395</td><td>359</td><td>127</td></tr>
<tr><td rowspan="2">十一届人大一次会议</td><td rowspan="2">2008.3.5—18</td><td>国务院组成人员</td><td colspan="3">反对票：教育部长周济 384，人民银行行长周小川 156，国务委员兼国务院秘书长马凯 117</td></tr>
<tr><td>物权法</td><td>2 799</td><td>52</td><td>37</td></tr>
<tr><td rowspan="3">十一届人大二次会议</td><td rowspan="3">2009.3.5—13</td><td>政府工作报告</td><td>2 824</td><td>42</td><td></td></tr>
<tr><td>最高人民法院工作报告</td><td></td><td>519</td><td></td></tr>
<tr><td>最高人民检察院工作报告</td><td></td><td>505</td><td></td></tr>
<tr><td rowspan="4">十一届人大三次会议</td><td rowspan="4">2010.3.5—14</td><td>选举法修正案</td><td>2 747</td><td>108</td><td>47</td></tr>
<tr><td>政府工作报告</td><td>2 836</td><td>36</td><td>25</td></tr>
<tr><td>最高人民法院工作报告</td><td></td><td>479</td><td></td></tr>
<tr><td>最高人民检察院工作报告</td><td></td><td>411</td><td></td></tr>
<tr><td rowspan="5">十一届人大四次会议</td><td rowspan="5">2011.3.5—14</td><td>政府工作报告</td><td>2 793</td><td>47</td><td>36</td></tr>
<tr><td>常委会工作报告</td><td>2 756</td><td>82</td><td>37</td></tr>
<tr><td>2010 年预算执行与 2011 年预算决议</td><td>2 391</td><td>362</td><td>118</td></tr>
<tr><td>最高人民法院工作报告</td><td>2 242</td><td>475</td><td>155</td></tr>
<tr><td>最高人民检察院工作报告</td><td>2 306</td><td>434</td><td>130</td></tr>
<tr><td rowspan="6">十一届人大五次会议</td><td rowspan="6">2012.3.5—14</td><td>政府工作报告</td><td>2 725</td><td>90</td><td>49</td></tr>
<tr><td>常委会工作报告</td><td>2 737</td><td>77</td><td>44</td></tr>
<tr><td>最高人民法院工作报告</td><td>2 311</td><td>429</td><td>115</td></tr>
<tr><td>最高人民检察院工作报告</td><td>2 349</td><td>393</td><td>112</td></tr>
<tr><td>2011 年国民经济和社会发展计划执行情况与 2012 年计划的决议</td><td>2 591</td><td>185</td><td>81</td></tr>
<tr><td>2011 年预算执行与 2012 年预算决议</td><td>2 291</td><td>438</td><td>131</td></tr>
</table>

续前表

届次	大会举行时间	表决案	赞成	反对	弃权
十二届人大一次会议	2013.3.5—17	政府工作报告	2 799	101	44
		常委会工作报告	2 733	509	61
		最高人民法院工作报告	2 218	605	120
		最高人民检察院工作报告	2 339	485	121
		2012 年国民经济和社会发展计划执行情况与 2013 年计划的决议	2 665	221	60
		2012 年预算执行与 2013 年预算决议	2 307	509	127
十二届人大二次会议	2014.3.5—13	政府工作报告	2 887	15	5
		常委会工作报告	2 784	74	44
		最高人民法院工作报告	2 425	378	95
		最高人民检察院工作报告	2 402	390	108
		2013 年国民经济和社会发展计划执行情况与 2014 年计划的决议	2 760	97	47
		2013 年预算执行与 2014 年预算决议	2 504	293	102

五、特定问题调查委员会

特定问题调查委员会是全国人民代表大会和全国人民代表大会常务委员会为查证某个重大问题而依照法定程序成立的临时性机构。

全国人民代表大会和全国人民代表大会常务委员会认为必要的时候，可以组织关于特定问题的调查委员会，并且根据调查委员会的报告，作出相应的决议。

调查委员会必须在全国人民代表大会或者常务委员会会议期间产生。

主席团、三个以上的代表团或者十分之一以上代表联名，可以提议组织关于特定问题的调查委员会，由主席团提请大会全体会议决定。

如全体代表过半数表决通过，特定问题调查委员会始得成立。

调查委员会由主任委员、副主任委员若干名和委员若干人组成。

调查委员会组成人员的人选由主席团在代表中提名，大会全体会议通过。

调查委员会可以聘请专家参加调查工作。

调查委员会进行调查的时候，一切有关的国家机关、社会团体和公民都有义务向它提供必要的材料。

调查委员会在调查过程中，可以不公布调查的情况和材料。

调查委员会在结束调查时，必须以书面形式向全国人民代表大会或全国人大常务委员会提出报告。

特定问题调查的程序详见图 4—16。

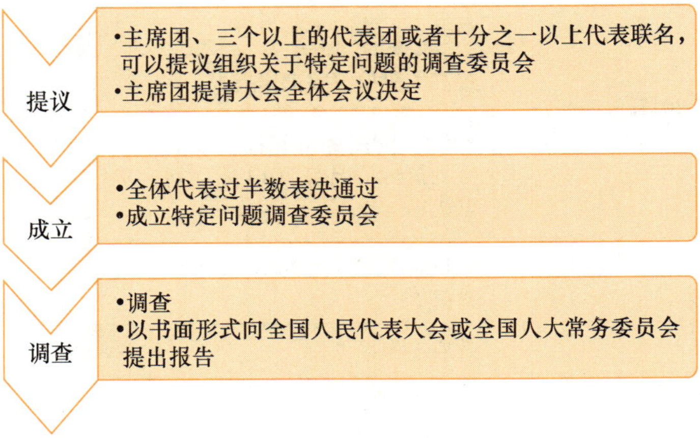

图 4—16　特定问题调查的程序

第四节　全国人民代表大会常务委员会

一、全国人民代表大会常务委员会

全国人民代表大会常务委员会由委员长、副委员长若干人、秘书长、委员若干人组成。组成人员中，应当有适当名额的少数民族代表。

全国人民代表大会常务委员会的组成人员不得担任国家行政机关、审判机关和检察机关的职务。

全国人民代表大会选举并有权罢免全国人民代表大会常务委员会的组成人员。

全国人大常委会组成人员的选举采用代表互选方式。

从七届全国人大一次会议开始，全国人大常委会委员由差额选举产生。

全国人民代表大会及其常委会组织结构图见图 4—17。

二、全国人民代表大会常务委员会委员长

全国人民代表大会常务委员会委员长主持全国人民代表大会常务委员会的工作，召集全国人民代表大会常务委员会会议。

副委员长、秘书长协助委员长工作。

第十二届全国人民代表大会常务委员会成员见图 4—18。

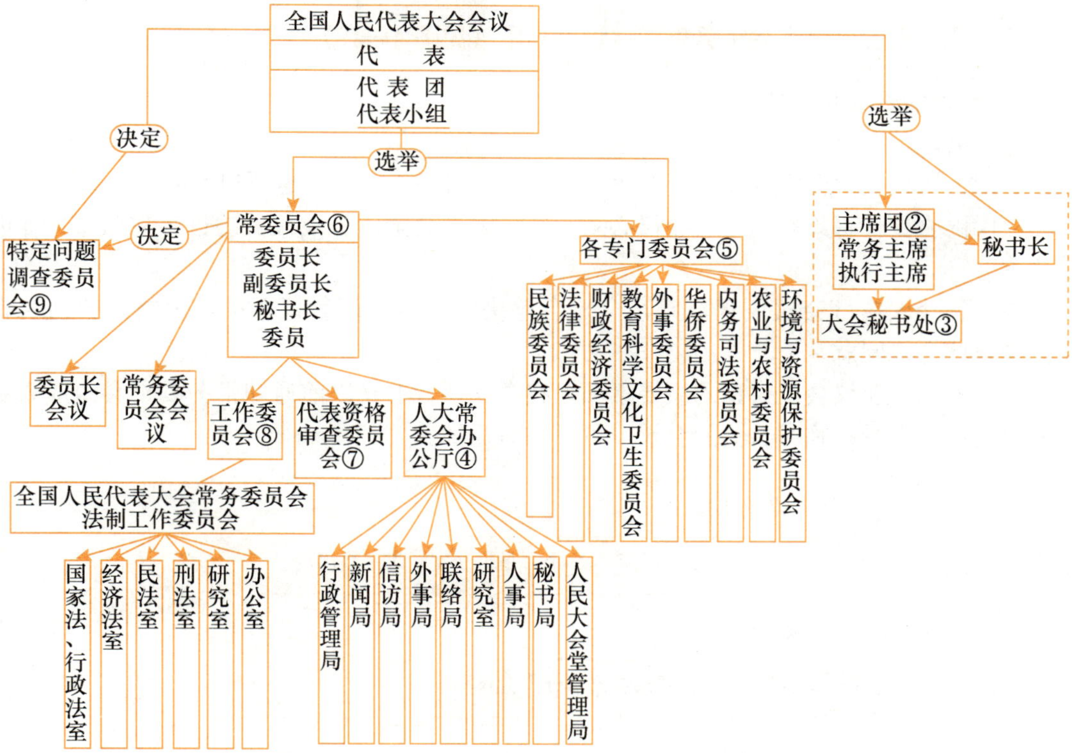

图 4—17　全国人民代表大会及其常务委员会组织结构图

说明：
①箭头表示领导、所属关系及方向；
②主席团推选常务主席；主席团互推执行主席；
③大会秘书处副秘书长的人选由主席团决定；大会主席团及大会秘书处存在于大会会议期间；
④办公厅副秘书长由委员长提请常委会任免；
⑤各专门委员会的主任委员、副主任委员和委员的人选由主席团在代表中提名，大会通过；
⑥常委会组成人选由主席团提名，并由主席团确定正式候选人名单；
⑦代表资格审察委员会的主任委员、副主任委员、委员由委员长会议在常委会组成人员中提名，常委会会议通过；
⑧工作委员会目前仅设法制工作委员会；工作委员会的主任、副主任和委员由委员长提请常委会任免；
⑨特定问题调查委员会的组织和工作，由全国人民代表大会或者全国人民代表大会常务委员会决定。

十二届全国人民代表大会常务委员会

- 委员长
  张德江
- 副委员长：
  李建国、王胜俊、陈昌智、严隽琪（女）、王晨、沈跃跃、吉炳轩、张平、向巴平措（藏族）、艾力更·依明巴海（维吾尔族）、万鄂湘、张宝文、陈竺
- 秘书长
  王晨（兼）

图 4—18　第十二届全国人民代表大会常务委员会组成人员

三、全国人民代表大会常务委员会议事规则（见图 4—19）

1. 会议的召集和主持

（1）会议的召集。

全国人民代表大会常务委员会会议一般每两个月举行一次，也可以临时召集会议。

会议由委员长召集并主持。会议必须有常务委员会全体组成人员的过半数出席，才能举行。

委员长会议拟订会议议程草案，全体会议决定。需要调整议程的，由委员长会议提出，经全体会议同意。

开会日期、建议会议讨论的主要事项，在会议举行七日以前通知常务委员会组成人员和列席会议的人员；临时召集的会议，可以临时通知。

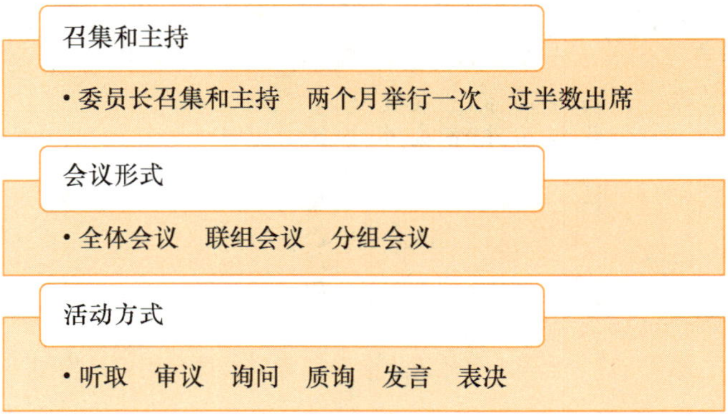

图 4—19　全国人大常委会的会议

（2）列席人员。

常务委员会会议的列席人员包括：国务院、中央军事委员会、最高人民法院、最高人民检察院的负责人；不是常务委员会组成人员的全国人大专门委员会主任委员、副主任委员、委员，常务委员会副秘书长、工作委员会主任、副主任，有关部门负责人；各省、自治区、直辖市的人民代表大会常务委员会主任或者副主任，有关的全国人大代表。

（3）旁听人员。

从七届全国人大常委会第二次会议开始，每次会议都邀请工会、妇联和共青团等群众组织的人员旁听。旁听人员没有发言权，如果他们对常委会会议正在审议的议案有意见，可以书面向常委会工作机构提出。

2. 会议形式

全国人民代表大会常务委员会的会议有全体会议、分组会议和联组会议。

全体会议是常委会全体组成人员参加的会议，主要任务是听取各项工作报告和对议案的说明，对常委会会议审议的各项议案进行表决。

全体会议由委员长主持。委员长可以委托副委员长主持会议。

分组会议是常委会组成人员按组进行审议讨论的会议。分组会议由委员长会议确定若干名召集人，轮流主持。分组名单由常务委员会办事机构拟订，报秘书长审定，并定期调整。

八届全国人大以前，常委会会议分四个组，九届全国人大以来分六个组。分组会议人数较少，便于委员充分发表意见，这是常委会审议讨论各项议案和报告的主要形式。

联组会议是在分组会议基础上召开的各组联席会议，主要任务是交流分组会议审议的情况和意见，对议案和报告所涉及的主要问题，特别是有意见分歧的问题，展开进一步讨论，以使审议更加深入，求得比较一致的意见。

联组会议，由委员长主持。委员长可以委托副委员长主持会议。在联组会议上，委员可以自报议题要求发言。

3. 议事规则

（1）议案的提出和审议。

委员长会议提出的议案，由常务委员会会议审议。

国务院、中央军事委员会、最高人民法院、最高人民检察院、全国人民代表大会各专门委员会提出的议案，由委员长会议决定提请常务委员会会议审议，或者先交有关的专门委员会审议、提出报告，再决定提请常务委员会会议审议。

常务委员会组成人员十人以上联名提出的议案，由委员长会议决定提请常务委员会会议审议，或者先交有关的专门委员会审议、提出报告，再决定是否提请常务委员会会议审议；不提请常务委员会会议审议的，应当向常务委员会会议报告或者向提案人说明（见图4—20）。

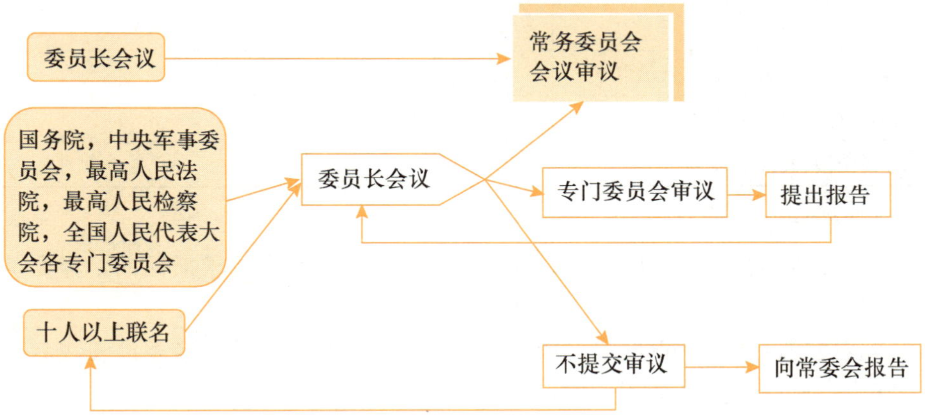

图 4—20　全国人大常委会的议案的提出和审议

提交审议的议案，由全体会议听取关于议案的说明。之后，分组会议、有关的专门委员会并行审议。

列入议程的法律草案，常务委员会听取说明并初步审议后，交有关专门委员会审议和法律委员会统一审议，由法律委员会向下次或者以后的常务委员会会议提出审议结果的报告，并将其他有关专门委员会的审议意见印发常务委员会会议。

有关法律问题的决定的议案和修改法律的议案，法律委员会审议后，可以向本次常务委员会会议提出审议结果的报告，也可以向下次或者以后的常务委员会会议提出审议结果的报告。

提请批准决算和预算调整方案的议案，交财政经济委员会审议，也可以同时交其他有关专门委员会审议，由财政经济委员会向常务委员会会议提出审查结果的报告。

提请批准条约和协定的议案，交外事委员会审议，也可以同时交其他有关专门委员会审议，由外事委员会向常务委员会会议提出审核结果的报告。

常务委员会联组会议可以听取和审议专门委员会对议案审议意见的汇报，对会议议题进行讨论。

有权向全国人大、全国人大常委会提出修改宪法案和法律案的主体详见表4—7。

表4—7 有权向全国人大（全国人大常委会）提出修改宪法案和法律案的主体

	向全国人大提出修改宪法案	向全国人大提出法律案	向全国人大常委会提出法律案
全国人大大会主席团		√	
全国人大常委会	√	√	
全国人大常委会委员长会议			√
国务院		√	√
中央军委		√	√
最高人民法院		√	√
最高人民检察院		√	√
全国人大各专门委员会		√	√
一个全国人大代表团		√	
十人以上全国人大常委会组成人员联名			√
五分之一以上的全国人大代表	√		
三十人以上全国人大代表联名		√	

（2）议案的搁置。

列入常务委员会会议议程的议案，在交付表决前，提案人要求撤回的，经委员长会议同意，对该议案的审议即行终止。

拟提请表决的议案，在审议中有重大问题需要进一步研究的，经委员长或者委员长会议提出，联组会议或者全体会议同意，可以暂不付表决，交有关专门委员会进一步审议，提出审议报告。

常务委员会认为必要的时候，可以组织关于特定问题的调查委员会，并且根据调查委员会的报告，作出相应的决议。

（3）听取和审议工作报告。

全体会议听取国务院、最高人民法院、最高人民检察院的专项工作报告，听取国民经济和社会发展计划、预算执行情况报告，听取决算报告和审计工作报告，听取常务委员会执法检查组提出的执法检查报告，听取其他报告。

常务委员会全体会议听取工作报告后，可以由分组会议和联组会议进行审议。

委员长会议可以决定将工作报告交有关的专门委员会审议，提出意见。

常务委员会认为必要的时候，可以对工作报告作出决议。

（4）询问和质询。

分组会议、联组会议审议的时候，应当通知有关部门派人到会，回答询问。

在常务委员会会议期间，常务委员会组成人员十人以上联名，可以向常务委员会书面提出对国务院及国务院各部门和最高人民法院、最高人民检察院的质询案。

质询案由委员长会议决定：交由有关的专门委员会审议或者提请常务委员会会议审议；由受质询机关的负责人在常务委员会会议上或者有关的专门委员会会议上口头答复，或者书面答复。

（5）发言和表决。

全体会议或者联组会议审议的时候，常务委员会组成人员要求发言的，应当在会前提出，由会议主持人安排，按顺序发言；临时要求发言的，经会议主持人同意，始得发言。

在分组会议上要求发言的，经会议主持人同意，即可发言。

在全体会议上的发言，不超过十分钟；在联组会议和分组会议上，第一次发言不超过十五分钟，第二次对同一问题的发言不超过十分钟。

发言纪录经发言人核对签字后，编印会议简报和存档。

表决议案由常务委员会全体组成人员的过半数通过。表决结果由会议主持人当场宣布。

常务委员会表决议案，采用无记名方式、举手方式或者其他方式。

全国人大常委会审议议案的流程见图4—21。

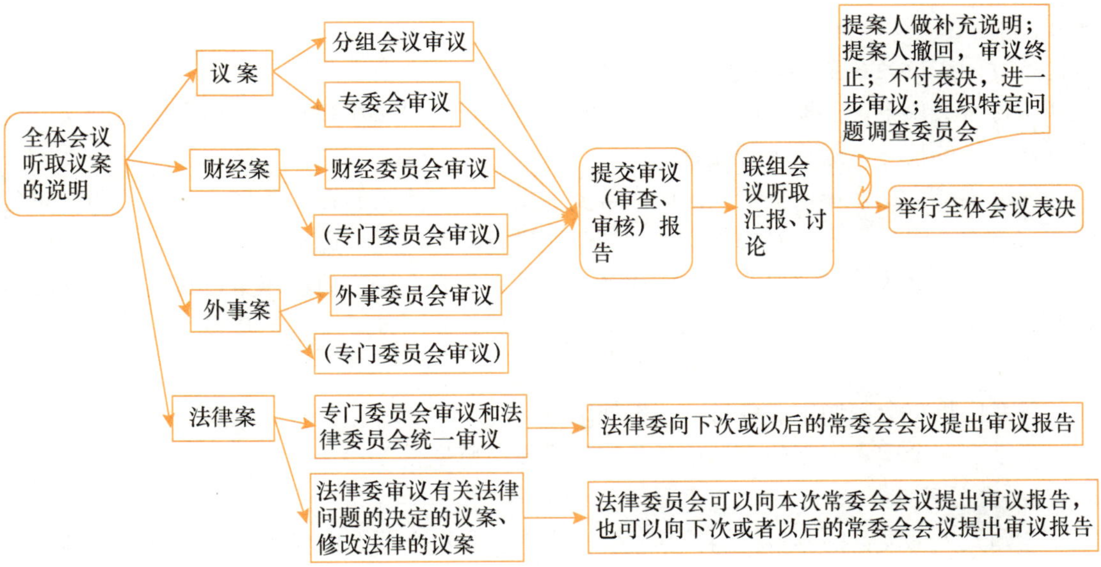

图4—21 全国人大常委会审议议案的流程

四、全国人大和全国人大常委会的主要工作机构

1. 委员长会议

委员长、副委员长、秘书长组成委员长会议。委员长会议处理全国人大常委会重要日

常工作，包括：决定每次会议的会期，拟定会议议程草案；对向常委会提出的议案和质询案，决定交由有关的专门委员会审议或者提请常委会全体会议审议；指导和协调各专门委员会的重要日常工作；处理常委会其他重要日常工作。

委员长会议由委员长召集和主持。委员长可以委托副委员长主持会议。

全国人民代表大会常务委员会对全国人民代表大会负责并报告工作。

2. 专门委员会

全国人民代表大会设立民族、法律、内务司法、财政经济、教育科学文化卫生、外事、华侨、环境与资源保护、农业与农村等专门委员会（见图 4—22）。

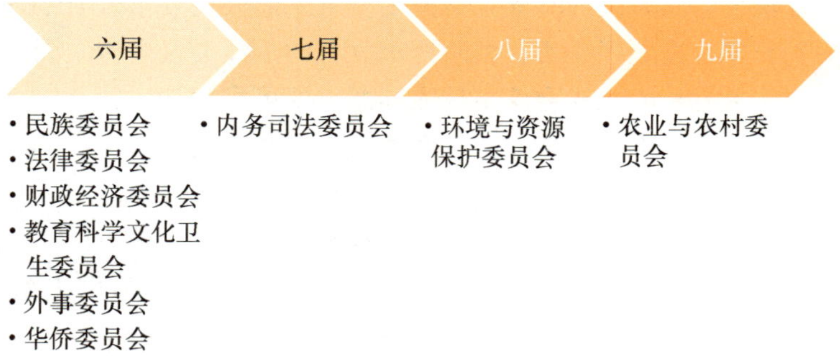

图 4—22 全国人大专门委员会的设立

在全国人民代表大会闭会期间，各专门委员会受全国人民代表大会常务委员会的领导。

各专门委员会在全国人民代表大会和全国人民代表大会常务委员会领导下，研究、审议和拟订有关议案；协助全国人大常委会行使监督权，对法律和有关法律问题的决议、决定贯彻实施的情况，进行检查监督。

民族委员会还要审议报请全国人大常委会批准的自治区的自治条例和单行条例，向全国人大常委会提出报告；对加强民族团结问题进行调查研究，提出建议。

法律委员会统一审议向全国人大或者全国人大常委会提出的法律案；其他专门委员会就有关的法律案进行审议，向法律委员会提出意见，并印发全国人民代表大会会议或者常委会会议。

各专门委员会都制定有各自的议事规则。

第十二届全国人大专门委员数量及主任委员详情见图 4—23。

3. 办公厅

全国人大常委会的办事机构，其主要职责是：承担全国人民代表大会会议、全国人大常委会会议、委员长会议的各项筹备和会务工作；受委员长会议委托，拟订有关议案草案；组织办理代表提出的建议、批评和意见；承担全国人大常委会同地方人大常委会联系的工作，承办全国人大及其常委会同外国议会、议会国际组织的交往联系工作；负责全国人大及其常委会的新闻发布和宣传工作；办理和接待全国人大代表和人民群众的来信来访等工作。

办公厅设有一个副部级的研究室。其主要职责是围绕全国人大及其常委会审议的议题

民族委员会 •28名委员 •主任委员　李景田（满族）	法律委员会 •23名委员 •主任委员　乔晓阳	内务司法委员会 •25委员 •主任委员　马馼（女）
教育科学文化卫生委员会 •24名委员 •主任委员　柳斌杰	外事委员会 •20名委员 •主任委员　傅莹（女，蒙古族）	华侨委员会 •19名委员 •主任委员　白志健
环境与资源保护委员会 •32名委员 •主任委员　陆浩	农业与农村委员会 •23名委员 •主任委员　陈建国	

图 4—23　十二届全国人大专门委员会的委员数量、主任委员

开展调查研究，提供研究咨询报告；开展对人民代表大会制度和外国议会的研究；负责人大和常委会会议的记录和简报、人大常委会重要文件的起草工作等。

4. 工作委员会

全国人大常委会目前设有：代表资格审查委员会、法制工作委员会、预算工作委员会、香港特别行政区基本法委员会和澳门特别行政区基本法委员会作为自己的工作机构。

（1）代表资格审查委员会。

全国人大常委会设立代表资格审查委员会，由主任委员、副主任委员和委员组成，由委员长会议在常委会组成人员中提名，常委会通过。

代表资格审查委员会负责对代表的选举是否符合法律规定进行审查，向常委会提出报告，由常委会确认代表资格是否有效。代表资格审查委员会对代表资格进行审查时，主要是审查代表有无选举权利、是否获得法定当选票数、选举时是否采用了差额选举、投票方式是否符合选举法规定等进行形式审查。经审查，符合法律规定的，予以确认代表资格，不符合的则不予确认，由选举单位另行选举。

当选代表本身有无缺点错误，不属于代表资格审查委员会的审查范围。

如果代表确有错误或违法行为，不适宜当代表的，可以由原选举单位依法予以罢免。

（2）法制工作委员会。

全国人大常委会的法制工作机构，也是法律委员会的办事机构。

主要职责：受委员长会议委托，拟订有关刑事、民事、国家机构以及其他方面的基本法律草案；为全国人大和全国人大常委会、法律委员会审议法律草案服务。对提请全国人大和全国人大常委会审议的有关法律草案进行调查研究，征求意见，提供有关资料，提出修改建议；负责统筹立法工作全过程，负责立法的规划和计划；对省级人大常委会、中央有关国家机关提出的有关法律问题的询问，进行研究答复；研究处理并答复全国人大代表提出的有关法制工作的建议、批评和意见以及全国政协委员的有关提案；进行法学理论、法制史和比较法学的研究，开展法制宣传工作；负责汇编、译审法律文

献等。

（3）预算工作委员会。

全国人大常委会的工作机构。其主要职责是：协助财政经济委员会承担全国人大及其常委会审查预决算方案、审查预算调整方案和监督预算执行方面的具体工作，受委员长会议委托，承担有关法律草案的起草工作，协助财政经济委员会承担有关法律草案审议的具体工作等。

全国人大常委会主要工作机构见图 4—24。

工作委员会

- 代表资格审查委员会
- 法制工作委员会
- 预算工作委员会
- 香港特别行政区基本法委员会
- 澳门特别行政区基本法委员会

办公厅

- 秘书室
- 研究室
- 联络局
- 外事局
- 新闻局
- 信访局
- 人事局
- 机关事务管理局
- 人民大会堂管理局

图 4—24　全国人大常委会主要工作机构

第五节　全国人民代表大会和地方各级人民代表大会的代表

一、人大代表的产生与人大代表的法律地位

全国人民代表大会和地方各级人民代表大会代表选举产生。

全国人民代表大会代表是最高国家权力机关组成人员，地方各级人民代表大会代表是地方各级国家权力机关组成人员。

全国人民代表大会和地方各级人民代表大会代表，参加行使国家权力。

国家和社会为代表执行代表职务提供保障。

代表应当听取和反映原选区选民或者原选举单位的意见和要求。

代表受原选区选民或者原选举单位的监督。

选民或者选举单位有权罢免自己选出的代表。

代表在人民代表大会会议期间和闭会期间的活动，都是执行代表职务。

二、人大代表的选举

1. 各级人大代表的选举（见图4—25）

全国人民代表大会的代表，省、自治区、直辖市、设区的市、自治州的人民代表大会的代表，由下一级人民代表大会选举。

不设区的市、市辖区、县、自治县、乡、民族乡、镇的人民代表大会的代表，由选民直接选举。

人民解放军现役军人和参加军队选举的其他人员选举全国人民代表大会和县级以上地方各级人民代表大会代表。

香港、澳门特别行政区成立全国人民代表大会代表选举会议选举全国人大代表。

台湾省全国人大代表通过全国人民代表大会代表协商选举会议选举产生。

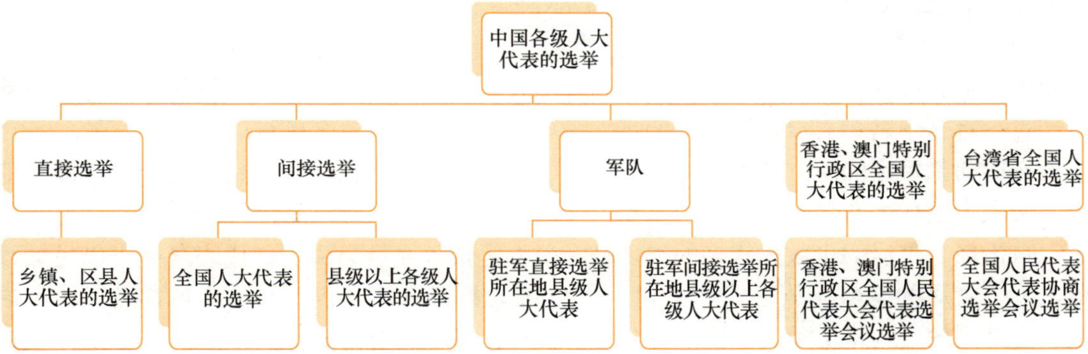

4—25　各级人大代表的选举

2. 各级人大的代表名额

（1）各级地方人大代表名额的确定。

全国人大代表的名额确定依据主要是选举法，全国人大代表的规模变化详见图4—26。

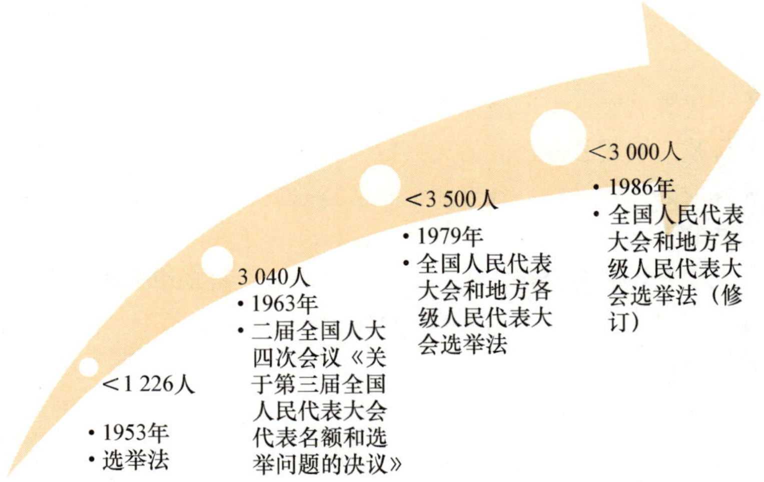

图4—26　全国人大代表的规模及其依据

截至2012年，全国共有各级人大代表270万。[1]

全国人大代表的名额不超过3 000人（见图4—27）。

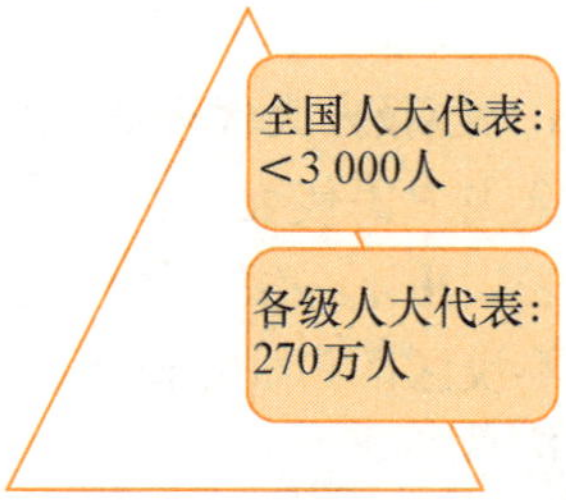

图4—27 全国人大代表的数量

地方各级人大的代表名额，按照下列规定确定：

1）省、自治区、直辖市的代表名额基数为三百五十名，省、自治区每十五万人可以增加一名代表，直辖市每二万五千人可以增加一名代表；但是，代表总名额不得超过一千名。

2）设区的市、自治州的代表名额基数为二百四十名，每二万五千人可以增加一名代表；人口超过一千万的，代表总名额不得超过六百五十名。

3）不设区的市、市辖区、县、自治县的代表名额基数为一百二十名，每五千人可以增加一名代表；人口超过一百六十五万的，代表总名额不得超过四百五十名；人口不足五万的，代表总名额可以少于一百二十名。

4）乡、民族乡、镇的代表名额基数为四十名，每一千五百人可以增加一名代表；人口超万的乡、民族乡的代表总名额不得超过一百名；人口超过十三万的镇的代表总名额不得超过一百三十名；人口不足二千的乡、民族乡、镇的代表总名额可以少于四十名。

按照前款规定的地方各级人大的代表名额基数与按人口数增加的代表数相加，即为地方各级人大的代表总名额。

自治区、聚居的少数民族多的省，经全国人大常务委员会决定，代表名额可以另加百分之五。聚居的少数民族多或者人口居住分散的县、自治县、乡、民族乡，经省、自治区、直辖市的人大常务委员会决定，代表名额可以另加百分之五。

省、自治区、直辖市的人大代表的具体名额，由全国人大常务委员会依照本法确定。设区的市、自治州和县级的人大代表的具体名额，由省、自治区、直辖市的人大常务委员会依照本法确定，报全国人大常务委员会备案。乡级的人大代表的具体名额，由县级的人大常务委员会依照本法确定，报上一级人大常务委员会备案。

地方各级人大的代表总名额经确定后，不再变动。如果由于行政区划变动或者由于重大工程建设等原因造成人口较大变动的，该级人大的代表总名额依照本法的规定重新确定。

地方各级人大代表名额，由本级人大常务委员会或者本级选举委员会根据本行政区域所辖的下一级各行政区域或者各选区的人口数，按照每一代表所代表的城乡人口数相同的原则，以及保证各地区、各民族、各方面都有适当数量代表的要求进行分配。

在县、自治县的人大中，人口特少的乡、民族乡、镇，至少应有代表一人。

地方各级人大代表名额的分配办法，由省、自治区、直辖市人大常务委员会参照全国人大代表名额分配的办法，结合本地区的具体情况规定。

各级人大的代表名额汇总见表4—8。

第十二届全国人民代表大会代表名额分布见表4—9。

---

① 参见孟娜、艾福梅：《人大代表为百姓造福谋利》，见 http://news.xinhuanet.com/yzyd/mil/20120226/c_111569215.htm，2012-02-25。

表 4—8 各级人大的代表名额

层级	基数（人）	总额（人）	增加系数（增加代表数/人口数）	批准权
全国		<3 000		
省级	350	<1 000	省、自治区 1/150 000，直辖市 1/25 000	全国人大常委会确定
市（州）级	240	<650	1/25 000	省级人大常委会确定，并报全国人大常委会备案
县（区）级	120	<450	1/5 000	省级人大常委会确定，并报全国人大常委会备案
乡（镇）级	40	<160	1/1 500	县级人大会常委会确定，并报上一级人大常委会备案

表 4—9 第十二届全国人民代表大会代表名额分布

地点	北京	天津	河北	山西	内蒙古	辽宁	吉林	黑龙江	上海	江苏	浙江	安徽	福建	江西
名额	42	33	116	61	53	94	58	84	50	138	84	104	62	76
地点	山东	河南	湖北	湖南	广东	广西	海南	重庆	四川	贵州	云南	西藏	陕西	甘肃
名额	162	159	108	110	151	85	21	55	137	66	87	17	65	49
地点	青海	宁夏	新疆	香港	澳门	台湾	军队							
名额	18	18	56	36	12	13	265							

（2）十一届全国人大代表的选举。①

全国人大代表的选举是在中共中央的直接领导下进行的。2006 年 12 月 8 日，中共中央转发全国人大党组关于做好十一届全国人大代表选举工作的意见，对选举工作提出了明确的要求。2007 年 3 月 16 日，十届全国人大五次会议分别通过了十一届全国人大代表名额和选举问题的决定，香港、澳门特别行政区选举十一届全国人大代表办法；全国人大常委会分别通过了十一届全国人大代表名额分配方案、少数民族代表名额分配方案、台湾省出席十一届全国人大代表协商选举方案等决定，对全国人大代表选举工作作出具体规定。

全国人大代表选举的具体工作是由中共各省市自治区党委及中央有关部门具体领导和组织的。2008 年 1 月，31 个省区市先后召开省级人民代表大会会议，香港、澳门特别行政区先后召开选举会议，台湾省籍同胞民主推荐产生协商选举会议成员并召开协商选举会议，军队召开军人代表大会会议。在这些会议上，代表或参加会议人员采用差额选举和无记名投票的方式，分别选举产生了各自选举单位的十一届全国人大代表。

（3）普遍存在的人大代表构成“上层化”现象。

各级人大代表席位越来越多地为各级领导干部、企业家、知识分子、知名人士所占据，已经成为一个很多人关注的社会问题。以北京市为例，2008 年 1 月 26 日北京市人民代表大会选出北京市出席第十一届全国人大的代表共 58 名，其中各类党政官员、企业老

① 参见《十一届全国人大代表将亮相：结构优化 构成广泛》，见 http://cpc.people.com.cn/GB/15017/6937517.html，2008-02-29。

板、管理人员、大学院所领导 45 名，占 77.59%；社会名流 11 人，占 19%；市级劳动模范、邮政投递员 2 名，占 3.45%。代表职业身份的具体分布如下：全国政协主席、国家海关总署署长、中联部副部长、中央国家机关工委副书记、中国科学院党组副书记、全国人大华侨委员会委员、中国证监会市场监管部副主任各 1 名（7 席）；北京市委书记、市委副书记、市长、北京市委副书记、北京市人大常委会主任、高级法院院长、市检察院检察长、北京人大常委会原主任各 1 名；全国政协委员、北京市副市长各 2 名；北京市人大常委会副主任 4 名（16 席）；北京市市政府副秘书长、市发改委主任、市文物局局长、市委社会工作委员会书记、区委书记、副区长、北京铁路局党委书记、人民法院知识产权庭庭长各 1 名（8 席）；企业老板、各类管理层代表 9 名：北京首钢股份有限公司董事长、华北电网有限公司总经理、燕京啤酒董事长、联想集团总裁、用友软件股份有限公司董事长、北京韩村河建筑集团总公司总经理、中国国际鞋业博览会组委会秘书长、齐白石艺术研究会副会长、区环境卫生服务中心三队党支部书记各 1 名（9 席）；北京大学校长、中国人民大学校长、清华大学校务委员会副主任、首都师范大学校长、北京市科学技术研究院副院长各 1 名（5 席）。在余下的 13 席中，社会名流（国家京剧一级演员、中国女排队员、大学教授、研究员、主任医师、歌唱家、总工程师）11 席。此外，市级劳动模范、邮政投递员各有一人当选（见图 4—28）。

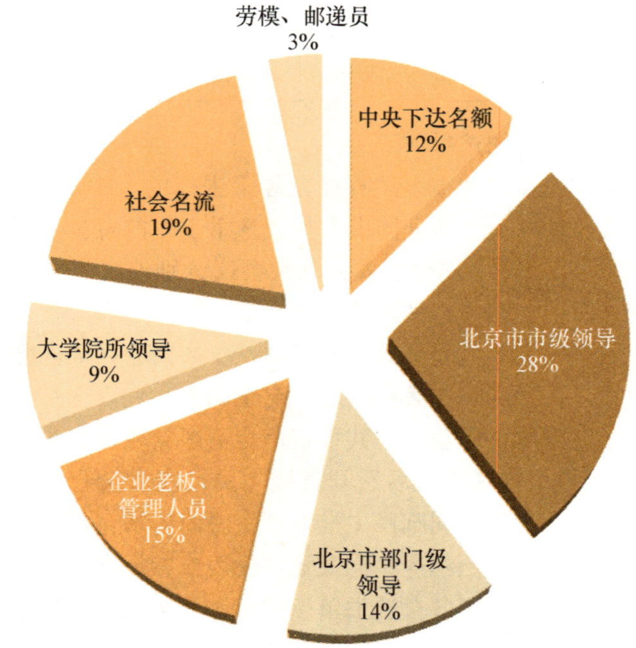

图 4—28 北京市第十一届全国人大代表来源分类

地方人大代表构成的情况也大致类似，以上海市为例，据报道，2007 年底上海在市人大代表换届时要求减少政府组成部门领导干部出任代表，规定除工作需要外，市政府组成人员、市政府其他部门负责人一般不得被提名为代表候选人。2008 年 1 月换届产生的上海市十三届人大代表共 860 名，与往届相比，新代表中局级以上领导干部 328 名，占总数的 38%，比上一届减少 49 名。[①] 但即便如此，代表中厅局级及其以上级别官员的比例仍然是极其高的，如果再加上其他级别的官员，官员所占比例恐怕更高。

三、人大代表的权利与职责（见图 4—29）

1. 人大代表在会议期间的权利与职责

（1）出席会议。

出席本级人民代表大会会议，依法行使代表职权。

参加大会全体会议、代表团全体会议、小组会议，审议列入大会议程的各项议案和报告。

代表可以被推选或者受邀请列席主席团会议、专门委员会会议，发表意见。

（2）提案。

有权提出议案；列入会议议程的议案，在交付大会表决前，可以要求撤回。

全国人民代表大会代表，有权向全国人民代表大会提出修改宪法的议案。

县级以上的各级人民代表大会代表有权提议组织关于特定问题的调查委员会。

（3）参加选举和决定。

全国人民代表大会代表有权对主席团提名的全国人民代表大会常务委员会组成人员的人选，中华人民共和国主席、副主席的人选，中央军事委员会主席的人选，最高人民法院院长和最高人民检察院检察长的人选，全国人民代表大会各专门委员会的人选，提出意见。

县级以上的地方各级人民代表大会代表有权提出本级人民代表大会常务委员会的组成人员、政府领导人员、法院院长、检察院检察长以及上一级人民代表大会代表的人选，并有权对本级人民代表大会主席团和代表提出的上述人员的人选提出意见。

乡、民族乡、镇的人民代表大会代表有权提出本级政府领导人员的人选，并有权对本级人民代表大会主席团和代表依法提出的上述人员的人选提出意见。

各级人民代表大会代表有权对本级人民代表大会主席团的人选，提出意见。

代表对确定的候选人，可以投赞成票，可以投反对票，可以另选他人，也可以弃权。

全国人民代表大会代表参加决定国务院组成人员和中央军事委员会副主席、委员的人选。

全国人民代表大会和省、自治区、直辖市、自治州、设区的市的人民代表大会代表参加表决通过本级人民代表大会各专门委员会组成人员的人选。

（4）询问。

代表在审议议案和报告时，可以向本级有关国家机关提出询问。有关国家机关应当派负责人或者负责人员回答询问。

（5）提出质询案。

全国人民代表大会会议期间，一个代表团或者三十名以上的代表联名，有权书面提出

---

① 参见《上海市政府 49 名部门一把手“落选”市人大代表》，见 http://news.ifeng.com/mainland/200802/0204_17_392463.shtml，2008-02-04。

对国务院和国务院各部、各委员会，最高人民法院，最高人民检察院的质询案。

县级以上的地方各级人民代表大会代表有权依照法律规定的程序提出对本级政府及其所属各部门、人民法院、人民检察院的质询案。

乡、民族乡、镇的人民代表大会代表有权依照法律规定的程序提出对本级人民政府的质询案。

质询案应当写明质询对象、质询的问题和内容。

质询案按照主席团的决定由受质询机关答复。提出质询案的代表半数以上对答复不满意的，可以要求受质询机关再作答复。

（6）提出罢免案。

全国人民代表大会代表有权依照法律规定的程序提出对全国人民代表大会常务委员会组成人员，中华人民共和国主席、副主席，国务院组成人员，中央军事委员会组成人员，最高人民法院院长，最高人民检察院检察长的罢免案。

县级以上的地方各级人民代表大会代表有权依照法律规定的程序提出对本级人民代表大会常务委员会组成人员、政府组成人员、人民法院院长、人民检察院检察长的罢免案。

乡、民族乡、镇的人民代表大会代表有权依照法律规定的程序提出对本级人民政府领导人员的罢免案。

罢免案应当写明罢免的理由。

2. 人大代表闭会期间的权利与职责

（1）闭会期间活动的组织与管理。

县级以上的各级人大常委会组织本级代表开展闭会期间的活动，并受上一级人大常委会的委托，组织本级选举产生的上一级人大代表开展闭会期间的活动。

县级以上的各级人大代表，在本级或者下级人大常委会协助下，可以按照便于组织和开展活动的原则组成代表小组。

县级以上的各级人大代表，可以参加下级人大代表的代表小组活动。

（2）视察和就地视察。

县级以上的各级人大代表根据本级人大常委会的统一安排，对本级或者下级国家机关和有关单位的工作进行视察，可以提出约见本级或者下级有关国家机关负责人。

代表可以持代表证就地进行视察。县级以上的地方各级人大常委会根据代表的要求，联系安排本级或者上级的代表持代表证就地进行视察。

代表视察时，可以向被视察单位提出建议、批评和意见，但不直接处理问题。

（3）提议。

代表有权提议临时召集本级人民代表大会会议。

（4）列席和应邀列席。

县级以上的各级人大代表可以应邀列席本级人大常委会会议。全国人大代表，省、自治区、直辖市、自治州、设区的市的人大代表可以应邀列席本级人大各专门委员会会议。

全国人大代表，省、自治区、直辖市、自治州、设区的市的人大代表可以列席原选举单位的人大会议，并可以应邀列席原选举单位的人大常委会会议。

（5）参加调查。

县级以上的各级人大代表根据本级人大或者本级人大常委会的决定，参加关于特定问题的调查委员会。

（6）提出建议、批评和意见。

县级以上的各级人大代表有权向本级人大常委会提出对各方面工作的建议、批评和意见。有关机关、组织必须研究处理并负责答复。

乡、民族乡、镇的人大代表分工联系选民，组成代表小组，协助本级政府推行工作。

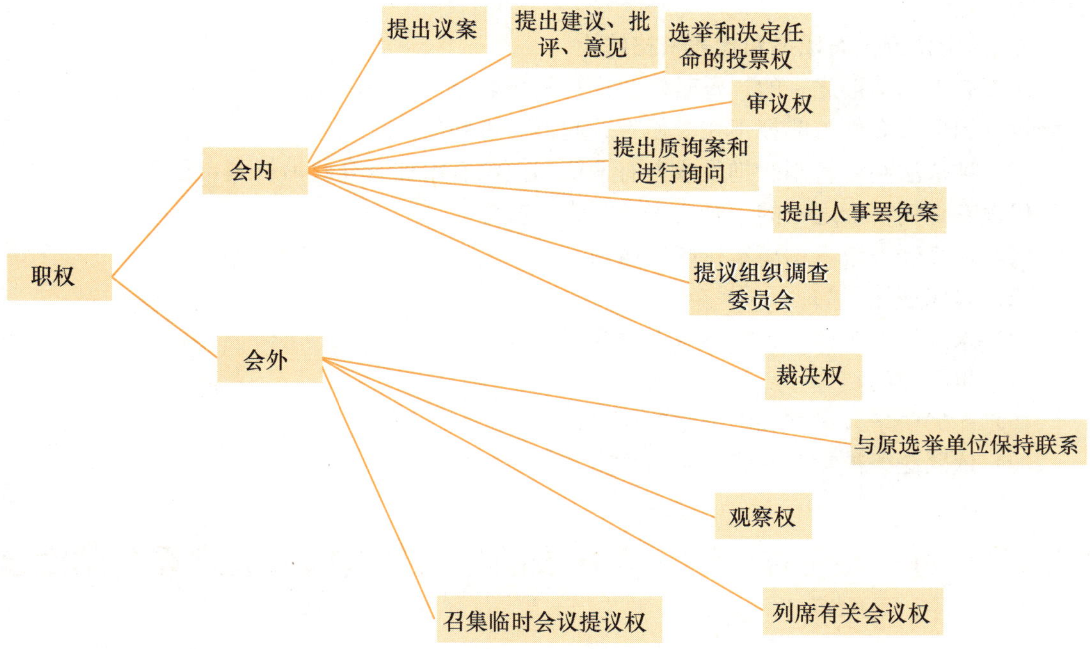

图 4—29　人大代表的权利和职责

3. 人大代表执行职务的保障

代表在人民代表大会各种会议上的发言和表决，不受法律追究。

县级以上的各级人大代表，非经本级人大主席团许可，在本级人大闭会期间，非经本级人大常委会许可，不受逮捕或者刑事审判。如果因为是现行犯被拘留，执行拘留的机关应当立即向该级人大主席团或者人大常委会报告。

对县级以上的各级人大代表，如果采取法律规定的其他限制人身自由的措施，应当经该级人大主席团或者人大常委会许可。

乡、民族乡、镇的人大代表，如果被逮捕、受刑事审判，或者被采取法律规定的其他限制人身自由的措施，执行机关应当立即报告乡、民族乡、镇的人大。

代表在本级人大闭会期间，参加由本级人大或者其常委会安排的代表活动，代表所在单位必须给予时间保障。执行代表职务，其所在单位按正常出勤对待，享受所在单位的工资和其他待遇。无固定工资收入的代表执行代表职务，根据实际情况由本级财政给予补贴。

代表的活动经费，应当列入本级财政预算。

县级以上的各级人大常委会应当采取多种方式同本级人大代表保持联系。

县级以上的地方各级人大常委会，应当为本行政区域内的代表执行代表职务提供必要的条件。

县级以上的各级人大常委会的办事机构应当为代表执行代表职务提供服务。

阻碍代表依法执行代表职务的，可给予行政处分、治安管理处罚；以暴力、威胁方法阻碍代表执行代表职务的，追究刑事责任。对代表执行代表职务进行打击报复的，由所在单位或者上级机关责令改正或者给予行政处分；国家工作人员进行打击报复构成犯罪的，追究刑事责任。

4. 停止执行代表职务和代表资格终止

代表有下列情形之一的，暂时停止执行代表职务：

（1）因刑事案件被羁押正在受侦查、起诉、审判的；

（2）被依法判处管制、拘役或者有期徒刑而没有附加剥夺政治权利，正在服刑的。

代表有下列情形之一的，其代表资格终止：

（1）代表迁出或者调离本行政区域的；

（2）辞职被接受的；

（3）未经批准两次不出席本级人大会议的；

（4）被罢免的；

（5）丧失中华人民共和国国籍的；

（6）依照法律被剥夺政治权利的。

第六节　进一步发挥全国人大代表的作用与全国人大常委会制度建设的发展

2005 年 5 月，中共中央转发《中共全国人大常委会党组关于进一步发挥全国人大代表作用，加强全国人大常委会制度建设的若干意见》，对改进全国人大代表和全国人大常委会的工作，做出部署。

一、进一步发挥全国人大代表的作用

1. 为代表知情知政提供信息

在每年代表大会举行会议前，全国人大常委会办事机构应请国务院及其有关部门、最高人民法院、最高人民检察院向在京代表通报基本工作情况，为在京代表、港澳代表举办报告会。

在代表大会闭会期间，全国人大常委会办事机构应向代表通报常委会会议、常委会重要工作安排和重要活动的情况，寄送有关工作和活动的文件；全国人大财经委应向代表寄送经济形势分析的有关资料；国务院、最高人民法院、最高人民检察院办事机构应向代表寄送公报；各省、自治区、直辖市人大常委会印发给省级人大代表的资料，同时印发本选举单位选出的全国人大代表（见图 4—30）。

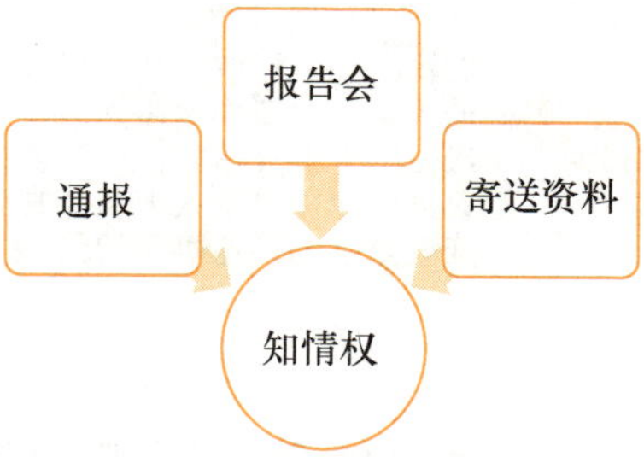

图 4—30　保障代表知情权的措施

2. 扩大代表对常委会活动的参与

邀请代表列席常委会会议和专门委员会会议，组织代表参加执法检查和专题调研。常委会审议的法律案，可以根据情况将草案发给有关代表征求意见。

3. 为代表深入审议议案和报告创造条件

全国人大常委会办事机构应在代表大会会议举行的一个月前，将准备提交会议审议的法律草案发给代表；在大会举行预备会议后，分别将各项报告发给代表，请代表提前审阅；在代表审议各项议案和报告时，有关机关必须派相关负责人到会听取意见、回答询问，并研究代表提出的意见和建议，对议案和报告作出修改。

4. 明确代表议案提出的形式与程序

代表议案应当符合以下条件：由一个代表团或者三十名以上的代表联名向全国人大提出；属于全国人大及其常委会职权范围内的事项；属于要求列入全国人大及其常委会会议议程进行审议的事项。

代表所提议案的范围主要包括：制定法律、修改现行法律和解释法律的议案；需要由全国人大及其常委会决定的有关宪法实施中的重大问题的议案；应由全国人大及其常委会决定或者批准的其他事项的议案。

凡属国务院行政管理职权范围内的事项，应由地方人大和地方政府处理的地方性事务，人民法院和人民检察院审判权、检察权范围内的事项，政党、社会团体、企事业组织和公民个人的事务，以及其他不属于全国人大及其常委会职权范围内的事项，不作为议案向全国人大提出（见图 4—31）。

代表除可以在大会会议期间提出议案外，也可以在大会闭会期间提出。

对于不符合基本条件的议案，大会秘书处和全国人大常委会办事机构可以建议提议案人进行修改、完善，或者改作代表建议、批评和意见提出。

5. 改进对代表议案的处理工作

全国人大专门委员会审议议案时，应与提议案人联系沟通，听取意见。

对条件成熟、能够列入大会会议或者常委会会议议程的议案，应建议列入会议议程；对不能直接列入会议议程的议案，可以建议列入全国人大常委会立法规划或者工作计划。

有关机关在制定或修改相关法律、进行相关工作时，应邀请提议案人参加相关活动，在提请审议相关法律草案时，应邀请提议案人列席常委会会议参与审议。

6. 提高代表建议、批评和意见的提出及处理的质量

代表建议、批评和意见的范围是：有关国家改革发展稳定的大局，政治、经济、文

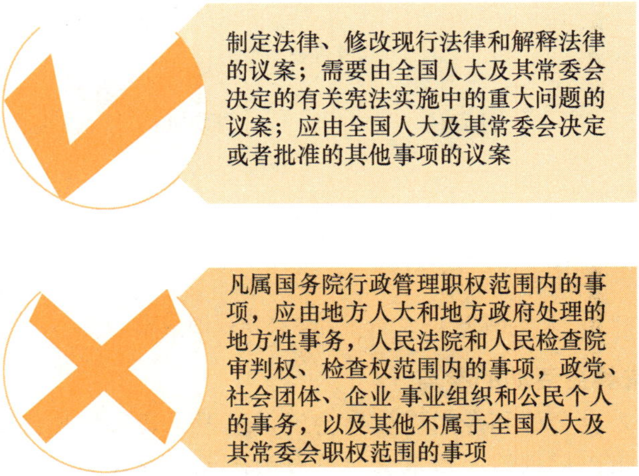

图 4—31 全国人大代表可提议案的事项

化、社会生活中的重大问题和人民群众普遍关心的问题。

代表建议、批评和意见可以在大会会议期间提出，也可以在大会闭会期间提出；可以由代表一人提出，也可以由代表联名提出。

全国人大常委会办事机构对代表建议、批评和意见，应提出分析报告，拟定承办意见，组织好交办工作。对不能解决的问题，应充分说明原因。全国人大常委会办事机构对其他机关、组织承办的代表建议、批评和意见，应加强督促和检查；对确定的重点建议、批评和意见，应跟踪督办。

全国人大常委会每年应听取代表建议、批评和意见处理工作情况的报告，并将报告印发下次全国人大会议。

7. 规范代表在大会闭会期间的活动

在全国人大常委会统一安排下，代表在大会闭会期间可以对本级或者下级国家机关和有关单位的工作进行视察、参加全国人大常委会组织的执法检查和专题调研、应邀列席或者列席全国人大常委会和省级人大及其常委会的会议。

代表在大会闭会期间的活动由全国人大常委会组织，也可以由全国人大常委会委托省、自治区、直辖市人大常委会组织。军队全国人大代表在闭会期间的活动，由全国人大常委会办公厅和解放军总政治部共同安排。

代表在大会闭会期间的活动一般在原选举单位的行政区域内进行。在全国人大常委会办事机构的统一安排下，代表可以跨原选举单位的行政区域进行考察。

代表在大会闭会期间的活动以集体活动为主，以代表小组活动为基本形式。

根据本人要求，经县级以上地方人大常委会联系安排，代表可以持代表证就地进行视察。

8. 改进和加强代表视察和专题调研工作

根据全国人大常委会的统一安排，代表于每年年末进行一次集中视察，时间为一周左右。代表在视察中不直接处理具体问题。

根据全国人大常委会的统一安排，代表于每年年中进行一次专题调研，时间为一周左右。专题调研的题目由全国人大常委会拟定，也可以由代表确定。专题调研结束后，应形成调查报告，送交全国人大常委会办事机构研究处理。

9. 密切代表与人民群众的联系

代表可以通过代表小组召集的座谈会、代表电子信箱和人大网站等多种方式，听取和反映原选举单位和人民群众的意见和要求。

代表交给全国人大常委会办事机构的群众申诉、控告、检举等信件和当面反映的有关问题，由全国人大常委会办事机构转有关机关、组织研究处理。

代表个人不得干预司法案件的审理和执行。

二、加强全国人大常委会的制度建设

1. 推进立法工作的民主化

采取座谈会、论证会、听证会等多种形式，广泛听取各方面对列入全国人大常委会会议议程的法律案的意见，提高立法质量。

特别重要的法律案，应依照立法法规定的程序公布草案，征求有关机关、组织和公民的意见。

2. 改进和加强监督工作（见图 4—32）

监督工作中的重大问题，由全国人大常委会党组及时向党中央报告；监督项目的确定，监督行为的实施，监督后决议的形成，由全国人大常委会或者委员长会议集体作出决定；全国人大常委会不代行“一府两院”的行政权、审判权和检察权。

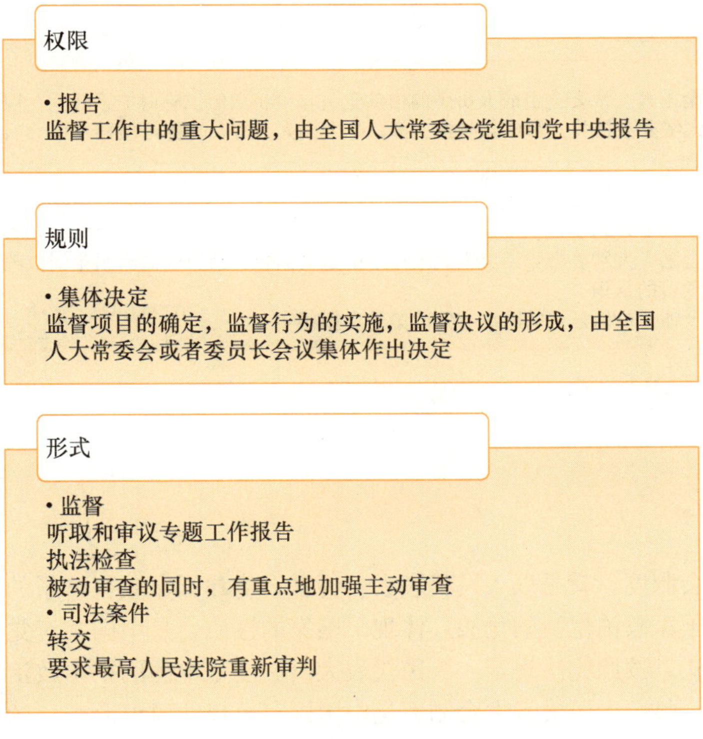

图 4—32 人大监督的权限、规则与形式

监督工作的基本形式包括：听取和审议专题工作报告、执法检查等。

对备案的行政法规、地方性法规、司法解释，应在进行被动审查的同时，有重点地加强主动审查。

对群众向全国人大常委会反映的司法案件，全国人大常委会办事机构应转交最高人民法院、最高人民检察院和省、自治区、直辖市人大常委会研究处理。最高人民检察院向最高人民法院提出抗诉的案件，最高人民法院再审后最高人民检察院仍有不同意见的，最高人民检察院可以提请全国人大常委会要求最高人民法院重新审判，并将重新审判的结果报告全国人大常委会。

三、保证和加强党对全国人大工作的领导

全国人大常委会党组在中共中央领导下，保证全面贯彻落实党的路线方针政策和党中央的决策在人大工作中的具体落实（见图 4—33）。

需要报请中共中央决定或者批准的事项

- 全国人大会议的召开
- 全国人大常委会会议的议程安排
- 全国人大及其常委会的五年立法规划
- 准备制定的政治性法律和重大的经济法律
- 法律起草中遇到的重大问题
- 法律审议中重大的分歧意见
- 监督和决定重大事项、干部任免等工作中的重大问题

建立党组织

- 全国人大常委会组成人员中的中共党员，须将党组织临时关系转到全国人大常委会机关，组成临时党支部，受全国人大常委会党组领导

党的纪律与组织生活

- 全国人大常委会党组就人大工作中的重大问题，通过党内组织生活，统一党员的认识
- 全体党员保证党的路线方针政策的贯彻落实

图 4—33　党对全国人大工作的制度保证

本章小结

人民代表大会制度，就是以人民代表大会为基石构建国家政权体系的制度。人民代表大会制度反映了国家政治生活的全貌，体现了国家的性质，是中国共产党领导国家政权的有效政权组织形式。按照宪法规定，人民代表大会制度是中国的根本政治制度。所谓根本政治制度意味着：（1）人民代表大会制度是中国国家政权的组织形式。（2）其他一切国家机构的权力、合法性来自人民代表大会。（3）人民代表大会制度坚持人民代表大会统一行

使国家权力，不搞“三权分立”和“两院制”，走中国特色社会主义政治发展道路，与西方政治制度具有根本区别。人民代表大会必须接受和服从中共的领导。人民代表大会是其他国家机关的产生和监督机关，人民代表大会制度与议会民主制是根本对立的制度。全国人民代表大会行使包括立法、监督、人事任免、重大事项决定在内的各项职权。人大代表在会议和闭会期间享有包括提案、询问，参加调查，提出建议、批评和意见等各项权利。全国人民代表大会会议每年第一季度举行，会议期间代表主要行使提出议案并审议、听取并审议工作报告等权利。全国人民代表大会常务委员会为其常设机构，委员的主要工作是听取和审议各项工作报告、询问和质询及对常委会会议审议的各项议案进行表决。

关键术语

人民代表大会　立法权　监督权　重大事项决定　提案　议案　议事规则

复习思考题

1. 全国人民代表大会及其常委会和地方人民代表大会及其常委会的主要职权。
2. 人民代表大会制度与议会民主制的区别。
3. 中国共产党对人民代表大会的领导。
4. 全国人民代表大会议案的提出和审议流程。
5. 全国人民代表大会常务委员会的职权。
6. 人大代表的权利与职责。
7. 全国人民代表大会的会议和议事规则。
8. 全国人大常委会的议案的提出与审议程序。

第五章 国家主席

国家元首制度是政治制度的重要组成部分。国家元首是主权国家对内对外的最高代表，是国家的象征，是国家机构的重要组成部分。中华人民共和国主席是中华人民共和国元首，代表中华人民共和国。国家主席根据全国人民代表大会的决定和全国人民代表大会常务委员会的决定，行使职权。国家主席、副主席由全国人民代表大会主席团提出候选人名单，等额选举产生。

重点问题

国家元首的含义
国家主席的地位、性质和职权
国家主席的产生、辞职和罢免

第一节 国家元首

一、国家元首的概念与类型

国家元首是主权国家对内对外的最高代表，是国家的象征，是国家机构的重要组成部分。

国家元首的形成与制度同一个国家的历史、社会和政治制度密切相关，复杂多样，不可一概而论。但一般而言，君主制下，国家元首一般称君主、国王；共和制下，国家元首通常称总统或国家主席（见图 5—1）。

国家元首制度是政治制度的重要组成部分。

国家元首的性质和地位在不同的国家各不相同。元首的承担与实际权力亦有较大差异。国家元首的性质和地位一般可以分为四种类型，即从国家元首的地位上可分为实权元首和虚权元首，从元首的构成上看，可分为个人元首和集体元首（见图 5—2）。

图 5—1　国家元首的类型

图 5—2　国家元首的性质与地位

二、中华人民共和国的国家元首

依据宪法规定，中华人民共和国的国家元首是中华人民共和国主席。

中华人民共和国国家元首职位的演变见图 5—3。

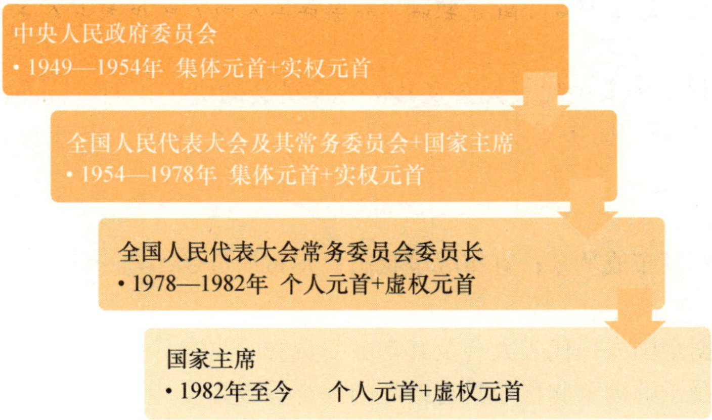

图 5—3　中华人民共和国国家元首职位的演变

第二节　国家主席的地位、性质和职权

一、国家主席的地位

中华人民共和国主席是中华人民共和国元首，代表中华人民共和国。

中华人民共和国主席同时也是国家机构，其与全国人民代表大会、国务院、最高法院、最高检察院、中央军事委员会一样，是国家机构的重要组成部分。

二、国家主席职位的性质

国家主席的职权是礼仪性的。国家主席本身不独立决定任何国家事务，而仅根据全国人民代表大会及其常务委员会的决定行使职权。国家主席根据全国人民代表大会的决定和全国人民代表大会常务委员会的决定，公布法律，任免国务院总理、副总理、国务委员、各部部长、各委员会主任、审计长、秘书长，授予国家的勋章和荣誉称号，发布特赦令，宣布进入紧急状态，宣布战争状态，发布动员令。在外交领域，国家主席代表中华人民共和国，进行国事活动，接受外国使节；根据全国人民代表大会常务委员会的决定，派遣和召回驻外全权代表，批准和废除同外国缔结的条约和重要协定。

三、国家主席的对内职权

1. 公布法律

全国人民代表大会及其常务委员会通过法律后，由国家主席予以公布，法律正式生效。

国家主席没有法律否决权。凡全国人民代表大会及其常务委员会通过的法律，国家主席必须公布。

法律未经国家主席公布，不能生效。

2. 公布任免

国家主席根据全国人民代表大会及其常务委员会的决定，通过公布的形式履行任免国务院总理、副总理、国务委员、各部部长、各委员会主任、审计长、秘书长人选的程序。

3. 公布命令

发布特赦令；发布戒严令；宣布战争状态；发布动员令。

4. 荣典权

国家主席根据全国人民代表大会及其常务委员会的决定，授予国家勋章和荣誉称号。

国家主席所授予的勋章和称号具有最高的荣誉等级。

四、国家主席的对外职权

1. 接受外国使节

国家主席代表中华人民共和国，接受外国使节。

2. 派遣和召回驻外全权代表

根据全国人民代表大会常务委员会的决定，派遣和召回驻外全权代表。

3. 批准和废除同外国缔结的条约和重要协定

根据全国人民代表大会常务委员会的决定，批准和废除同外国缔结的条约和重要协定。

国务院或国务院有关部门与外国缔结的条约或协定，经全国人民代表大会或其常务委员会做出批准或废除的决定后，由国家主席予以公布。

国家主席的职权见图 5—4。

对内职权

- 公布法律
- 公布任免
- 公布命令
- 荣典权

对外职权

- 接受外国使节
- 派遣和召回驻外全权代表
- 批准和废除同外国缔结的条约和重要协定

图 5—4 国家主席的职权

第三节 国家主席的产生、辞职和罢免

一、国家主席的提名、选举和当选

国家主席、副主席由全国人民代表大会主席团提出候选人名单，大会通过等额选举的方式选举产生。

国家主席候选人的提名权仅限于全国人大会议主席团。全国人大的代表、代表团、代表联名、代表团联名以及常务委员会均无权提出国家主席、副主席的候选人。

国家主席、副主席候选人所得票超过全体代表的半数始为当选。

二、国家主席的辞职

国家主席、副主席在全国人民代表大会会议期间提出辞职的，由大会主席团将其辞职请求交各代表团审议后，提请大会全体会议决定。

在大会闭会期间提出辞职的，由委员长会议将其辞职请求提请全国人大常委会审议决定，全国人大常委会接受辞职请求的，应当报请全国人民代表大会下次会议确认。

三、国家主席的罢免

全国人民代表大会有权罢免国家主席。

全国人民代表大会三个以上的代表团或十分之一以上的代表联名，可以提出对于国家主席、副主席的罢免案，由主席团提请大会审议和表决。

有关法律没有有关罢免案表决票数的限制性规定。

第四节 国家主席的任期与继位补缺

一、国家主席的任期

国家主席、副主席每届任期与全国人民代表大会每届任期相同，连续任职不得超过两

届，即每届任期 5 年，连选连任不得超过 10 年。

国家主席行使职权到下届全国人民代表大会选出的主席就职为止。

二、国家主席的继位补缺

国家主席、副主席缺位是指国家主席、副主席因病或其他情况不能视事，或因死亡而造成职位空缺的情况。

中华人民共和国主席缺位的时候，由副主席继任主席的职位。中华人民共和国副主席缺位的时候，由全国人民代表大会补选（见图 5—5）。中华人民共和国主席、副主席都缺位的时候，由全国人民代表大会补选；在补选以前，由全国人民代表大会常务委员会委员长暂时代理主席职位。国家副主席缺位时，由全国人民代表大会补选（见图 5—6）。

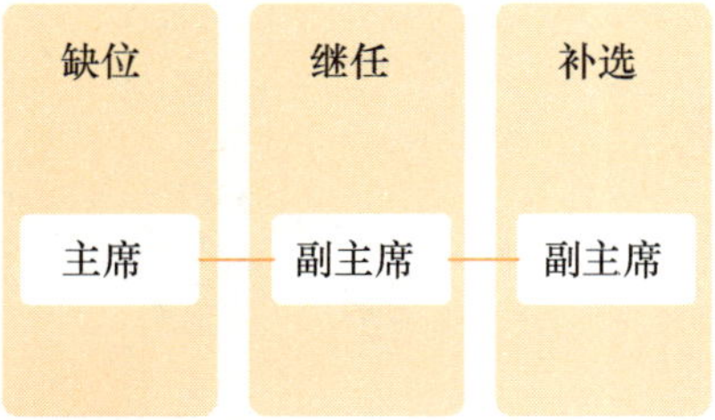

图 5—5　国家主席缺位时的顺位继任

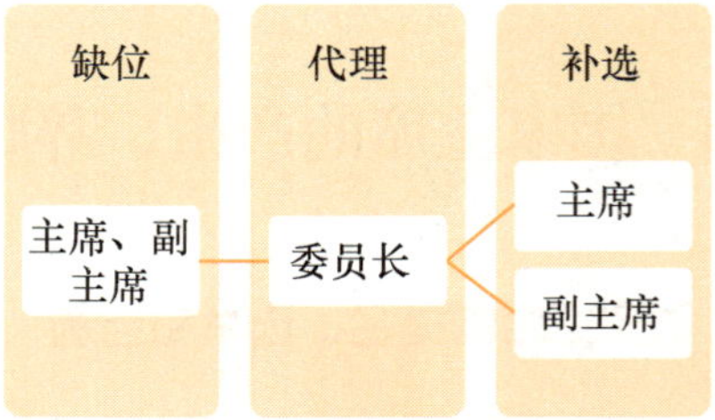

图 5—6　国家主席、副主席缺位时的顺位继任

本章小结

中华人民共和国主席是中华人民共和国元首，代表中华人民共和国。中华人民共和国主席同时也是国家机构，其与全国人民代表大会、国务院、最高法院、最高检察院、中央军事委员会一样，是国家机构的重要组成部分。国家主席的职权是礼仪性的。国家主席本身不独立决定任何国家事务，而仅根据全国人民代表大会及其常务委员会的决定行使职权。国家主席、副主席由全国人民代表大会主席团提出候选人名单，大会通过等额选举的方式选举产生。国家主席、副主席候选人所得票超过全体代表的半数始为当选。中华人民共和国主席缺位的时候，由副主席继任主席的职位。中华人民共和国主席缺位的时候，由全国人民代表大会补选。中华人民共和国主席、副主席都缺位的时候，由全国人民代表大会补选；在补选以前，由全国人民代表大会常务委员会委员长暂时代理主席职位。国家副主席缺位时，由全国人民代表大会补选。

关键术语

国家元首　　国家主席　　职权

复习思考题

1. 国家元首的含义。

2. 我国国家主席的地位和作用。
3. 我国国家主席的产生、辞职和罢免程序。
4. 我国国家主席的对内对外职权。
5. 我国国家主席的继位补缺顺序。

第六章 国务院

国务院是全国人民代表大会的执行机关，是最高国家行政机关。国务院机构类型包括：国务院办公厅、国务院组成部门、国务院直属机构、国务院特设直属机构、国务院办事机构、部委管理的国家局、国务院议事协调机构等。国务院的职权包括行政立法和制令权在内的直接权力、立法提案权等间接权力和其他权力。国务院的行政方式包括参与立法、行政立法、编制和执行国民经济和社会发展计划和国家预算等。国务院实行国务院全体会议和国务院常务会议制度。国务院公文审批制度包括公文报送、签发和公布。

重点问题

国务院设立的法律依据
国务院的结构和产生程序
国务院体制与机构设置类型的演变
国务院的职权体系
国务院的行政方式
国务院的会议制度
国务院的公文审批制度
国务院决策的内容、依据、方式与程序

第一节　国务院的设立、性质与地位

一、国务院的设立

中华人民共和国国务院于1954年依据《中华人民共和国宪法》设立。

有关规范国务院组成和职权的法律法规有：《宪法》、《国务院组织法》、《国务院机构改革方案》、《国务院关于机构设置的通知》、《国务院关于部委管理的国家局设置的通知》和《国务院关于议事协调机构和临时机构设置的通知》，以及相当于规章性质的、由国务院办公厅发布的“三定方案”等（见图 6—1）。

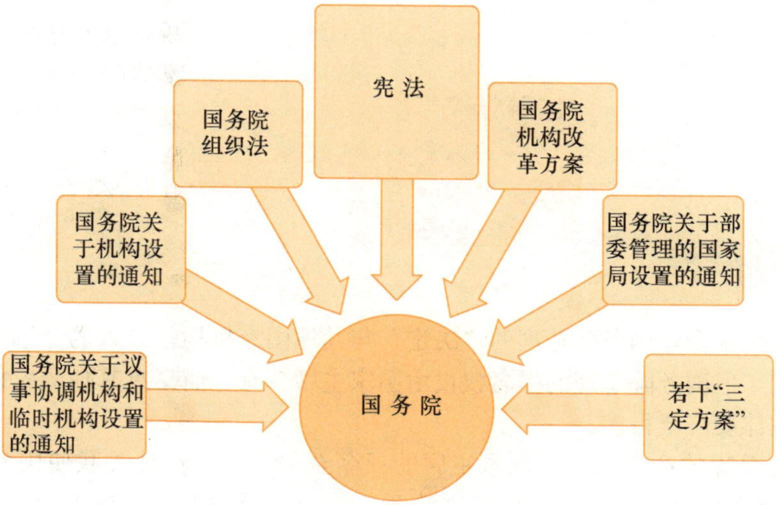

图 6—1　国务院设立的法律依据

二、国务院的性质

1. 国务院是全国人大的执行机关

《宪法》第八十五条规定：中华人民共和国国务院，即中央人民政府，是最高国家权力机关的执行机关，是最高国家行政机关。

国务院是最高国家权力机关的执行机关这种性质是由人民代表大会制度决定的。

人民代表大会制度理论上实行议行合一体制。在这种体制下，立法、执行与司法权力统归一个机关承担；最高权力机关通过自己的执行机构分别执行各个方面的职权。在最高权力机关与各个执行机构之间，是权力的授受关系，而不是相互的制衡关系。

全国人大是最高国家权力机关，只有全国人大才具有全面的、总体的、统一的、最高的国家权力，其他国家机关在法律上只是最高国家权力机关的局部的、具体的执行机关。

国务院是全国人大设立的负责执行国家行政权力的国家最高行政机构，在法律上是一个从属于最高国家权力机关的、居于第二等级的、承担执行功能的国家机构。

国务院的产生程序见图 6—2。

2. 国务院总理由非选举程序产生

在主要的国家机构中，国务院是唯一的由非选举程序产生的机构。国务院总理由国家主席提名，全国人大代表投票“决定”。这种方式在形式上类似于实行内阁制国家政府总理的产生。

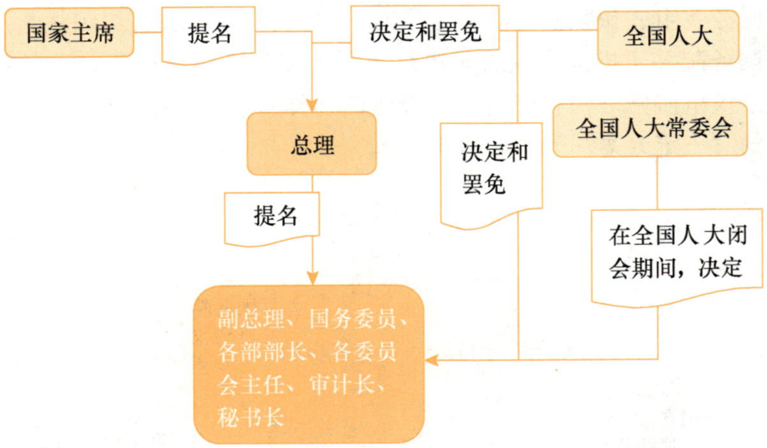

图 6—2　国务院的产生程序

从实践的角度看，国务院总理的“决定”与其他国家机构领导人的“选举”本质上没有太大的差别，但国务院总理的提名权仅由国家主席享有，而享有其他国家机构领导候选人提名权的主体要广泛得多。

对国务院总理的产生而言，国家主席的提名至关重要。这种关联使国务院总理之于全国人大具有更强的、相对超脱的政治地位，更容易取得相对于全国人大的优势地位。

三、国务院的地位

1. 国务院拥有对全国的行政领导权

国务院是最高国家行政机关，具有对全国的行政领导权，国务院统一领导全国地方各级国家行政机关的工作，划分中央和省、自治区、直辖市国家行政机关的职权，制定全国性政策和行政措施；对全国地方政府实行直接或间接的领导，任何地方在任何行政问题上均须服从国务院的领导（见图 6—3）。

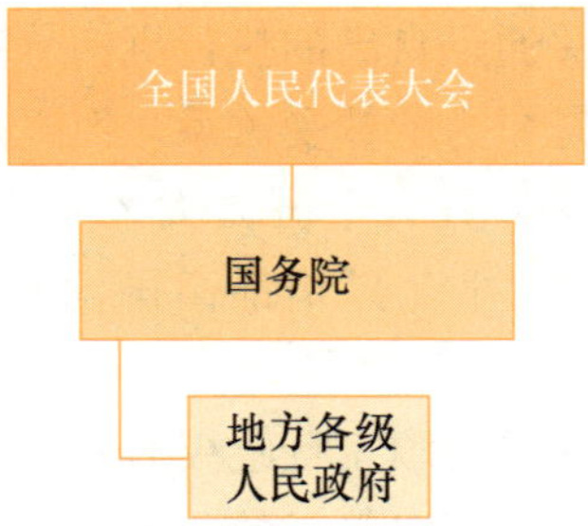

图 6—3　国务院的行政地位

国务院的最高行政地位还意味着不存在独立于国务院而存在的、担当某些特定任务的独立行政机关，中央政府的行政职能完全由国务院统一行使，国家的行政权力是统一和集中的。

2. 国务院实行总理负责制

总理领导国务院工作，对全国人大及其常委会负责。

总理有权向全国人大及其常委会提出副总理、国务委员、各部部长、各委员会主任、审计长、秘书长等国务院组成人员的任免人选。

国务院的工作，总理具有最后决策权。

总理有决定、命令、行政法规和议案的签署权。

副总理、国务委员、秘书长、各部部长、各委员会主任、审计长对总理负责。副总理、国务委员协助总理工作；秘书长、各部部长、各委员会主任、审计长具体负责特定范围和领域内的工作。

国务院各部、各委员会实行部长、主任负责制。

各部长、主任领导本部门的工作，召集和主持部务会议、委员会会议、委务会议；签署上报国务院和上级政府的重要报告和下达的命令、指示。

第二节　国务院的组成

一、国务院的组成

国务院由总理、副总理、国务委员、各部部长、各委员会主任、人民银行行长、审计长、秘书长组成。

国务院每届任期五年。

总理、副总理、国务委员连续任职不得超过两届。

现任总理、副总理、国务委员秘书长见图 6—4。

<table>
<tr><td colspan="10">总理 李克强</td></tr>
<tr><td colspan="4">副总理</td><td colspan="5">国务委员</td><td>秘书长</td></tr>
<tr><td>张高丽</td><td>刘延东（女）</td><td>汪洋</td><td>马凯</td><td>杨晶</td><td>常万全</td><td>杨洁篪</td><td>郭声琨</td><td>王勇</td><td>杨晶（兼）</td></tr>
</table>

图 6—4　现任总理、副总理、国务委员、秘书长

二、总理、副总理、国务委员

国务院总理由国家主席提名，全国人民代表大会决定，国家主席任命。

副总理、国务委员由总理提名，全国人大决定任命。

总理领导国务院的工作。总理召集和主持国务院全体会议和国务院常务会议。国务院

发布的决定、命令和行政法规，向全国人民代表大会或者全国人民代表大会常务委员会提出的议案，任免人员，由总理签署。

副总理、国务委员协助总理工作，按分工负责处理分管工作；受总理委托，负责其他方面的工作或专项任务，并可代表国务院进行外事活动。

总理出国访问期间，由负责常务工作的副总理代行总理职务（见图 6—5）。

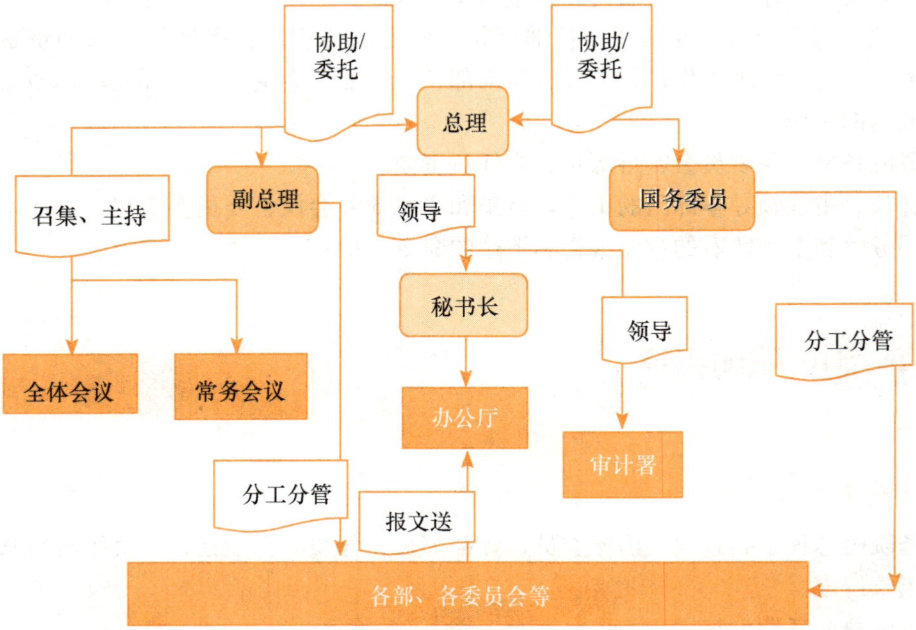

图 6—5 国务院的结构

三、秘书长、审计长、部长、主任

全国人大根据总理的提名，决定各部部长、各委员会主任、审计长、秘书长的人选；全国人大常委会在全国人大闭会期间，根据总理的提名，决定部长、委员会主任、审计长、秘书长的人选。

国务院设立办公厅，由秘书长领导。秘书长在总理领导下，负责处理国务院的日常工作。

审计署在总理领导下，依照法律规定独立行使审计监督权，不受其他行政机关、社会团体和个人的干涉。

国务院各部、各委员会的设立、撤销或者合并，经总理提出，由全国人大决定；在全国人大闭会期间，由全国人大常委会决定。

各部设部长一人，副部长二至四人。各委员会设主任一人，副主任二至四人，委员五至十人。

各部、各委员会实行部长、主任负责制。各部部长、各委员会主任领导本部门的工作，召集和主持部务会议或者委员会会议、委务会议，签署上报国务院的重要请示、报告和下达的命令、指示。副部长、副主任协助部长、主任工作。

各部、各委员会工作中的方针、政策、计划和重大行政措施，应向国务院请示报告，由国务院决定。

根据法律和国务院的决定，主管部、委员会可以在本部门的权限内发布命令、指示和规章。

国务院可以设立若干直属机构主管各项专门业务，设立若干办事机构协助总理办理专门事项。

第三节 国务院机构设置

一、国务院机构类型

1. 国务院办公厅

国务院办公厅是协助国务院总理处理国务院日常工作的机构。

办公厅设秘书长 1 人、副秘书长若干人。

2. 国务院组成部门

国务院由部、委员会、人民银行、审计署组成。这些部门承担国务院基本行政管理职能，可发布命令、指示和规章。

国务院组成部门内部按业务分工设立厅、司（局）。分管各项业务的机构一般称为“司”，也有极少数内设机构因业务具有相对独立的对外职能或历史原因而称为“局”。司局以下设立处（室）。

目前国务院组成部门 25 个。

3. 国务院直属机构

主管国务院的某项专门事务，具有独立的行政管理职能，在其业务范围内，可对外发布指示、规章的机构。国务院直属机构的设置与撤销由国务院决定，其负责人由国务院任免。

大多数国务院直属机构都冠以“国家”字样（中华人民共和国海关总署、国务院参事室除外）。

称为“总局”的，一般为正部级机构，其他为副部级机构。

有些机构实行中央垂直管理，如国家税务、海关等。

目前国务院直属机构共 15 个。

4. 国务院直属特设机构

2003 年国务院机设立“国务院国有资产监督管理委员会”。国资委不同于对全社会各类企业进行公共管理的政府行政机构，也不同于一般的企事业单位，具有特殊性质，定为国务院直属的正部级特设机构。

国资委的内设机构与组成部门一样，设置司、处两层。

5. 国务院办事机构

国务院办事机构是协助总理办理专门事项，不具有独立行政管理职能，一般不对外直接发布指示、规章的机构。国务院办事机构的设置与撤销由国务院决定，其负责人由国务院任免。

国务院办事机构都冠以“国务院”字样，称“办公室（研究室）”。

办事机构一般为正部级。

国务院办事机构目前共 4 个。

6. 部委管理的国家局

部委管理的国家局负责主管特定业务，行使行政管理职能，但其在对外发布行政命令和规章时，只能以所属部委名义或在部委授权的情况下，以国家局名义对外发布。部委管理的国家局均为副部级，其设置与撤销由国务院决定，负责人由国务院任免。

部委管理的国家局的内设机构，一般称司（室），数量一般在 5 个左右。司以下根据工作需要可设处，或不设处。

国务院部委管理的国家局 16 个（见表 6—1）。

表 6—1 国务院部委管理的国家局

国务院部委	部委管理的国家局
办公厅	信访局
国家发展和改革委员会	粮食局、能源局
工业和信息化部	国防科技工业局、烟草专卖局
人力资源和社会保障部	外国专家局、公务员局
国土资源部	海洋局、测绘地理信息局
交通运输部	铁路局、民用航空局、邮政局
文化部	文物局
国家卫生和计划生育委员会	中医药管理局
中国人民银行	外汇管理局
国家安全生产监督管理总局	煤矿安全监察局

7. 国务院议事协调机构和临时机构

议事协调机构是为完成特殊性或临时性任务而由若干成员单位组成的、规格相对较高的跨部门机构，主要承担跨部门的重要业务工作的组织协调以及处理临时突发性事务，一般由国务院总理、副总理担任小组组长。

议事协调机构议定的事项经国务院同意，由有关的部门按照各自的职责负责办理，特殊情况下经国务院同意后规定临时性的行政管理措施。

国务院机构设置见图 6—6。

中华人民共和国国务院办公厅

国务院组成部门（25个）

- 外交部、国防部、国家发展和改革委员会、教育部、科学技术部、工业和信息化部、国家民族事务委员会、公安部、国家安全部、监察部、民政部、司法部、财政部、人力资源和社会保障部、国土资源部、环境保护部、住房和城乡建设部、交通运输部、水利部、农业部、商务部、文化部、国家卫生和计划生育委员会、中国人民银行、审计署

国务院直属特设机构（1个）

- 国务院国有资产监督管理委员会

国务院直属机构（15个）

- 中华人民共和国海关总署、国家税务总局、国家工商行政管理总局、国家质量监督检验检疫总局、国家新闻出版广电总司（国家版权局）、国家体育总局、国家安全生产监督管理总局、国家食品药品监督管理总局、国家统计局、国家林业局、国家知识产权局、国家旅游局、国家宗教事务局、国务院参事室、国家机关事务管理局

国务院办事机构（4个）

- 国务院侨务办公室、国务院港澳事务办公室、国务院法制办公室、国务院研究室

国务院直属事业单位（13个）

- 新华通讯社、中国科学院、中国社会科学院、中国工程院、国务院发展研究中心、国家行政学院、中国地震局、中国气象局、中国银行业监督管理委员会、中国证券监督管理委员会、中国保险监督管理委员会、全国社会保障基金理事会、国家自然科学基金委员会

图 6—6　国务院机构设置

议事协调机构和临时机构的设置及撤销由国务院决定。2008 年，国务院议事协调机构和临时机构详见表 6—2。

表 6—2　国务院议事协调机构（2008 年）

多部门承担的议事协调机构	
承担部门	议事协调机构
国家发展和改革委员会、总参谋部、总政治部、总后勤部	国家国防动员委员会
民政部、总政治部	全国拥军优属拥政爱民工作领导小组
（办公室设在民政部，与中国老龄协会合署办公）	全国老龄工作委员会
单部门承担的议事协调机构	
承担部门	议事协调机构
总参谋部	国家边海防委员会，国务院中央军委空中交通管制委员会
卫生部	全国爱国卫生运动委员会，国务院防治艾滋病工作委员会
国家林业局	全国绿化委员会

教育部	国务院学位委员会
水利部	国家防汛抗旱总指挥部
财政部	国务院关税税则委员会
民政部	国家减灾委员会
国务院办公厅	国家科技教育领导小组
人力资源和社会保障部	国务院军队转业干部安置工作小组
公安部	国家禁毒委员会
国家发展和改革委员会	国务院西部地区开发领导小组，国务院振兴东北地区等老工业基地领导小组，国家应对气候变化及节能减排工作领导小组（国家应对气候变化领导小组、国务院节能减排工作领导小组）
工业和信息化部	国家信息化领导小组
国家安全生产监督管理总局	国务院安全生产委员会
国家林业局	国家森林防火指挥部
国家能源局	国家能源委员会
中国地震局	国务院抗震救灾指挥部
（中华全国妇女联合会）	国务院妇女儿童工作委员会
（中国残疾人联合会）	国务院残疾人工作委员会
单设办事机构的议事协调机构	
国务院扶贫开发领导小组，国务院三峡工程建设委员会，国务院南水北调工程建设委员会	
保留名义的议事协调机构	
国务院纠正行业不正之风办公室保留名义，工作由监察部承担	

议事协调机构和临时机构，一般不单设办事机构，具体工作由有关部门承担。

单设办事机构的，通常把办事机构设在有关部门内部，称“领导小组办公室”，与部门内的其他业务司局同等规格。

8. 国务院直属事业单位

国务院直属事业单位一般为正部级单位，包括依法承担执法监管职能的机构，如中国证券监督管理委员会、中国保险监督管理委员会；承担具有特殊重要性事务的机构，如新华通讯社、中国科学院、中国社会科学院、中国工程院、全国社会保障基金理事会；以及承担专业性特别强事务的机构，如中国地震局、中国气象局。目前共有 13 个。

一般而言，事业单位不具有行政管理职能，不是行政机构，不列入政府序列，但列入国务院机构序列。

二、国务院体制与机构设置类型的演变

中国人民政治协商会议第一届全体会议于 1949 年 9 月 30 日选举产生中央人民政府委员会，中华人民共和国中央政府成立。10 月 1 日中央人民政府委员会第一次会议任命政务院总理，10 月 19 日第三次会议任命副总理、政务委员、秘书长，中央人民政府委员会之下的执掌政务管理职能的政务院组成。

1949—1954 年期间依据《中国人民政治协商会议共同纲领》成立的政务院，是中央人民政府委员会之下的国家最高政务管理机关（而非中央人民政府）。政务院设委员会、部、署、院、办公厅等机构。

1954 年，依据《中华人民共和国宪法》规定，中国实行人民代表大会制度，设立国务院。国务院是全国人民代表大会的执行机关，是最高国家行政机关。国务院设部委机构、办公机构、直属机构和秘书厅。

“文革”期间，国务院机构与领导体制发生较大变化。主要表现在：一方面，国务院机构数量有相当大幅度的缩减；另一方面，部分国务院机构被划归军队管理。

1982 年以后，国务院机构改革持续推进。从 1982 年至 2013 年，计有 1982 年的以减少机构数量，精减人员为主要目标的机构改革；1988 年、1993 年的以转变政府职能、适应市场经济需要为主要任务的机构改革；1998 年旨在消除政企不分、进一步面向公共管理和服务的机构改革；2003 年的以建设行为规范、运转协调、公正透明、廉洁高效政府体制为目标的机构改革；2008 年的以“大部制”为旨归的机构改革；2013 年最新的一次机构改革。每次机构改革，国务院机构设置都会发生或大或小的变化。

目前国务院机构类型计有：办公厅、部委机构、直属特设机构、直属机构、办事机构、事业单位，以及部委管理的国家局。

1. 1949—1954 年的政务院

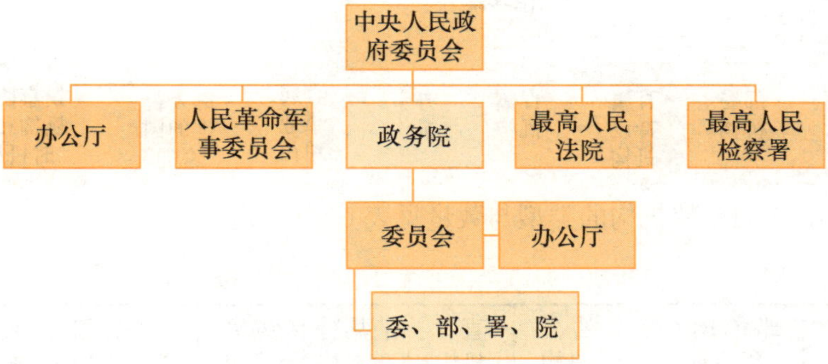

2. 1954—1970、1975—1982 年的国务院

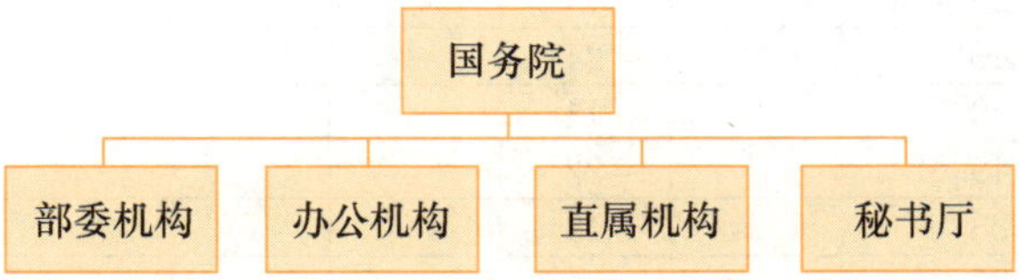

3. 1970—1975 年的国务院

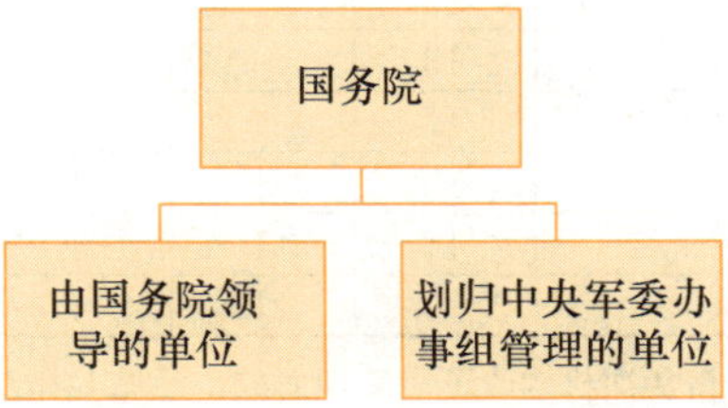

4. 1982—1993 年的国务院

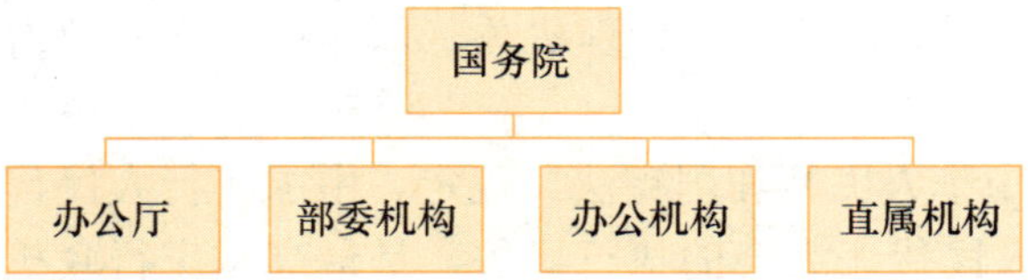

5. 1994—2003 年的国务院

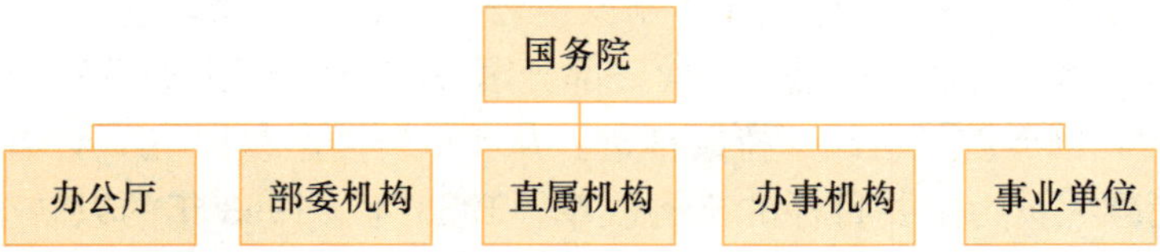

6. 2003—2008 年的国务院

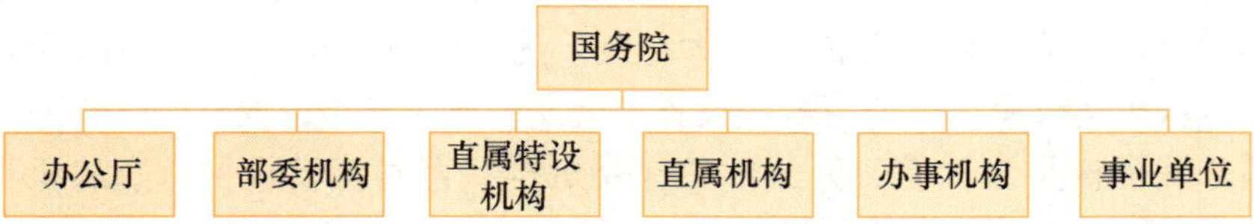

7. 2008 年以后的国务院

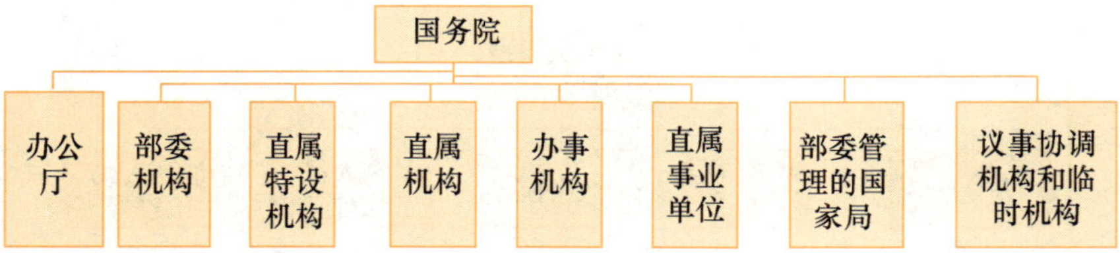

1949—2013 年国务院机构的类型与数量见表 6—3。

表 6—3　　1949—2013 年国务院机构的类型与数量

年份	秘书厅/办公厅	部委/国务院组成部门	办公机构	直属机构	直属特设机构	办事机构	部委管理的国家局	直属事业单位	机构总数
1949		35							35
1954	1	35	8	19					63
1956	1	48	8	24					81
1959	1	39	6	14					60
1965	1	49	7	22					79
1975	1	28	3	19					51
1978	1	37	7	32					77
1982	1	41	2	14					58
1988	1	40	5	19					66
1994	1	40		13		7	15	11	87
1998	1	29		17		6	17	9	79
2003	1	28		18	1	4	9	14	75
2008	1	27		16	1	4	16	17	82
2013	1	25		15	1	4	16	13	75

资料来源：根据中国国情网“国务院历次机构改革”整理而成，参见 http://guoqing.china.com.cn/2013-03/10/content_28191239.htm。

第四节 国务院的职权与职能

一、国务院的职权（见图 6—7）

根据宪法规定，国务院拥有广泛、全面、统一领导国家行政活动的直接权力，以及为了保障这种领导得以实现的间接权力。

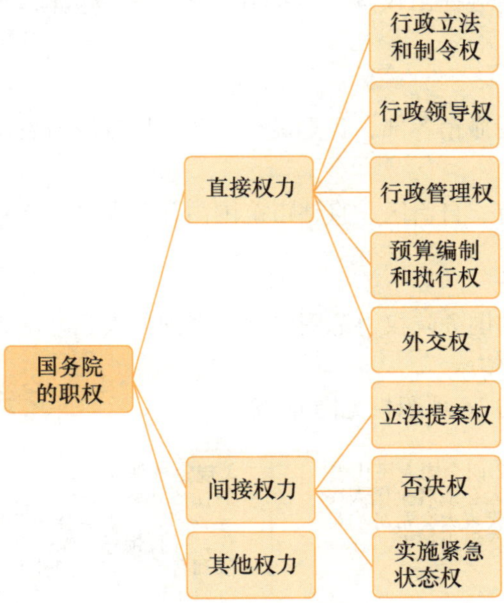

图 6—7 国务院的职权体系

二、直接权力

1. 行政立法和制令权

国务院可以依据宪法和法律，规定行政措施、制定行政法规、发布决定和命令。

2. 对国务院机构和地方政府的行政领导权

国务院对国务院各个机构和各级地方政府有绝对的领导权。国务院统一领导各部和各委员会的工作。一些不属于任何一个机构管辖的事务，国务院还可以设立专门的机构进行管辖。国务院统一领导全国地方各级国家行政机关的工作。

3. 直接行政管理权

国务院是国家最高行政管理机构，管理全国所有的行政事务，包括：领导和管理经济工作和城乡建设；教育、科学、文化、卫生、体育和计划生育工作；民政、公安、司法、行政和监察等工作；国防建设事业；民族事务，保障少数民族的平等权利和民族自治地方的自治权利；批准省、自治区、直辖市的区域划分，批准自治州、县、自治县、市的建置和区域划分；审定行政机构的编制，依照法律规定任免、培训、考核和奖惩行政人员。

4. 国民经济和社会发展计划及国家预算的编制和执行权

国务院负责编制和执行国民经济和社会发展计划以及国家预算。

5. 外交权

国务院管理对外事务，同外国缔结条约和协定；保护华侨的正当的权利和利益，保护归侨和侨眷的合法的权利和利益。

三、间接权力

1. 立法提案权

当某些事务超出了国务院既有的权限范围时，国务院可以向全国人民代表大会或者全国人民代表大会常务委员会提出议案，以得到全国人大或全国人大常委会的立法或授权，从而获得管理权限。

2. 否决权

国务院可以改变或者撤销各部、各委员会、各级地方政府发布的命令、指示和规章。

3. 实施紧急状态权

国务院可以决定在省、自治区、直辖市范围内部分地区实施紧急状态。

四、其他权力

在宪法和法律规定的国务院权力范围之外，全国人大和全国人大常委会可以通过立法的形式授予国务院其他权力。

宪法规定的国务院的18项职权见图6—8。

1.根据宪法和法律，规定行政措施，制定行政法规，发布决定和命令	2.向全国人民代表大会或者全国人民代表大会常务委员会提出议案	3.规定各部和各委员会的任务和职责，统一领导各部和各委员会的工作，并且领导不属于各部和各委员的全国性的行政工作	4.统一领导全国地方各级国家行政机关的工作，规定中央和省、自治区、直辖市的国家行政机关的职权的具体划分
5.编制和执行国民经济和社会发展计划和国家预算	6.领导和管理经济工作和城乡建设	7.领导和管理教育、科学、文化、卫生、体育和计划生育工作	8.领导和管理民政、公安、司法行政和监察等工作
9.管理对外事务、同外国缔结条约和协定	10.领导和管理国防建设事业	11.领导和管理民族事务，保障少数民族的平等权利和民族自治地方的自治权利	12.保护华侨的正当的权利和利益，保护归侨和侨眷的合法权利和利益
13.改变或者撤销各部、各委员会发布的不适当的命令、指示和规章	14.改变或者撤销地方各级国家行政机关的不适当的决定和命令	15.批准省、自治区、直辖市的区域划分，批准自治州、县、自治县、市的建置和区域划分	16.依照法律规定决定省、自治区、直辖市的范围内部分地区进入紧急状态
	17.审定行政机构的编制，依照法律规定任免、培训、考核和奖惩行政人员	18.全国人民代表大会和全国人民代表大会常务委员会授予的其他职权	

图6—8 宪法规定的国务院的18项职权

国务院的基本职能见图 6—9。

经济调节

- 宏观调控，实现经济增长、增加就业、稳定物价和国际收支平衡

市场监管

- 完善市场监管体系，建立健全社会信用体系，整顿和规范市场经济秩序，建设现代市场体系

社会管理

- 管理和规范社会组织、社会事务，处理社会矛盾，维护社会秩序和稳定，促进社会公正。加强城乡基层自治组织和社区建设，培育并引导民间组织发展，提高政府应对公共危机的能力

公共服务

- 完善公共政策，健全公共服务体系，提供公共产品和服务，推进部分公共产品和服务的市场化进程，建立健全公共产品服务的监管和绩效评估制度

图 6—9　国务院的基本职能

第五节　国务院的行政方式

1. 参与立法

国务院通过提出法律案、接受全国人大及其常委会的委托制定行政法规、要求立法机构解释法律，以及裁决某些法律问题等方式和途径参与立法。

2. 行政立法

国务院有权根据宪法和法律制定行政法规；国务院各部委有权根据法律和国务院的行政法规、决定、命令，在本部门的权限内，发布规章。

3. 编制和执行国民经济和社会发展计划和国家预算

4. 发布命令

国务院规定行政措施，制定行政法规，发布决定和命令。

5. 要求地方政府和部门报告工作

凡是发生在本地区、本部门或本系统的重大突发性事件、重要社会动态、重大灾情和疫情及其他紧急重大事件，各地区、各部门在及时做好处置工作的同时，必须尽快将有关情况报送国务院，并跟踪掌握事态进展和处理情况，随时续报，直至事情处理完毕。

除重大事项及时报告制度外，省、自治区、直辖市政府还在每年的 1—3 月和 7—9 月分两次报送工作报告，分别对半年期内的工作情况和全年或下个半年期的工作安排进行总

结和汇报 。

6. 审计和行政监察

国务院设立直属于总理领导的国家审计署，负责对包括地方政府在内的行政机构的审计。设立监察部主管全国行政监察工作。

7. 专项拨款

中央财政为实施特定的宏观政策目标设立补助地方专项资金，以影响宏观政策的实现。

8. 设立派出机构或代表

在宏观调控和行政执法领域，设立派出机构或代表，以加强对地方的管理和控制。

9. 垂直管理

在具有特殊性的部门和领域，实行垂直管理。

垂直管理分为不同形式，见图 6—10 所示。

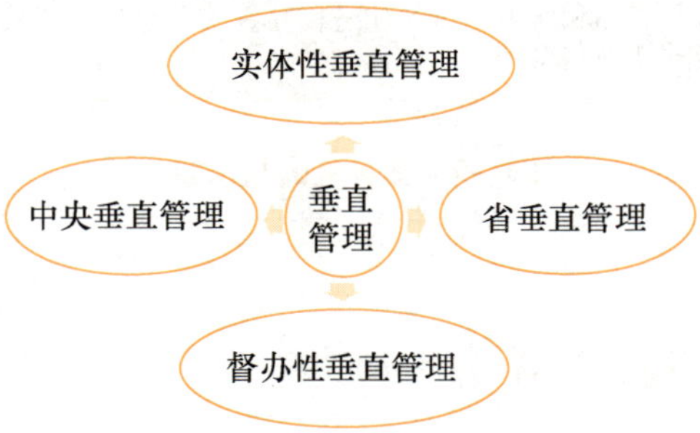

图 6—10 垂直管理的不同形式

实行垂直管理的部门详见图 6—11。

实行垂直管理的部门

- 人民银行、金融管理局、外汇管理局、银监会、证监会、保监会、电监会
- 审计署、国税局、国土资源部、民航局、通信管理局、邮政局、能源局、煤监局、工商局、烟草专卖局、储备物资管理局
- 海关、质量技术监督局、食品药品监督管理局、出入境检验检疫局、商检局
- 气象局、地震局、海洋局、海事局
- 国家安全局

图 6—11 实行垂直管理的部门

国务院的行政方式见图 6—12。

国务院的行政方式

- 参与立法
- 行政立法
- 编制和执行国民经济和社会发展计划和国家预算
- 发布命令
- 要求地方政府和部门报告工作
- 审计和行政监察
- 专项拨款
- 设立派出机构或代表
- 垂直管理

图 6—12　国务院的行政方式

国务院的年度工作计划与督促检查见图 6—13。

制定年度工作计划

- 提出年度重点工作目标，确定需要讨论的法律草案和需要审议的行政法规草案、需要召开的全国性会议和制发的公文等事项

督促检查

- 各地区、各部门在年中和年末向国务院报告执行情况。国务院办公厅适时作出通报

纪律

- 国务院组成人员必须坚决执行国务院的决定，在没有重新作出决定前，不得有任何与国务院决定相违背的言论和行为
- 代表国务院发表讲话或文章，以及个人发表涉及未经国务院研究决定的重大问题及事项的讲话或文章，事先须经国务院同意
- 副总理、国务委员、秘书长离京出访、出差和休养，应事先报告总理，由国务院办公厅通报国务院其他领导
- 各部门主要负责人离京外出，应事先向办公厅报告，由办公厅向国务院领导报告

图 6—13　国务院的年度工作计划与督促检查

第六节　国务院的会议制度

国务院实行国务院全体会议和国务院常务会议制度（见表 6—4）。

国务院全体会议由总理、副总理、国务委员、各部部长、各委员会主任、人民银行行长、审计长、秘书长组成，由总理召集和主持。国务院全体会议的主要任务是：讨论决定国务院工作中的重大事项；部署国务院的重要工作；通报国内外形势。

国务院全体会议一般每半年召开一次，根据需要可安排有关部门、单位负责人列席会议。

国务院常务会议由总理、副总理、国务委员、秘书长组成，由总理召集和主持。国务院常务会议的主要任务是：讨论决定国务院工作中的重要事项；讨论法律草案、审议行政

法规草案；通报和讨论国务院其他事项。

国务院常务会议一般每月召开三次，如有需要可临时召开。根据需要可安排有关部门、单位负责人列席会议。

提请国务院全体会议和国务院常务会议讨论的议题，由国务院分管领导协调或审核后提出，报总理确定；会议文件由总理批印。国务院全体会议和国务院常务会议的组织工作由国务院办公厅负责，文件和议题于会前送达与会同志。

国务院领导不能出席国务院全体会议或国务院常务会议，向总理请假；如对议题有意见或建议，可在会前提出。

国务院全体会议和国务院常务会议的纪要，由总理签发；会议讨论决定的事项，宜于公开的，应及时报道。新闻稿须经秘书长或有关副秘书长审定，如有需要报总理审定。

表 6—4　国务院的全体会议与常务会议

	时间	参加人	任务
全体会议	每半年一次	总理、副总理、国务委员、各部部长、各委员会主任、人民银行行长、审计长、秘书长	讨论决定国务院工作中的重大事项；部署国务院的重要工作
常务会议	每月三次	总理、副总理、国务委员、秘书长	讨论决定国务院工作中的重要事项；讨论法律草案、审议行政法规草案；通报和讨论其他重要事项

国务院决策议题的形成见图 6—14。

国务院全体会议、国务院常务会议可讨论和决定的问题：

- 国民经济和社会发展计划，预算，宏观调控和改革开放的政策措施，国家和社会管理事务，法律议案和行政法规，重大规划

国务院各部门可向国务院提出重大决策建议，但须满足以下条件：

- 经过调查研究，并经研究咨询机构进行过合法性、必要性、科学性、可行性和可控性评估论证；涉及重大公共利益和公众权益，容易引发社会稳定问题的，要进行社会稳定风险评估，听取各方意见

执行与反馈过程中的调整与修正：

- 国务院通过召开座谈会等形式，直接听取民主党派、群众团体、专家学者的意见；各部门贯彻落实国务院决策，及时跟踪和反馈执行情况；国务院办公厅督促检查

图 6—14　国务院决策议题的形成

第七节　国务院的公文审批制度

一、公文报送规定

各地区、各部门报送国务院的公文，除国务院领导交办事项和必须直接报送的绝密事项外，一般不得直接向国务院领导个人报送公文。

各部门报送国务院的请示性公文，部门间如有分歧意见，主办部门的主要负责人要主

动协商，不能取得一致意见的，应列出各方理据，提出办理建议。

各地区、各部门报送国务院审批的公文，由国务院办公厅按照国务院领导分工呈批，重大事项报总理审批。

二、公文的签发

国务院公布的行政法规、决定、命令，向全国人民代表大会或全国人民代表大会常务委员会提出的议案、人员任免，由总理签署。

以国务院名义发文，经国务院分管领导审核后，由总理签发。

以国务院办公厅名义发文，由国务院秘书长签发；如有需要，可由国务院分管领导签发或报总理签发。

三、公文的公布

国务院及国务院办公厅的公文，除需要保密者外，应及时公布。

第八节　国务院 2013 年的重点工作部门分工①

国务院每年会以正式文件的形式，制定各部委、各直属机构工作任务分配计划。2013 年 3 月，十二届全国人大产生新的国务院领导机构后，国务院很快发布《国务院关于落实〈政府工作报告〉和国务院第一次全体会议精神重点工作部门分工的意见》（国发［2013］17 号），对 2013 年的工作做出部署。

意见指出：国务院年度工作任务是“根据党的十八大精神、中央经济工作会议精神、十二届全国人大一次会议通过的《政府工作报告》和国务院第一次全体会议精神”确定的，具体分工如下：

一、持续发展经济的工作

主要目标和任务是：促进经济持续健康发展，要把稳增长、控通胀、防风险三者统筹考虑，强化农业农村发展基础，推动城乡发展一体化。加快转变经济发展方式，实施创新驱动发展战略，在质量和效益、就业和收入、资源和环境等方面不断提升水平，打造中国经济的“升级版”。

（1）财政部牵头，发展改革委、人民银行、审计署、海关总署、税务总局、国管局等负责继续实施积极的财政政策。

（2）人民银行牵头，发展改革委、金融监管机构、审计署等负责继续实施稳健的货币政策。

（3）发展改革委牵头，各部门配合保持物价总水平基本稳定，全年居民消费价格涨幅

---

① 参见《国务院关于落实〈政府工作报告〉和国务院第一次全体会议精神重点工作部门分工的意见》，见 http://www.gov.cn/zwgk/2013-04/03/content_2369817.htm，2013-04-03。

控制在3.5%左右。

（4）农业部牵头，发展改革委、财政部、科技部、工业和信息化部、国土资源部、环境保护部、住房城乡建设部、交通运输部、水利部、商务部、教育部、文化部、人民银行、工商总局、质检总局、林业局、法制办、银监会、保监会、粮食局、能源局、供销合作总社、扶贫办等负责进一步增强农村发展活力，继续加大“三农”投入，加强农村基础设施建设和基本公共服务体系建设，形成以工促农、以城带乡、工农互惠、城乡一体的新型工农、城乡关系。

（5）发展改革委牵头，财政部、公安部、民政部、人力资源社会保障部、国土资源部、环境保护部、住房城乡建设部、农业部、工业和信息化部、交通运输部、文化部、林业局、能源局、文物局等负责积极稳妥推动城镇化健康发展；加快推进户籍制度、土地管理制度、社会管理体制和相关制度改革，逐步实现城镇基本公共服务覆盖常住人口。

（6）发展改革委会同有关部门负责做好召开全国城镇化工作会议准备工作。研究提出提高城镇化质量，积极引导城镇化健康发展的指导思想、重大方针、主要任务和政策措施。

（7）发展改革委牵头，工业和信息化部、商务部、财政部、人民银行、国资委、质检总局、旅游局等负责发挥消费和投资在扩大内需中的作用。

（8）科技部牵头，发展改革委、财政部、教育部、工业和信息化部、人力资源社会保障部、农业部、商务部、国资委、税务总局、侨办、中科院、工程院、自然科学基金会、国防科工局、中国科协等负责深化科技体制改革。

（9）发展改革委牵头，工业和信息化部、科技部、财政部、人力资源社会保障部、住房城乡建设部、交通运输部、商务部、文化部、人民银行、国资委、海关总署、税务总局、质检总局、国家新闻出版广电总局、统计局、旅游局、能源局、国防科工局、中科院、自然科学基金会等负责加快产业结构调整。

（10）发展改革委牵头，工业和信息化部、科技部、财政部、环境保护部、商务部、人民银行、国资委、海关总署、税务总局、质检总局、能源局等负责化解产能过剩矛盾。

（11）发展改革委牵头，环境保护部、外交部、科技部、工业和信息化部、民政部、财政部、国土资源部、住房城乡建设部、交通运输部、水利部、农业部、海关总署、税务总局、质检总局、林业局、法制办、中科院、地震局、气象局、能源局、海洋局等负责大力加强生态文明建设和环境保护。

（12）发展改革委牵头，财政部、扶贫办、人民银行、教育部、科技部、工业和信息化部、国家民委、民政部、国土资源部、环境保护部、住房城乡建设部、交通运输部、水利部、农业部、商务部、文化部、国家卫生和计划生育委员会、税务总局、林业局、国家铁路局等负责促进区域经济协调发展。

二、改善民生工作

主要任务和目标是：依靠发展经济、增加就业、鼓励创业，持续提高城乡居民收入特别是低收入群体的收入，扩大中等收入群体。在义务教育、基本医疗、基本养老、保障性住房等方面，建设覆盖全民的保障基本民生“安全网”。

(13) 人力资源社会保障部牵头，发展改革委、教育部、工业和信息化部、民政部、财政部、农业部、商务部、人民银行、税务总局、工商总局、中国残联等负责扩大就业工作；做好重点人群就业，尤其是以高校毕业生为重点的青年就业工作；继续做好农民工、城镇就业困难人员和退役军人就业工作；促进城乡居民收入增长；城镇新增就业900万人以上，城镇登记失业率低于4.6%。

(14) 财政部牵头，教育部、发展改革委、审计署等负责推进教育优先发展。教育部牵头，发展改革委、财政部、人力资源社会保障部等负责进一步深化教育综合改革，解决社会普遍关注的重大问题；推动义务教育均衡发展，提高各级各类教育质量。

(15) 人力资源社会保障部牵头，发展改革委、财政部、民政部、国家卫生和计划生育委员会、社保基金会、中国残联等负责完善社会保障制度。

(16) 民政部牵头，发展改革委、财政部、人力资源社会保障部、保监会、全国老龄办、中国残联等负责加大对社会养老服务体系和儿童福利机构建设的支持力度，发展老龄事业；增强城乡社区服务功能；引导社会组织健康有序发展；下决心解决特殊困难群体问题。

(17) 国家卫生和计划生育委员会牵头，发展改革委、工业和信息化部、民政部、财政部、人力资源社会保障部、商务部、国家食品药品监督管理总局、保监会、中医药局、中央编办等负责深化医药卫生事业改革发展。2013年新农合和城镇居民医疗保险财政补助标准由每人每年240元提高到280元；建立重特大疾病保障和救助机制，全面开展儿童白血病等20种重大疾病保障试点工作。

(18) 国家卫生和计划生育委员会牵头，国家食品药品监督管理总局、中医药局、发展改革委、科技部、国家民委、财政部、工业和信息化部等负责加强公共卫生服务。提高基本公共卫生服务均等化水平，人均基本公共卫生服务经费标准由25元提高到30元。

(19) 发展改革委牵头，国家卫生和计划生育委员会、财政部、公安部、民政部、国务院妇儿工委、中国残联等负责逐步完善人口政策，保障妇女和未成年人权益，关心和支持残疾人事业。

(20) 住房城乡建设部牵头，发展改革委、财政部、国土资源部、民政部、公安部、农业部、人民银行、审计署、税务总局、统计局、林业局、银监会等负责加强房地产市场调控和保障性安居工程建设，让老百姓住上放心房、满意房。今年城镇保障性住房基本建成470万套、新开工630万套。加大各类棚户区改造力度。继续推进农村危房改造。

(21) 国务院办公厅牵头，各部门配合健全突发事件应急管理机制。

(22) 安全监管总局会同有关部门负责进一步加强安全生产工作。

(23) 国家食品药品监督管理总局牵头，中央编办，发展改革委、工业和信息化部、公安部、财政部、农业部、商务部、国家卫生和计划生育委员会、工商总局、质检总局、法制办、粮食局等负责加强食品药品安全监管。

(24) 文化部牵头，发展改革委、财政部、教育部、科技部、商务部、人民银行、税务总局、国家新闻出版广电总局、体育总局、社科院、侨办、文物局、参事室等负责推进文化建设。

三、促进社会公正工作

各相关部门的主要任务是：相信人民的力量，激发在人民中间蕴藏的巨大创造潜力和活力，切实保障人民平等参与、平等发展的权利，努力使人人能够享有平等机会。

（25）逐步建立和完善促进社会公正的制度。教育部牵头，各部门配合推进教育公平。全面落实国家资助家庭经济困难学生政策，做好高校大学生生活困难补助工作，进一步促进教育公平。

人力资源社会保障部牵头，国资委、金融监管机构等负责推进就业公平。

发展改革委牵头，各部门配合推进创业公平。

（26）民政部牵头，发展改革委会同财政部、公安部、监察部、司法部、人力资源社会保障部、质检总局、法制办、信访局等负责加强和创新社会管理。

（27）信访局会同有关部门负责信访工作。

四、加快建设创新政府工作

主要目标和任务是：继续进行改革，创新政府实践；发挥财税、金融、价格等杠杆的作用，推进各个领域的全面改革；提高对外开放的质量和水平。

（28）发展改革委牵头，各部门配合负责深入研究全面深化体制改革的顶层设计和总体规划，明确提出改革总体方案、路线图、时间表。

（29）中央编办牵头，各部门配合负责抓紧实施国务院机构改革和职能转变方案，完成新组建部门"三定"规定制定和相关部门"三定"规定修订工作，大力推进行政审批制度改革，推动国务院部门加快职能转变。组织推进地方行政体制改革，研究制定关于地方政府机构改革和职能转变的意见。

（30）财政部牵头，各部门配合负责加快财税体制改革，健全公共财政体系。

（31）人民银行牵头，发展改革委、金融监管机构、财政部、外汇局等负责深化金融体制改革。

（32）发展改革委牵头，各部门配合负责推进价格改革。

（33）发展改革委牵头，工业和信息化部、财政部、人力资源社会保障部、农业部、人民银行、国资委、税务总局、工商总局、金融监管机构等负责深化国有企业及重点行业、投融资体制的改革；研究制定深化收入分配制度改革若干意见的具体政策；有效解决收入分配领域存在的问题，缩小收入分配差距。

（34）中央编办牵头，财政部、人力资源社会保障部等负责推进事业单位分类改革。

（35）商务部牵头，发展改革委、工业和信息化部、财政部、农业部、人民银行、海关总署、税务总局、质检总局、外汇局等负责转变对外贸易发展方式。

（36）发展改革委牵头，商务部等部门按职责分工负责统筹利用外资和对外投资。

（37）商务部牵头，发展改革委等部门按职责分工负责完善对外开放格局。商务部牵头，外交部、发展改革委、财政部、人民银行等负责把向发达国家开放与向发展中国家开放结合起来，扩大和深化同各方利益汇合点。

五、建设廉洁政府工作

这方面的主要任务是：反腐倡廉，坚持有贪必肃、有腐必反，用制度管权、管钱、管人；严格履行政府向全社会作出的承诺，加强政风建设，坚持公开透明，自觉接受群众监督。

（38）监察部牵头，中央编办、财政部、法制办、审计署、国管局、发展改革委等负责健全权力运行制约和监督体系，推进政企分开、政资分开、政事分开、政社分开；改进工作作风；反对腐败，加强廉政建设；深化公务用车制度改革，降低行政成本。

（39）中央编办、财政部、国管局、外交部、人力资源社会保障部负责严格履行政府要过紧日子的三项承诺（政府性的楼堂馆所一律不得新建，财政供养人员只减不增，公费接待、公费出国、公费购车只减不增）。

六、全面建设法治政府工作

（40）法制办牵头，各部门配合负责清理有碍公正、不利于发展、过时的法规条例和管理办法。

（41）全国打击侵犯知识产权和制售假冒伪劣商品工作领导小组办公室牵头，知识产权局、国家新闻出版广电总局、工商总局等负责打击侵权假冒行为。深入开展打击侵犯知识产权和制售假冒伪劣商品工作。落实软件正版化长效机制，确保年底前完成市县级政府机关软件正版化检查整改工作。

七、关于加强民族、宗教、国防、港澳台侨、外交工作

（42）国家民委负责全面正确贯彻党的民族政策。

（43）宗教局负责宗教工作。

（44）侨办、外交部负责侨务工作。

（45）工业和信息化部牵头，发展改革委、教育部、科技部、公安部、财政部、交通运输部、国防科工局、海洋局、国家国防动员委员会等负责支持国防和军队建设。

（46）港澳办会同有关部门负责保持香港、澳门长期繁荣稳定。

（47）台办会同有关部门负责对台工作。

（48）外交部会同有关部门负责外交工作。

意见还要求：各部门、各单位制定落实重点工作的实施方案，提出本部门、本单位的工作重点，把每一项工作落实到具体单位、具体人，列出时间表；实施方案要在 4 月 25 日前报国务院；克服推诿扯皮现象，需要多个部门参与的工作，牵头部门要负起组织协调责任，其他部门要积极主动配合，提高执行力和效率；要转变作风，各部门要深入实际、深入基层开展调查研究，及时发现新情况新问题；要加强督查，健全问责，各部门、各单位要加强对各项工作的督促检查，强化绩效考核和行政问责，年中检查，年底督办，确保重点工作按时完成，实现全年经济社会发展预期目标。

本章小结

国务院是最高国家行政机关，具有对全国的行政领导权。总理领导国务院工作，对全国人大及其常委会负责。国务院由总理、副总理、国务委员、各部部长、各委员会主任、人民银行行长、审计长、秘书长组成。国务院机构类型包括国务院办公厅、国务院组成部门、国务院直属机构、国务院特设直属机构、国务院办事机构、部委管理的国家局、国务院议事协调机构和临时机构和国务院直属事业单位。国务院拥有广泛、全面、统一的直接和间接行政权力如行政立法和制令权、对国务院机构和地方政府的行政领导权等。国务院的行政方式包括参与立法、行政立法、编制和执行国民经济和社会发展计划和国家预算等。国务院实行国务院全体会议和国务院常务会议制度。国务院公文审批制度包括公文报送、签发和公布。

关键术语

机构类型　　机构设置　　职权与职能　　行政方式　　会议制度　　公文审批制度

复习思考题

1. 国务院设立的法律依据。
2. 国务院总理负责制的内涵和具体表现。
3. 国务院的产生程序。
4. 国务院机构类型。
5. 国务院的职权。
6. 国务院的行政方式。
7. 国务院的会议制度。
8. 国务院的公文审批制度。
9. 国务院决策的内容、依据、方式与程序。

第七章 审判与法律监督制度

中华人民共和国各级人民法院是国家的审判机关，行使审判权。中华人民共和国各级人民检察院是国家的法律监督机关。中华人民共和国的审判制度包括法院独立行使审判权、审判平等、公开审判、合议制、两审终审制等。各级人民检察院的职权包括检察、侦查、批捕、公诉等权力。最高人民检察院在国家法律监督制度有着重要的地位与作用。

重点问题

国家审判机关和法律监督机关的内涵

法院的组成

各级法院之间的审级关系

审判制度的组成

审判委员会的职责

人民检察院的职权

检察委员会的职责

检察院与公安机关、法院的关系

第一节 国家审判机关和法律监督机关

一、国家审判机关及其地位

中华人民共和国人民法院是国家的审判机关。中华人民共和国设立最高人民法院、地方各级人民法院和军事法院等专门人民法院。

人民法院行使审判权。国家的审判权由地方各级人民法院、军事法院等专门人民法院和最高人民法院行使（见图 7—1）。

法院的审批权不受行政机关、社会团体和个人的干涉。

最高人民法院对全国人民代表大会和全国人民代表大会常务委员会负责。地方各级人民法院对产生它的国家权力机关负责。

最高人民法院是最高审判机关。最高人民法院监督地方各级人民法院和专门人民法院的审判工作，上级人民法院监督下级人民法院的审判工作。

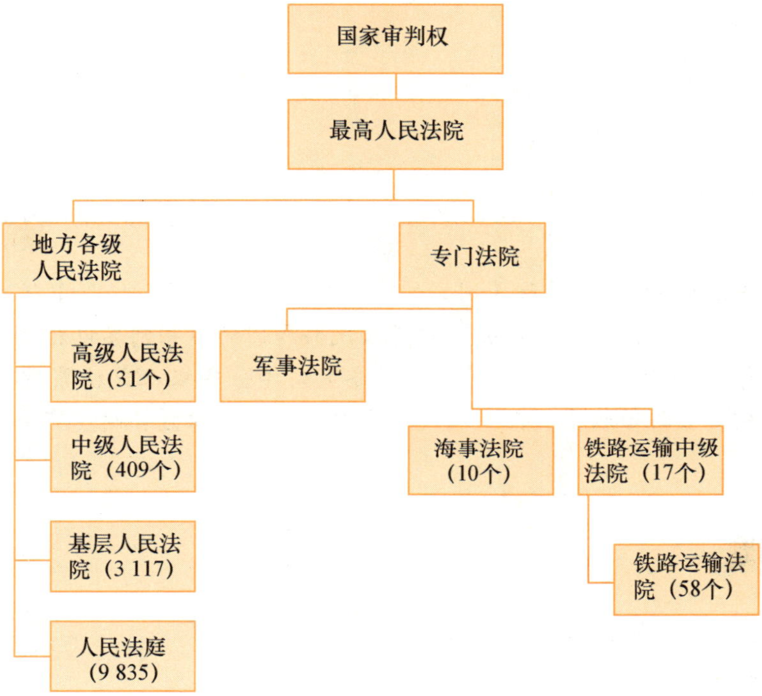

图 7—1 行使国家审判权的机构

资料来源：综合最高人民法院官方网站（《人民法院简介》，见 http://www.court.gov.cn/jgsz/rmfyjj/，2012-03-13）及各地方人民法院、专门法院官方网站信息制作。

各级人民法院的审判业务结构见图 7—2。

二、国家法律监督机关及其地位

中华人民共和国人民检察院是国家的法律监督机关。中华人民共和国设立最高人民检察院、地方各级人民检察院和军事检察院等专门人民检察院（见图 7—3）。

人民检察院行使检察权。《宪法》规定，检察院检察权的行使不受行政机关、社会团体和个人的干涉。

最高人民检察院对全国人民代表大会和全国人民代表大会常务委员会负责。地方各级人民检察院对产生它的国家权力机关和上级人民检察院负责。

最高人民检察院是最高检察机关。最高人民检察院领导地方各级人民检察院和专门人民检察院的工作，上级人民检察院领导下级人民检察院的工作。

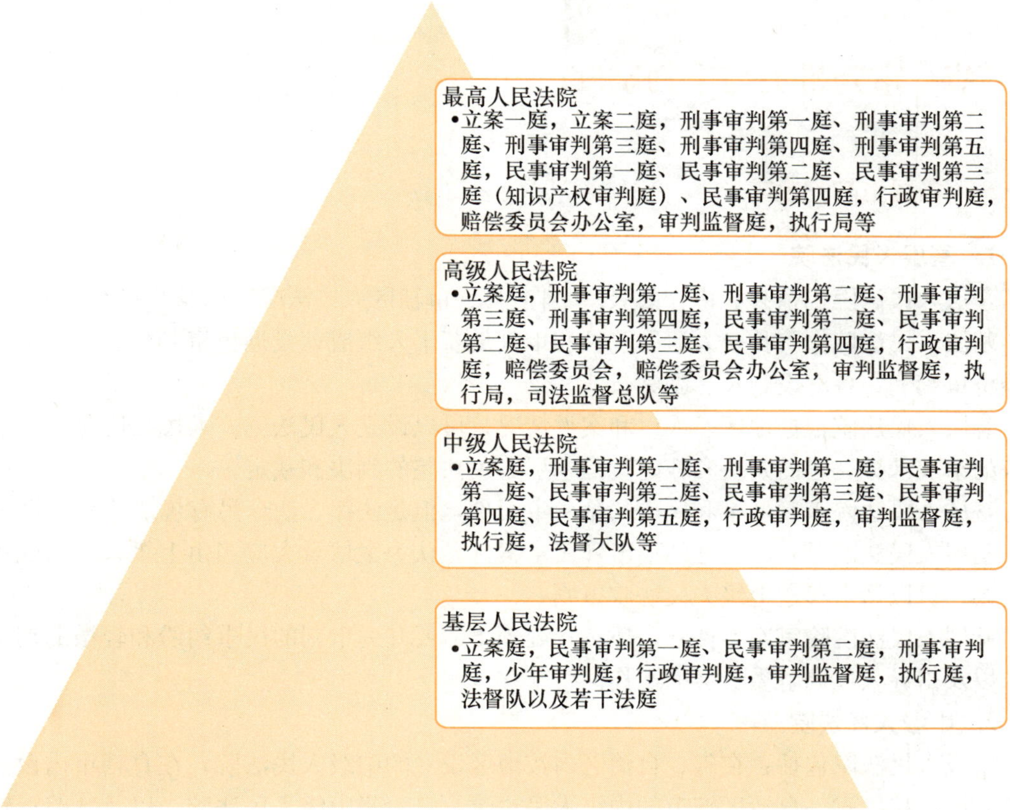

图 7—2 各级人民法院的审判业务机构

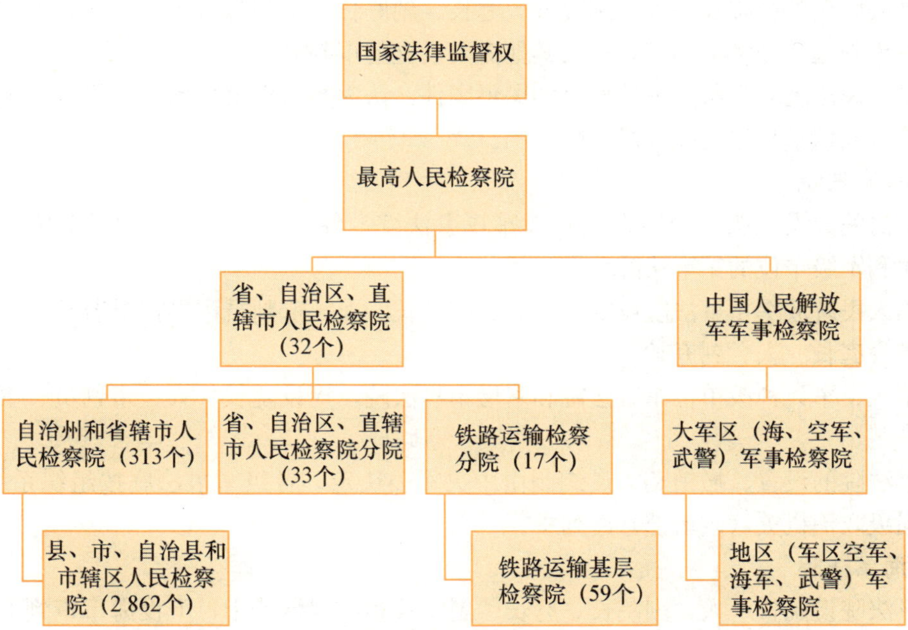

图 7—3 行使国家法律监督权的机构

资料来源：综合最高人民检察院官方网站及各地方人民检察院、专门检察院官方网站信息制作。

第二节 审判机关与审判制度

一、各级法院的组成

1. 基层人民法院

基层人民法院包括县、市（县级）、自治县、市辖区人民法院，以及基层专门法院。

基层人民法院由院长一人、副院长和审判员若干人组成；设刑事审判庭、民事审判庭和经济审判庭，各庭设庭长、副庭长。

基层人民法院根据地区、人口和案件情况，可以设立人民法庭。人民法庭是基层人民法院的组成部分，它的判决和裁定就是基层人民法院的判决和裁定。

基层人民法院审判刑事和民事的第一审案件，但是法律、法令另有规定的案件除外。

基层人民法院对它所受理的刑事和民事案件，认为案情重大应当由上级人民法院审判的时候，可以请求移送上级人民法院审判。

基层人民法院除审判案件外，还负责处理不需要开庭审判的民事纠纷和轻微的刑事案件，以及指导人民调解委员会的工作。

2. 中级人民法院

中级人民法院包括：在省、自治区内按地区设立的中级人民法院，在直辖市内设立的中级人民法院，省、自治区辖市的中级人民法院，自治州中级人民法院，以及铁路运输中级法院。

中级人民法院由院长一人，副院长、庭长、副庭长和审判员若干人组成；设刑事审判庭、民事审判庭、经济审判庭，以及其他需要设立的审判庭。

中级人民法院对它所受理的刑事和民事案件，认为案情重大应当由上级人民法院审判的时候，可以请求移送上级人民法院审判。

3. 军事法院

军事法院分设三级：中国人民解放军军事法院，各大军区、军兵种级单位的军事法院，兵团和军级单位的军事法院。

中国人民解放军军事法院设院长一人、副院长一人，审判员和书记员若干；设两个审判庭，各设庭长一人、副庭长一人。

大军区、军兵种级单位军事法院和基层军事法院，均设院长一人，审判员、书记员若干人。

军事法院的设置、撤销和人员编制由中央军委决定。各级军事法庭按组织系统设置，编制在同级政治机关（政治部）序列中。

4. 海事法院

海事法院设院长一人，副院长、庭长、副庭长和审判员若干，下设海事审判庭、海商审判庭。

海事法院院长由所在地的市人大常委会主任提请本级人大常委会任免。海事法院副院长、庭长、副庭长、审判员和审判委员会委员，由海事法院院长提请所在地的市人大常委会任免。

5. 铁路运输法院

铁路运输法院由院长一人，副院长、庭长、副庭长和审判员若干人组成，设刑事审判庭、民事审判庭等。

铁路运输法院院长由所在地人大常委会主任提请本级人大常委会任免，副院长、庭长、副庭长、审判员由院长提请所在地人大常委会任免。

6. 高级人民法院

高级人民法院包括省、自治区、直辖市高级人民法院。

高级人民法院由院长一人，副院长、庭长、副庭长和审判员若干人组成。

高级人民法院设刑事审判庭、民事审判庭、经济审判庭，根据需要可以设立其他审判庭。

7. 最高人民法院

最高人民法院由院长一人，副院长、庭长、副庭长和审判员若干人组成，设刑事审判庭、民事审判庭、经济审判庭和其他需要设立的审判庭。

最高人民法院对于在审判过程中如何具体应用法律、法令的问题，进行解释。

二、审判权的行使与审级关系

基层人民法院负责审判刑事和民事的第一审案件。

中级人民法院审判：法律、法令规定由它管辖的第一审案件，基层人民法院移送审判的第一审案件，对基层人民法院判决和裁定的上诉案件和抗诉案件，人民检察院按照审判监督程序提出的抗诉案件。

高级人民法院审判：法律、法令规定由它管辖的第一审案件，下级人民法院移送审判的第一审案件，对下级人民法院判决和裁定的上诉案件和抗诉案件，人民检察院按照审判监督程序提出的抗诉案件。

军事法院仅限于受理特定的刑事案件，即现役军人的刑事案，军队在编职工的刑事案，最高人民法院授权审判的刑事案件。

海事法院和铁路运输法院管辖专门案件。

最高人民法院是国家最高审判机关，审判：法律、法令规定由它管辖的和它认为应当由自己审判的第一审案件，对高级人民法院、专门人民法院判决和裁定的上诉案件和抗诉案件，最高人民检察院按照审判监督程序提出的抗诉案件。

地方各级人民法院第一审案件的判决和裁定，当事人可以向上一级人民法院上诉，人民检察院可以向上一级人民法院抗诉；如果在上诉期限内当事人不上诉、人民检察院不抗诉，则发生法律效力。中级人民法院、高级人民法院和最高人民法院审判的第二审案件的判决和裁定，最高人民法院审判的第一审案件的判决和裁定，都是终审的判决和裁定。

各海事法院和铁路运输法院判决或裁定的上诉案件，由所在地高级人民法院受理。

不服中国人民解放军军事法院一审判决的案件，可以上诉至最高人民法院。

死刑除依法由最高人民法院判决的以外，报请最高人民法院核准。

各级法院间的审级关系见图 7—4。

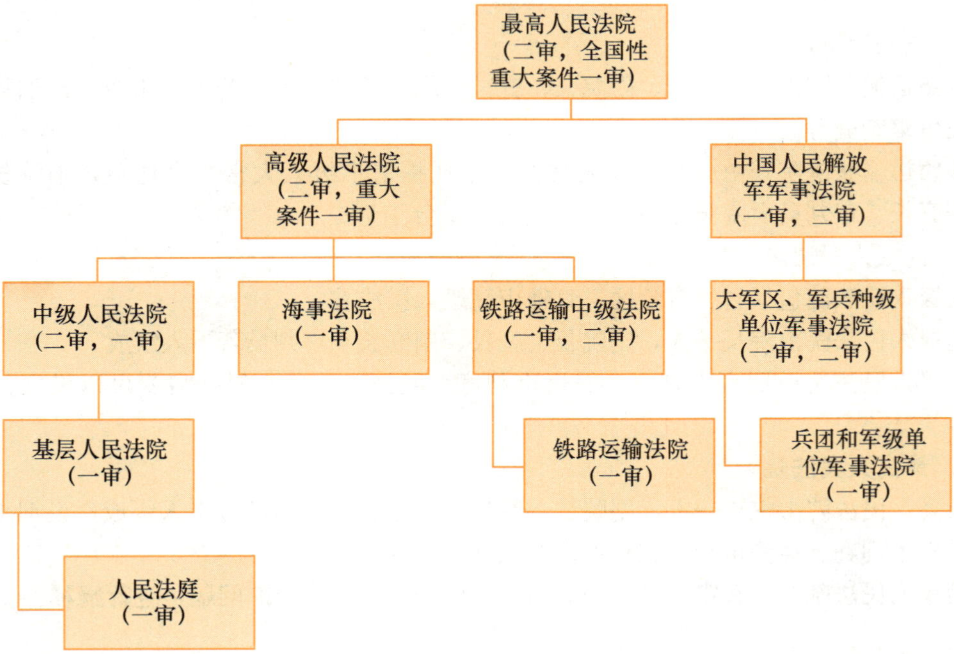

图 7—4　各级法院间的审级关系

三、审判制度（见图 7—5）

审判制度

• 法院独立行使审判权
• 审判平等
• 公开审判
• 合议制
• 人民陪审员制度
• 两审终审制度
• 死刑复核制度
• 辩护制度
• 诉讼代理制度
• 司法救助制度
• 司法调解制度
• 回避制度
• 对审判的监督制度

图 7—5　审判制度

1. 法院独立行使审判权

《宪法》规定：人民法院依照法律规定独立行使审判权，不受行政机关、社会团体和个人的干涉。

下级人民法院的审判工作受上级人民法院监督。

2. 审判平等

对于一切公民，不分民族、种族、性别、职业、社会出身、宗教信仰、教育程度、财产状况、居住期限，在适用法律上一律平等。

3. 公开审判

人民法院审判案件实行依法公开、及时公开的原则。离婚案件和涉及商业秘密的民事诉讼案件，当事人申请不公开审理的，可以不公开审理。其他的案件，除涉及国家秘密、个人隐私和未成年人犯罪外，人民法院审理案件一律公开进行。

对公开开庭审理的案件预先公告，允许公民和新闻媒体记者旁听审理过程。

人民法院邀请人大代表和政协委员旁听案件的审理。

在审理过程中公开举证、质证，公开审判，在法定时限内快速完整地公开与保护当事人权利有关的立案、审判、执行工作各重要环节的有效信息。

4. 合议制

人民法院审判案件，实行合议制。

第一审案件，由审判员组成合议庭或者由审判员和人民陪审员组成合议庭进行；上诉和抗诉的案件，由审判员组成合议庭进行。

简单的民事案件、轻微的刑事案件和法律另有规定的案件，可以由审判员一人独任审判。

合议庭由院长或者庭长指定审判员一人担任审判长。院长或者庭长参加审判案件的时候，自己担任审判长。

5. 人民陪审员制度

除适用简易程序审理的案件和法律另有规定的案件外，人民法院审理社会影响较大的民事、行政和刑事诉讼案件，以及刑事案件被告人、民事案件原告或者被告、行政案件原告申请由人民陪审员参加的一审案件，由人民陪审员和法官组成合议庭进行。

人民陪审员依法参加合议庭审判案件，除不得担任审判长外，与合议庭其他成员享有同等的权利，承担同等的义务，并共同对事实认定、法律适用独立行使表决权。

6. 两审终审制度

地方各级人民法院第一审案件的判决和裁定，如果在上诉期限内当事人不上诉、人民检察院不抗诉，判决和裁定发生法律效力。

中级人民法院、高级人民法院和最高人民法院审判的第二审案件的判决和裁定，最高人民法院审判的第一审案件的判决和裁定，是终审判决和裁定。

死刑除依法由最高人民法院判决的以外，报请最高人民法院核准。

7. 死刑复核制度

死刑复核制度是独立于两审终审的审级制度以外的、对判处死刑的案件进行复查核准的重要制度。

死刑除了依法由最高人民法院判决的以外，都应当报请最高人民法院核准。最高人民法院制定了《关于复核死刑案件若干问题的规定》，严格掌握和统一死刑适用的标准、统一死刑案件的证据标准，严格规范死刑复核程序，确保死刑案件的慎重与公正。

从 2006 年下半年起，所有死刑二审案件全部开庭审理。

8. 辩护制度

刑事案件的犯罪嫌疑人、被告人依法享有辩护权。人民法院有义务保证被告人获得辩护。

犯罪嫌疑人、被告人除自己行使辩护权外，还可以委托一至二人作为辩护人。

辩护人依据事实和法律提出犯罪嫌疑人、被告人无罪、罪轻或者减轻、免除其刑事责任的材料和意见，维护犯罪嫌疑人、被告人的合法权益。

9. 诉讼代理制度

在民事、行政诉讼活动中，无诉讼行为能力人由其监护人作为法定代理人代为诉讼，法定代理人之间相互推诿代理责任的，由人民法院指定其中一人代为诉讼。当事人、法定代理人可以委托一至二人作为诉讼代理人。

在刑事诉讼活动中，公诉案件的被害人及其法定代理人或者近亲属、自诉案件的自诉人及其法定代理人、附带民事诉讼的当事人及其法定代理人均有权委托诉讼代理人。

律师、当事人的近亲属、有关的社会团体或者所在单位推荐的人、经人民法院许可的其他公民，都可以被委托为诉讼代理人。

诉讼代理人以当事人的名义参加诉讼活动，实现和维护当事人的合法权益。

10. 司法救助制度

对于经济确有困难的当事人，为维护自己合法权益而向人民法院提起民事、行政诉讼的，人民法院实行缓交、减交、免交诉讼费用的救助制度，依法保障弱势群体的诉讼权利。

11. 司法调解制度

人民法院审理民事案件，依照“能调则调，当判则判，调判结合，案结事了”的原则，根据自愿、合法、民主的要求，在审判人员的主持下，采取调解的方式，促使双方当事人达成和解，解决民事权益的争议。

12. 回避制度

案件当事人如果认为审判人员与本案有利害关系或者与本案当事人有其他关系，可能影响对案件公正审理的，有权申请审判人员回避。

审判人员如果是案件当事人、诉讼代理人的近亲属，或者认为自己与案件有利害关系或者其他关系的，必须回避。

13. 对审判的监督制度

院长对本院已经发生法律效力的判决和裁定，如果发现在认定事实上或者在适用法律上确有错误，必须提交审判委员会处理。

最高人民法院对各级人民法院已经发生法律效力的判决和裁定，上级人民法院对下级人民法院已经发生法律效力的判决和裁定，如果发现确有错误，有权提审或者指令下级人民法院再审。

最高人民检察院对各级人民法院已经发生法律效力的判决和裁定，上级人民检察院对下级人民法院已经发生法律效力的判决和裁定，如果发现确有错误，有权按照审判监督程序提出抗诉。

人民法院对于人民检察院起诉的案件认为主要事实不清、证据不足，或者有违法情况时，可以退回人民检察院补充侦查，或者通知人民检察院纠正。

四、法官和人民陪审员

1. 法官

法官是依法行使国家审判权的审判人员，包括最高人民法院、地方各级人民法院和军事法院等专门人民法院的院长、副院长、审判委员会委员、庭长、副庭长、审判员和助理审判员（见图7—6）。

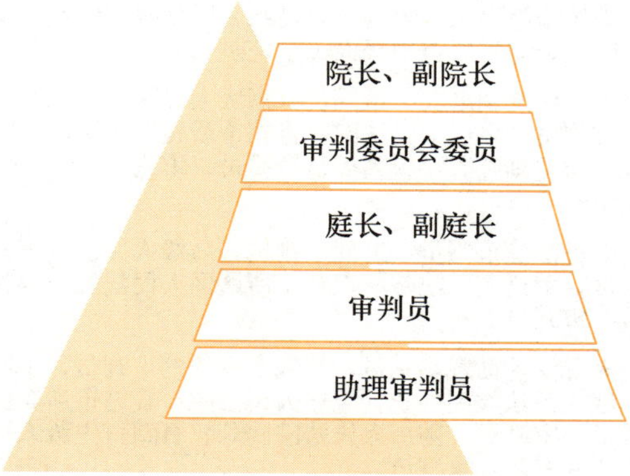

图7—6　法官的职务

法官职务层次依法按等级设置，由高到低依次为：首席大法官、一级大法官、二级大法官、一级高级法官、二级高级法官、三级高级法官、四级高级法官、一级法官、二级法官、三级法官、四级法官、五级法官。

法官职务与级别的对应关系见图7—7。

有选举权和被选举权的年满二十三周岁、具有法律专业知识的中国公民，可以被选举为人民法院院长，或者被任命为副院长、庭长、副庭长、审判员和助理审判员（见图7—8）。

2. 法官的任免

最高人民法院院长由全国人民代表大会选举和罢免，副院长、审判委员会委员、庭长、副庭长和审判员由最高人民法院院长提请全国人民代表大会常务委员会任免。

地方各级人民法院院长由地方各级人民代表大会选举和罢免，副院长、审判委员会委员、庭长、副庭长和审判员由本院院长提请本级人民代表大会常务委员会任免。

在省、自治区内按地区设立的和在直辖市内设立的中级人民法院院长，由省、自治区、直辖市人民代表大会常务委员会根据主任会议的提名决定任免，副院长、审判委员会委员、庭长、副庭长和审判员由高级人民法院院长提请省、自治区、直辖市的人民代表大会常务委员会任免。

在民族自治地方设立的地方各级人民法院院长，由民族自治地方各级人民代表大会选举和罢免，副院长、审判委员会委员、庭长、副庭长和审判员由本院院长提请本级人民代表大会常务委员会任免。

首席大法官

- 最高人民法院院长

大法官

- 一级：最高人民法院副院长
- 二级：最高人民法院审判委员会委员，高级人民法院院长

高级法官

- 一级：最高人民法院庭长、审判员，高级人民法院副院长，直辖市中级人民法院院长，副省级市中级人民法院院长
- 二级：最高人民法院副庭长、审判员，高级人民法院副院长、审判委员会委员、审判员，中级人民法院、直辖市所属区人民法院院长，直辖市中级人民法院副院长、审判委员会委员、审判员，副省级市中级人民法院副院长
- 三级：最高人民法院审判员、助理审判员，高级人民法院审判委员会委员、审判员，中级人民法院、直辖市所属区人民法院副院长、审判委员会委员、审判员
- 四级：最高人民法院助理审判员，高级人民法院审判员，中级人民法院、直辖市所属区人民法院副院长，中级人民法院、直辖市所属区人民法院审判委员会委员、审判员，基层人民法院院长，直辖市中级人民法院审判员，副省级市中级人民法院审判员

法官

- 一级：最高人民法院助理审判员，高级人民法院助理审判员，中级人民法院、直辖市所属区人民法院审判委员会委员、审判员，基层人民法院副院长、审判委员会委员、审判员，直辖市中级人民法院助理审判员，副省级市中级人民法院审判员
- 二级：高级人民法院助理审判员，中级人民法院、直辖市所属区人民法院审判员、助理审判员，基层人民法院副院长、审判委员会委员、审判员，直辖市中级人民法院助理审判员，副省级市中级人民法院助理审判员
- 三级：高级人民法院助理审判员，中级人民法院、直辖市所属区人民法院审判员、助理审判员，基层人民法院审判委员会委员、审判员，直辖市中级人民法院审判委员会委员，直辖市中级人民法院助理审判员，副省级市中级人民法院助理审判员
- 四级：中级人法院、直辖市所属区人民法院助理审判员，基层人民法院审判委员会助理审判员，副省级市中级人民法院助理审判员
- 五级：基层人民法院审判委员会助理审判员

图 7—7　法官职务与级别的对应关系

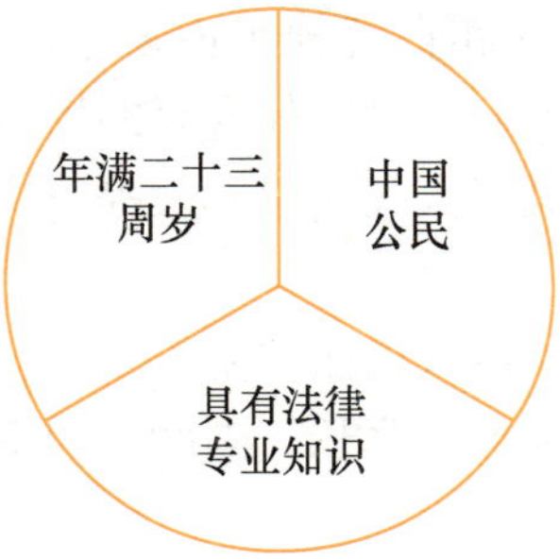

图 7—8　法官的任职资格

人民法院的助理审判员由本院院长任免。助理审判员协助审判员工作。本院院长提出，经审判委员会通过，助理审判员可以临时代行审判员职务。

军事法院等专门人民法院院长、副院长、审判委员会委员、庭长、副庭长和审判员的任免办法，由全国人民代表大会常务委员会另行规定。

法官的任免比较见图 7—9。

院长

- 最高人民法院院长由全国人民代表大会选举和罢免
- 地方各级人民法院院长由地方各级人民代表大会选举和罢免
- 在省、自治区内按地区设立的和在直辖市内设立的中级人民法院院长，由省、自治区、直辖市人民代表大会常务委员会根据主任会议的提名决定任免

各级法院副院长、审判委员会委员、庭长、副庭长和审判员

- 由各级法院院长提请各级人民代表大会常务委员会任免
- 在省、自治区内按地区设立的和在直辖市内设立的中级人民法院，由高级人民法院院长提请省、自治区、直辖市的人民代表大会常务委员会任免

助理审判员

- 由本院院长任免

图 7—9　法官的任免

到 2012 年全国法官的数量及分布情况见图 7—10。

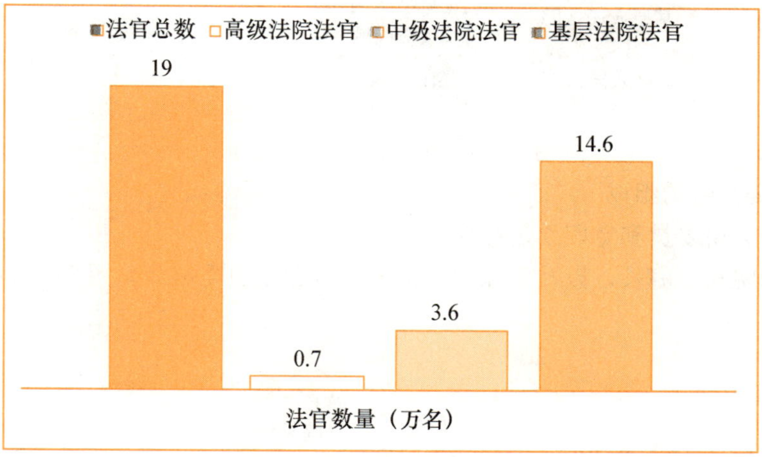

图 7—10　全国法官数量及其分布

资料来源：《人民法院简介》，见 http://www.court.gov.cn/jgsz/rmfyjj/，2012-03-13。

3. 法官的职责

法官依法参加合议庭审判或者独任审判案件，以及履行法律规定的其他职责。

4. 人民陪审员

有选举权和被选举权的年满二十三周岁的公民，可以被选举为人民陪审员。人民陪审员在人民法院执行职务期间，是所参加的审判庭的组成人员，同审判员有同等权利。

2009 年，全国有 7.7 万人民陪审员，参与审判案件 63.2 万件。①

五、审判委员会

各级人民法院设立审判委员会。审判委员会是人民法院的最高审判组织。

审判委员会负责总结审判经验，讨论重大的或者疑难的案件和其他有关审判工作的问题。

审判委员会委员，由院长提请本级人民代表大会常务委员会任免；最高人民法院审判委员会委员，由最高人民法院院长提请全国人民代表大会常务委员会任免。

审判委员会会议由院长主持，本级人民检察院检察长可以列席。

1. 审判委员会的职责

最高人民法院审判委员会履行审理案件和监督、管理、指导审判工作的职责：讨论疑难、复杂、重大案件；总结审判工作经验；制定司法解释和规范性文件；听取审判业务部门的工作汇报；讨论决定对审判工作具有指导性意义的典型案例；讨论其他有关审判工作的重大问题。

地方各级人民法院审判委员会履行审理案件和监督、管理、指导审判工作的职责：讨论疑难、复杂、重大案件；总结审判工作经验；听取审判业务部门的工作汇报；讨论决定具有参考意义的案例；讨论其他有关审判工作的重大问题。

各级审判委员会的职责比较见图 7—11。

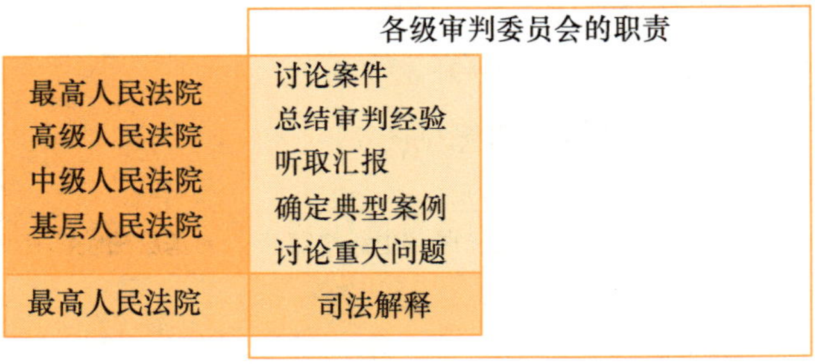

图 7—11　各级审判委员会的职责

2. 审判委员会的组成

审判委员会由委员和专职委员组成。

院长、副院长、庭长，以及资深法官担任委员和专职委员（见图 7—12）。

图 7—12　审判委员会的组成

① 参见《人民陪审员参与审判案件 63.2 万件　同比上升 25.1%》，见 http://finance.sina.com.cn/roll/20100311/15447546818.shtml，2010-03-11。

3. 需要提交讨论的案件

审判工作中的重大问题和疑难、复杂、重大案件以及合议庭难以作出裁决的案件，应当由审判委员会讨论或者审理后作出决定。

最高人民法院需要提交审判委员会讨论决定的案件包括：本院已经发生法律效力的判决、裁定确有错误需要再审的案件；最高人民检察院依照审判监督程序提出抗诉的刑事案件。

高级人民法院和中级人民法院需要提交审判委员会讨论决定的案件包括：本院已经发生法律效力的判决、裁定确有错误需要再审的案件；同级人民检察院依照审判监督程序提出抗诉的刑事案件；拟判处死刑立即执行的案件；拟在法定刑以下判处刑罚或者免于刑事处罚的案件；拟宣告被告人无罪的案件；拟就法律适用问题向上级人民法院请示的案件；认为案情重大、复杂，需要报请移送上级人民法院审理的案件。

基层人民法院审理的下列案件应当提交审判委员会讨论决定：本院已经发生法律效力的判决、裁定确有错误需要再审的案件；拟在法定刑以下判处刑罚或者免于刑事处罚的案件；拟宣告被告人无罪的案件；拟就法律适用问题向上级人民法院请示的案件；认为应当判处无期徒刑、死刑，需要报请移送中级人民法院审理的刑事案件；认为案情重大、复杂，需要报请移送上级人民法院审理的案件（见图 7—13）。

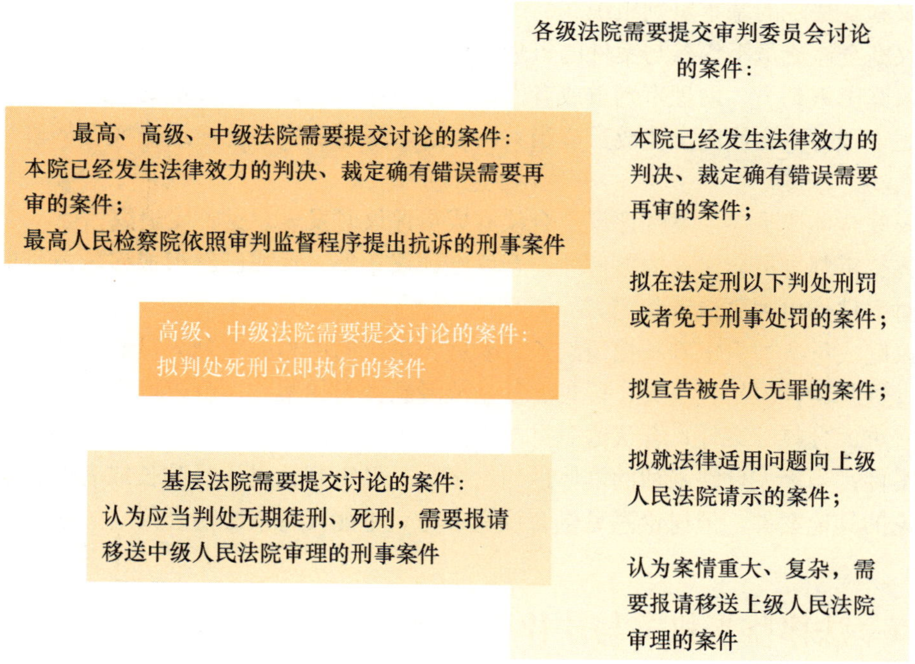

图 7—13　需要提交审判委员会讨论的案件

4. 案件的提交

合议庭可以提请院长决定提交审判委员会讨论的案件：合议庭意见有重大分歧、难以作出决定的案件；法律规定不明确，存在法律适用疑难问题的案件；案件处理结果可能产生重大社会影响的案件；对审判工作具有指导意义的新类型案件；其他需要提交审判委员会讨论的疑难、复杂、重大案件。

合议庭没有建议提请审判委员会讨论的案件，院长、主管副院长或者庭长认为有必要的，得提请审判委员会讨论。

需要提交审判委员会讨论的案件，由合议庭层报庭长、主管副院长提请院长决定。院长、主管副院长或者庭长认为不需要提交审判委员会的，可以要求合议庭复议。

5. 会议规则

审判委员会会议由院长主持。院长因故不能主持会议时，可以委托副院长主持。

审判委员会讨论案件实行民主集中制。按多数意见拟出决议，付诸表决。审判委员会的决议应当按照全体委员二分之一以上多数意见作出。

审判委员会以会议决议的方式履行对审判工作的监督、管理、指导职责。

审判委员会讨论案件时，合议庭全体成员及审判业务部门负责人应当列席会议。对本院审结的已发生法律效力的案件提起再审的，原审合议庭成员及审判业务部门负责人也应当列席会议。院长或者受院长委托主持会议的副院长可以决定其他有必要列席的人员。

审判委员会讨论案件，同级人民检察院检察长或者受检察长委托的副检察长可以列席。

六、合议庭

合议庭是法院的基本审判组织。

合议庭全体成员平等参与案件的审理、评议和裁判，依法履行审判职责。

合议庭由审判员、助理审判员或者人民陪审员随机组成，成员定期交流。

开庭审理时，合议庭全体成员应当共同参加，不得缺席、中途退庭或者从事与该庭审无关的活动。

合议庭全体成员参加案件评议。合议庭成员评议时发表意见不受追究。

除提交审判委员会讨论的案件外，合议庭评议意见一致或已经形成多数意见时，合议庭可以对案件作出判决或者裁定。

合议庭成员参加由审判长提请院长或者庭长组织的由相关审判人员参加的对特定案件的讨论，这些案件包括：重大、疑难、复杂或者新类型的案件；合议庭在事实认定或法律适用上有重大分歧的案件；合议庭意见与本院或上级法院以往同类型案件的裁判有可能不一致的案件；当事人反映强烈的群体性纠纷案件；经审判长提请且院长或者庭长认为确有必要讨论的其他案件。但讨论意见供合议庭参考，不能代替或影响合议庭的裁判。

第三节　法律监督机关与法律监督制度

一、各级检察院的设置

中华人民共和国设立最高人民检察院、地方各级人民检察院和军事检察院等专门人民检察院。

地方各级人民检察院分为：省、自治区、直辖市人民检察院；省、自治区、直辖市人民检察院分院，自治州和省辖市人民检察院；县、市、自治县和市辖区人民检察院。

省一级人民检察院和县一级人民检察院，根据工作需要，提请本级人民代表大会常务委员会批准，可以在工矿区、农垦区、林区等区域设置人民检察院，作为派出机构。

各级人民检察院设检察长一人，副检察长和检察员若干人。检察长统一领导检察院的工作。

二、人民检察院的主要业务部门（见图 7—14）

反贪污贿赂部门，负责办理国家工作人员贪污、贿赂、挪用公款、巨额财产来源不明、隐瞒境外存款、私分国有资产、私分罚没财物等共 12 个罪名的职务犯罪案件立案、侦查工作。

反渎职侵权检察部门，负责办理国家机关工作人员利用职权实施的非法拘禁、刑讯逼供、报复陷害、非法搜查的侵犯公民人身权利的犯罪以及侵犯公民民主权利等 42 种渎职侵权犯罪案件侦查工作。

侦查监督部门，负责对刑事犯罪案件的审查批捕、决定逮捕及立案监督、侦查监督工作；办理下级院侦查监督工作中疑难案件的请示；承办侦查机关提请复议、复核，延长羁押期限等案件及备案审查。

公诉部门，负责审查起诉、出庭公诉、抗诉工作和社会治安综合治理工作，参与社会治安综合治理，承担侦查监督和审判监督职能。

监所检察部门，对刑罚执行活动和监狱、看守所、劳动教养机关管理活动是否合法实行监督。

民事行政检察部门，负责民事、经济审判和行政诉讼监督工作，办理有关民事、经济、行政审判的抗诉案件并承担出庭工作。

控告申诉检察部门，负责控告申诉、举报和刑事赔偿工作，受理公民和单位的举报、控告、申诉，承办向上级检察院备案的要案线索的报送，办理由本院管辖的刑事申诉案件和刑事赔偿案件。

职务犯罪预防部门，负责职务犯罪预防工作，研究并提出职务犯罪预防对策；负责对职务犯罪预防工作的法制宣传，实施职务犯罪预防工作。

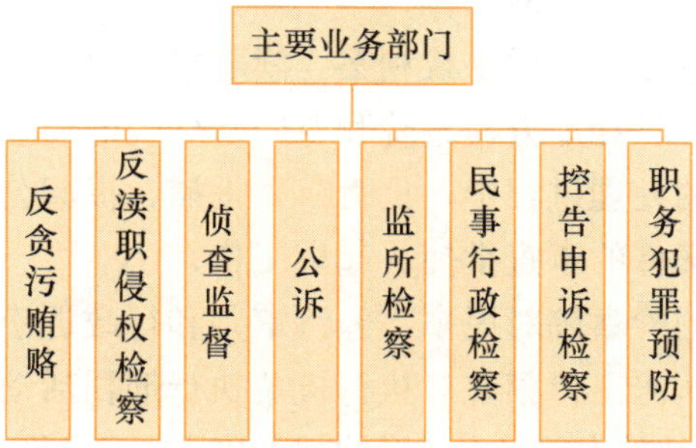

图 7—14　人民检察院的主要业务部门

三、人民检察院的职权

对于叛国案、分裂国家案以及严重破坏国家的政策、法律、法令、政令统一实施的重大犯罪案件，行使检察权。

对于直接受理的刑事案件，进行侦查。

对于公安机关侦查的案件，进行审查，决定是否逮捕、起诉或者免予起诉；对于公安机关的侦查活动是否合法，实行监督。

对于刑事案件提起公诉，支持公诉；对于人民法院的审判活动是否合法，实行监督。

对于刑事案件判决、裁定的执行和监狱、看守所、劳动改造机关的活动是否合法，实行监督。

人民检察院依法保障公民对于违法的国家工作人员提出控告的权利，追究侵犯公民的人身权利、民主权利和其他权利的人的法律责任。

各级人民检察院的职权见图 7—15。

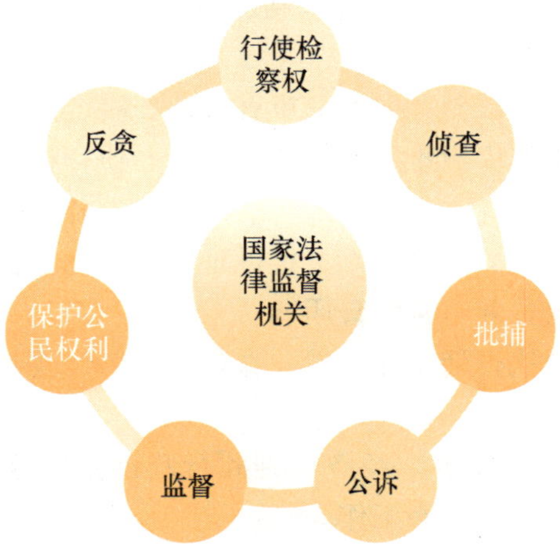

图 7—15　各级人民检察院的职权

四、最高人民检察院的主要职责

最高人民检察院是最高国家法律监督机关，其主要职责是：

领导地方检察院和专门检察院的工作；

对贪污案、贿赂案、侵犯公民民主权利案、渎职案，以及认为需要自己依法直接受理的其他刑事案件进行侦查。领导地方检察院和专门检察院的侦查工作；

在重大刑事犯罪案件的处理过程中，负责审查批捕、提起公诉。领导地方各级检察院和专门检察院对刑事犯罪案件的审查批捕、起诉工作；

领导地方检察院和专门检察院对民事、经济审判和行政诉讼活动的法律监督工作；

监督地方检察院和监所派出检察院对执行机关执行刑罚活动的监管工作；

对各级法院已经发生法律效力但确有错误的判决和裁定，向最高人民法院提起抗诉；

对地方检察院和专门检察院的决定进行审查，纠正错误决定；

受理公民控告、申诉和检举；

研究国家机关工作人员职务犯罪预防问题。负责全国检察机关社会治安综合治理工作的指导；

受理对贪污、贿赂等犯罪的举报，领导全国检察机关的举报工作；

对于检察工作中具体应用法律的问题进行司法解释；

制定有关检察工作的条例、细则和规定；

领导地方检察院和专门检察院检察工作人员的管理工作；

协同地方党委管理和考核省、自治区、直辖市检察院和专门检察院的检察长、副检察长，提请全国人大常委会批准或不批准省、自治区、直辖市检察院检察长的任免；提请全国人大常委会决定任免专门检察院的检察长；建议全国人大常委会撤换下级检察院的检察长、副检察长和检察委员会委员；

负责其他应当由最高人民检察院承办的事项。

最高人民检察院在国家法律监督体系中的作用见图7—16。

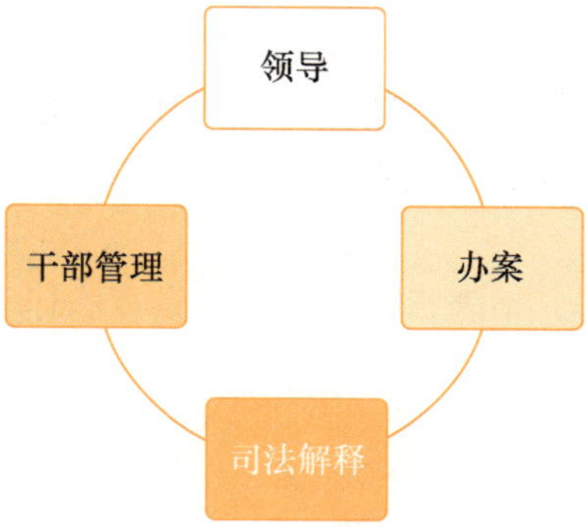

图7—16　最高人民检察院在国家法律监督机构体系中的作用

五、检察官

检察官是依法行使国家检察权的检察人员，包括最高人民检察院、地方各级人民检察院和军事检察院等专门人民检察院的检察长、副检察长、检察委员会委员、检察员和助理检察员（见图7—17）。

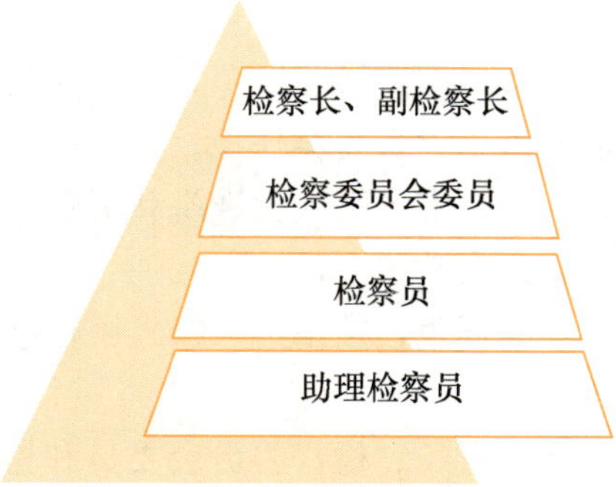

图7—17　检察官的职务等级

2008年，全国共有检察人员224 592人，其中检察官141 942人[①]（见图7—18）。

---

① 参见《全国224592名检察人员中具有本科以上学历者占72.1%》，见 http://news.sohu.com/20081207/n261061687.shtml，2008-12-07。

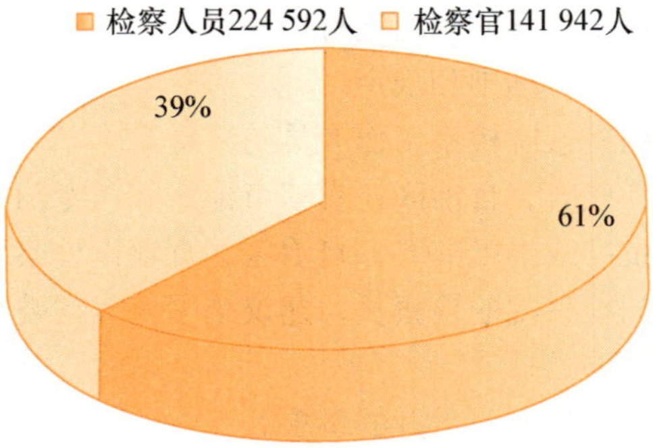

图 7—18　全国各级人民检察院检察官占全部检察人员的比例

1. 检察官的职责

依法进行法律监督工作，代表国家进行公诉，对法律规定由人民检察院直接受理的犯罪案件进行侦查，以及法律规定的其他职责。

2. 检察官的任职资格

具有中华人民共和国国籍、年满二十三周岁，具有法律专业知识，具有法律工作从业经历的公民（见图 7—19）。

图 7—19　检察官的任职资格

3. 检察官的任免

最高人民检察院检察长由全国人大选举和罢免，副检察长、检察委员会委员和检察员由最高人民检察院检察长提请全国人大常委会任免。

地方各级人民检察院检察长由地方各级人大选举和罢免，副检察长、检察委员会委员和检察员由本院检察长提请本级人大常委会任免。

地方各级人民检察院检察长的任免，须由上一级人民检察院检察长提请该级人大常委会批准。

人民检察院分院检察长、副检察长、检察委员会委员和检察员，由省、自治区、直辖市人民检察院检察长提请本级人大常委会任免。

人民检察院的助理检察员由本院检察长任免。

军事检察院等专门人民检察院检察长、副检察长、检察委员会委员和检察员的任免办法，由全国人大常委会另行规定。

上一级人民检察院检察长有权提请该级人大常委会不批准不具备条件或者违反法定程

序选举产生的检察长的任命。

对于违反规定条件任命检察官的，一经发现，做出该项任命的机关应当撤销该项任命；上级人民检察院发现下级人民检察院检察官的任命有违反本法规定的条件的，应当责令下级人民检察院依法撤销该项任命，或者要求下级人民检察院依法提请同级人民代表大会常务委员会撤销该项任命。

最高人民检察院和省、自治区、直辖市人民检察院检察长可以建议本级人大常委会撤换下级人民检察院检察长、副检察长和检察委员会委员。

检察长、副检察长、检察委员会委员和检察员的任免比较见图 7—20。

检察长

- 最高人民检察院检察长由全国人大选举和罢免
- 地方各级人民检察院检察长由地方各级人大选举和罢免，由上一级人民检察院检察长提请该级人大常委会批准
- 人民检察院分院检察长，由省、自治区、直辖市人民检察院检察长提请本级人大常委会任免

副检察长、检察委员会委员和检察员

- 最高人民检察院由最高人民检察院检察长提请全国人大常委会任免
- 地方各级人民检察院由本院检察长提请本级人大常委会任免
- 人民检察院分院由省、自治区、直辖市人民检察院检察长提请本级人大常委会任免
- 人民检察院的助理检察员由本院检察长任免

图 7—20　检察长、副检察长、检察委员会委员和检察员的任免

六、检察委员会

各级人民检察院设立检察委员会。检察委员会贯彻执行党的方针、政策和人民代表大会及其常务委员会的决议、命令；讨论和决定重大案件和疑难案件的处理；检察业务工作上的规定、条例和措施；检查、总结检察工作和其他有关的重要事项。

检察长主持召开检察委员会会议。

检察委员会实行民主集中制。

检察委员会讨论决定的事项，以检察院名义或检察长名义发布执行。

如果检察长在重大问题上不同意多数委员的意见，可以报请本级人大常委会决定，并同时抄报上一级人民检察院。分院的检察委员会开会，如果检察长在重大问题上不同意多数委员的意见，可以报请上级人民检察院决定。

各级人民检察院检察委员会的规模见图 7—21。

七、检察院与公安机关、法院的关系

1. 检察院与公安机关的关系（见图 7—22）

公安机关对公民的逮捕，除人民法院决定的以外，必须经人民检察院批准。

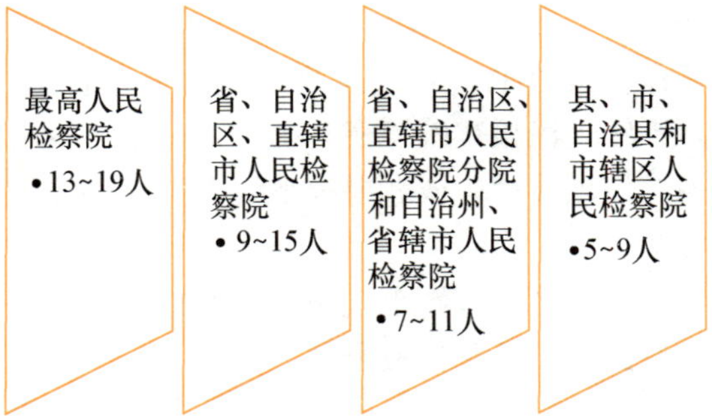

图 7—21　各级人民检察院检察委员会的规模

人民检察院审查公安机关要求起诉的案件，决定起诉、免予起诉或者不起诉；还可以退回公安机关要求补充侦查。

人民检察院发现公安机关的侦查活动有违法情况时，应当通知公安机关予以纠正。

人民检察院对于公安机关移送的案件所作的不批准逮捕的决定、不起诉或者免予起诉的决定，公安机关认为有错误时，可以要求人民检察院复议，并可要求上级人民检察院复核。上级人民检察院应当及时作出决定，通知下级人民检察院和公安机关执行。

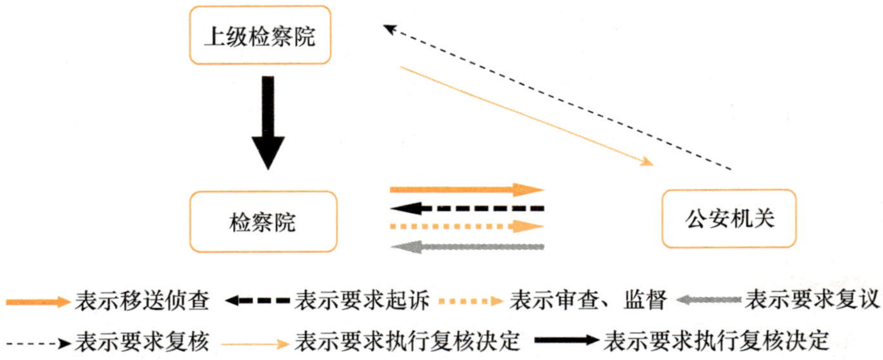

图 7—22　检察院与公安机关的关系

2. 检察院与法院的关系（见图 7—23）

案件侦查终结，人民检察院认为必须对被告人追究刑事责任时，应当向人民法院提起公诉；认为不需要追究刑事责任时，应当将原案撤销。

人民检察院提起公诉的案件，由检察长或者检察员以国家公诉人的身份出席法庭，支持公诉，并且监督审判活动是否合法。

人民检察院起诉的案件，人民法院认为主要犯罪事实不清、证据不足，或者有违法情况时，可以退回人民检察院补充侦查，或者通知人民检察院予以纠正。

地方各级人民检察院对于本级人民法院第一审案件的判决和裁定，认为有错误时，应当按照上诉程序提出抗诉。

最高人民检察院对于各级人民法院已经发生法律效力的判决和裁定，上级人民检察院对于下级人民法院已经发生法律效力的判决和裁定，如果发现确有错误，应当按照审判监督程序提出抗诉。

按照审判监督程序审理的案件，人民检察院必须派人出席法庭。

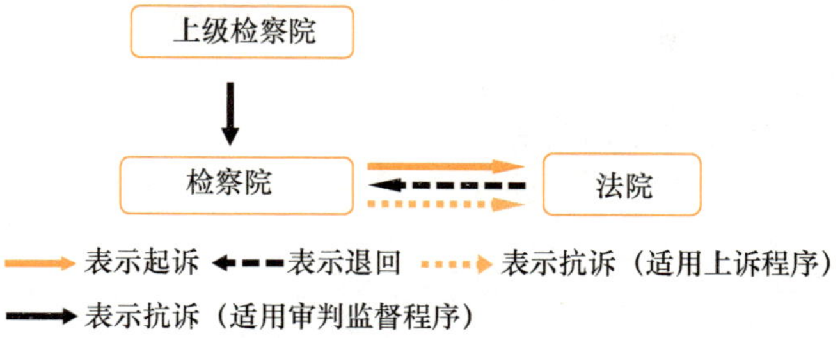

图 7—23　检察院与法院的关系

3. 检察院与其他司法机关的关系

人民检察院发现刑事判决、裁定的执行有违法情况时，应当通知执行机关予以纠正。

人民检察院发现监狱、看守所、劳动改造机关的活动有违法情况时，应当通知主管机关予以纠正。

本章小结

中华人民共和国的国家审判机关是人民法院，行使审判权，不受行政机关、社会团体和个人的干涉。中华人民共和国人民检察院是国家的法律监督机关，人民检察院行使检察权，检察权的行使不受行政机关、社会团体和个人的干涉。各级法院的组成包括基层人民法院、中级人民法院、军事法院、海事法院、铁路运输法院等。各级人民法院设立审判委员会。审判委员会是人民法院的最高审判组织。审判委员会负责总结审判经验，讨论重大的或者疑难的案件和其他有关审判工作的问题。审判制度包括审判平等、公开审判、被告人有权获得辩护等。各级人民检察院的职权包括检察、侦查、批捕、公诉等。检察官是依法行使国家检察权的检察人员，主要职责是依法进行法律监督工作，代表国家进行公诉，对法律规定由人民检察院直接受理的犯罪案件进行侦查，以及法律规定的其他职责。同时，各级人民检察院设立检察委员会。检察委员会贯彻执行党的方针、政策和人民代表大会及其常务委员会的决议、命令；讨论和决定重大案件和疑难案件的处理；检察业务工作上的规定、条例和措施；检查、总结检察工作和其他有关的重要事项。

关键术语

人民法院　　人民检察院　　审判委员会　　检察委员会　　法官　　检察官
人民陪审员

复习思考题

1. 各级法院的组成及其审级关系。

2. 审判制度。
3. 审判委员会。
4. 人民检察院的职权。
5. 公安机关、检察院、法院的关系。

第四编　行政区划与政府管理制度

第八章 行政区划与地方政府制度

行政区划是国家为了分级管理而实行的国土和政治、行政权力的划分。行政区划的类型包括普通行政地方和民族自治地方的划分。广义的地方政府是指国家在地方设立的国家政权体系，主要包括地方国家权力机关、地方行政机构、审判和法律监督机关等。地方各级人大是地方国家权力机关，县级以上地方各级人大代表由下一级人大选举；县、自治县、不设区的市、市辖区、乡、民族乡、镇的人大代表由选民直接选举。地方各级人大每届任期五年，每年至少举行一次会议。各级地方政府是地方各级国家权力机关的执行机关，是地方各级国家行政机关。地方各级政府对本级人大负责并报告工作。地方国家机关组成人员的选举、罢免和辞职各有具体规定。

重点问题

行政区划的概念
中国的行政区划
地方各级人大的职权
地方立法权
地方政府的职权
不同层级政府（及其工作部门）之间的关系

第一节 行政区划

一、行政区划

行政区划是国家为了分级管理而实行的国土和政治、行政权力的划分。依据行政区划，国家建立政治、行政等国家机关组织，实现国家的统治和管理。行政区划以国家或次级地方在特定区域内建立一定形式、具有层次唯一性的政权机关为标志。

行政区划因不同的国家结构形式而不同。同时，历史传统、特殊的政治经济条件、民族构成、语言文化差异，对行政区划的形成具有重要的影响。

二、中华人民共和国的行政区划

1. 法定行政区划与实际行政区划

《宪法》规定，中国的行政区域划分为：

（1）全国分为省、自治区、直辖市；

（2）省、自治区分为自治州、县、自治县、市；

（3）县、自治县分为乡、民族乡、镇；

（4）直辖市和较大的市分为区、县；

（5）自治州分为县、自治县、市。

中央政府可以设立特别行政区。

中国实际的行政区划比宪法规定的法定区划要复杂得多。除了宪法明文规定的区划单位外，实际还有地区、设在城市中的街道、设在县以下的管理区，以及在特殊地区设立的行政机构如经济特区政府、开发区、矿山工业区、自然保护区等行政区域。

中国的行政区划详见图 8—1。

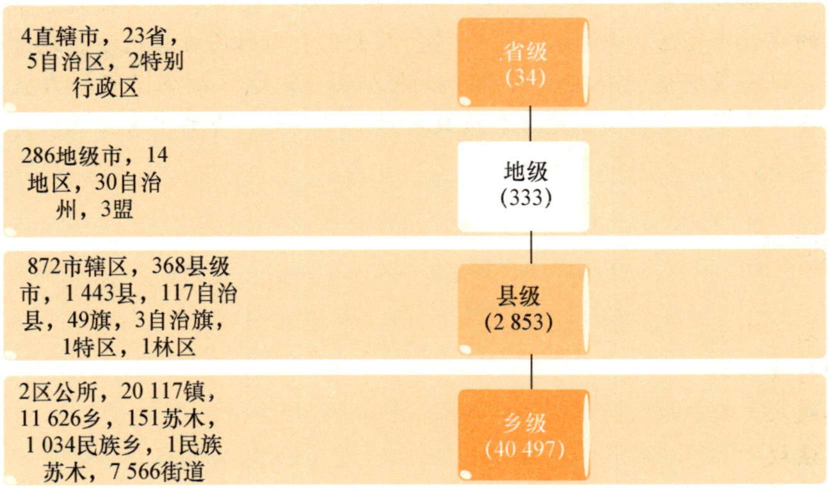

图 8—1　中华人民共和国行政区划（截至 2013 年 12 月 31 日）

资料来源：中华人民共和国民政部：《中华人民共和国行政区划简册 2014》，北京，中国地图出版社，2014。

2. 行政区划的层级（见图 8—2）

从中央政府与最基层政府的层隔来看，各个地方差别较大。北京、上海所辖的区（城区），是最基层的地方政府，其与中央政府的距离只有两级；但设立在辖县的市（行政公署）的乡、民族乡、镇，与中央政府有四五级的间隔。

从一级政区管辖的下级政府的层级数量来看，直辖市政府通常是管辖下级政府层级最少的一级政区（重庆市例外）；自治区政府和设立有自治州（盟）的省政府所辖的下级地方政府层级较多，通常有四级或五级间隔。

二级制：直辖市——区；

三级制：直辖市——县、自治县——乡、民族乡、镇；

四级制：省、自治区、直辖市——设区的市（行政公署）、自治州（盟）——县、自治县、旗、市、区——乡、民族乡、镇；

五级制：省、自治区——副省级市、自治州——设区的市（行政公署）——县、市——乡、民族乡、镇。

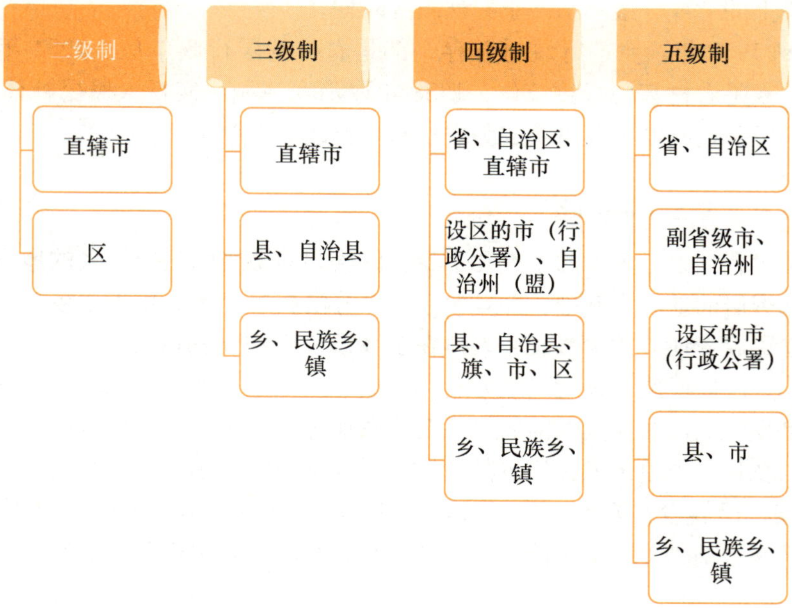

图 8—2　行政区划的层级

三、行政区划的类型

1. 普通行政地方

（1）一般地方。

1）省。

省作为一级政区的行政地位基本成形于元代。“省”区划具有历史和文化的内在稳定性。

省是国家政治和行政的基本地方单位，在中央地方关系领域，具有中央政府相对人的地位和作用，是中央政府的直接行政对象，也是地方政府与中央政府发生关系的唯一通道。省在整个国家的政治和行政生活中具有重要的地位和意义。

2）地区。

地区是省、自治区根据行政管理的需要而划分的区域，介于省、自治区与县、自治县、市之间。地区设行政公署。

全国共有 17 个地区。

3）县。

县作为行政区划名称，初见于春秋初期。

县是重要和基本的行政区划单位。自有县历史以来，除不到三分之一时间县是中国的基层政府外，县兼具承接中央政府和上级政府行政、统领地方行政和社会管理的功能。

改革开放以来，县体制发生了很多变化。一些经济相对发达的县，通过县改市，被改建为县级市或被吸纳为城市的区。1992 年以后，浙江、河北、江苏、河南、安徽、广东、湖北、江西、吉林、湖南等省陆续在一些县推行“强县扩权”改革，赋予县以等同于地级市的经济管理权限，这部分财政管理体制直辖于省的县被称为“省管县”、直管县。

4）乡。

一般意义上的“乡”最早出现于春秋战国时期。

1949 年到 1953 年，乡、行政村并存，都是农村基层行政单位；1954 年到 1958 年，取消行政村，乡是农村基层行政单位；1958 年取消乡建制，实行人民公社体制；1983 年以后，取消人民公社制度，乡再次成为农村基层行政区划单位。

5）民族乡。

民族乡最早设立于 1955 年。

民族乡是设置在以一个、两个或几个少数民族共同聚居的相当于乡的地方，或是设置在以少数民族聚居的地方为基础、并且包括一部分汉族居民区的相当于乡的地方的基层行政单位。设立民族乡地方的少数民族人口在全乡总人口中所占的比例，一般在 30%左右。民族乡的名称一般以民族名称冠以地方名称组成。

民族乡是少数民族居住集中的农村一般行政地方，不具有民族自治地方的法律地位。

民族乡的乡长必须由组成民族乡的少数民族成员担任，民族乡政府的工作人员必须包括各个民族；民族乡在开展工作时，可以使用当地的少数民族语言；民族乡政府在行使职权时，要考虑到少数民族的特点；上级政府对民族乡的领导也要考虑到少数民族的特点。

（2）城市地方。

城市地方是国家在城市地区设立的地方分治单位，主要有直辖市、副省级市、地级市、县级市、区和镇。

1）直辖市。

直辖市是相当于省、自治区的一级政区单位。

直辖市最早出现于 1921 年。中华人民共和国成立初期，曾经设立 2 个中央直属市和 11 个大区直属市，1954 年撤销了大部分直属市，仅保留北京、上海、天津为中央直属市，同时改直属市为直辖市。

2）副省级市。

副省级市是在计划单列市基础上发展而来的。目前，副省级市有沈阳、大连、长春、哈尔滨、济南、青岛、南京、宁波、杭州、厦门、武汉、广州、深圳、西安、成都。

副省级市受所在省的领导，本身并不是独立的层级，与其他省级市在形式上没有明显的差异。

3）地级市。

地级市是省、自治区管辖下的地方分治单位，一般辖有区、县和县级市。地级市是目前我国城市的主体。

省、自治区政府所在地的市和经国务院批准的较大的市的政府可以制定行政规章。

4）县级市。

县级市是在符合国家设市标准的较小地域内设立的不设区的城市。

除部分县级市具有省、区直辖地位外，大部分县级市受地区、地级市或州、盟的管辖。

县级市下辖乡、民族乡、镇，也可以设立街道办事处。

5）区。

区是在设区的市设立的城市基层行政区划。

设区的市包括直辖市、副省级市、地级市，但也有极少数的地级市不设区。

区可以下辖乡、民族乡、镇。

6）镇。

镇是县以下工商业相对发达、人口密集、公共设施相对完善地区的行政地方，具有城市的性质和功能。

具有法律地位的现代意义上的“镇”最早见于清末，与“乡”相对应。1954 年《宪法》规定，镇是县之下的与乡、民族乡平级的基层行政单位。

2. 民族自治地方

民族自治地方是建立在实行民族区域自治地方的具有自治权力和地位的地方行政单位。

相当于省的民族自治地方设自治区，介于省与县之间的设自治州，相当于县的设自治县。自治区、自治州、自治县是民族自治地方。

民族自治地方主要有四种类型：以一个少数民族聚居区为主建立的自治地方，如四川凉山彝族自治州；以一个大的少数民族聚居区为主，并包括一个或几个人口较少的少数民族建立的自治地方，如广西壮族自治区、新疆维吾尔自治区；以两个或两个以上少数民族聚居区为基础建立的自治地方，如甘肃省的积石山保安族东乡族撒拉族自治县；在某些汉族人口占大多数的地方也可以以汉族以外的少数民族聚居区为主建立自治地方，如内蒙古自治区。

（1）自治区。

自治区是相当于省一级的民族自治地方。

自治区内部可以设立以其他少数民族聚居为主的自治地方或民族乡，也可以设立一般行政地方。

（2）自治州。

自治州是介于省、自治区和县之间的民族自治地方，通常相当于一般行政地方的地区（但新疆伊犁哈萨克自治州是高于地区、低于自治区的民族自治地方）。

除新疆维吾尔自治区设有五个自治州外，自治州主要是设立在省行政区域内的民族自治地方。设有自治州的省有：吉林、湖南、湖北、云南、贵州、四川、甘肃、青海。

自治州管辖县、自治县、市和地区（仅适用于新疆伊犁哈萨克自治州）。

（3）自治县（旗）。

自治县（旗）是相当于一般行政地方的县的民族自治地方，也是最低层级的民族自治地方。

自治县（旗）可以设立在一般行政地方，也可以设立在民族自治地方。设立有自治县

（旗）的省有：黑龙江、吉林、辽宁、青海、甘肃、河北、湖北、湖南、浙江、云南、贵州、四川、广东、海南，其中云南省设立的自治县最多。设有自治县（旗）的自治区有：广西、内蒙古、新疆，其中广西的自治县最多。

普通行政地方与民族自治地方的区划类型见图 8—3。

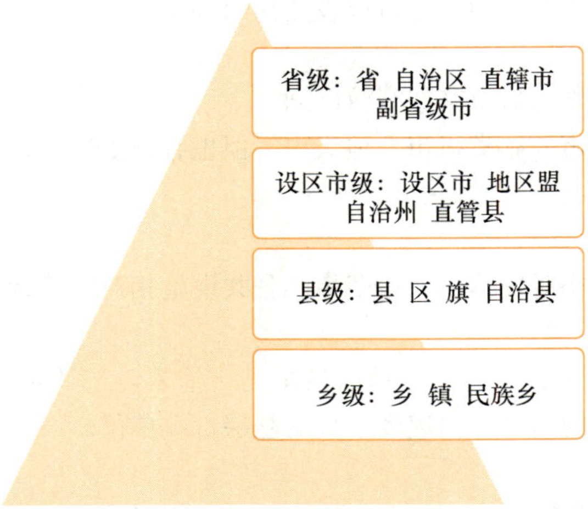

图 8—3 普通行政地方与民族自治地方的区划类型

第二节 地方各级人大、地方各级政府的地位与组成

一、地方各级人大、地方各级政府的法律和行政地位

省、自治区、直辖市、自治州、县、自治县、市、市辖区、乡、民族乡、镇设立人大和人民政府。

县级以上地方各级人大设立常委会。

地方各级政府是地方各级国家权力机关的执行机关，是地方各级国家行政机关。

地方各级政府对本级人大负责并报告工作。县级以上的地方各级政府在本级人大闭会期间，对本级人大常委会负责并报告工作（见图 8—4）。

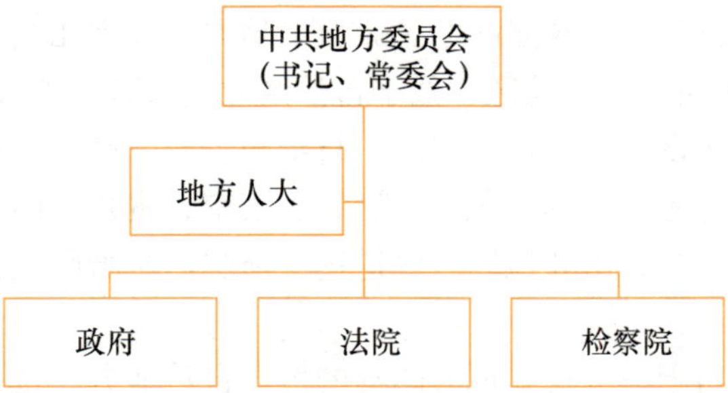

图 8—4 地方权力体系的结构

地方各级政府对上一级国家行政机关负责并报告工作。地方各级政府都是国务院统一领导下的国家行政机关，都服从国务院管理（见图 8—5）。

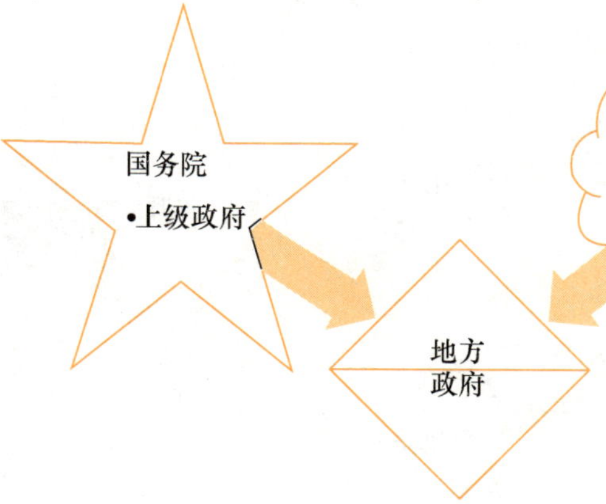

图 8—5　地方政府的法律与行政地位

县级以上的地方各级政府领导所属各工作部门和下级政府的工作，有权改变或者撤销所属各工作部门和下级政府的不适当的决定。县级以上的地方各级政府设立审计机关。地方各级审计机关依照法律规定独立行使审计监督权，对本级政府和上一级审计机关负责。

中国共产党在各级地方设立地方委员会。党委内部设立相关工作部门，负责日常事务和工作。中共地方党委的主要机构见图 8—6。

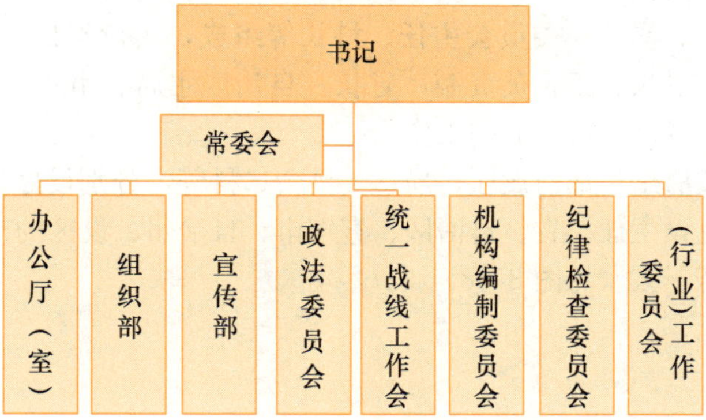

图 8—6　中共地方党委的主要机构

地方各级党委领导各级地方政府。

以党为核心的“五套班子”见图 8—7。

二、地方各级人大的产生与任期

地方各级人大是地方国家权力机关。

县级以上地方各级人大代表由下一级人大选举；县、自治县、不设区的市、市辖区、乡、民族乡、镇的人大代表由选民直接选举。

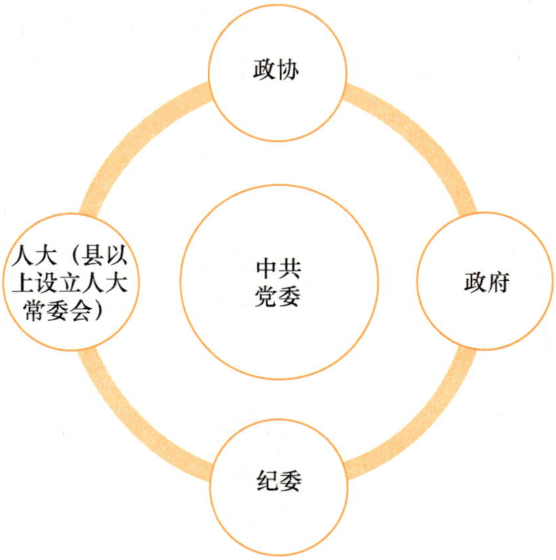

图 8—7 以党为核心的“五套班子”

地方各级人大每届任期五年，每年至少举行一次会议。

三、地方各级政府的组成与任期

1. 地方各级政府的产生与任期

地方各级人民政府分别由省长、副省长，自治区主席、副主席，市长、副市长，州长、副州长、县长、副县长（市长、副市长），区长、副区长、乡长、副乡长、镇长、副镇长和秘书长、厅长、局长、委员会主任、科长等组成，实行省长、自治区主席、市长、州长、县长、区长、乡长、镇长负责制，省长、自治区主席、市长、州长、县长、区长、乡长、镇长主持地方各级人民政府的工作。

地方各级人民政府工作部门设厅、局、委员会、科等，分别设厅长、局长、主任、科长。办公厅、办公室设主任。省、自治区、直辖市、自治州、设区的市的人民政府设秘书长一人，副秘书长若干人（见图 8—8）。

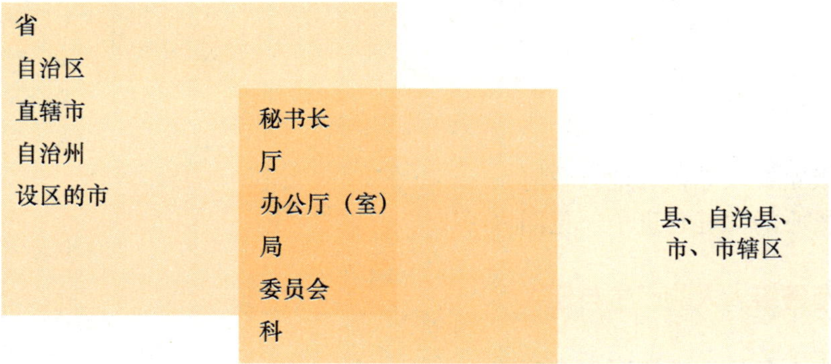

图 8—8 各级地方政府工作部门的类型

政府领导人员选举产生后，应当在两个月内提请本级人大常委会任命人民政府秘书长、厅长、局长、委员会主任、科长。

地方各级人民政府每届任期五年。

2. 地方政府的工作部门与派出机构

地方各级人民政府的工作部门受人民政府统一领导。省、自治区、直辖市人民政府各工作部门并受国务院主管部门的业务指导或者领导；自治州、县、自治县、市、市辖区人民政府的各工作部门并受上级人民政府主管部门的业务指导或者领导。

省、自治区的人民政府在必要的时候，经国务院批准，可以设立派出机关。县、自治县的人民政府在必要的时候，经省、自治区、直辖市人民政府批准，可以设立区公所作为派出机关。市辖区、不设区的市的人民政府，经上一级人民政府批准，可以设立街道办事处作为派出机关（见图 8—9）。

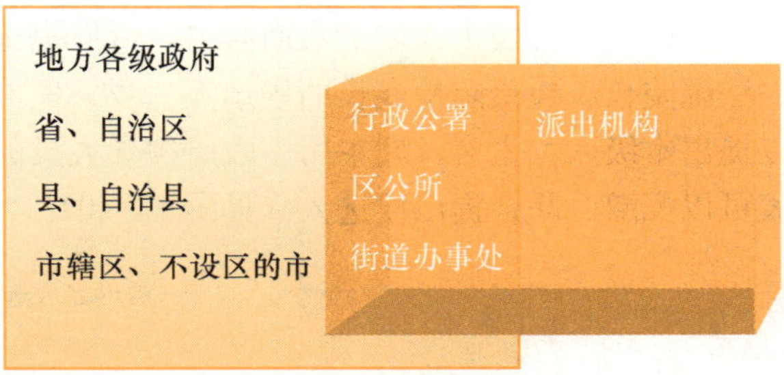

图 8—9 地方各级政府的派出机构

3. 地方政府与辖区内其他机关的关系

省、自治区、直辖市、自治州、县、自治县、市、市辖区的人民政府，应当协助设立在本行政区域内，不属于自己管理的国家机关、企业、事业单位进行工作，并且监督它们遵守、执行法律和政策。

参考资料

北京市政府机构设置

市政府组成部门
办公厅、发展和改革委员会、教育委员会、科学技术委员会、经济和信息化委员会、民族事务委员会（宗教局）、公安局、国家安全局、监察局、民政局、司法局、财政局、人力资源和社会保障局、国土资源局、环境保护局、规划委员会（首都规划建设委员会办公室）、住房和城乡建设委员会、市政市容管理委员会、交通委员会、农村工作委员会、水务局、商务委员会（口岸办公室）、旅游发展委员会、文化局、卫生和计划生育委员会、审计局、外事办公室（市政府港澳事务办公室）
直属特设机构
国有资产监督管理委员会
直属机构
地方税务局、工商行政管理局、质量技术监督局、安全生产监督管理局、食品药品监督管理局、国有文化资产监督管理办公室、新闻出版广电局（市版权局）、文物局、体育局、统计局、园林绿化局（首都绿化委员会办公室）、金融工作局、知识产权局、民防局、侨务办公室、法制办公室、信访办公室、研究室

第三节 地方国家机关组成人员的选举、罢免和辞职

一、选举

县级以上地方各级人大常委会的组成人员，乡、民族乡、镇的人大主席、副主席，省长、副省长，自治区主席、副主席，市长、副市长，州长、副州长，县长、副县长，区长、副区长，乡长、副乡长，镇长、副镇长，法院院长，检察院检察长由本级人大选举产生，其人选由本级人大主席团或代表提名。

省、自治区、直辖市的人大代表三十人以上书面联名，设区的市和自治州的人大代表二十人以上书面联名，县级的人大代表十人以上书面联名，可以提出本级人大常委会组成人员、政府领导人员、法院院长、检察院检察长的候选人。乡、民族乡、镇的人大代表十人以上书面联名，可以提出本级人大主席、副主席，政府领导人员的候选人。不同选区或者选举单位选出的代表可以酝酿、联合提出候选人（见图 8—10）。

具有提名权的主体	被提名人选
省、自治区、直辖市 大会主席团/书面联名的30人以上的人大代表	县级以上地方各级人大常委会的组成人员
设区的市和自治州 大会主席团/书面联名的20人以上的人大代表	省长、副省长，自治区主席、副主席，市长、副市长，州长、副州长，县长、副县长，区长、副区长 法院院长 检察院检察长
县、自治县、市、区 大会主席团/书面联名的10人以上的人大代表	
乡、民族乡、镇 大会主席团/书面联名的10人以上的人大代表	乡、民族乡、镇的人大主席、副主席 乡长、副乡长，镇长、副镇长

图 8—10 地方各级国家机关候选人的提名

人大常委会主任、秘书长，乡、民族乡、镇的人大主席，政府正职领导人员，法院院长，检察院检察长的候选人数一般应多一人，进行差额选举，也可以等额选举。

人大常委会副主任，乡、民族乡、镇的人大副主席，政府副职领导人员的候选人数应比应选人数多一至三人，人大常委会委员的候选人数应比应选人数多十分之一至五分之一（见图 8—11）。

如果提名的候选人数符合差额数，由主席团提交代表酝酿、讨论后，进行选举。如果提名的候选人数超过差额数，由主席团提交代表酝酿、讨论后，进行预选，根据预选得票顺序，确定正式候选人名单，进行选举。

县级以上的地方各级人大换届选举本级国家机关领导人员时，提名、酝酿候选人的时

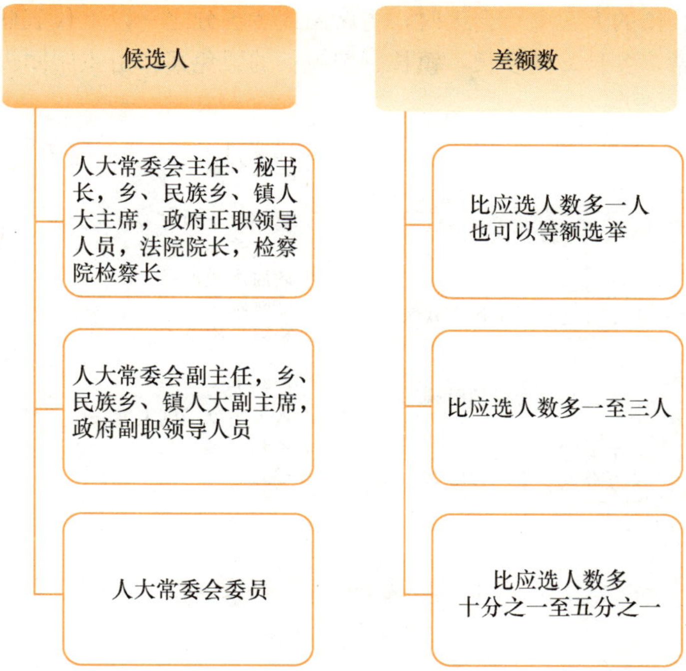

图 8—11　地方各级国家机关选举的差额比例

间不得少于两天。

选举采用无记名投票方式。

地方各级人大选举本级国家机关领导人员，获得过半数选票的候选人人数超过应选名额时，以得票多的当选。如遇票数相等不能确定当选人时，应当就票数相等的人再次投票，以得票多的当选。获得过半数选票的当选人数少于应选名额时，不足的名额另行选举。

另行选举时，可以根据在第一次投票时得票多少的顺序确定候选人，也可以另行提名、确定候选人。经本级人大决定，不足的名额的另行选举可以在本次人大会议上进行，也可以在下一次人大会议上进行。

另行选举人大常委会副主任、委员，乡、民族乡、镇的人大副主席，政府副职领导人员时，进行差额选举。

地方各级人大补选常委会主任、副主任、秘书长、委员，乡、民族乡、镇的人大主席、副主席，省长、副省长，自治区主席、副主席，市长、副市长，州长、副州长，县长、副县长，区长、副区长，乡长、副乡长，镇长、副镇长，法院院长，检察院检察长时，候选人数可以多于应选人数，也可以同应选人数相等。

二、罢免

县级以上的地方各级人大举行会议的时候，主席团、常委会或者十分之一以上代表联名，可以提出对本级人大常委会组成人员、政府组成人员、法院院长、检察院检察长的罢免案，由主席团提请大会审议；或者由主席团提议，经全体会议决定，组织调查委员会，由本级人大下次会议根据调查委员会的报告审议决定。

乡、民族乡、镇的人大举行会议时，主席团或者五分之一以上代表联名，可以提出对人大主席、副主席，乡长、副乡长，镇长、副镇长的罢免案，由主席团提请大会审议（见图 8—12）。

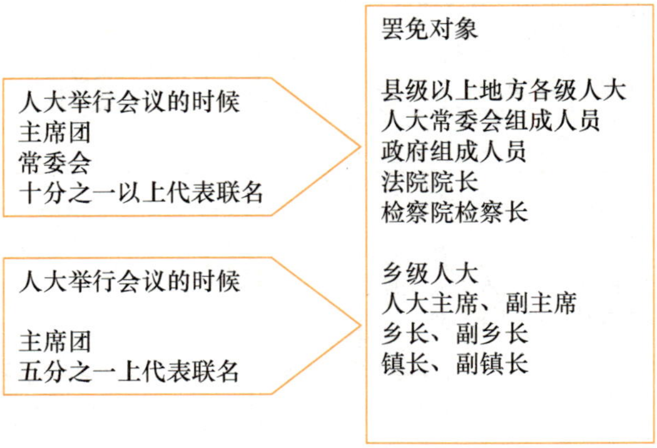

图 8—12　地方各级人大的罢免权

三、辞职

在人大举行会议期间，县级以上的地方各级人大常委会组成人员和政府领导人员、法院院长、检察院检察长，可以向本级人大提出辞职，由大会决定是否接受辞职；大会闭会期间，可以向本级人大常委会提出辞职，由常委会决定是否接受辞职。常委会决定接受辞职后，报本级人大备案。检察院检察长的辞职，须报经上一级检察院检察长提请该级人大常委会批准。

乡、民族乡、镇的人大主席、副主席，乡长、副乡长，镇长、副镇长，可以向本级人大提出辞职，由大会决定是否接受辞职。

第四节　地方各级人大的职权

一、县级及县级以上地方各级人大的职权

1. 重大事项的讨论、决定权

县级及县级以上地方各级人民代表大会及其常委会有权讨论、决定本行政区域内的政治、经济、教育、科学、文化、卫生、民政、民族工作的重大事项，所做出的有关决议、决定具有最高的权威和最普遍的约束力。

2. 选举和任免权

县级及县级以上地方各级人大的代表大会选举和罢免本级国家机关组成人员。

县级及县级以上地方各级人大常委会根据省长、自治区主席、市长、州长、县长、区长的提名，决定本级人民政府的秘书长、厅长、局长和主任的任命，并报上一级政府

备案。

在县级及县级以上地方各级人大的代表大会闭会期间，县级及县级以上地方各级人大常委会决定政府副职领导人员（副省长、自治区副主席、副市长、副州长、副县长、副区长等）的个别任免；决定由相应的副职代理本级政府的正职首长、法院院长和检察院检察长，但检察院检察长的代理人选须报上一级检察院和人大常委会备案。

县级及县级以上地方各级人大常委会任免法院副院长、庭长、副庭长、审判委员会委员、审判员，检察院副检察长、检察委员会委员、检察员，批准任免下一级检察院检察长。

省、自治区、直辖市的人大常委会根据主任会议的提名，决定在省、自治区、直辖市内设立的中级法院院长的任免；根据省、自治区、直辖市的检察长的提名，决定检察分院检察长的任免。

在本级人民代表大会闭会期间，县级及县级以上地方各级人大常委会决定撤销政府个别副职领导人员（副省长、自治区副主席、副市长、副州长、副县长、副区长等）的职务；决定撤销由它任命的本级政府其他组成人员和法院的副院长、庭长、副庭长、审判委员会委员、审判员，检察院的副检察长、检察委员会委员、检察员，中级法院院长，检察分院检察长的职务。

在本级人民代表大会闭会期间，县级及县级以上地方各级人大常委会可补选上一级人民代表大会出缺的代表和撤换个别代表。

在本级人民代表大会闭会期间，县级及县级以上地方各级人大常委会可接受本级代表大会选举产生的人大常委会的组成人员、地方各级政府领导人员、法院院长和检察院检察长的辞职，由常委会决定是否接受辞职。常委会决定接受辞职后，报本级人民代表大会备案。但检察长的辞职，须报经上一级人民检察院检察长提请该级人民代表大会常委会批准。

3. 地方立法权

（1）地方立法的范围与内容。

省、自治区、直辖市，省、自治区所在地的市和经国务院批准的较大的市的人民代表大会；省、自治区、直辖市，省、自治区所在地的市和经国务院批准的较大的市的人民代表大会常务委员会，在本级人民代表大会闭会期间，有权根据本行政区域政治、经济、文化等特点，制定地方性法规。

可以制定和颁布地方性法规的地方政府共计 80 个，详见图 8—13。

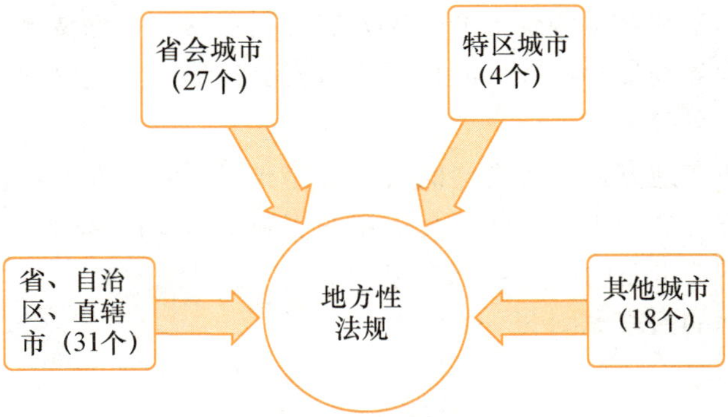

图 8—13　可以制定和颁布地方性法规的地方政府

地方性法规的范围包括：国家法律的实施细则和办法；根据全国人大常委会和法律的授权，制定地方性法规；制定国家暂时没有立法，而本行政区域又迫切需要的地方性法规；就国家不可能专门立法的地方特殊问题，制定地方性法规（见图 8—14）。

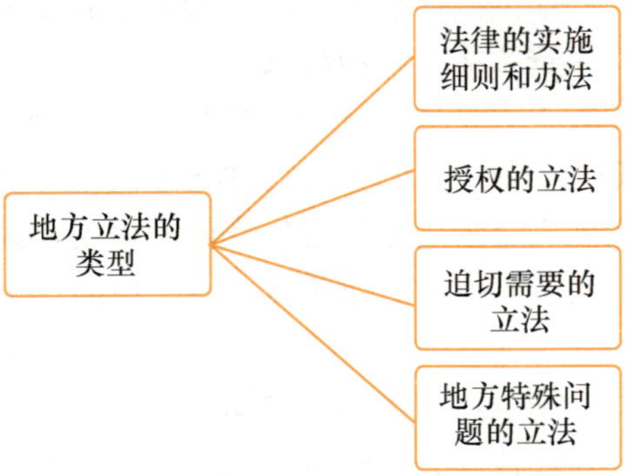

图 8—14 适用地方立法的几种类型

（2）制定地方性法规的程序。

县级及县级以上地方各级人大常委会，专门委员会，同级政府，十名以上省、自治区、直辖市和设区的市的人大代表，可以向本级人大提出制定地方性法规的议案；专门委员会和五名以上常委会组成人员联名，可以向常委会提出制定地方性法规的议案。政府工作部门起草的地方性法规草案，须经政府常务会议讨论通过，并由省长签署后，才能向省人大及其常委会作为议案提出。

向代表大会提出的地方性法规议案，由主席团决定直接交大会或先交有关专门委员会审议，并提出审议报告后再交大会审议。凡决定提交代表大会或常委会审议的地方性法规议案，先由提案人做出说明，然后交各代表团讨论、审议，并提出意见，提出议案的机关要派人到各代表团听取意见，回答询问。讨论后，再由有关的专门委员会进行修改。

经修改的地方性法规议案，在大会上宣读并作修改说明后，由大会主席团或常委会会议过半数通过。如正式通过，则通过后立即公布实施；如原则通过，则通过后需要再做修改，然后再公布实施。

省、自治区、直辖市制定的地方性法规制定后，须报全国人大常委会和国务院备案；省、自治区所在地的市和经国务院批准的较大的市制定的地方性法规制定后，报省、自治区的人民代表大会常务委员会批准后施行，并由省、自治区的人民代表大会常务委员会报全国人大常委会和国务院备案。

地方性法规一般在地方人大常委会的公报上公布，同时在地方性报纸和同级人民政府的公报上公布。地方性法规生效时间，凡法规的实施不需要准备时间的，自公布之日起生效；凡法规的实施需要准备时间的，都规定生效日期。

制定地方性法规的流程见图 8—15。

4. 监督权

（1）监督的内容。

县级及县级以上地方各级人大可撤销同级人民政府同宪法、法律、行政法规相抵触的

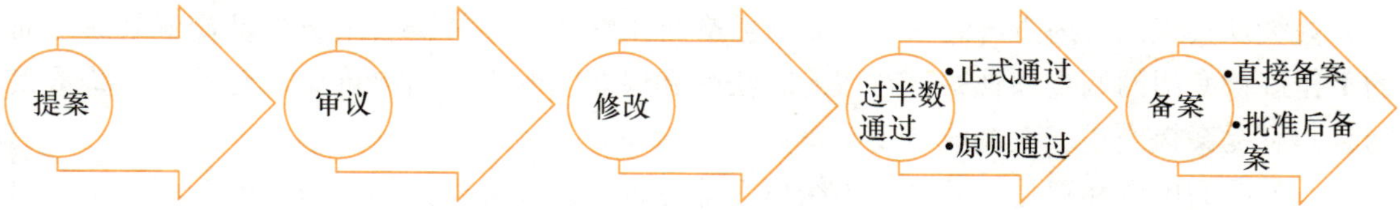

图 8—15　制定地方性法规的流程

决定、命令，纠正或督促纠正本级政府的重大违法行为；对同级法院、检察院的不符合法律规定的决定、判决、裁定提出意见，督促纠正；纠正和督促纠正同级政府、法院、检察院违反法律规定任免工作人员的行为；罢免和撤销严重违法失职的国家机关工作人员的职务。

（2）监督的形式。

监督的形式主要有：听取和审议工作报告、质询和询问、组织特定问题调查委员会、调查与视察，以及受理公民对国家机关和国家机关工作人员的申诉和意见（见图 8—16）。

听取和审议工作报告，一般有两种情况：一是一年一度定期听取和审议工作报告；二是就专门的问题，听取工作报告。听取工作报告后，做出相应的决议、决定。

地方各级人大代表在举行代表大会会议时，十名以上代表联名可以书面提出对本级政府、法院、检察院的质询案；省、自治区、直辖市、自治州、设区的市的人大常委会组成人员五人以上联名、县级人大常委会组成人员三人以上联名，可以向常委会提出对本级政府、法院、检察院的质询案。

在代表大会或常委会审议议案时，代表或组成人员还可以向有关国家机关提出询问，有关机关必须做出答复。

质询和询问是不同类型的人大权利的表现方式。质询是人大代表对本级政府、法院、检察院工作状况进行批评性的了解和追问，具有监督权性质。询问是人大代表出于对政府、法院、检察院具体工作的不了解，而要求有关方面作出对于具体问题的解答，所诉求的是知情权，本身并不具有监督的含义。

县级及县级以上地方各级人大及其常委会，有权对本行政区内重大违法失职事件或其他重要事件组织特定问题调查委员会，进行专门的调查，并根据调查结果做出相应的决议。

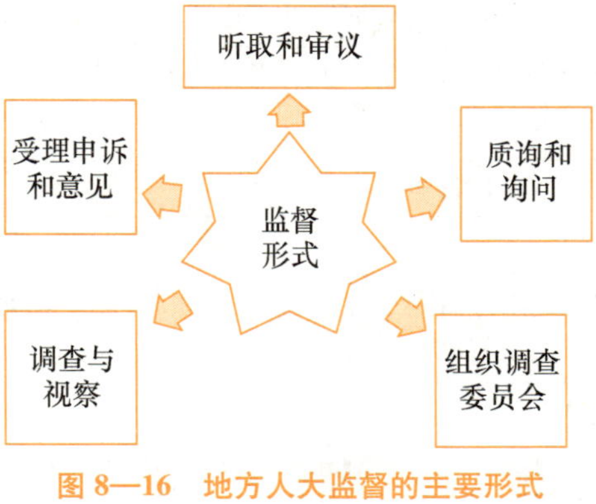

图 8—16　地方人大监督的主要形式

县级及县级以上地方各级人大及其常委会可组织代表或常委会组成人员，就某些方面的工作进行专门的调查和视察，对政府、法院和检察院的工作提出意见。对其中一些重大问题，可提案提交代表大会或常委会审议。

对公民的申诉和意见，县级及县级以上地方各级人大常委会如认为重要，可组织专门调查，提出意见，交有关部门处理并督促办理。

二、民族自治地方人大和常委会的职权

1. 民族自治地方各级人大和常委会的地位

自治区人民代表大会是相当于省一级的地方国家权力机关，自治州人民代表大会相当于设区的市的地方国家权力机关，自治县（旗）人民代表大会相当于县一级的地方国家权力机关。

2. 民族自治地方各级人大和常委会的职权

民族自治地方的人大及其常委会，除行使同级人大及其常委会的职权外，还可以行使宪法和民族区域自治法规定的自治权。民族自治地方的人大及其常委会对自治权的行使主要有：根据本自治地方政治、经济、文化的特点，对于国家颁布的法律，制定变通的或补充的规定；制定自治条例和单行条例。

自治条例是民族自治地方的人民代表大会根据宪法和民族区域自治法以及当地的政治、经济、文化等特点而制定的条例，它是自治机关管理本地方事务的规章。单行条例是民族自治地方人大为解决某一方面的问题，维护当地民族特点而制定的条例。

自治区的自治条例和单行条例，报全国人大常委会批准后生效；自治州、自治县（旗）的自治条例和单行条例，报省或自治区的人大常委会批准后生效，并报全国人大常委会备案。

地方各级人大职权汇总见表8—1。

表8—1 地方各级人大的职权

地方各级人大的共有职权
审查和批准本行政区域内的国民经济和社会发展计划、预算以及它们执行情况的报告
选举本级人民代表大会常务委员会的组成人员（大会主席、副主席）
选举本级政府领导人
听取和审查本级人大（常委会）的工作报告
撤销本级人民政府的不适当的决定和命令
保护社会主义的全民所有的财产和劳动群众集体所有的财产，保护公民私人所有的合法财产，维护社会秩序，保障公民的人身权利、民主权利和其他权利
保护各种经济组织的合法权益
保障宪法和法律赋予妇女的男女平等、同工同酬和婚姻自由等各项权利
保障少数民族的权利

县级以上各级人大的职权
保证宪法、法律、行政法规和上级人民代表大会及其常务委员会决议的遵守和执行，保证国家计划和国家预算的执行
讨论、决定本行政区域内的政治、经济、教育、科学、文化、卫生、环境和资源保护、民政、民族等工作的重大事项
选举上一级人民代表大会代表
选举本级人民法院院长和人民检察院检察长；选出的人民检察院检察长，须报经上一级人民检察院检察长提请该级人大常委会批准
听取和审查本级人民政府和人民法院、人民检察院的工作报告
改变或者撤销本级人大常委会不适当的决议
乡、民族乡、镇人大的职权
保证宪法、法律、行政法规和上级人民代表大会及其常务委员会决议的遵守和执行
根据国家计划，决定本行政区域内的经济、文化事业和公共事业的建设计划
在职权范围内通过和发布决议
决定本行政区域内的民政工作的实施计划

三、乡、民族乡、镇人大

1. 乡、民族乡、镇人大的职权

在本行政区域内，保证宪法、法律、行政法规和上级人民代表大会及其常务委员会决议的遵守和执行；在职权范围内通过和发布决议；根据国家计划，决定本行政区域内的经济、文化事业和公共事业的建设计划；审查和批准本行政区域内的财政预算和预算执行情况的报告；决定本行政区域内的民政工作的实施计划；选举本级人民代表大会主席、副主席；选举乡长、副乡长，镇长、副镇长；听取和审查乡、民族乡、镇的人民政府的工作报告；撤销乡、民族乡、镇的人民政府的不适当的决定和命令；保护社会主义的全民所有的财产和劳动群众集体所有的财产，保护公民私人所有的合法财产，维护社会秩序，保障公民的人身权利、民主权利和其他权利；保护各种经济组织的合法权益；保障少数民族的权利；保障宪法和法律赋予妇女的男女平等、同工同酬和婚姻自由等各项权利。

少数民族聚居的乡、民族乡、镇的人民代表大会在行使职权的时候，应当采取适合民族特点的具体措施。

2. 乡、民族乡、镇人大的机构

乡、民族乡、镇的人民代表大会设主席，并可以设副主席一至二人。主席、副主席由本级人民代表大会从代表中选出，任期同本级人民代表大会每届任期相同。

乡、民族乡、镇的人民代表大会主席、副主席不得担任国家行政机关的职务；如果担任国家行政机关的职务，必须向本级人民代表大会辞去主席、副主席的职务。

乡、民族乡、镇的人民代表大会主席、副主席在本级人民代表大会闭会期间负责联系本级人大代表，组织代表开展活动，并反映代表和群众对本级政府工作的建议、批评和意见。

乡、民族乡、镇的人大举行会议的时候，选举主席团。由主席团主持会议，并负责召集下一次的本级人大会议。乡、民族乡、镇的人大主席、副主席为主席团成员。

乡、民族乡、镇的人大代表向本级人大提出的对各方面工作的建议、批评和意见，由大会主席团交有关机关和组织研究处理并负责答复。

乡、民族乡、镇人大的组织结构见图 8—17。

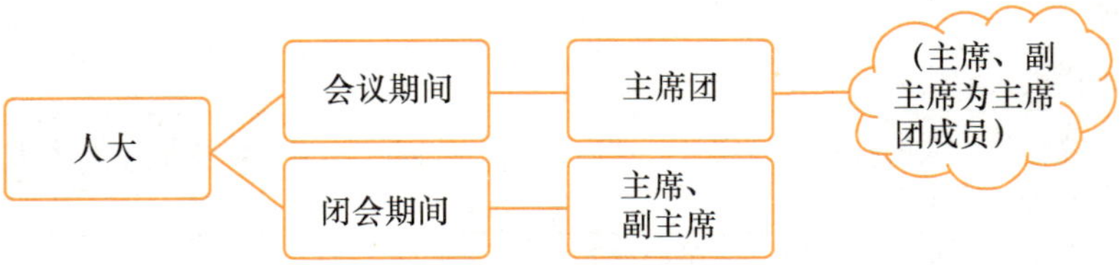

图 8—17　乡、民族乡、镇人大的组织结构

第五节　地方各级政府的职权

一、地方各级政府的职权

1. 县级以上地方各级政府的职权

县级以上地方各级政府行使下列职权：执行本级人大及其常委会的决议，以及上级国家行政机关的决定和命令，规定行政措施，发布决定和命令；领导所属各工作部门和下级人民政府的工作；改变或者撤销所属各工作部门的不适当的命令、指示和下级人民政府的不适当的决定、命令；依照法律的规定任免、培训、考核和奖惩国家行政机关工作人员；执行国民经济和社会发展计划、预算，管理本行政区域内的经济、教育、科学、文化、卫生、体育事业、环境和资源保护、城乡建设事业和财政、民政、公安、民族事务、司法行政、监察、计划生育等行政工作；保护全民所有的财产和劳动群众集体所有的财产，保护公民私人所有的合法财产，维护社会秩序，保障公民的人身权利、民主权利和其他权利；保护各种经济组织的合法权益；保障少数民族的权利和尊重少数民族的风俗习惯，帮助本行政区域内各少数民族聚居的地方依照宪法和法律实行区域自治，帮助各少数民族发展政治、经济和文化的建设事业；保障宪法和法律赋予妇女的男女平等、同工同酬和婚姻自由等各项权利；办理上级国家行政机关交办的其他事项。

省、自治区、直辖市的政府可以根据法律、行政法规和本省、自治区、直辖市的地方性法规，制定规章，报国务院和本级人大常委会备案。省、自治区的人民政府所在地的市和经国务院批准的较大的市的人民政府，可以根据法律、行政法规和本省、自治区的地方性法规，制定规章，报国务院和省、自治区的人大常委会、人民政府以及本级人大常委会备案。但所制定的规章须经该级政府常务会议或者全体会议讨论决定。

省、直辖市的政府有权决定乡、民族乡、镇的建置和区域划分。

2. 乡、民族乡、镇政府的职权

乡、民族乡、镇的政府行使下列职权：执行本级人大的决议和上级国家行政机关的决定和命令，发布决定和命令；执行本行政区域内的经济和社会发展计划、预算，管理本行政区域内的经济、教育、科学、文化、卫生、体育事业和财政、民政、公安、司法行政、计划生育等行政工作；保护全民所有的财产和劳动群众集体所有的财产，保护公民私人所有的合法财产，维护社会秩序，保障公民的人身权利、民主权利和其他权利；保护各种经济组织的合法权益；保障少数民族的权利和尊重少数民族的风俗习惯；保障宪法和法律赋予妇女的男女平等、同工同酬和婚姻自由等各项权利；办理上级人民政府交办的其他事项。

省、自治区、直辖市、自治州、县、自治县、市、市辖区的人民政府应当协助设立在本行政区域内不属于自己管理的国家机关、企业、事业单位进行工作，并且监督它们遵守和执行法律和政策。

二、不同层级政府间的权限关系

省、自治区、直辖市的政府的各工作部门受政府统一领导，并且依照法律或者行政法规的规定受国务院主管部门的业务指导或者领导；自治州、县、自治县、市、市辖区的政府的各工作部门受政府统一领导，并且依照法律或者行政法规的规定受上级政府主管部门的业务指导或者领导（见图 8—18）。

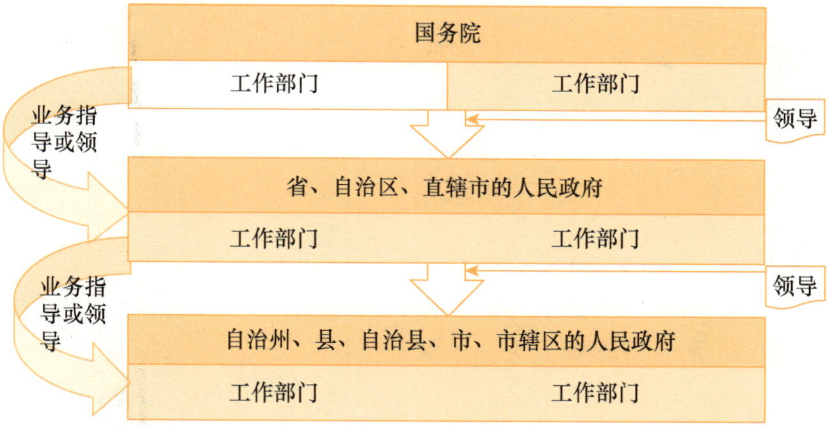

图 8—18　不同层级政府工作部门间的关系

本章小结

行政区划是国家为了分级管理而实行的国土和政治、行政权力的划分。行政区划因不同的国家结构形式而不同。同时，历史传统、特殊的政治经济条件、民族构成、语言文化差异，对行政区划的形成具有重要的影响。行政区划包括两级制、三级制、四级制和五级制。行政区划的类型包括普通行政地方和民族自治地方的划分。国家在各个行政区域设立地方国家机关。地方各级人大是地方国家权力机关。地方各级政府是地方各级国家权力机关的执行机关，是地方各级国家行政机关。地方国家机关分别行使各自的职权。一些地方享有地方立法权。不同层级地方政府及其工作部门之间存在一定的工作权限关系。

关键术语

行政区划　行政地方的类型　地方立法权　地方政府机构设置

复习思考题

1. 行政区划的概念。
2. 中华人民共和国行政地方的类型。
3. 地方政府的法律和行政地位。
4. 地方各级国家机关候选人的提名程序。
5. 地方各级人大的职权。

第九章 民族区域自治制度

中国共有民族56个，包括汉、蒙古、回、藏等，其中，汉族人口占绝大多数，其他55个民族人口相对较少，习惯上称之为少数民族。民族区域自治是指在国家统一领导下，在少数民族聚居地区或少数民族分布较为集中的地区，设立自治机关，由少数民族实行区域性民族自治的制度和政策体系。民族自治地方分为自治区、自治州、自治县（旗）三级。民族自治地方的自治机关是指在民族自治地方设立的行使同级地方国家机关职权和同时行使民族自治地方自治权的国家机关，包括自治区、自治州、自治县的各级人民代表大会和各级人民政府。民族自治地方的自治权包括变通执行法律和政策、财政自主和培养使用少数民族干部和人才等。《宪法》规定“国家根据各少数民族的特点和需要，帮助各少数民族地区加速经济和文化的发展”。

重点问题

民族区域自治制度
民族自治地方的设置
民族自治地方自治机关的性质
民族自治地方的自治权
国家对少数民族的财政支持与帮助

第一节　中国的少数民族与中国的民族政策

一、中国的少数民族及其分布

1. 中国的少数民族

中国是一个多民族的国家。汉族占人口的大多数，除汉族以外的其他各民族统称为人口数量意义上的少数民族。1953 年起，国家组织了大规模的民族识别考察工作，辨别民族成分和民族名称。民族识别考察工作从中国的历史和现实情况出发，按照科学认定与本民族意愿相结合的原则，只要具有构成单一民族条件的，不管其社会发展水平如何，不论其居住区域大小和人口多少，都认定为一个民族。经过调查研究，到 1954 年，政府确认了 38 个民族；1964 年，追加确认了 15 个民族；1965 年确认珞巴族、1979 年确认基诺族。全国目前已识别的少数民族有 55 个，即蒙古、回、藏、维吾尔、苗、彝、壮、布依、朝鲜、满、侗、瑶、白、土家、哈尼、哈萨克、傣、黎、傈僳、佤、畲、高山、拉祜、水、东乡、纳西、景颇、柯尔克孜、土、达斡尔、仫佬、羌、布朗、撒拉、毛南、仡佬、锡伯、阿昌、普米、塔吉克、怒、乌孜别克、俄罗斯、鄂温克、德昂、保安、裕固、京、塔塔尔、独龙、鄂伦春、赫哲、门巴、珞巴和基诺族。

根据历次全国人口普查数据，少数民族人口 1953 年为 3 532 万人，占全国总人口的 6.06%；1964 年为 4 002 万人，占 5.76%；1982 年为 6 730 万人，占 6.68%；1990 年为 9 120 万人，占 8.04%；2000 年为 10 643 万人，占 8.41%（见图 9—1）。

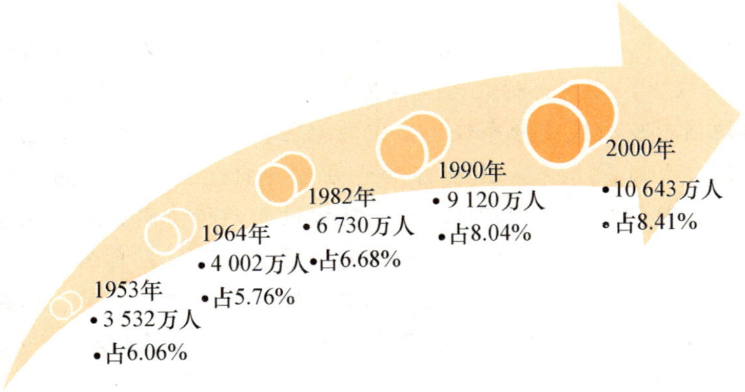

图 9—1　少数民族人口的增长及其占全国总人口的比例

资料来源：《中国的民族政策与各民族共同繁荣发展》白皮书，见中国民族宗教网，2009-09-27。

2. 少数民族的分布特点

中国各民族的人口分布呈现大散居、小聚居、交错杂居的特点。汉族地区有少数民族聚居，民族地区也有汉族居住；许多少数民族既有一块或几块聚居区，又散居全国各地。

西南和西北是少数民族分布最集中的两个区域。西部 12 个省、自治区、直辖市居住着全国近 70%的少数民族人口，边疆 9 个省、自治区居住着全国近 60%的少数民族人口。

随着中国经济社会的发展，少数民族人口分布范围进一步扩大，目前全国散居地区少数民族人口已超过 3 000 万。

二、中国民族政策的基本原则

中国民族政策的基本原则和根本所在是实现民族平等和民族团结。

《宪法》规定："中华人民共和国各民族一律平等。国家保障各少数民族的合法的权利和利益，维护和发展各民族的平等、团结、互助关系。禁止对任何民族的歧视和压迫。"各民族不论人口多少，经济社会发展程度高低，风俗习惯和宗教信仰异同，都是中华民族的一部分，具有同等的地位，在国家和社会生活的一切方面，依法享有相同的权利，履行相同的义务；国家反对一切形式的民族压迫和民族歧视。民族团结要求各民族在反对民族压迫和民族歧视的基础上，维护和促进各民族之间和民族内部的团结，共同促进国家的发展繁荣，反对民族分裂，维护国家统一。

三、中国民族政策的主要内容

1. 各民族平等参与国家事务管理的原则

在中国，各少数民族与汉族以平等的地位参与国家和各级地方事务的管理。少数民族参与国家管理的权利还享受特殊保障。

全国人大代表的选举体现了对少数民族权利的尊重。中国各少数民族依据《中华人民共和国全国人民代表大会和地方各级人民代表大会选举法》的规定，都可以选出代表本民族的全国人大代表，人口特别少的民族，即使达不到最低代表人口数的规定，也可以选出一名代表。从1954年第一届全国人大起，历届全国人大中，少数民族代表在全国人大代表中所占名额的比例，均高于同期其在全国人口中所占的比例。在历届全国人大的代表中，少数民族代表一般占代表总数的14%左右（其中，比例最低的是四届人大，为9.4%，比例最高的是七届人大，为15%），比同期少数民族人口占全国总人口的比例高出1～7个百分点。

在地方各级人大中，少数民族聚居的地方，每一聚居的少数民族都有代表参加当地的人民代表大会。散居的少数民族选民在当地人大代表的选举中，选举代表本民族的代表，且其每一代表所代表的人口数可以少于当地人大每一代表所代表的人口数。

各民族平等参与国家事务管理的原则还体现在对少数民族干部的培养和使用上。1950年中央人民政府颁布了《培养少数民族干部试行方案》，规定了"普遍而大量地培养少数民族干部"的方针。十一届三中全会以后，要求大力培养四化需要的，具有共产主义觉悟的少数民族政治干部和专业人才，为少数民族地区的社会主义现代化服务，随后采取了多种途径和办法，大批培养少数民族干部。

2. 民族区域自治的原则

民族区域自治是解决中国民族问题的基本政策，也是国家的重要政治制度之一。

民族区域自治是指在国家统一领导下，在少数民族聚居地区或少数民族分布较为集中的地区，设立自治机关，由少数民族实行区域性自治的制度。民族区域自治必须以国家统一为原则。任何实行民族区域自治的地方，都是国家领土不可分割的组成部分，各级自治机关，也是国家一级政权机关；民族区域自治及其自治机关，根据宪法和民族区域自治法的规定享有自治权、行使自治权利；民族区域自治是民族与区域相结合的自治。民族区域自治体现了对各少数民族管理本民族内部事务权利愿望的尊重、保障和满足，有助于促进各民族的平等、团结和共同繁荣，能够最大限度地起到促进各民族团结，充分调动少数民族地区和公众积极性，加速少数民族地区经济文化事业发展的作用。

3. 加快少数民族经济发展

加快发展少数民族经济建设是国家民族政策的一项重要内容。《宪法》指出："国家根据各少数民族的特点和需要，帮助各少数民族地区加速经济和文化的发展"；《民族区域自治法》就帮助少数民族发展经济，作出了较为全面、系统的规定，提出了加快发展少数民族经济建设的基本原则和政策，如促进民族地区经济发展；坚持国家利益和当地民族的实际利益相结合；实行对口支援；对少数民族地区实行优惠的财政政策；鼓励少数民族地区发展贸易；扶持少数民族贫困地区摆脱贫困；等等。

4. 实行特殊的少数民族人口政策

根据少数民族人口状况和少数民族人口问题制定了不同的少数民族人口政策。1982年《中共中央、国务院关于进一步做好计划生育工作的指示》指出："对于少数民族，也要提倡计划生育，在要求上，要适当放宽一些。"根据这一规定：少数民族夫妇可以生育两个或三个孩子；边境地区和自然环境恶劣的地区、人口特别稀少地区的少数民族夫妇，可以生育三个以上的孩子；西藏自治区的藏族农牧民夫妇可以不受限制地生育子女。这使得少数民族人口的增长速度高于全国平均水平。

5. 积极支持和帮助少数民族发展教育事业

国家采取了许多政策和措施支持少数民族教育事业的发展，具体有：赋予和尊重少数民族自治地方自主发展民族教育的权利，重视民族语文教学和双语教学，加强少数民族师资队伍建设，在经费上给予特殊照顾，举办民族院校和民族班，实行定向招生，积极开展内地省市对少数民族地区教育的对口支援，全国支援西藏教育事业，对贫困地区特别是少数民族贫困地区的普及义务教育给予重点扶持等。少数民族的教育与受教育程度见图 9—2。

民族地区的学校与学生	•民族小学20 906所、民族中学3 536所、民族地区普通高等院校167所 •在校学生总数为2 199.6万人
普通学校中的少数民族在校学生（截至2008年底）	•小学：1 070.8万人，占学生总数的10.4%; 普通中学：680.2万人，占学生总数的8.5%；普通高等学校：133.9万人，占学生总数的6.2%
教育程度（2000年第五次人口普查数据）	•朝鲜、满、蒙古、哈萨克等14个少数民族的受教育年限高于全国平均水平 •维吾尔、回、朝鲜、纳西等十几个少数民族每万人平均拥有的大学生人数超过全国平均水平

图 9—2 少数民族的教育与受教育程度

资料来源：《中国的民族政策与各民族共同繁荣发展》白皮书，见中国民族宗教网，2009-09-27。

6. 尊重和发展少数民族的语言文字

国家尊重和鼓励少数民族语言、文字的使用。国家组织了少数民族语言调查队，在16个省、自治区普查少数民族的语言，编写各少数民族的语言简志，为部分少数民族创制、改进文字，设立少数民族语言文字的研究机构、翻译机构；兴办从中央到地方的使用少数民族语言文字的新闻、广播、出版、翻译、印刷事业；在各民族学院和其他高等院校，开设少数民族语言、文学专业；使用少数民族语言教学等。

目前，中国55个少数民族中，除回族和满族通用汉语文外，其余53个民族都有自己的民族语言。有文字的民族有22个，共使用28种文字，其中壮、布依、苗、纳西、傈僳、哈尼、佤、侗、景颇、土等十多个民族使用的16种文字是由政府帮助创制或改进的（见图9—3）。

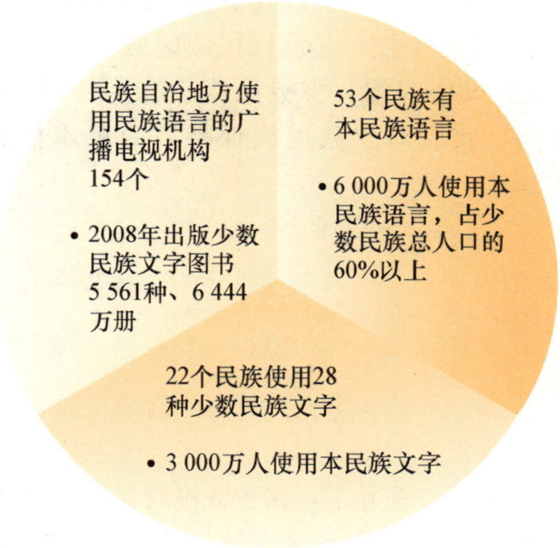

图9—3　少数民族语言文字的使用状况

资料来源：《中国的民族政策与各民族共同繁荣发展》白皮书，见中国民族宗教网，2009-09-27。

在国家政治生活中，全国人大、中国人民政治协商会议召开的重要会议，全国或地区性重大活动，都提供蒙古、藏、维吾尔、哈萨克、朝鲜、彝、壮等民族语言文字的文件或语言翻译。民族自治地方的自治机关在执行职务的时候，都使用当地通用的一种或几种文字。在教育领域，各民族自治地方的自治机关根据国家的教育方针，依照法律规定，决定本地方的教育规划和各级各类学校的教学用语。少数民族为主的学校及其他教育机构，使用本民族或者当地通用的语言文字进行教学。

7. 尊重少数民族宗教信仰自由

《宪法》规定："中华人民共和国公民有宗教信仰自由。"中国政府尊重和保护少数民族的宗教信仰自由，保护少数民族公民的宗教活动。每个中国公民，无论是汉族还是少数民族，在宗教和信仰问题上，都是自由的，有权自由选择做出决定。

8. 保护少数民族文化遗产

国家有计划地组织对各少数民族的文化遗产进行搜集、整理、翻译和出版工作，保护少数民族的名胜古迹、珍贵文物和其他重要历史文化遗产。

国家成立了全国少数民族古籍整理出版规划小组和办公室，组织和领导全国少数民族古籍整理工作。全国现有25个省、自治区、直辖市，130个自治州、地、盟建立了民族古籍整理与研究机构，民族院校也建有古籍整理与研究机构。

从20世纪50年代初开始，各级政府以及文化艺术部门组织了数以万计的人类学、社会学、民族学专家和文学艺术工作者，深入到少数民族聚居地区，抢救、搜集流传在民间的传统文化艺术。

国家投入巨资对国家重点文物古迹进行维修。各地还建立了一些博物馆、文化馆，以搜集、保护少数民族文物。

9. 尊重少数民族风俗习惯

中国各少数民族的风俗习惯差异较大，在生产、生活方式、服饰、饮食、居住、婚姻、礼仪、丧葬等多方面，均有所不同。在民族平等的基础上，承认并尊重各民族在风俗习惯方面的特点及其应有的自主权，是我国民族区域自治政策的重要组成部分。具体而言，国家尊重少数民族的风俗习惯，少数民族享有保持或改革本民族风俗习惯的权利；在社会生活的各方面，政府对少数民族保持或改革本民族风俗习惯的权利加以保护。

第二节　民族区域自治制度

一、民族区域自治

民族区域自治是指在国家统一领导下，在少数民族聚居地区或少数民族分布较为集中的地区，设立自治机关，由少数民族实行区域性民族自治的制度和政策体系。在此框架下，民族自治机关享有管理和决定本民族和本地区内部事务的权力，享有根据本民族和本地区的实际情况贯彻执行国家法律、法规和政策的自主权。

民族区域自治，不仅是民族自治，而且是区域自治，是民族与区域相结合的自治。

民族区域自治以国家统一为原则。任何实行民族区域自治的地方，都是国家领土不可分割的组成部分，各级自治机关，同时是国家的一级政权机关。

民族区域自治地方及其自治机关，根据宪法和民族区域自治法的规定享有自治权、行使自治权利。

民族区域自治是解决中国民族问题的基本政策，也是国家的重要政治制度之一。

民族区域自治原则体现了国家统一的原则，体现了对各少数民族管理本民族内部事务权利的尊重和保障的原则，体现了各民族平等、团结和共同繁荣的原则。

二、民族区域自治制度的法律地位

1949年，中国人民政治协商会议通过的具有临时宪法作用的《中国人民政治协商会议共同纲领》，将民族区域自治确定为中华人民共和国的一项基本政策。

1952年，中央人民政府颁布《民族区域自治实施纲要》，对民族自治地方的建立、自治机关的组成、自治机关的自治权利等重要事项作出明确规定。

1954 年，全国人民代表大会通过的《宪法》，以根本法形式确认“各少数民族聚居的地方实行区域自治”。以后几部宪法文本延续了这一规定。

1984 年，第六届全国人民代表大会第二次会议通过《民族区域自治法》。民族区域自治制度相关立法基本完备。

民族区域自治相关立法的演变见图 9—4。

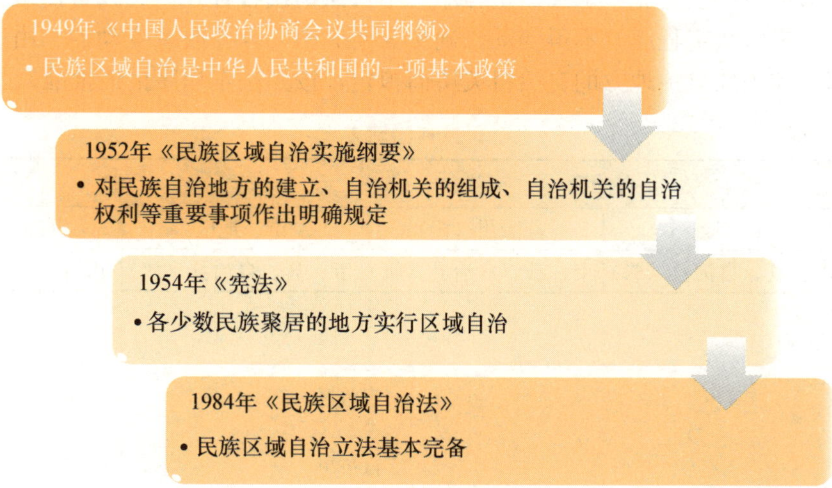

图 9—4　民族区域自治相关立法的演变

三、民族区域自治法

《民族区域自治法》是实施宪法规定的民族区域自治制度的基本法律，对中央和民族自治地方的关系以及民族自治地方各民族之间的关系进行了规范，其法律效力及于全国，并非仅限于民族自治地方。

2005 年，国务院发布《国务院实施〈中华人民共和国民族区域自治法〉若干规定》，规定上级人民政府负有支持和帮助民族自治地方的职责。

第三节　民族自治地方的设置

一、民族自治地方的设置（见表 9—1）

民族自治地方分为自治区、自治州、自治县（旗）三级（见图 9—5）。

划分三级行政地位的依据，是少数民族聚居区人口的多少、区域面积的大小。

少数民族聚居的地方，根据当地民族关系、经济发展等条件，并参酌历史情况，可以建立以一个或者几个少数民族聚居区为基础的自治地方；民族自治地方内其他少数民族聚居的地方，建立相应的自治地方或者民族乡；民族自治地方依据本地方的实际情况，可以包括一部分汉族或者其他民族的居民区和城镇。

民族自治地方的建立、区域界线的划分、名称的组成，由上级国家机关会同有关地方的国家机关和有关民族的代表协商拟定，按照法律规定的程序报请批准。

自治区的建置由全国人民代表大会批准。自治区的区域划分以及自治州、自治县的建置和区域划分由国务院批准。

民族自治地方一经建立，未经法定程序，不得撤销或者合并。民族自治地方的区域界线一经确定，未经法定程序，不得变动。确实需要撤销、合并或者变动的，由上级国家机关的有关部门和民族自治地方的自治机关协商拟定，按照法定程序报请批准。

表 9—1 民族自治地方

省级	自治区		省	
设区市级	市、地区	自治州（盟）	市、地区	自治州（盟）
县级	市、县、自治县（旗）	市、县、自治县（旗）	市、县、自治县（旗）	市、县、自治县（旗）

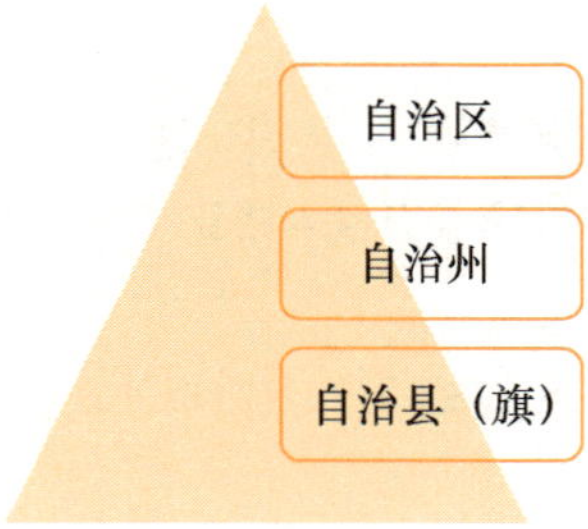

图 9—5 民族自治地方层级

二、民族自治地方的建立

最早的民族区域自治地方是 1947 年中华人民共和国尚未成立时即已建立的内蒙古自治区。内蒙古自治区是中国共产党领导建立的第一个省级民族自治地方。

中华人民共和国成立后，中国政府开始在少数民族聚居的地方全面推行民族区域自治。1955 年 10 月，新疆维吾尔自治区成立；1958 年 3 月，广西壮族自治区成立；1958 年 10 月，宁夏回族自治区成立；1965 年 9 月，西藏自治区成立（见图 9—6）。

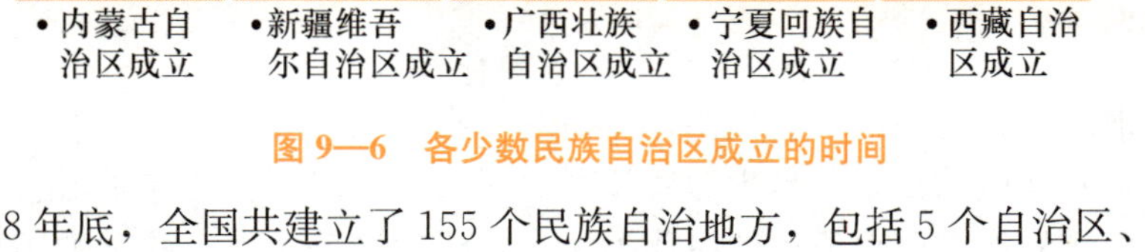

图 9—6 各少数民族自治区成立的时间

截至 2008 年底，全国共建立了 155 个民族自治地方，包括 5 个自治区、30 个自治州、120 个自治县（旗）（见图 9—7）。

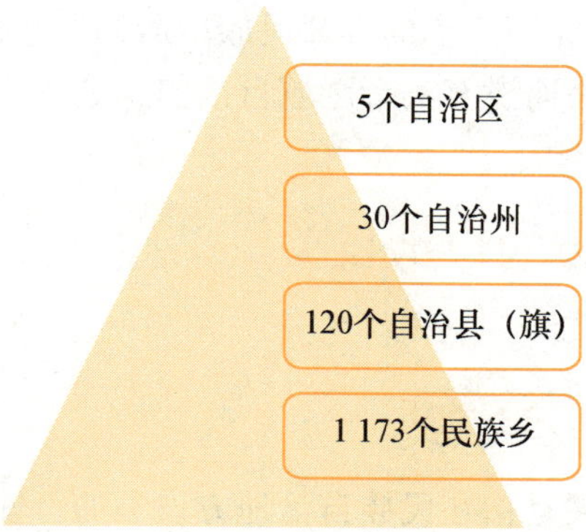

图 9—7 民族自治地方与民族乡的数量

2000 年第五次全国人口普查表明，55 个少数民族中，有 44 个建立了自治地方，实行区域自治的少数民族人口占少数民族总人口的 71%（见图 9—8），民族自治地方的面积占全国国土面积的 64%（见图 9—9）。

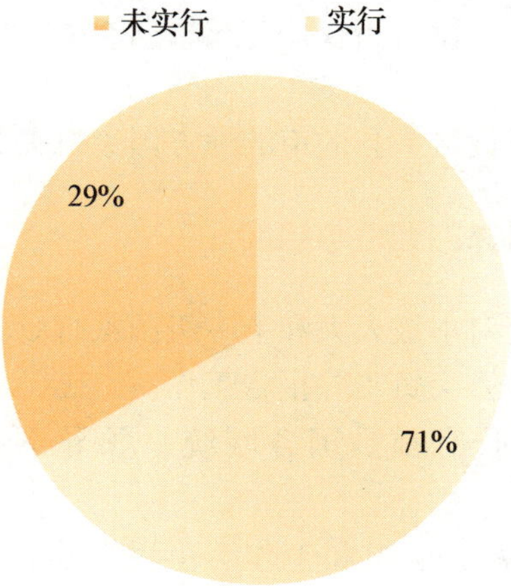

图 9—8 实行民族区域自治的少数民族人口占少数民族总人口的比例

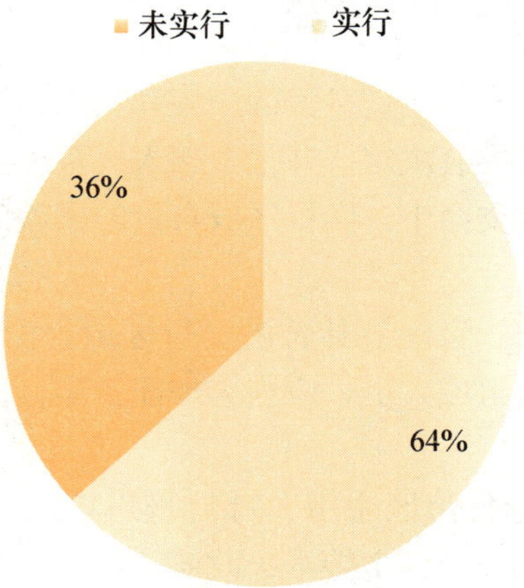

图 9—9 实行民族自治地方的区域面积占全国国土面积的比例

截至2003年底，中国在相当于乡的少数民族聚居的地方共建立了1 173个民族乡。11个因人口较少且聚居区域较小而没有实行区域自治的少数民族中，有9个建有民族乡。

第四节 民族自治地方的自治机关

一、民族自治地方自治机关的性质

民族自治地方的自治机关是指在民族自治地方设立的行使同级地方国家机关职权和同时行使民族自治地方自治权的国家机关，包括自治区、自治州、自治县的各级人民代表大会和各级人民政府。

民族自治地方的自治机关是国家的一级地方政权机关。自治机关实行民主集中制原则，服从中央政权的领导，同时对下级国家政权机关行使领导权。

民族自治地方的自治机关行使一般地方国家机关的职权，同时依照宪法和民族区域自治法以及其他法律规定的权限行使自治权，有权根据本地方的实际情况，变通贯彻执行国家的法律、政策。

自治州的自治机关行使下设区、县的市的地方国家机关的职权，同时行使自治权。

二、民族自治地方自治机关的地位与组成

民族自治地方的人民政府对本级人大和上一级国家行政机关负责并报告工作，在本级人大闭会期间，对本级人大常委会负责并报告工作。

各民族自治地方的人民政府都是国务院统一领导下的国家行政机关，都服从国务院。

民族自治地方的自治机关的组织和工作，由民族自治地方的自治条例或单行条例规定。

民族自治地方的人大中，除实行区域自治的民族的代表外，其他居住在本行政区域内的民族也应当有适当名额的代表。

民族自治地方的人大中，实行区域自治的民族和其他少数民族代表的名额和比例，由省、自治区、直辖市的人大常委会决定，并报全国人大常委会备案。

在民族自治地方的人大常委会中，实行区域自治的民族的公民，应当担任主任或者副主任。

自治区主席、自治州州长、自治县县长由实行区域自治的民族的公民担任。自治区、自治州、自治县的政府的其他组成人员，应当合理配备实行区域自治的民族和其他少数民族的人员。

民族自治地方的政府实行自治区主席、自治州州长、自治县县长负责制。自治区主席、自治州州长、自治县县长，分别主持本级政府工作。

民族自治地方的自治机关所属工作部门的干部中，应当合理配备实行区域自治的民族和其他少数民族的人员。

第五节 民族自治地方的自治

一、制定自治条例和单行条例

民族自治地方的人大有权依照当地民族的政治、经济和文化特点，制定自治条例和单行条例。

自治条例涉及本地方民族区域自治的基本问题；单行条例涉及本地方民族区域自治的具体事项。自治条例和单行条例，都可以对国家法律和政策作出变通性规定。

从制定自治条例和单行条例规则的角度看，自治地方的人大有权在宪法和民族区域自治法对制定自治条例和单行条例所作的限制性规定的范围内，制定有关自治条例和单行条例的制定原则、调整范围、制定程序和技术等内容的自治条例。中央立法如对这些事项做出法律规定，民族自治地方则撤销或改变自己的条例，并根据该法和本地实际情况制定实施细则或其他具体规定。

民族自治地方有权根据宪法和法律，就民族自治地方的自治机关的组织和工作制定自治条例或单行条例。

自治区的自治条例和单行条例，报全国人大常委会批准后生效；自治州、自治县的自治条例和单行条例，报省、自治区、直辖市的人大常委会批准后生效，并报全国人大常委会和国务院备案。

二、变通执行法律和政策

变通权主要指民族自治地方的自治机关在执行上级国家机关的法律、行政法规的规定、决议、决定、命令和指示等的时候，有一定程度的选择权和决定权。

民族自治地方的自治机关可以报经上级国家机关批准，变通执行或停止执行上级国家机关的不适合民族自治地方实际情况的决议、决定、命令和指示；可以依照当地民族的特点对法律、行政法规的规定做出变通规定。

变通权有一定的适用范围。自治机关的变通处置不得违背法律、行政法规的基本原则；在变通对象方面，变通权不得对宪法和民族区域自治法的规定，以及其他法律、行政法规专门就民族自治地方所作的规定做出变通规定。

三、财政自主

自治机关财政经济自主权主要表现在：在财政方面，自治机关有权自主安排使用属于民族自治地方的财政收入，有权在执行财政预算过程中自行安排使用收入的超收和支出的结余资金。自治机关在执行国家税法时，除应当由国家统一审批的减免税收项目外，对属于地方财政收入的某些需要从税收上加以照顾和鼓励的项目，可以实行减税或免税。

在经济、外贸活动中，自治机关的自主权表现在：（1）在国家指导下自主安排和管理地方性的经济建设事业，根据本地方的特点和需要制定经济建设的方针、政策和计划；（2）根据法律规定和本地方经济发展特点，合理调整生产关系和改革经济管理体制；

(3) 根据法律规定，确定本地方草场和森林的所有权和使用权，管理和保护本地方的自然资源，保护、建设草原和森林，组织和鼓励植树种草，禁止任何组织或个人利用任何手段破坏草原和森林；根据法律规定和国家统一规划对可以由本地开发的自然资源优先合理开发利用；(4) 在国家指导下，根据本地方财力、物力和其他具体条件，自主安排地方基本建设项目；(5) 自主管理隶属于本地的企业、事业单位；(6) 自主安排利用完成国家计划收购、上调任务以外的工农业产品和其他土特产品；(7) 依照国家规定可以开展对外经济贸易活动，经国务院批准可以开辟对外贸易口岸；与外国接壤的民族自治地方经国务院批准所开展的边境贸易，民族自治地方可以在外汇留成等方面享受国家优待。

四、培养使用少数民族干部和人才

民族自治地方的人大常委会由实行区域自治的民族的公民担任主任或者副主任。自治区主席、自治州州长、自治县县长由实行区域自治的民族的公民担任。政府其他组成人员及所属工作部门的工作人员，由合理比例的实行区域自治的民族和其他少数民族公民担任。民族自治地方录用公务员时，要对少数民族考生予以适当照顾。

民族自治地方的企事业单位在招收人员时要优先招收少数民族人员。

少数民族干部的规模与任职情况见图 9—10。

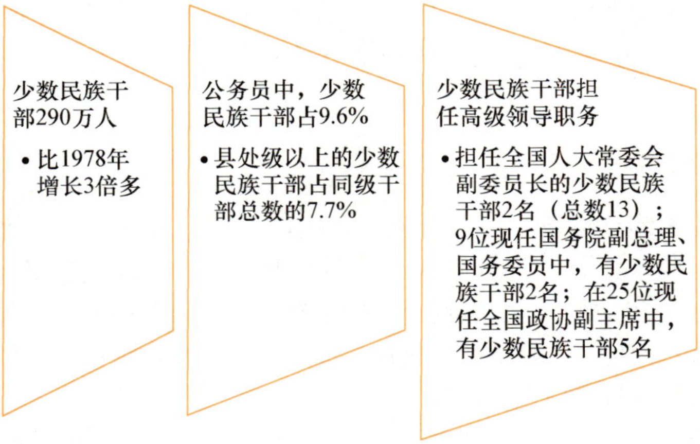

图 9—10　少数民族干部的规模与任职情况（截至 2008 年）

资料来源：《中国的民族政策与各民族共同繁荣发展》白皮书，见中国民族宗教网，2009-09-27。

五、组建地方公安部队

自治机关经国务院批准，可以组织本地方维护社会治安的公安部队。

六、发展民族语言文字和社会事业

自治机关在执行职务时，有权使用当地通用的一种或几种语言文字；在同时使用几种通用语言文字执行职务的时候，可以以区域自治的民族的语言文字为主。

自治机关在社会事业中享有以下自治权：(1) 根据国家教育方针，依照法律规定，有权决定本地的教育规划，各级各类学校的设置、学制、办学形式、教育内容、教学用语和招生办法；自主发展民族教育，培养各少数民族专业人才；（2）自主发展具有民族形式和民族特点的文学艺术、新闻、出版、广播、电影、电视等民族文化事业，收集、整理、翻译和出版民族书籍，保护民族的名胜古迹、珍贵文物和其他重要历史文化遗产；（3）自主决定本地的科学技术发展规划，普及科学技术知识；自主决定本地的医疗卫生事业的发展规划，发展现代医药和民族传统医药，加强地方病防治和妇幼卫生保健，改善卫生条件；（4）自主发展体育事业，开展民族传统体育活动，增强各族人民的体质；（5）保护和改善生活环境和生态环境，防治污染和其他公害；（6）积极开展与其他地方的教育、科学技术、文化艺术、卫生、体育等方面的交流和协作，自治区、自治州的自治机关依照国家规定可以和国外进行教育、科学技术、文化艺术、卫生体育等方面的交流；（7）有权根据法律规定，制定管理流动人口的办法；（8）有权根据法律规定结合本地实际情况，制定实行计划生育的办法。

民族自治地方的自治权汇总见图 9—11。

图 9—11　民族自治地方的自治权

第六节　国家对少数民族的财政支持与帮助

一、加快发展少数民族经济建设的基本原则和政策

加快发展少数民族经济建设是国家民族政策的一项重要内容。《宪法》规定“国家根据各少数民族的特点和需要，帮助各少数民族地区加速经济和文化的发展”。《民族区域自治法》规定加快发展少数民族经济建设的基本原则和政策，包括：（1）进一步改革开放，积极稳妥地向社会主义市场经济体制转轨。（2）要充分利用少数民族和民族地区的优势，搞好沿边开放，抓住机遇，大力促进民族地区经济的发展。（3）坚持国家帮助和少数民族自力更生相结合的方针。（4）国家帮助少数民族发展经济建设和开发利用少数民族地区自然资源时，必须坚持国家利益和当地民族的实际利益相结合的原则。（5）根据国家的总体发展布局和规划，民族地区依据本地方的特点和需要，制定经济建设方针、措施。（6）实

行对口支援，帮助民族地区发展经济生产。(7) 要采取有利于民族地区经济发展的政策、措施等。

二、帮助少数民族进行经济建设

长期以来，国家采取多种措施、手段帮助少数民族进行经济建设，近些年来，中央尤其加大了财政支持的力度，少数民族经济发展成效显著。

1. 加大对少数民族地区发展的支持力度

国家加大对少数民族地区发展的支持力度。国家相继制定了《关于进一步促进新疆经济社会发展的若干意见》、《关于近期支持西藏经济社会发展的意见》、《关于进一步促进宁夏经济社会发展的若干意见》和《广西北部湾经济区发展规划》，以促进少数民族和民族地区经济社会发展。

2009 年，国家投入 12.4 亿元少数民族发展资金用于少数民族地区经济社会发展。

2. 加大兴边富民行动力度

加大兴边富民行动力度，扶持范围扩大到 136 个边境县和新疆生产建设兵团。2009 年，国家实行新的扶贫标准，扩大覆盖范围，对民族地区农村低收入人口全面实施扶贫政策，民族地区的农村绝对贫困人口由 2004 年的 1 245 万减少到 2008 年的 770 多万。2009 年，民族地区基本实现了具备条件的特困村通路、通电、通电话、通广播电视；有学校、有卫生室、有安全的人畜饮用水、有安居房、有稳定解决温饱的基本农田或草场，人均粮食占有量、人均纯收入等达到国家扶贫开发纲要要求[①] (见图 9—12)。

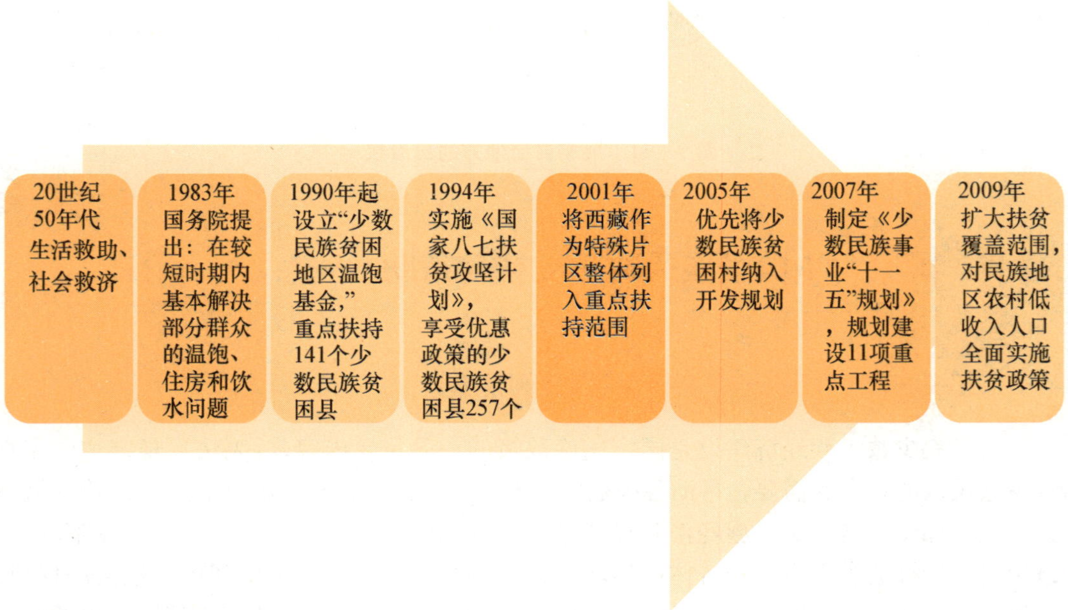

图 9—12 国家解决少数民族地区贫困问题的主要政策阶段

---

① 参见《2009 年中国人权事业的进展》白皮书，见新华网，2009-09-26。

3. 不断加大财政支持力度

从20世纪50年代开始，中央和地方各级政府逐步加大对民族地区的财政转移支付力度。有各种政策常态，如优惠财政政策、定额补助制度、政策性转移支付、民族地区转移支付（见图9—13）。1978—2008年，中央财政向民族地区的财政转移支付累计达20 889.40亿元，年均增长15.6%。其中，2008年为4 253亿元，占全国转移支付总额的23.8%（见图9—14）。

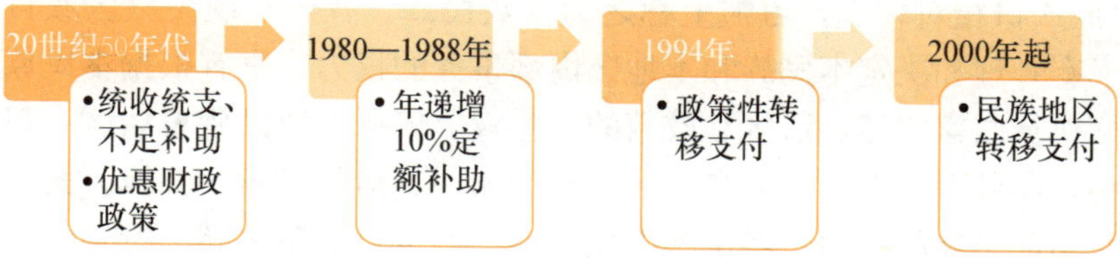

图9—13 中央优惠财政政策与转移支付政策的演化

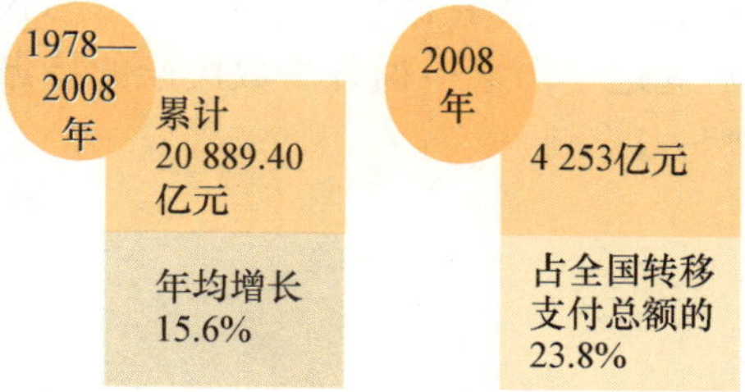

图9—14 中央财政向民族地区财政的转移支付

资料来源：《中国的民族政策与各民族共同繁荣发展》白皮书，见中国民族宗教网，2009-09-27。

此外，国家还设立各种专项资金帮助解决特殊困难。如1951年设立的少数民族发展教育补助费，1955年设立的民族地区补助费，1964年设立民族自治地方机动金，1977年设立边境建设事业补助费，1980年设立支援经济不发达地区发展资金，1992年设立少数民族发展资金等①（见图9—15）。

图9—15 国家用于支持少数民族发展的资金项目

4. 对口支援

国家组织实施经济发达地区对欠发达民族地区开展对口支援。1979年，国家确定由北京支援内蒙古、河北支援贵州、江苏支援广西和新疆、山东支援青海、上海支援云南和宁夏、全国支援西藏。1996年，国务院确定由15个东部发达省市对口帮扶西部11个省（自治区、直辖市），同时动员中央各部门对口帮扶贫困地区。

中央四次召开西藏工作座谈会，加大对口支援力度。1994年以来，国家共安排60多

① 参见《中国的民族政策与各民族共同繁荣发展》白皮书，见中国民族宗教网，2009-09-27。

个中央国家机关、18个省（直辖市）和17个中央企业对口支援西藏，截至2008年底，累计投入对口援藏资金达111.28亿元，安排6 050个对口援藏项目。①

本章小结

中国共有包括汉、蒙古、回、藏等在内的民族56个，其中，汉族人口占绝大多数，其他55个民族人口相对较少，习惯上称之为少数民族。我国实现民族区域自治制度，民族自治机关享有管理和决定本民族和本地区内部事务的权力，享有根据本民族和本地区的实际情况贯彻执行国家法律、法规和政策的自主权。依据少数民族聚居区人口的多少、区域面积的大小，民族自治地方分为自治区、自治州、自治县（旗）三级。民族自治地方的人大有权依照当地民族的政治、经济和文化特点，制定自治条例和单行条例。民族自治地方的自治权包括变通执行法律和政策、财政自主和培养使用少数民族干部和人才，组建地方公安部队和发展民族语言文字和社会事业等。加快发展少数民族经济建设是国家民族政策的一项重要内容。《宪法》规定“国家根据各少数民族的特点和需要，帮助各少数民族地区加速经济和文化的发展”。

关键术语

少数民族　　民族区域自治　　民族自治地方　　自治权

复习思考题

1. 民族区域自治的概念和内涵。
2. 民族自治地方的含义和形式。
3. 民族自治地方自治机关的性质。
4. 民族自治地方的自治权。

① 参见《中国的民族政策与各民族共同繁荣发展》白皮书，见中国民族宗教网，2009-09-27。

第十章 特别行政区制度

特别行政区是指在中央政府管辖范围内，根据宪法和基本法规定设立的，享有高度自治权的、直辖于中央政府的中华人民共和国不可分离的行政区域。全国人民代表大会授权特别行政区实行高度自治，行使行政管理权、立法权、独立的司法权和终审权。“一国两制”思想是特别行政区制度的制度和政策基础。香港特别行政区，澳门特别行政区政府由行政长官、政府、立法会和司法机关组成。中央政府在特别行政区派驻军队，设立管理与派驻机构。

重点问题

特别行政区的概念
特别行政区的自治权
特别行政区制度的思想和历史基础
香港特别行政区政府组织机构
澳门特别行政区政府组织架构
中央政府管理与派驻机构

第一节 特别行政区制度

一、特别行政区的概念

特别行政区是指在中央政府管辖范围内，根据宪法和基本法规定设立的，享有高度自治权、直辖于中央政府的、中华人民共和国不可分离的行政区域。

全国人民代表大会授权特别行政区实行高度自治，行使行政管理权、立法权、独立的司法权和终审权。

特别行政区不实行社会主义制度和政策，而享有保持资本主义制度和生活方式 50 年不变的权利。

特别行政区的行政机关和立法机关由该地区永久性居民依照基本法的有关规定组成。

特别行政区的法律地位及其制度受宪法和特别行政区基本法的保护。

二、特别行政区的自治权

1. 行政管理权

除国防、外交以及其他根据基本法应当由中央政府处理的行政事务外，特别行政区有权自行处理有关经济、财政、金融、贸易、工商业、土地、教育、文化等方面的行政事务。

在中央政府授权下，特别行政区政府可自行处理有关对外事务。

特别行政区政府负责维持特别行政区的社会治安。

2. 立法权

特别行政区享有立法权。

立法机关制定的法律须报全国人民代表大会常务委员会备案，但备案不影响该法律的生效。

全国人民代表大会常务委员会在征询其所属的基本法委员会后，如认为特别行政区立法机关制定的任何法律不符合有关条款，可将有关法律发回，但不作修改。经全国人民代表大会常务委员会发回的法律立即失效。该法律的失效，除特别行政区的法律另有规定外，无溯及力。

3. 不实行全国性法律

在特别行政区实行的法律为基本法、特别行政区原有法律和特别行政区立法机关制定的法律。全国性法律除列于基本法附件中者外，不在特别行政区实施。

全国人民代表大会常务委员会在征询其所属的特别行政区基本法委员会和特别行政区政府的意见后，可对列于基本法附件所列法律作出增减，但任何列入附件的法律，仅限于有关国防、外交和其他不属于特别行政区自治范围的法律。

全国人民代表大会常务委员会决定宣布战争状态或因特别行政区内发生特别行政区政府不能控制的危及国家统一或安全的动乱而决定特别行政区进入紧急状态，中央政府可发布命令将有关全国性法律在特别行政区实施。

在特别行政区实施的全国性法律见图 10—1。

4. 独立的司法权和终审权

特别行政区享有独立的司法权和终审权。

特别行政区法院除继续保持原有法律制度和原则对法院审判权所作的限制外，对特别行政区所有的案件均有审判权。

特别行政区法院对国防、外交等国家行为无管辖权。

特别行政区法院在审理案件中遇有涉及国防、外交等国家行为的事实问题，应取得行政长官就该等问题发出的证明文件，上述文件对法院有约束力。行政长官在发出证明文件前，须取得中央政府的证明书。

中华人民共和国国籍法	中华人民共和国国旗法	中华人民共和国国徽法	关于中华人民共和国国都、纪年、国歌、国旗的决议
关于中华人民共和国国庆日的决议	中华人民共和国政府关于领海的声明	中华人民共和国领海及毗连区法	中华人民共和国专属经济区和大陆架法
中华人民共和国香港特别行政区驻军法	中华人民共和国澳门特别行政区驻军法	中华人民共和国外交特权与豁免条例	中华人民共和国领事特权与豁免条例
中华人民共和国外国中央银行财产司法强制措施豁免法			

图 10—1　在特别行政区实施的全国性法律

特别行政区的自治权汇总见图 10—2。

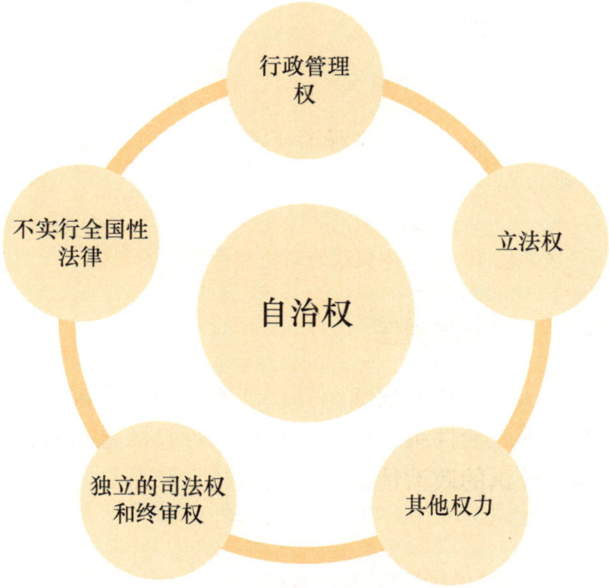

图 10—2　特别行政区的自治权

5. 其他权力

特别行政区可享有全国人民代表大会和全国人民代表大会常务委员会及中央政府授予的其他权力。

特别行政区居民中的中国公民依法参与国家事务的管理。

根据全国人民代表大会确定的名额和代表产生办法，由特别行政区居民中的中国公民选出特别行政区的全国人民代表大会代表，参加最高国家权力机关的工作。

中央政府所属各部门、各省、自治区、直辖市均不得干预特别行政区事务。

中央各部门、各省、自治区、直辖市在特别行政区设立的一切机构及其人员均须遵守特别行政区的法律。

中国其他地区的人进入特别行政区须办理批准手续，其中进入特别行政区定居的人数由中央政府主管部门征求特别行政区政府的意见后确定。

三、中央政府对特别行政区的管辖（见图 10—3）

中央政府负责管理与特别行政区有关的外交事务。外交部在特别行政区设立机构处理外交事务。

中央政府负责管理香港特别行政区的防务。驻军费用由中央政府负担。

中央政府派驻特别行政区负责防务的军队不干预特别行政区的地方事务。特别行政区政府在必要时，可向中央政府请求驻军协助维持社会治安和救助灾害。

驻军人员除须遵守全国性的法律外，还须遵守香港特别行政区的法律。

中央政府任命特别行政区的行政长官和行政机关的主要官员。

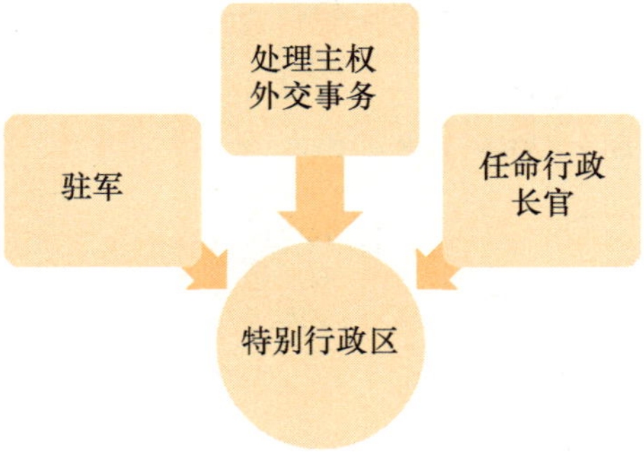

图 10—3　中央政府对特别行政区的管辖

四、特别行政区对中央政府的责任

特别行政区应自行立法禁止任何叛国、分裂国家、煽动叛乱、颠覆中央政府及窃取国家机密的行为，禁止外国的政治性组织或团体在特别行政区进行政治活动，禁止特别行政区的政治性组织或团体与外国的政治性组织或团体建立联系。

第二节　特别行政区制度的思想和历史基础

一、从“和平统一、一国两制”到“一个国家、两种制度”

“一国两制”思想经历了长期的发展过程。早在 20 世纪 50 年代，毛泽东就提出了以和平方式解决台湾问题的思路。20 世纪 60 年代，毛泽东提出：在台湾与大陆实现和平统一以后，除外交外，台湾的军政大权、人事安排由台湾当局自理；台湾所有军政及经济建设一切费用不足之处，由中央政府拨付；台湾社会改革可以从缓等。“和平统一、一国两制”的构想基本成形。

中共十一届三中全会以后，邓小平等领导人继承了毛泽东“和平统一、一国两制”的思想。1978 年 12 月，邓小平提出：两岸统一后，“台湾社会经济制度、生活方式、外国投资不变，军队变成地方武装”的意见。1981 年 9 月，叶剑英提出：国家统一后，台湾可作为特别行政区，享有高度的自治权，并可保留军队；中央政府不干预台湾地方事务；台湾现行社会、经济制度不变，生活方式不变，同外国的经济、文化关系不变；私人财产、房屋、土地、企业所有权、合法继承权和外国投资不受侵犯。

1982 年 1 月，邓小平首次提出“一个国家、两种制度”的概念。1982 年 9 月，邓小平提出以“一国两制”方案收回香港的主张。同年 12 月 4 日，国家设立特别行政区制度的条文载入新宪法。1984 年 2 月，邓小平在会见美国乔治敦大学代表团时第一次完整表述了“一国两制”概念，即“一个中国，两种制度”。1989 年 6 月，中共十三届四中全会宣布：“一个国家、两种制度”是中共的基本政策。

“一国两制”构想的发展脉络见图 10—4。

20世纪50年代	20世纪60年代	1978年	1981年	1982年1月	1982年9月	1982年12月	1984年2月	1989年6月
●毛泽东 ●首次提出以和平方式解决台湾问题	●毛泽东 ●在台湾与大陆实现和平统一以后，除外交外，台湾的军政大权、人事安排由台湾当局自理；台湾所有军政及经济建设一切费用不足之处，由中央政府拨付；台湾社会改革可以从缓等。“和平统一、一国两制”的构想基本成形	●邓小平 ●两岸统一后，台湾社会经济制度、生活方式、外国投资不变，军队变成地方武装	●叶剑英 ●国家统一后，台湾可作为特别行政区，享有高度自治权，并可保留军队；中央政府不干预台湾地方事务；台湾现行社会、经济制度不变，生活方式不变，同外国的经济、文化关系不变；私人财产、房屋、土地、企业所有权、合法继承权和外国投资不受侵犯	●邓小平 ●首次提出“一个国家、两种制度”的概念	●邓小平 ●提出以“一国两制”方案收回香港的主张	●新宪法 ●宪法第31条规定：“国家在必要时得设立特别行政区。在特别行政区内实行的制度按照具体情况由全国人民代表大会以法律规定。”	●邓小平 ●第一次完整表述“一国两制”概念，即“一个中国，两种制度”	●中共十三届四中全会宣布：“一个国家、两种制度”是中共的基本政策

图 10—4 “一国两制”构想的发展脉络

二、“一国两制”的基本内容

“一个国家、两种制度”，就是在国家的部分地区，实行不同于其他地区的政治、经济和社会制度，即可以在国家内部个别地方实行不同于一般地方的政治制度和社会制度。这些实行不同制度的地区，是国家的组成部分，是统一国家的不可分割的一部分；这些地区的政府虽然享有高度的自治权，但不具有主权国家的性质和地位，不能行使国家主权。

“一国两制”思想是特别行政区制度的制度和政策基础。

第三节 特别行政区的设立

一、香港特别行政区的建立（见图 10—5）

1982 年 9 月，中国政府声明：中国政府决定于 1997 年收回整个香港地区；在恢复行使主权的前提下，中国将实行一系列特殊政策，包括设立香港特别行政区，由香港当地中国人管理，现行的社会、经济制度和生活方式不变等。

1983 年 4 月，中英开始就中国收回香港问题举行谈判。

1984 年 5 月，六届全国人大二次会议通过的《政府工作报告》正式提出“一国两制”的方针和 1997 年恢复行使主权后对香港将采取的一系列特殊政策的主要内容。

1984 年 12 月 19 日，中、英签署《关于香港问题的联合声明》，确认中华人民共和国将于 1997 年 7 月 1 日对香港恢复行使主权。1985 年 5 月 27 日，联合声明正式生效。

联合声明正式生效后，中英政府共同成立了以香港为驻地的中英联合联络小组，开展中英交接香港主权的有关准备工作。

1985 年 4 月，六届全国人大三次会议决定成立香港特别行政区基本法起草委员会，负责香港基本法的起草工作。

1990 年 4 月，七届全国人大三次会议通过《中华人民共和国香港特别行政区基本法》，同时做出关于设立香港特别行政区的决定，以及其他有关香港收回以后的香港政治和社会基本体制的法律文件。

1993 年 7 月，全国人大常委会成立了香港特别行政区筹备委员会预备工作委员会。1996 年 1 月 26 日，香港特别行政区筹备委员会成立。

1996 年 11 月 2 日，在筹备委员会的组织下，组成了由 400 名委员参加的特别行政区第一届政府推选委员会。12 月 11 日，推选委员会以无记名投票方式，正式选出香港特别行政区第一届行政长官。12 月 16 日，国务院全体会议以决定的形式正式任命了行政长官。

谈判

- 1982年9月，中国政府声明：决定于1997年收回香港
- 1983年4月，中英就中国收回香港问题开始谈判
- 1984年12月，中、英签署《关于香港问题的联合声明》
- 1985年5月27日，联合声明正式生效
- 中英共同成立中英联合联络小组

筹备

- 1984年5月，《政府工作报告》正式提出“一国两制”的方针和特殊政策的主要内容
- 1985年4月，六届全国人大三次会议决定成立香港特别行政区基本法起草委员会
- 1990年4月，全国人大通过《中华人民共和国香港特别行政区基本法》，同时做出关于设立香港特别行政区的决定
- 1993年7月，全国人大常委会成立了香港特别行政区筹备委员会预备工作委员会
- 1996年1月26日，香港特别行政区筹备委员会成立

组建

- 1996年11月2日，筹备委员会成立第一届政府推选委员会
- 12月11日，推选委员会选出第一届行政长官
- 12月16日，国务院全体会议任命行政长官
- 1996年12月21日，推选委员会选举产生临时立法会议员
- 1997年1月24日，行政长官公布第一届行政会议成员名单
- 2月20日，国务院任命第一届政府23名主要官员
- 1997年7月1日，特别行政区第一届政府基本组成

图 10—5 香港特别行政区的建立

1996 年 12 月 21 日，香港特别行政区第一届政府推选委员会以无记名投票方式，选举产生香港特别行政区临时立法会议员，临时立法会将工作到第一届立法会产生为止。

1997 年 1 月 24 日，香港特别行政区行政长官公布了第一届行政会议成员的名单。2 月 20 日，根据行政长官的提名，国务院任命了香港特别行政区第一届政府的 23 名主要官员。

1997 年 7 月 1 日，特别行政区第一届政府基本组成。

二、澳门特别行政区的建立（见图 10—6）

1986 年 6 月，中葡就澳门问题举行谈判。1987 年 4 月，中葡《关于澳门问题的联合声明》在北京正式签署。1988 年 1 月 15 日中葡联合声明生效。1989 年 2 月，中葡联合联络小组成立。

1988 年 4 月，七届全国人大一次会议决定成立中华人民共和国澳门特别行政区基本法起草委员会，负责澳门特别行政区基本法的起草工作。1989 年 1 月，《中华人民共和国澳门特别行政区基本法咨询委员会章程》公布。咨委会由 81 人组成，负责收集各界人士对基本法的各种意见和建议，将收集到的意见和建议向基本法草委会反映，供起草基本法时参考；接受基本法草委会的咨询。

1993 年 3 月，八届全国人大一次会议通过《关于设立中华人民共和国澳门特别行政区的决定》，宣布自 1999 年 12 月 20 日起设立澳门特别行政区；通过《中华人民共和国澳门特别行政区基本法》，决定自 1999 年 12 月 20 日起实施；通过《全国人民代表大会关于澳门特别行政区第一届政府、立法会和司法机关产生办法的决定》以及《澳门特别行政区基本法起草委员会关于设立全国人民代表大会常务委员会澳门特别行政区基本法委员会的建议》等法律。

1998 年 5 月，全国人大澳门特别行政区筹备委员会成立。筹委会会议相继通过《中华人民共和国澳门特别行政区第一届政府推选委员会具体产生办法》、《中华人民共和国澳门特别行政区第一届政府推选委员会委员守则》、《关于提请全国人民代表大会常务委员会对中国国籍法在澳门特别行政区实施的一些具体问题作出解释的建议》、《全国人民代表大会澳门特别行政区筹备委员会关于成立澳门各界庆祝澳门回归祖国活动委员会的决定》、《中华人民共和国澳门特别行政区第一任行政长官人选的产生办法》、《全国人民代表大会澳门特别行政区筹备委员会关于实施〈中华人民共和国澳门特别行政区基本法〉第二十四条第二款的意见》、《中华人民共和国澳门特别行政区区旗、区徽使用暂行办法》等文件。

1999 年 3 月，澳门特别行政区筹委会第六次全体会议通过了《全国人民代表大会澳门特别行政区筹备委员会关于澳门特别行政区第一届政府有关机构和主要官员职位设置的意见》，委员以无记名投票方式提出了推选委员会委员候选人的建议人选。1999 年 4 月，筹委会第七次全体会议宣布组建推选委员会的工作取得圆满成功。

1999 年 4 月 23 日推选委员会举行第一次全体会议，提名第一任行政长官候选人人选。

1999 年 5 月 15 日何厚铧当选澳门特区首任行政长官。24 日何厚铧赴北京接受中央政府任命。

1999 年 8 月，根据行政长官的提名，国务院任命了澳门特别行政区第一届政府 7 名主要官员和澳门特别行政区检察长。政府组建完成。

1999 年 12 月 20 日中国恢复对澳门行使主权。

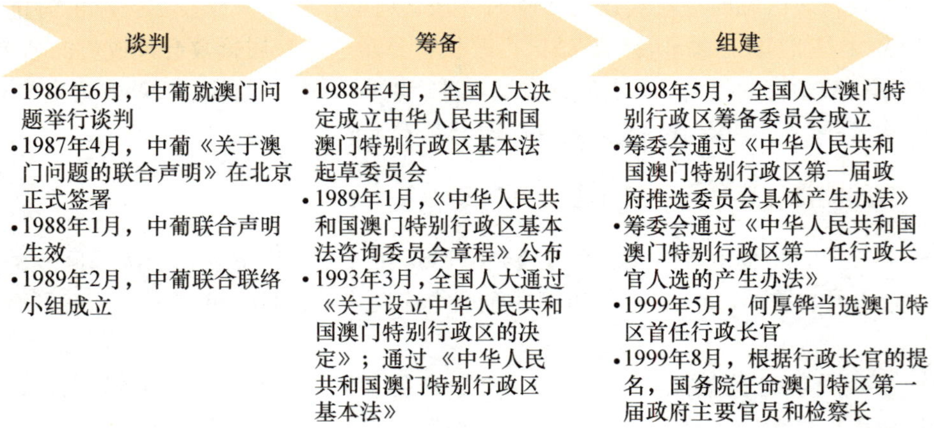

图 10—6 澳门特别行政区的建立

第四节 香港特别行政区政府

香港特别行政区政府由行政长官、政府、立法机关和司法机关组成。其关系详见图 10—7。

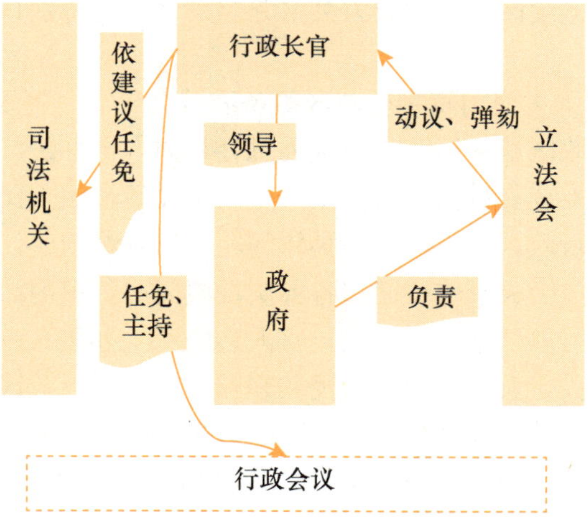

图 10—7 香港特别行政区政府行政长官、政府、立法机关和司法机关相互关系

一、行政长官

1. 行政长官

(1) 行政长官的性质与地位。

香港特别行政区行政长官是香港特别行政区的首长，代表香港特别行政区。

香港特别行政区行政长官对中央人民政府和香港特别行政区负责。

（2）行政长官产生办法。

第一任香港行政长官由推选委员会产生。特别行政区筹备委员会组织了由 400 人组成的香港特别行政区政府和立法会推选委员会，成员包括全国人民代表大会香港地区代表、香港地区全国政协委员的代表、香港特别行政区成立前曾在香港行政、立法、咨询机构任职并有实际经验的人士和各阶层、界别中具有代表性的人士，其中：工商、金融界人士 100 人，专业界人士 100 人，劳工、基层、宗教等界人士 100 人，原政界人士、香港地区全国人大代表、香港地区全国政协委员的代表 100 人。推选委员会在当地以协商方式或协商后提名选举，推举第一任行政长官人选，报中央政府任命。

根据基本法附件一规定，香港特别行政区行政长官从第二任开始由选举委员会选出，中央政府任命。2002 年、2007 年的行政长官选举委员会委员由 800 人组成，其中：工商、金融界人士 200 人，专业界人士 200 人，劳工、基层、宗教等界人士 200 人，原政界人士、香港地区全国人大代表、香港地区全国政协委员的代表 200 人。获提名的候选人必须取得至少 100 位选举委员会委员亲自签署提名。2012 年进行选举的选举委员会由1 200人组成，其中：工商、金融界人士 300 人，专业界人士 300 人，劳工、基层、宗教等界人士 300 人，原政界人士、香港地区全国人大代表、香港地区全国政协委员的代表 300 人。获提名的候选人必须取得至少 100 位选举委员会委员亲自签署提名。

历任行政长官产生办法比较见图 10—8。

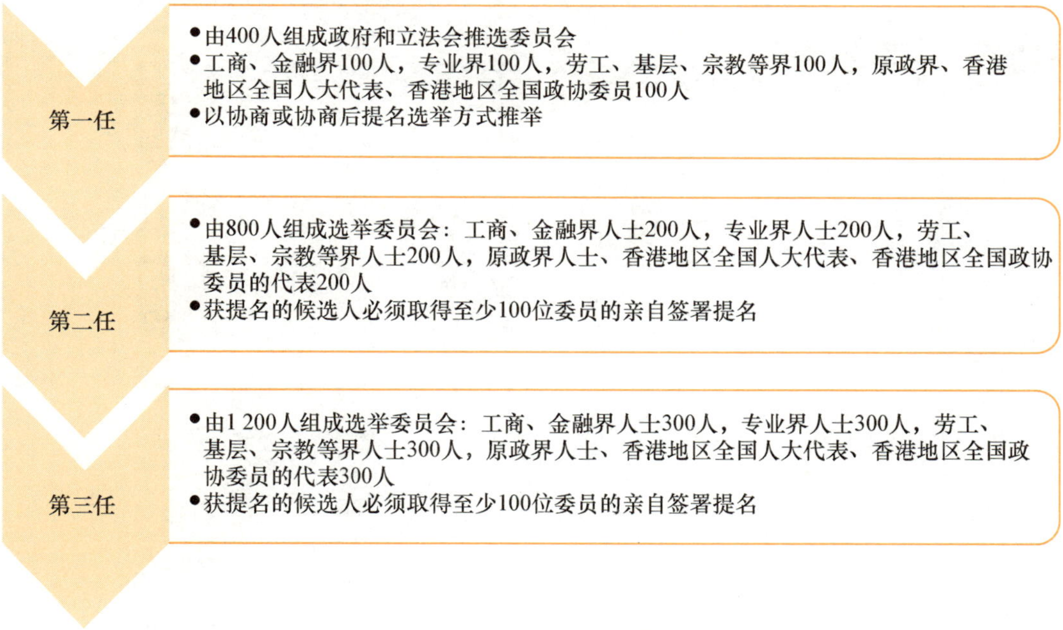

图 10—8　香港行政长官产生办法

2. 行政会议

香港特别行政区行政会议是协助行政长官决策的机构，由行政长官主持。

行政会议的成员由行政长官从行政机关的主要官员、立法会议员和社会人士中委任，其任免由行政长官决定。行政会议成员的任期应不超过委任他的行政长官的任期。

行政会议成员由在外国无居留权的香港特别行政区永久性居民中的中国公民担任。

行政长官在作出重要决策、向立法会提交法案、制定附属法规和解散立法会前，须征询行政会议的意见，但人事任免、纪律制裁和紧急情况下采取的措施除外。行政长官如不采纳行政会议多数成员的意见，应将具体理由记录在案。

二、政府

香港特别行政区政府设政务司、财政司、律政司和各局、处、署。政府的首长是香港特别行政区行政长官，政府机构的主要官员由在香港居住连续满十五年并在外国无居留权的香港特别行政区永久性居民中的中国公民担任。

香港特别行政区政府组织机构见图 10—9。

政府对立法会负责：执行立法会通过并已生效的法律；定期向立法会作施政报告；答复立法会议员的质询；征税和公共开支须经立法会批准。

图 10—9 香港特别行政区政府组织机构

资料来源：见 http://www.gov.hk/tc/about/govdirectory/。

政府行使下列职权：制定并执行政策；管理各项行政事务；办理中央人民政府授权的对外事务；编制并提出财政预算、决算；拟定并提出法案、议案、附属法规；委派官员列席立法会并代表政府发言。

律政司主管刑事检察工作，不受任何干涉。

三、立法机关

1. 立法会的地位、组成与职权

香港特别行政区立法会是香港特别行政区的立法机关。

立法会由在外国无居留权的香港特别行政区永久性居民中的中国公民组成。但非中国籍的香港特别行政区永久性居民和在外国有居留权的香港特别行政区永久性居民也可以当选为香港特别行政区立法会议员，其所占比例不得超过立法会全体议员的百分之二十。

立法会由选举产生。立法会如经行政长官解散，须于三个月内选举产生。

立法会行使下列职权：制定、修改和废除法律；根据政府的提案，审核、通过财政预算；批准税收和公共开支；听取行政长官的施政报告并进行辩论；对政府的工作提出质询；就任何有关公共利益问题进行辩论；同意终审法院法官和高等法院首席法官的任免；接受香港居民申诉并作出处理；如立法会全体议员的四分之一联合动议，指控行政长官有严重违法或渎职行为而不辞职，在经调查委员会调查后，立法会以全体议员三分之二多数通过，可提出弹劾案，报请中央人民政府决定。

立法会主席由立法会议员互选产生。主席行使下列职权：主持会议；决定议程，政府提出的议案须优先列入议程；决定开会时间；在休会期间可召开特别会议；应行政长官的要求召开紧急会议；立法会议事规则所规定的其他职权。

立法会议员提出法律草案，凡不涉及公共开支或政治体制或政府运作者，可由立法会议员个别或联名提出。凡涉及政府政策者，在提出前必须得到行政长官的书面同意。

2. 立法会产生办法

香港特别行政区筹备委员会于 1996 年 3 月 24 日第二次全体会议上，通过决议成立临时立法会。400 名推选委员会委员于 1996 年 12 月 21 日选出 60 名临时立法会议员。

第一届立法会选举于 1998 年 5 月 24 日举行。第一届立法会由 60 人组成，其中分区直接选举产生议员 20 人，选举委员会选举产生议员 10 人，功能团体选举产生议员 30 人。立法会主席由立法会议员互选产生。第一届立法会的任期由 1998 年 7 月 1 日起，为期两年。

自第二届开始，立法会的组成依照基本法附件二规定办法组成。具体组成如下：

第二届（2000 年）立法会由功能团体选举的议员 30 人、选举委员会选举的议员 6 人和分区直接选举的议员 24 人组成。

第三届（2004 年）立法会由功能团体选举的议员 30 人和分区直接选举的议员 30 人组成。

第四届（2008 年）立法会的选举，功能团体和分区直选产生的议员各占半数的比例维持不变。

第五届（2012 年）立法会共 70 名议员，其组成如下：功能团体选举的议员 35 人，分区直接选举的议员 35 人。

分区直接选举的选区划分、投票办法，各个功能界别和法定团体的划分、议员名额的分配、选举办法及选举委员会选举议员的办法，由香港特别行政区政府提出并经立法会通过的选举法规定。

2007年以后立法会的产生办法和法案、议案的表决程序，如需修改，须经立法会全体议员三分之二多数通过，行政长官同意，并报全国人民代表大会常务委员会备案。

四、司法机关

香港特别行政区设立终审法院、高等法院、区域法院、裁判署法庭和其他专门法庭。高等法院设上诉法庭和原讼法庭。各级法院是香港特别行政区的司法机关，行使香港特别行政区的审判权。终审权属于香港特别行政区终审法院。

法院的法官，根据当地法官和法律界及其他方面知名人士组成的独立委员会推荐，由行政长官任命。终审法院和高等法院的首席法官，应由在外国无居留权的香港特别行政区永久性居民中的中国公民担任。

终审法院的法官和高等法院首席法官的任命或免职，还须由行政长官征得立法会同意，并报全国人民代表大会常务委员会备案。

法官只有在无力履行职责或行为不检的情况下，行政长官才可根据终审法院首席法官任命的不少于三名当地法官组成的审议庭的建议，予以免职。终审法院的首席法官只有在无力履行职责或行为不检的情况下，行政长官才可任命不少于五名当地法官组成的审议庭进行审议，并可根据其建议，予以免职。

第五节　澳门特别行政区政府

澳门特别行政区政府由行政长官、政府、立法会和司法机关等组成。其关系详见图10—10。

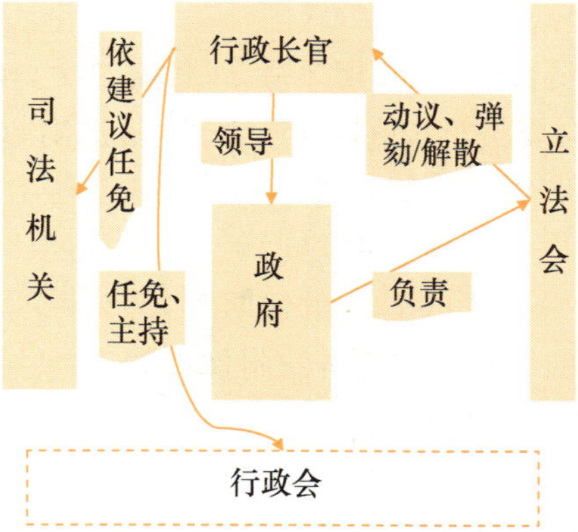

图10—10　澳门特别行政区行政长官、政府、立法机关和司法机关的相互关系

一、行政长官

1. 行政长官

（1）行政长官的性质与地位。

澳门特别行政区行政长官是澳门特别行政区的首长，代表澳门特别行政区。

行政长官对中央人民政府和澳门特别行政区负责。

（2）行政长官的产生办法（见图 10—11）。

行政长官由选举委员会选出，中央政府任命。

选举委员会委员共 300 人，由下列各界人士组成：工商、金融界 100 人，文化、教育、专业等界 80 人，劳工、社会服务、宗教等界 80 人，立法会议员的代表、市政机构成员的代表、澳门地区全国人大代表、澳门地区全国政协委员的代表 40 人，选举委员会每届任期五年。

不少于 50 名的选举委员会委员可联合提名行政长官候选人。每名委员只可提出 1 名候选人。

选举委员会根据提名的名单，经一人一票无记名投票选出行政长官候任人。

第一任行政长官按照《全国人民代表大会关于澳门特别行政区第一届政府、立法会和司法机关产生办法的决定》产生。具体办法是：澳门特别行政区筹备委员会组织澳门特别行政区政府和立法会推选委员会，委员会由 200 人组成，其中：工商、金融界 60 人，文化、教育、专业等界 50 人，劳工、社会服务、宗教等界 50 人，原政界人士、澳门地区全国人大代表、澳门地区全国政协委员的代表 40 人。推选委员会通过协商或协商后提名选举的方式，产生第一任行政长官的人选，报中央政府任命。

2009 年及以后行政长官的产生办法如需修改，须经立法会全体议员三分之二多数通过，行政长官同意，并报全国人民代表大会常务委员会批准。

历任行政长官的产生办法见图 10—11。

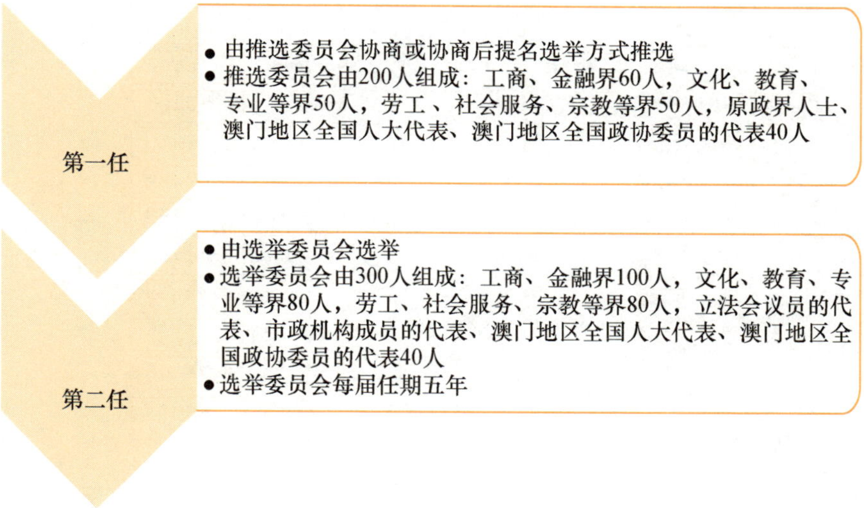

图 10—11　澳门行政长官产生办法

2. 行政会

行政会是协助行政长官决策的机构。行政会的委员由行政长官从政府主要官员、立法会议员和社会人士中委任，其任免由行政长官决定。行政会委员由澳门永久性居民中的中国公民担任。

行政会由行政长官主持。行政会的会议每月至少举行一次。行政长官在作出重要决策、向立法会提交法案、制定行政法规和解散立法会前，须征询行政会的意见，但人事任免、纪律制裁和紧急情况下采取的措施除外。

二、政府

澳门政府设司、局、厅、处等行政机关。澳门特别行政区组织架构见图 10—12。

政府的首长是澳门行政长官。政府的主要官员由在澳门通常居住连续满 15 年的澳门永久性居民中的中国公民担任。

政府对立法会负责：执行立法会通过并已生效的法律；定期向立法会作施政报告；答复立法会议员的质询。

政府行使下列职权：制定并执行政策；管理各项行政事务；办理中央人民政府授权的对外事务；编制并提出财政预算、决算；提出法案、议案，草拟行政法规；委派官员列席立法会会议听取意见或代表政府发言。

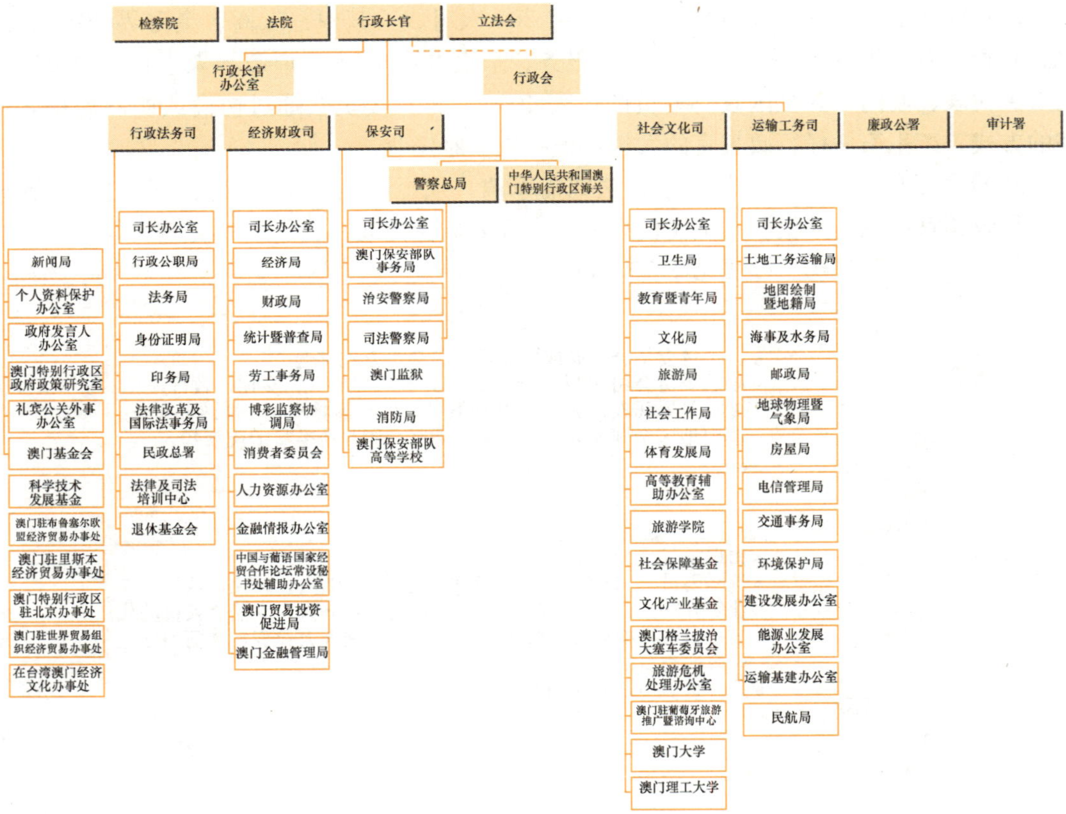

图 10—12　澳门特别行政区政府组织架构图

资料来源：见 http：//portal. gov. mo/web/guest/org-chart。

三、立法机关

1. 立法会的地位、组成与职权

立法会是澳门的立法机关。

立法会议员由澳门永久性居民担任。立法会多数议员由选举产生。

立法会如经行政长官解散，须于90日内重新产生。

立法会行使下列职权：制定、修改、暂停实施和废除法律；审核、通过政府提出的财政预算案；审议政府提出的预算执行情况报告；根据政府提案决定税收，批准由政府承担的债务；听取行政长官的施政报告并进行辩论；就公共利益问题进行辩论；接受澳门居民申诉并作出处理；如立法会全体议员三分之一联合动议，指控行政长官有严重违法或渎职行为而不辞职，经调查委员会调查，立法会以全体议员三分之二多数通过，可提出弹劾案，报请中央人民政府决定。

立法会设主席、副主席各1人，由立法会议员互选产生。主席、副主席由在澳门通常居住连续满15年的澳门永久性居民中的中国公民担任。

立法会主席行使下列职权：主持会议；决定议程，应行政长官的要求将政府提出的议案优先列入议程；决定开会日期；在休会期间可召开特别会议；召开紧急会议或应行政长官的要求召开紧急会议；立法会议事规则所规定的其他职权。

凡不涉及公共收支、政治体制或政府运作的议案，可由立法会议员个别或联名提出。凡涉及政府政策的议案，在提出前必须得到行政长官的书面同意。

立法会议员有权依照法定程序对政府的工作提出质询。

2. 立法会的产生办法

澳门特别行政区第一届立法会按照《全国人民代表大会关于澳门特别行政区第一届政府、立法会和司法机关产生办法的决定》产生，由23人组成，其中：直接选举产生议员8人，间接选举产生议员8人，行政长官委任议员7人。

第二届立法会由27人组成，其中：直接选举的议员10人，间接选举的议员10人，委任的议员7人。

第三届及以后各届立法会由29人组成，其中：直接选举的议员12人，间接选举的议员10人，委任的议员7人。

议员的具体选举办法，由澳门特别行政区政府提出并经立法会通过的选举法加以规定。

2009年及以后澳门特别行政区立法会的产生办法如需修改，须经立法会全体议员三分之二多数通过，行政长官同意，并报全国人民代表大会常务委员会备案。

四、司法机关

1. 法院

澳门设立初级法院、行政法院、中级法院和终审法院，行使审判权，终审权属于终审法院。

各级法院的法官，根据当地法官、律师和知名人士组成的独立委员会的推荐，由行政长官任命。符合标准的外籍法官也可聘用。

法官只有在无力履行其职责或行为与其所任职务不相称的情况下，行政长官才可根据终审法院院长任命的不少于3名当地法官组成的审议庭的建议，予以免职。终审法院法官的免职由行政长官根据澳门立法会议员组成的审议委员会的建议决定。终审法院法官的任命和免职须报全国人民代表大会常务委员会备案。

各级法院的院长由行政长官从法官中选任。终审法院院长由澳门永久性居民中的中国公民担任。终审法院院长的任命和免职须报全国人民代表大会常务委员会备案。

2. 检察院

澳门检察院独立行使检察职能，不受任何干涉。

澳门检察长由澳门永久性居民中的中国公民担任，由行政长官提名，报中央人民政府任命。检察官经检察长提名，由行政长官任命。

五、市政机构

澳门可设立非政权性的市政机构。

市政机构受政府委托为居民提供文化、康乐、环境卫生等方面的服务，并就有关上述事务向澳门政府提供咨询意见。

香港、澳门行政长官异同详见表10—1。

表10—1　　香港、澳门行政长官异同对照

香港	澳门
行政长官是香港特别行政区的首长，代表香港特别行政区 行政长官对中央人民政府和香港特别行政区负责	行政长官是澳门特别行政区的首长，代表澳门特别行政区 行政长官对中央人民政府和澳门特别行政区负责
年满四十周岁，在香港通常居住连续满二十年并在外国无居留权的香港特别行政区永久性居民中的中国公民担任	年满四十周岁，在澳门通常居住连续满二十年的澳门特别行政区永久性居民中的中国公民担任
行政长官在当地通过选举或协商产生，由中央人民政府任命	行政长官在当地通过选举或协商产生，由中央人民政府任命
行政长官任期五年，可连任一次	行政长官任期五年，可连任一次
必须廉洁奉公、尽忠职守	任职期内不得具有外国居留权，不得从事私人营利活动
行政长官就任时应向香港特别行政区终审法院首席法官申报财产，记录在案	行政长官就任时应向澳门特别行政区终审法院院长申报财产，记录在案
行政长官如认为立法会通过的法案不符合香港特别行政区的整体利益，可在三个月内将法案发回立法会重议，立法会如以不少于全体议员三分之二多数再次通过原案，行政长官必须在一个月内签署公布或按规定处理	行政长官如认为立法会通过的法案不符合澳门特别行政区的整体利益，可在九十日内提出书面理由并将法案发回立法会重议。立法会如以不少于全体议员三分之二多数再次通过原案，行政长官必须在三十日内签署公布或依照规定处理
行政长官如拒绝签署立法会再次通过的法案或立法会拒绝通过政府提出的财政预算案或其他重要法案，经协商仍不能取得一致意见，行政长官可解散立法会	行政长官拒绝签署立法会再次通过的法案或立法会拒绝通过政府提出的财政预算案或行政长官认为关系到澳门特别行政区整体利益的法案，经协商仍不能取得一致意见，行政长官可解散立法会
行政长官在解散立法会前，须征询行政会议的意见。行政长官在其一任任期内只能解散立法会一次	行政长官在解散立法会前，须征询行政会的意见，解散时应向公众说明理由。行政长官在其一任任期内只能解散立法会一次
立法会如拒绝批准政府提出的财政预算案，行政长官可向立法会申请临时拨款。如果由于立法会已被解散而不能批准拨款，行政长官可在选出新的立法会前的一段时期内，按上一财政年度的开支标准，批准临时短期拨款	行政长官在立法会未通过政府提出的财政预算案时，可按上一财政年度的开支标准批准临时短期拨款

续前表

香港	澳门
行政长官如有下列情况之一者必须辞职：因严重疾病或其他原因无力履行职务；因两次拒绝签署立法会通过的法案而解散立法会，重选的立法会仍以全体议员三分之二多数通过所争议的原案，而行政长官仍拒绝签署；因立法会拒绝通过财政预算案或其他重要法案而解散立法会，重选的立法会继续拒绝通过所争议的原案	行政长官如有下列情况之一者必须辞职：因严重疾病或其他原因无力履行职务；因两次拒绝签署立法会通过的法案而解散立法会，重选的立法会仍以全体议员三分之二多数通过所争议的原案，而行政长官在三十日内拒绝签署；因立法会拒绝通过财政预算案或关系到澳门特别行政区整体利益的法案而解散立法会，重选的立法会仍拒绝通过所争议的原案
行政长官短期不能履行职务时，由政务司长、财政司长、律政司长依次临时代理其职务	行政长官短期不能履行职务时，由各司司长按各司的排列顺序临时代理其职务。各司的排列顺序由法律规定
行政长官缺位时，应在六个月内产生新的行政长官。行政长官缺位期间的职务代理，依照上款规定办理	行政长官出缺时，应在一百二十日内产生新的行政长官。行政长官出缺期间的职务代理，依照本条第一款规定办理，并报中央人民政府批准。代理行政长官应遵守本法第四十九条的规定
设立廉政公署，独立工作，对行政长官负责	设立廉政公署，独立工作。廉政专员对行政长官负责
设立审计署，独立工作，对行政长官负责	设立审计署，独立工作。审计长对行政长官负责
领导香港特别行政区政府	领导澳门特别行政区政府
负责执行法律	负责执行法律
签署立法会通过的法案，公布法律，签署立法会通过的财政预算案，将财政预算、决算报中央人民政府备案	签署立法会通过的法案，公布法律，签署立法会通过的财政预算案，将财政预算、决算报中央人民政府备案
决定政府政策和发布行政命令	决定政府政策，发布行政命令
提名并报请中央人民政府任命下列主要官员：各司司长、副司长，各局局长，廉政专员，审计署署长，警务处处长，入境事务处处长，海关关长；建议中央人民政府免除上述官员职务	提名并报请中央人民政府任命下列主要官员：各司司长、廉政专员、审计长、警察部门主要负责人和海关主要负责人；建议中央人民政府免除上述官员职务
	制定行政法规并颁布执行
依照法定程序任免各级法院法官	依照法定程序任免各级法院院长和法官，任免检察官
依照法定程序任免公职人员	依照法定程序任免公职人员
	委任部分立法会议员
执行中央人民政府的指令	执行中央人民政府的指令
代表香港特别行政区政府处理中央授权的对外事务和其他事务	代表澳门特别行政区政府处理中央授权的对外事务和其他事务
批准向立法会提出有关财政收入或支出的动议	批准向立法会提出有关财政收入或支出的动议
根据安全和重大公共利益的考虑，决定政府官员或其他负责政府公务的人员是否向立法会或其属下的委员会作证和提供证据	根据国家和澳门特别行政区的安全或重大公共利益的需要，决定政府官员或其他负责政府公务的人员是否向立法会或其所属的委员会作证和提供证据
赦免或减轻刑事罪犯的刑罚	依法赦免或减轻刑事罪犯的刑罚

续前表

香港	澳门
处理请愿、申诉事项	处理请愿、申诉事项
	依照法定程序提名并报请中央人民政府任命检察长，建议中央人民政府免除检察长的职务
	任免行政会委员
	依法颁授澳门特别行政区奖章和荣誉称号

第六节　中央政府管理与派驻机构

一、国务院港澳事务办公室

国务院港澳事务办公室是国务院管理香港、澳门事务的办事机构。负责贯彻执行“一国两制”方针和中央对香港、澳门的政策规定，执行香港特别行政区基本法、澳门特别行政区基本法；了解香港、澳门的有关情况，提出政策建议；负责与香港、澳门特别行政区政府的有关工作联系；承办国务院交办的与香港、澳门有关的法律事宜，就基本法实施涉及的相关法律问题研究提出意见；负责指导和管理内地与香港、澳门因公往来的有关事务，协同有关部门和地方推动与香港、澳门在经济、科技、文化等领域的交流与合作；参与拟订对驻香港、澳门中资机构有关管理的政策，参与内地企业和中资机构在香港、澳门的有关协调工作；对中央驻香港、澳门机构提出的有关事宜提供意见、建议和工作协助；承办国务院交办的其他事项。

二、香港基本法委员会

全国人民代表大会常务委员会香港特别行政区基本法委员会简称“香港基本法委员会”，是全国人民代表大会常务委员会下设的工作委员会。

按照《中华人民共和国香港特别行政区基本法》和全国人民代表大会关于设立全国人大常委会香港基本法委员会的决定，香港基本法委员会的任务是：就有关香港特别行政区基本法第 17 条（香港特别行政区立法权问题）、第 18 条（法律适用及实施问题）、第 158 条（基本法解释问题）、第 159 条（基本法修改问题）实施中的问题进行研究，并向全国人大常委会提供意见。

香港基本法委员会由 12 名委员组成，内地和香港委员各 6 人，任期 5 年。所有委员均由全国人大常委会任命。其中，香港委员由香港特别行政区行政长官、立法会主席和终审法院首席法官联合提名，报全国人民代表大会常务委员会任命。

三、澳门基本法委员会

全国人民代表大会常务委员会澳门特别行政区基本法委员会，简称“澳门基本法委员会”，是全国人民代表大会常务委员会下设的工作委员会。

按照《中华人民共和国澳门特别行政区基本法》和全国人民代表大会关于设立全国人大常委会澳门基本法委员会的决定，澳门基本法委员会的任务：就有关澳门特别行政区基本法第 17 条（澳门特别行政区立法权问题）、第 18 条（法律适用及实施问题）、第 143 条（基本法解释问题）、第 144 条（基本法修改问题）实施中的问题进行研究，并向全国人大常委会提供意见。

澳门基本法委员会由 10 名委员组成，内地和澳门人士各 5 人，均由全国人民代表大会常务委员会任命，任期 5 年。其中，澳门委员由澳门特别行政区行政长官、立法会主席和终审法院院长联合提名，全国人民代表大会常务委员会任命。

四、中央人民政府驻香港特别行政区联络办公室

中央人民政府驻香港特别行政区联络办公室是中华人民共和国政府在香港的最高工作机构。

中央人民政府驻香港特别行政区联络办公室的前身是新华通讯社香港分社。新华通讯社香港分社成立于 1947 年 5 月，是中央政府派驻香港的机构，以中华人民共和国政府驻香港最高代表机构身份，履行中央赋予的各项职责。

1999 年 7 月 2 日，香港特别行政区政府公布新华通讯社香港分社是中央人民政府在香港特别行政区设立的机构之一。

1999 年 12 月 28 日，国务院第 24 次常务会议决定新华通讯社香港分社更名为中央人民政府驻香港特别行政区联络办公室，并具体赋予其职能为：联系外交部驻香港特别行政区特派员公署和中国人民解放军驻香港部队；联系并协助内地有关部门管理在香港的中资机构；促进香港与内地之间的经济、教育、科学、文化、体育等领域的交流与合作，联系香港社会各界人士，增进内地与香港之间的交往，反映香港居民对内地的意见；处理有关香港涉台事务；承办中央政府交办的其他事项。

五、外交部驻香港特别行政区特派员公署

外交部驻香港特别行政区特派员公署是中华人民共和国外交部根据《中华人民共和国香港特别行政区基本法》的规定，在香港特别行政区设立的负责处理与香港特别行政区有关的外交事务的机构。

特派员公署的职责是：处理由中央政府负责管理的与香港特区有关的外交事务；协助香港特区政府依照基本法或经授权自行处理有关对外事务；办理中央政府和外交部交办的其他事务。具体包括：

（1）协调处理香港特别行政区参加有关国际组织和国际会议事宜；协调处理国际组织和机构在香港特别行政区设立办事机构问题；协调处理在香港特别行政区举办政府间国际会议事宜。（2）处理有关国际公约在香港特别行政区的适用问题；协助办理须由中央政府授权香港特别行政区与外国谈判缔结的双边协定的有关事宜。（3）协调处理外国在香港特别行政区设立领事机构或其他官方、半官方机构的有关事宜。（4）承办外国国家航空器和外国军舰访问香港特别行政区等有关事宜。

六、中国人民解放军驻香港特别行政区部队

根据《中华人民共和国宪法》和《中华人民共和国香港特别行政区基本法》，1996 年 12 月 30 日，八届全国人大常委会第 23 次会议通过了《中华人民共和国香港特别行政区驻军法》。中央人民政府负责管理香港特别行政区的防务。

中国人民解放军驻香港部队，是中央人民政府派驻香港特别行政区负责防务的部队，隶属中央军委，由陆、海、空三军组成，下辖 1 个陆军步兵旅、1 个海军舰艇大队、1 个空军航空兵团。驻香港部队于 1993 年初开始组建，1996 年 1 月 28 日组建完毕，1997 年 7 月 1 日正式进驻香港执行防务任务。

驻军隶属中华人民共和国中央军事委员会领导，费用由中央财政负担。

驻港部队的职责是：防备和抵抗侵略，保卫香港安全；担负防卫勤务；管理军事设施；承办有关的涉外军事事宜等；不干预香港地方事务；香港特别行政区政府在必要时，可向中央政府请求驻军协助维持社会治安和救助灾害。

香港驻军法规定香港驻军人员的义务是：忠于祖国，履行职责，维护祖国的安全、荣誉和利益，维护香港的安全；遵守全国性的法律，遵守军队的纪律；尊重香港特别行政区政权机构，尊重香港特别行政区的社会制度和生活方式；爱护香港特别行政区的公共财产和香港居民的私有财产；遵守社会公德，讲究文明礼貌。

七、中央人民政府驻澳门特别行政区联络办公室

1999 年 12 月 28 日，国务院第 24 次常务会议决定，将中央人民政府授权的工作机构新华通讯社澳门分社，更名为中央人民政府驻澳门特别行政区联络办公室。

中央人民政府驻澳门特别行政区联络办公室的职责是：联系外交部驻澳门特别行政区特派员公署和中国人民解放军驻澳门部队；联系并协助内地有关部门管理在澳门的中资机构；促进澳门与内地之间的经济、教育、科学、文化、体育等领域的交流与合作，联系澳门社会各界人士，增进内地与澳门之间的交往，反映澳门居民对内地的意见；处理有关涉台事务；承办中央人民政府交办的其他事项。

中央人民政府驻澳门特别行政区联络办公室及其人员将严格遵守《中华人民共和国澳门特别行政区基本法》和当地的法律，依法履行职责。

八、外交部驻澳门特别行政区特派员公署

《中华人民共和国澳门特别行政区基本法》规定，中央政府负责管理与澳门特别行政区有关的外交事务。据此，外交部在澳门设立机构处理外交事务。

外交部驻澳门特别行政区特派员公署的职责是：处理由中央政府负责管理的与澳门特别行政区有关的外交事务；协调处理澳门特别行政区参加有关国际组织和国际会议事宜；协调处理国际组织和机构在澳门特别行政区设立办事机构问题；协调处理在澳门特别行政区举办政府间国际会议事宜；处理有关国际公约在澳门特别行政区的适用问题；协助办理中央政府授权澳门特别行政区与外国谈判缔结有关双边协定的事宜；协调处理外国在澳门特别行政区设立领事机构或其他官方、半官方机构的有关事宜，办理有关领事业务；办理

中央政府和外交部交办的其他有关事务。

九、中国人民解放军驻澳门特别行政区部队

根据《中华人民共和国宪法》和《中华人民共和国澳门特别行政区基本法》的有关规定，中国人民解放军于 1999 年 4 月 10 日组建完成驻澳门特别行政区部队，6 月 28 日第九届全国人民代表大会常务委员会第十次会议通过《中华人民共和国澳门特别行政区驻军法》，12 月 20 日驻澳门特别行政区部队正式进驻澳门。

中国人民解放军驻澳门特别行政区部队主要由陆军组成，辅助编配少量海、空军官，人数不超过 1 000 人。驻军隶属中华人民共和国中央军事委员会领导，费用由中央财政负担。

驻澳门部队的职责包括：防备和抵抗侵略，保卫澳门特别行政区的安全；担负防卫勤务；管理军事设施；承办有关涉外军事事宜；由澳门特别行政区政府请求，并经中央人民政府批准，可以协助特别行政区政府维护社会治安和救助灾害。

中国人民解放军驻澳门部队不干预澳门特别行政区的地方事务。驻军人员除须遵守全国性的法律外，还须遵守澳门特别行政区的法律。

中央港澳事务管理与派驻机构汇总见表 10—2。

表 10—2　　中央港澳事务管理与派驻机构

<table>
<tr><th colspan="7">中央管理机构</th></tr>
<tr><td colspan="4">全国人大</td><td colspan="3">国务院</td></tr>
<tr><td colspan="2">全国人民代表大会常务委员会香港特别行政区基本法委员会</td><td colspan="2">全国人民代表大会常务委员会澳门特别行政区基本法委员会</td><td colspan="3">国务院港澳事务办公室</td></tr>
<tr><td colspan="7">中央派驻机构</td></tr>
<tr><td colspan="4">香港</td><td colspan="3">澳门</td></tr>
<tr><td>中央人民政府驻香港特别行政区联络办公室</td><td colspan="2">外交部驻香港特别行政区特派员公署</td><td>中国人民解放军驻香港特别行政区部队</td><td>中央人民政府驻澳门特别行政区联络办公室</td><td>外交部驻澳门特别行政区特派员公署</td><td>中国人民解放军驻澳门特别行政区部队</td></tr>
</table>

本章小结

特别行政区是指在中央政府管辖范围内，根据宪法和基本法规定设立的，享有高度自治权、直辖于中央政府的、中华人民共和国不可分离的行政区域。全国人民代表大会授权特别行政区实行高度自治，行使行政管理权、立法权、独立的司法权和终审权。中央政府对特别行政区的管辖体现在任命行政长官、处理主权外交事务及驻军。特别行政区制度的思想和历史基础经历了从“和平统一、一国两制”到“一个国家、两种制度”的演变。1997 年 7 月 1 日和 1999 年 12 月 20 日中国分别恢复对香港和澳门行使主权。特别行政区政府由行政长官、政府、立法会和司法机关组成。中央政府管理与派驻机构包括：国务院

港澳事务办公室、香港基本法委员会、澳门基本法委员会、中央人民政府驻香港特别行政区联络办公室、外交部驻香港特别行政区特派员公署、中国人民解放军驻香港特别行政区部队、中央人民政府驻澳门特别行政区联络办公室、外交部驻澳门特别行政区特派员公署和中国人民解放军驻澳门特别行政区部队。

关键术语

特别行政区　　自治权　　一国两制　　行政长官

复习思考题

1. 特别行政区的概念。
2. 特别行政区的自治权。
3. 特别行政区与中央政府的关系。
4. 行政长官的地位与职权。

第十一章 干部与公务员制度

“国家干部”是指列入干部编制、享受干部待遇、从事各种公务管理工作的公职人员，公务员是指依法履行公职、纳入国家行政编制、由国家财政负担工资福利的工作人员。公务员职位类别按照公务员职位的性质、特点和管理需要，划分为综合管理类、专业技术类和行政执法类等类别。实行公务员制度必须坚持的原则包括党管干部原则，公开、平等、竞争、择优的原则，坚持监督约束与激励保障并重的原则，任人唯贤、德才兼备的原则。公务员有特定的义务，亦享有特定的权利。公务员职务分为领导职务和非领导职务。有关公务员管理制度对公务员的录用和晋升、交流与回避、职务任免、考核与惩戒等都有相应的规定。干部和公务员工作是干部人事制度改革的重要内容。深化干部人事制度改革需要做多方面的工作。

重点问题

干部和公务员的概念、类别
公务员的管理体制
公务员的条件、义务和权利
公务员的录用和晋升
公务员的交流与回避
公务员的职务任免
公务员的考核与惩戒
深化干部人事制度改革需要解决的问题

第一节 干部和公务员

一、干部和公务员

1. 干部和公务员的概念

国家干部是指列入干部编制、享受干部待遇、从事各种公务管理工作的公职人员，主要包括：国家机关干部，即在各级人大及其常委会、各级人民政府、各级人民法院、各级人民检察院工作的领导人员和工作人员；党的工作干部，即在中国共产党的中央和地方各级委员会及其所属机构中，从事党务工作的人员以及各民主党派的领导人员和机关工作人员；军队干部，即在人民军队中担任排级以上职务的现役军人；社会团体与群众组织干部，即在全国各级政协、工会、共青团、妇联以及各种学会、协会、联合会等团体工作的领导人员与工作人员；专业技术干部，即专门从事教育、科学、文化、卫生、财会等专业技术工作的人员；企事业单位行政干部，即在全民所有制企业、国家控股企业及事业单位中从事管理工作的人员（见图 11—1 和图 11—2）。

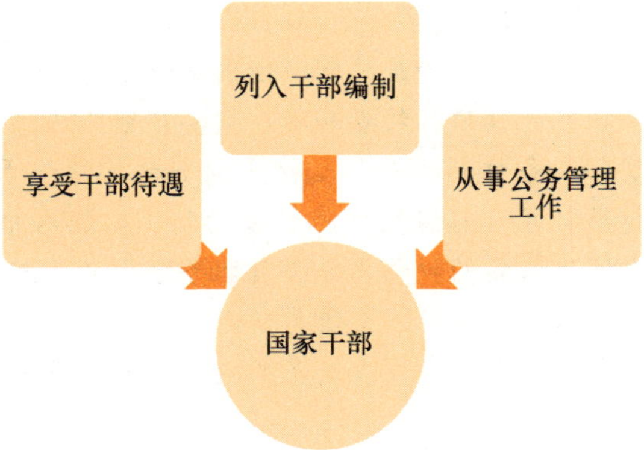

图 11—1 干部的概念

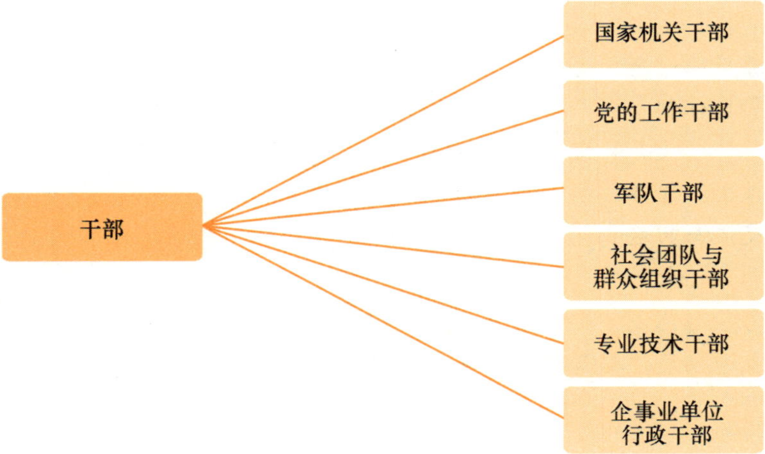

图 11—2 干部的类别

公务员，是指依法履行公职、纳入国家行政编制、由国家财政负担工资福利的工作人员。

公务员包括除工勤人员以外的在中国共产党机关、人大机关、行政机关、政协机关、审判机关、检察机关和民主党派机关中的工作人员，以及在经批准参照公务员法进行管理的、具有公共事务管理职能的事业单位中工作的除工勤人员以外的工作人员（见图 11—3）。

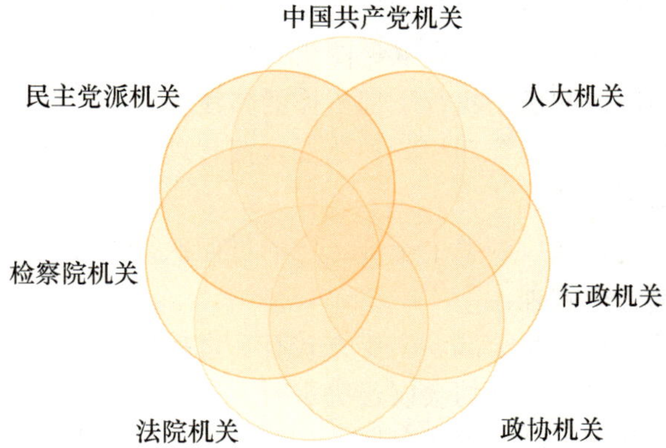

图 11—3　公务员的分布

2. 公务员的职位类别

公务员职位类别按照公务员职位的性质、特点和管理需要，划分为综合管理类、专业技术类和行政执法类等（见图 11—4）。

国务院对于具有职位特殊性，需要单独管理的，可以增设其他职位类别。

综合管理类职位是指履行综合管理及机关内部管理等职责的职位，具体从事规划、咨询、决策、组织、指挥、协调、监督及机关内部管理工作。这类职位数量最大，是公务员职位的主体。

专业技术类职位是指履行专业技术职责，为实施公共管理提供专业技术支持和技术手段保障的职位。这类职位具有纯技术性（只对专业技术本身负责）、不可替代性和技术权威性等特征。

行政执法类职位是指行政机关中直接履行监管、处罚、稽查等现场执法职责的职位。这类职位具有纯粹执行性、现场强制性等特征，主要集中在公安、海关、税务、工商、质检、药监、环保等政府部门，且只存在于这些政府部门中的基层单位。

图 11—4　公务员的类别

二、干部和公务员管理制度

1. 党管干部

党管干部是中国干部管理工作的主要制度和原则，即只有中共中央及中共的各级地方委员会才拥有处理干部管理及其相关事务的权力。

干部管理工作由党的各级组织部门统一管理、人事行政部门具体执行。

党管干部的主要措施包括以下几点（见图 11—5）：

（1）中共中央统一制定和贯彻执行干部工作的路线、方针、政策。

（2）中共各级党委按照干部管理权限和范围直接管理一定层次的领导干部，并按规定向国家政权机关推荐重要干部。

（3）中共党委负责监督和控制整个干部工作的贯彻执行情况。

（4）干部实行分部分级管理。

（5）各级党委直接间接任免干部。主要方式有：直接任免，主要适用于中国共产党党内干部的职务，一般方式是召开党的会议，决定对干部的任免；中共推荐，人大任免。中共党委对同级人大任免范围内的负责职务提出推荐名单，提请人大常委会或人大主席团通过法定手续将其纳入人大选举或人大常委会决定的任免程序，实施任免。主要适用于人大常委会组成人员、政府组成人员、法院院长、检察院检察长，以及其他法律规定必须通过人大或人大常委会履行手续的国家机关工作人员的任免；中共推荐，政府任命。主要适用于政府部门领导人员的任免。由中共党委提出相关人员的任免推荐建议，由政府履行行政任免手续；在实行经理（厂长）负责制的企业，实行党委推荐或厂长提名，经企业党政领导集体决策后，由厂长任免制度。这种方式适用于企业的中层干部。

（6）干部任免的核心程序由各级党委掌握。干部任免首先由组织部门考察，党委讨论决定；其次提交上级党委审批；最后是正式任命。对某些必须按照法律程序履行任命手续的职务，则在完成以上程序后，交有关组织或国家政权机关举行选举或任命。

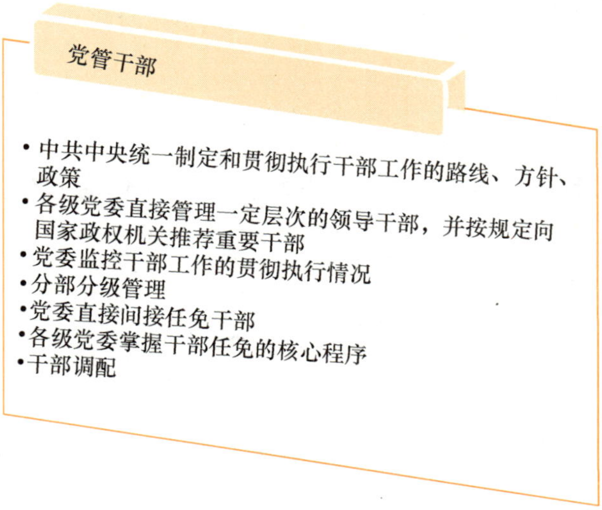

图 11—5　党管干部的主要措施

（7）通过调配加强干部管理。干部调配是指干部管理部门通过改变干部的隶属关系或工作关系，重新确定其工作岗位和职务的过程。干部调配的范围一般按干部的管理权限划分；被调配的干部可以不受原先工作范围的限制，在党政机关、企业、事业单位和其他类型的单位之间调动。

2. 建立公务员制度

1984 年提出并开始制定《国家机关工作人员法》（后更名为《国家公务员暂行条例》）。1988 年，为推行公务员制度，中央决定成立国家人事部。1989 年起，中央先后在国家审计署、海关总署、国家统计局、国家环保局、国家税务局、国家建材局、哈尔滨市、深圳市进行公务员制度改革试点。1993 年 8 月 14 日，国务院正式颁布《国家公务员暂行条例》。此后，为配套《国家公务员暂行条例》的施行，陆续出台了几十个具体法规，形成以条例为主体的法规体系，初步建立起了公务员制度。

2005 年 4 月 27 日，第十届全国人大会常委会第十五次会议通过了《中华人民共和国公务员法》，并决定自 2006 年 1 月 1 日起开始实施，公务员制度基本建立（见图 11—6）。

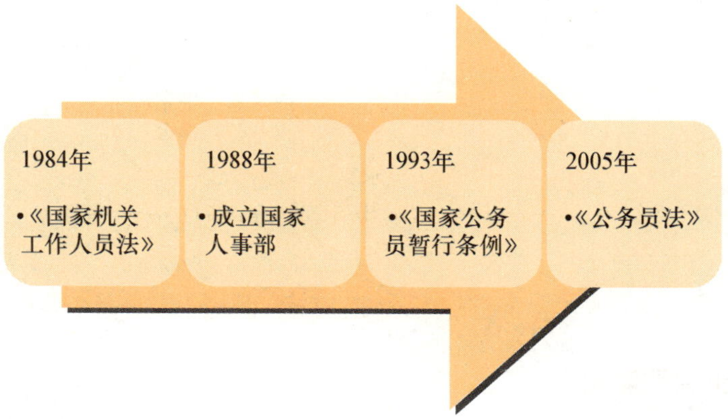

图 11—6　公务员制度的建立

3. 公务员管理的原则（见图 11—7）

公务员制度坚持以马克思列宁主义、毛泽东思想、邓小平理论、“三个代表”重要思想和科学发展观为指导，贯彻社会主义初级阶段的基本路线，贯彻中国共产党的干部路线和方针，坚持党管干部原则。

公务员的管理，坚持公开、平等、竞争、择优的原则，依照法定的权限、条件、标准和程序进行。

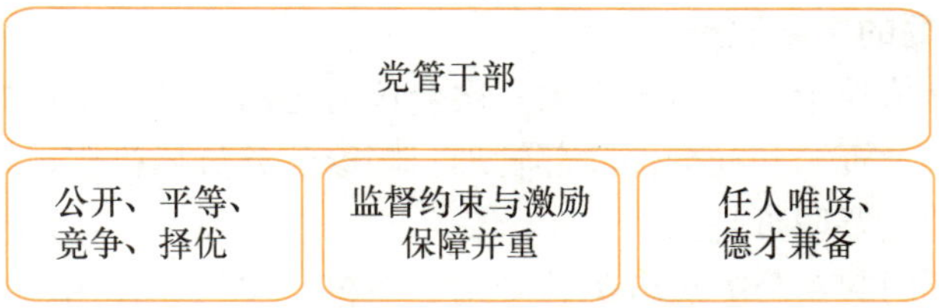

图 11—7　公务员管理的原则

公务员的管理，坚持监督约束与激励保障并重的原则。

公务员的任用，坚持任人唯贤、德才兼备的原则，注重工作实绩。

公务员精神包括热爱祖国、忠于人民、恪尽职守、廉洁奉公、求真务实、开拓创新、顾全大局、团结协作八项（见图 11—8）

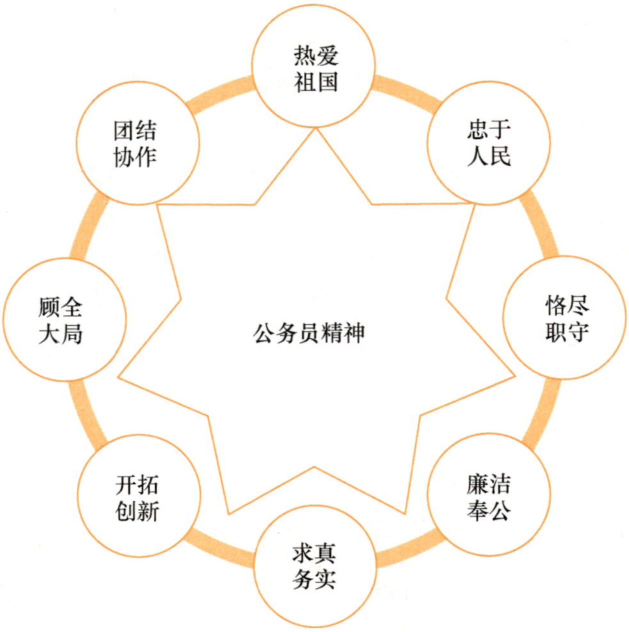

图 11—8　公务员精神

三、公务员的管理体制

1. 公务员的管理体制

中央公务员主管部门负责全国公务员的综合管理工作。

县级以上地方各级公务员主管部门负责本辖区内公务员的综合管理工作。

上级公务员主管部门指导下级公务员主管部门的公务员管理工作。

各级公务员主管部门指导同级各机关的公务员管理工作。

中央公务员主管部门是国家公务员局。

地方公务员主管部门是各级地方公务员管理局。

人力资源与社会保障部、地方人力资源与社会保障局也承担部分公务员管理职责。

2. 国家公务员局的主要职责

国家公务员局是依据十一届全国人大一次会议通过的《国务院机构改革方案》于 2008 年 3 月成立的，由人力资源和社会保障部管理。国家公务员局机构设置见图 11—9。

国家公务员局的主要职责是：

（1）会同有关部门起草公务员分类、录用、考核、奖惩、任用、培训、辞退等方面的法律法规草案，拟订事业单位工作人员参照公务员法管理办法和聘任制公务员管理办法，并组织实施和监督检查。

（2）拟订公务员行为规范、职业道德建设和能力建设政策，拟订公务员职位分类标准和管理办法，依法对公务员实施监督，负责公务员信息统计管理工作。

（3）完善公务员考试录用制度，负责组织中央国家机关公务员、参照公务员法管理单位工作人员的考试录用工作。

（4）完善公务员考核制度，拟订公务员培训规划、计划和标准，负责组织中央国家机关公务员培训工作。

（5）完善公务员申诉控告制度和聘任制公务员人事争议仲裁制度，保障公务员合法权益。

（6）会同有关部门拟订国家荣誉制度、政府奖励制度草案，审核以国家名义奖励的人选，指导和协调政府奖励工作，审核以国务院名义实施的奖励活动。

（7）承办国务院及人力资源社会保障部交办的其他事项。

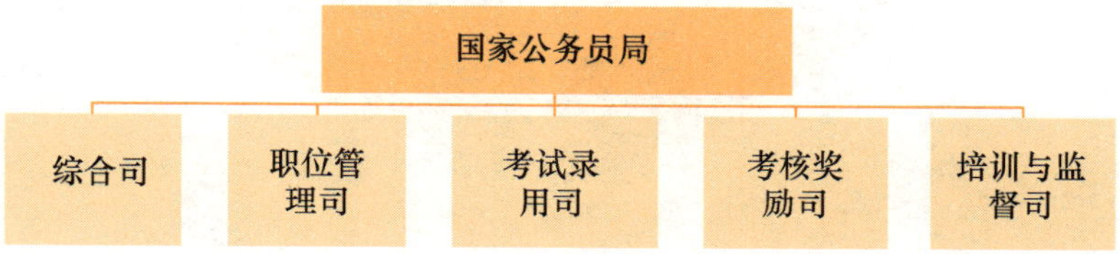

图 11—9 国家公务员局机构设置

3. 人力资源和社会保障部在公务员管理方面的主要职责

（1）会同有关部门拟订机关、事业单位人员工资收入分配政策，建立机关企事业单位人员工资正常增长和支付保障机制，拟订机关企事业单位人员福利和离退休政策。

（2）负责行政机关公务员综合管理，拟订有关人员调配政策和特殊人员安置政策，会同有关部门拟定国家荣誉制度和政府奖励制度。

第二节 公务员的条件、义务和权利

一、公务员应当具备的条件

具有中华人民共和国国籍，年满十八周岁，拥护宪法，品行良好，具有正常履行职责的身体条件、文化程度和工作能力，以及法律规定的其他条件（见图 11—10）。

曾因犯罪受过刑事处罚的、曾被开除公职的、具有法律规定不得录用为公务员的其他情形的人员，均不得被录用为公务员。

二、公务员的义务（见图 11—11）

（1）模范遵守宪法和法律；

（2）按照规定的权限和程序认真履行职责，努力提高工作效率；

（3）全心全意为人民服务，接受人民监督；

（4）维护国家的安全、荣誉和利益；

（5）忠于职守，勤勉尽责，服从和执行上级依法作出的决定和命令；

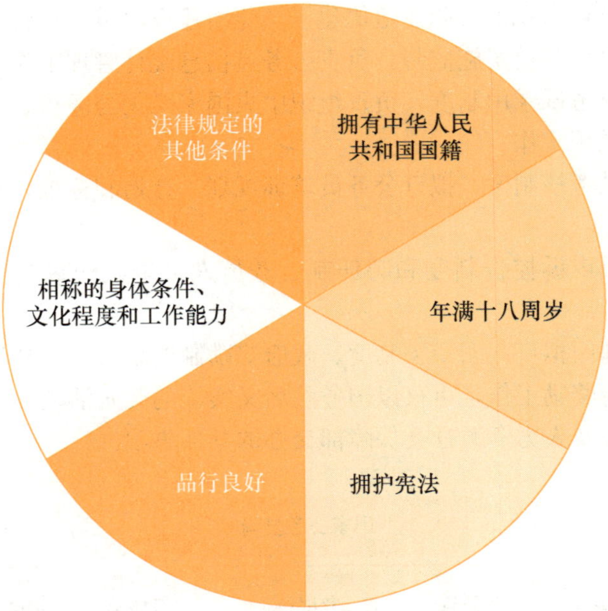

图 11—10　充当公务员必须具备的条件

（6）保守国家秘密和工作秘密；
（7）遵守纪律，恪守职业道德，模范遵守社会公德；
（8）清正廉洁，公道正派；
（9）法律规定的其他义务。

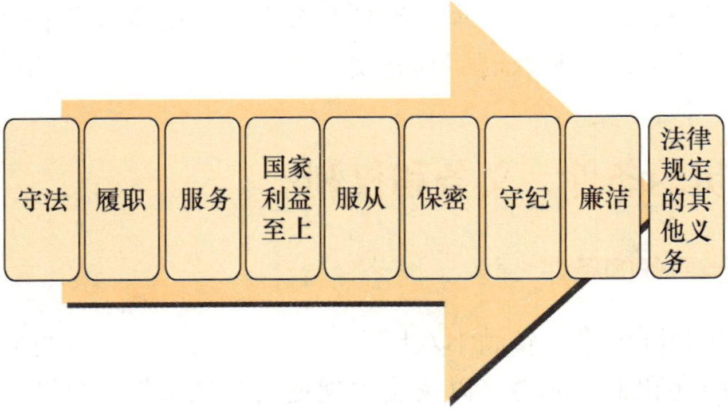

图 11—11　公务员的义务

三、公务员的权利（见图 11—12）

（1）获得履行职责应当具有的工作条件；
（2）非因法定事由、非经法定程序，不被免职、降职、辞退或者处分；
（3）获得工资报酬，享受福利、保险待遇；
（4）参加培训；
（5）对机关工作和领导人员提出批评和建议；

（6）提出申诉和控告；
（7）申请辞职；
（8）法律规定的其他权利。

公务员的权利

- 获得工作条件
- 非因法定事由、非经法定程序，不被免职、降职、辞退或者处分
- 获得工资报酬，享受福利、保险待遇
- 参加培训
- 对机关工作和领导人员提出批评和建议
- 提出申诉和控告
- 申请辞职
- 法律规定的其他权利

图 11—12　公务员的权利

第三节　公务员的录用、晋升和职务序列

一、公务员的录用

录用，即根据《公务员法》的规定，通过考试考核的方法选拔担任主任科员以下及其他相当职务层次的非领导职务公务员的方式与过程。

录用公务员须在规定的编制限额内，以职位空缺为前提，并以空缺职位的任职资格条件为依据。

中央机关及其直属机构公务员的录用，由中央公务员主管部门负责组织。地方各级机关公务员的录用，由省级公务员主管部门负责组织，必要时省级公务员主管部门可以授权设区的市级公务员主管部门组织。

主任科员以下及其他相当职务层次的非领导职务公务员的录用，采取公开考试、严格考察、平等竞争、择优录取的办法。

民族自治地方录用公务员时，对少数民族报考者予以适当照顾（见图 11—13）。

在具体的录用程序中，还需要考虑到以下因素：录用特殊职位的公务员，经省级以上公务员主管部门批准，可以简化程序或者采用其他测评办法；机关根据职位和工作需要，可以从国有企事业单位、人民团体和群众团体的工作人员中调入合格人员担任领导职务或者副处级以上非领导职务；厅局级正职以下领导职务或副调研员以上及其他相当职务层次的非领导职务出现空缺，可以面向社会公开选拔，产生任职人选（见图 11—14）。

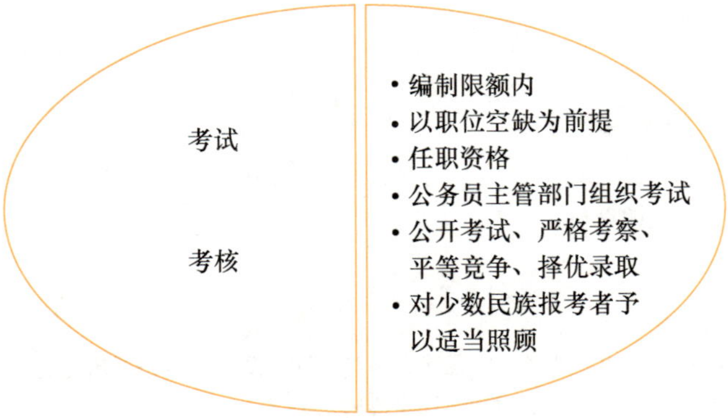

图 11—13 选拔担任主任科员以下及其他相当职务层次的非领导职务公务员必须满足的条件

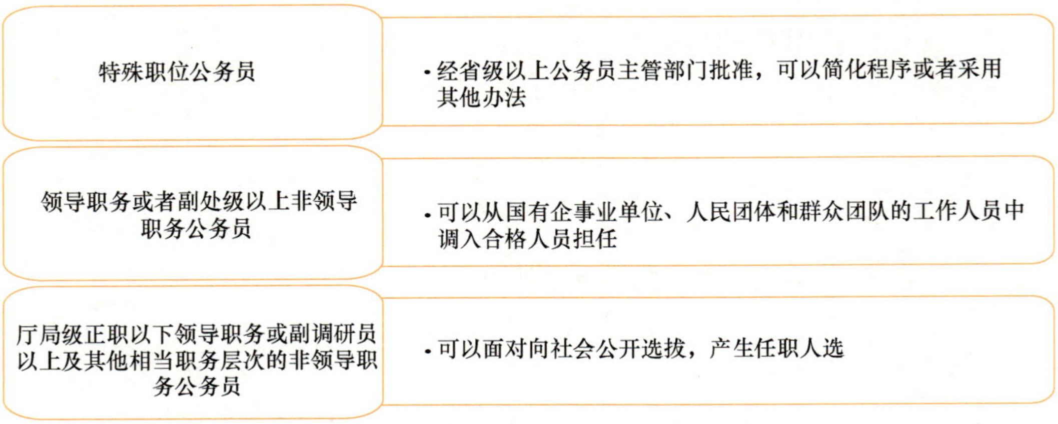

图 11—14 公务员录用的其他方式

二、公务员的晋升

1. 晋升程序

公务员职务晋升按法定程序进行。

晋升领导职务的程序主要包括：民主推荐、组织考察、讨论决定、按照规定履行任职手续。晋升非领导职务参照晋升领导职务的程序进行。

2. 晋升方式

（1）竞争上岗。

主要适用于选拔中央、国家机关内设的司局级、处级机构领导成员，县级以上地方各级党委、人大常委会、政府、政协、纪委、人民法院、人民检察院机关或者工作部门的内设机构领导成员。竞争上岗一般在本单位或本系统内进行。具体程序为：制定并公布实施方案；报名与资格审查；笔试、面试；民主推荐、组织考察；党委讨论决定；办理任职手续（见图 11—15）。

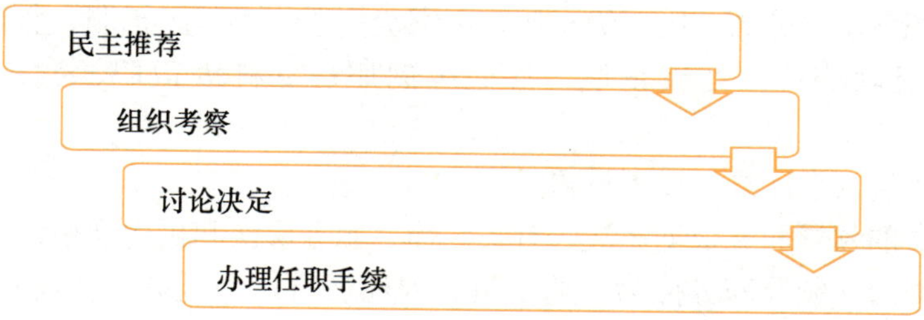

图 11—15　晋升领导职务的程序

（2）公开选拔。

主要适用于地方党委、人大常委会、政府、政协、纪委工作部门或者工作机构的领导成员或者其人选，以及其他适于公开选拔的领导成员或者其人选。适用于厅局级正职以下领导职务或副调研员以上及其他相当职务层次的非领导职务。主要程序为：发布公告；报名与资格审查；统一考试；组织考察；党委讨论决定。初任法官、初任检察官的公开选拔，从通过国家司法考试并具备法官、检察官条件的人员中选拔。

3. 任职前公示和任职试用期制度

公务员晋升领导职务的，应按有关规定实行任职前公示制度和任职试用期制度。任职前公示制度，就是将党委（党组）集体讨论研究确定拟提拔或调整的公务员的有关情况，通过一定的方式，在一定范围和期限内进行公布，听取意见；任职试用期制度是指干部在一定期限内任职使用，在试用期间或试用期满经考核不合格的，按照有关规定，及时做出调整的制度。

关于公务员晋升的方式与制度的关系见图 11—16。

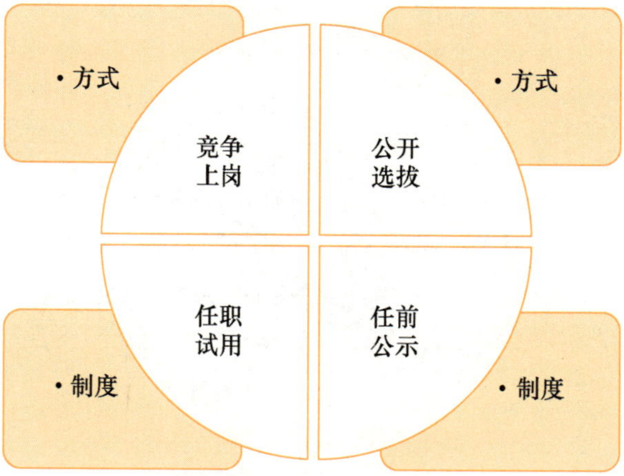

图 11—16　公务员晋升的方式与制度

三、公务员的职务序列

公务员职务分为领导职务和非领导职务。

领导职务是指在各级国家机关中，具有组织、决策、指挥等职能的职务，即机关的领导人员。领导职务层次分为：国家级正职、国家级副职；省部级正职、省部级副职；厅局级正职、厅局级副职；县处级正职、县处级副职；乡科级正职、乡科级副职（见图11—17）。

非领导职务层次在厅局级以下设置。

综合管理类的领导职务根据宪法、有关法律、职务层次和机构规格设置确定。

综合管理类的非领导职务分为：巡视员、副巡视员；调研员、副调研员；主任科员、副主任科员；科员；办事员（见图11—18）。

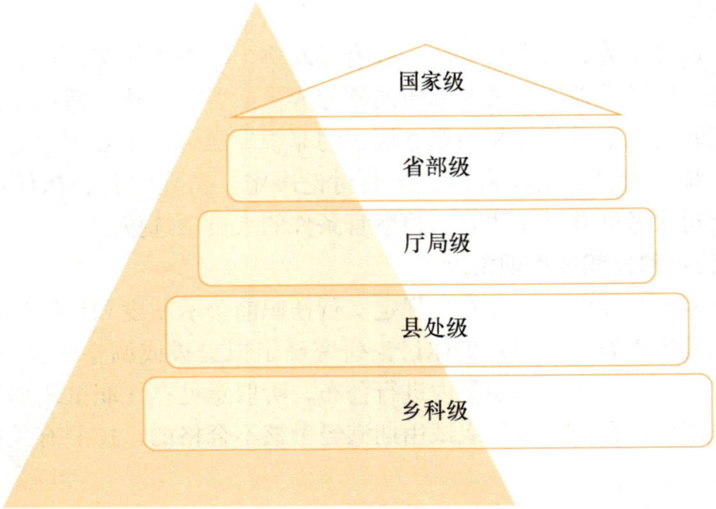

图 11—17 领导职务的层次

图 11—18 综合管理类的非领导职务的层次

第四节 公务员的交流与回避

一、交流制度

交流是指机关根据工作需要或公务员个人愿望，在机关内部调整公务员的工作职位，或与国有企业事业单位、人民团体和群众团体中从事公务的人员交流的管理活动。

公务员可以在公务员队伍内部交流，也可以与国有企业事业单位、人民团体和群众团体中从事公务的人员交流。

交流的方式包括调任、转任和挂职锻炼（见图 11—19）。

1. 调任

从机关外的其他从事公务的人员中调进人员到机关担任公务员职务。调任适用于使原不具有公务员身份的人获得公务员身份且直接担任领导职务或副调研员以上及其他相当职务层次的非领导职务的情况。

2. 转任

转任是在公务员内部交流的方式，不涉及公务员身份的变化。转任既可以在本部门、本单位不同职位之间转任，也可以跨地区、跨部门转任。转任人员必须具备拟任职位所要求的资格条件，并在规定的编制限额和职数内进行。

3. 挂职锻炼

公务员去其他机关、其他地区机关以及国有企业事业单位担任相应职务。公务员在挂职期间，不改变与原机关的人事关系，期满后，仍回原单位工作。

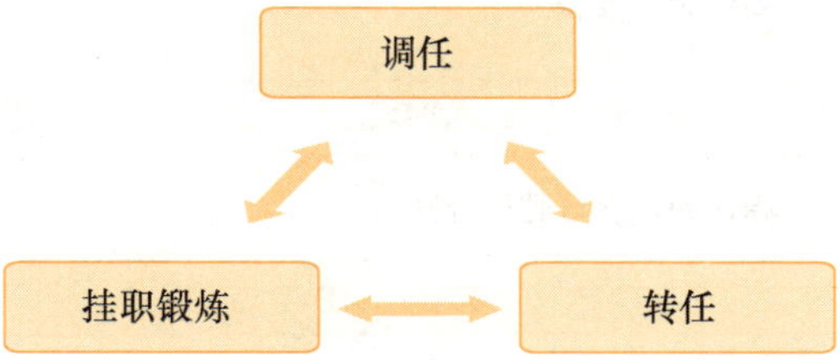

图 11—19 公务员的交流

二、回避制度

公务员之间有夫妻关系、直系血亲关系、三代以内旁系血亲关系以及近姻亲关系的，不得在同一机关担任双方直接隶属于同一领导人员的职务或者有直接上下级领导关系的职务，也不得在其中一方担任领导职务的机关从事组织、人事、纪检、监察、审计和财务工作。

公务员担任乡级机关、县级机关及其有关部门主要领导职务的，应当实行地域回避。

公务员执行公务时，涉及本人利害关系的、亲属关系人员的利害关系的，以及其他可能影响公正执行公务情形的，应当回避（见图 11—20）。

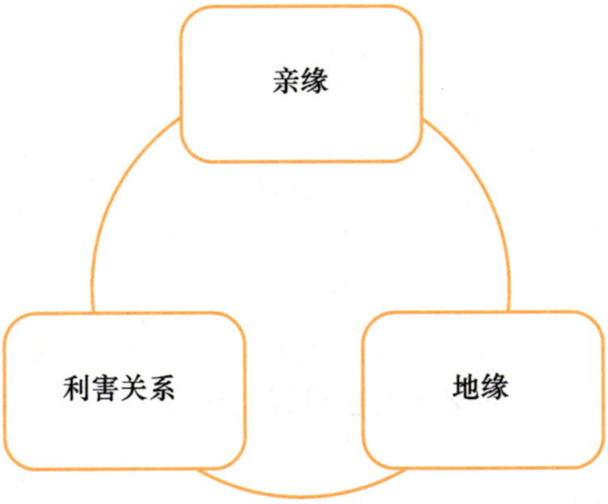

图 11—20　需要回避的情形

第五节　公务员的职务任免

一、职务任用方式

公务员职务任用方式有三种，即选任、委任和聘任（见图 11—21）。

图 11—21　公务员职务任用的方式

选任、委任是公务员任用的主要方式。

1. 选任制公务员的任用

选任制公务员在选举结果生效时即任当选职务；任期届满不再连任，或者任期内辞职、被罢免、被撤职的，其所任职务即终止。其职务任用通常采取会议公报、公告等形式，在社会上或在一定范围内予以公布。公报、公告等一经发布，有关职务任免即告完成。

选任制主要适用于：

（1）中国共产党机关公务员。

包括中央政治局委员、候补委员，中央政治局常务委员会委员和中央委员会总书记，中央纪律检查委员会常委和书记、副书记；地方各级委员会常务委员会委员和书记、副书记，地方各级纪律检查委员会常委和书记、副书记；乡镇、街道党委书记、副书记，乡镇、街道纪律检查委员会书记和副书记。

（2）人大机关公务员。

包括全国人大常委会委员长、副委员长、秘书长；县级以上地方各级人大常委会主任、副主任、秘书长；乡镇人大主席、副主席。

（3）行政机关公务员。

包括地方各级人民政府的领导人员（省长、副省长，自治区主席、副主席，市长、副市长，州长、副州长，县长、副县长，区长、副区长，乡长、副乡长，镇长、副镇长）。

（4）审判机关公务员。

包括最高人民法院院长，地方各级人民法院院长。

（5）检察机关公务员。

包括最高人民检察院检察长，地方各级人民检察院检察长。

（6）政协机关公务员。

包括政协全国委员会主席、副主席、秘书长；政协各级地方委员会主席、副主席、秘书长（县级地方委员会根据具体情况也可不设秘书长）。

（7）民主党派机关公务员。

包括中央和地方各级委员会主席（主委）、副主席（副主委）、秘书长。

2. 准选任制公务员的任用

准选任制公务员即依照有关法律规定，由国家权力机关表决通过或决定任命的公务员，包括：全国人大常委会副秘书长、工作委员会的负责人；国务院总理、国务院副总理、国务委员、各部部长、各委员会主任、审计长、秘书长；地方各级政府秘书长、厅长、局长、委员会主任、科长等。法官、检察官和驻外全权代表职务的任免，也采用类似方法和程序。

准选任制公务员在选举或决定结果生效时即任当选职务；任期届满不再连任，或者任期内辞职、被罢免、被撤职的，其所任职务即终止。其职务任用通常采取会议公报、公告等形式，在社会上或在一定范围内予以公布。公报、公告等一经发布，有关职务任免即告完成。

3. 委任制公务员的任用

委任制是指由任免机关在其任免权限内直接委派工作人员担任一定职务的任用方式。

委任制公务员遇有试用期满考核合格、职务发生变化、不再担任公务员职务以及其他情形需要任免职务的，应当按照管理权限和规定的程序任免其职务。

4. 聘任制公务员的任用

聘任制，即用人单位根据工作需要，经省级以上公务员主管部门批准，按照平等自愿、协商一致的原则，与应聘人员通过签订聘任合同（期限为1～5年）的任用方式。

聘任制适用于两类职位，一是专业性较强的职位（包括专业性较强的领导职位和专业技术类非领导职位），二是辅助性职位（如书记员、资料管理、文件分发、数据录入等方面的职位）。

涉及国家秘密的专业性较强的职位和辅助性职位不实行聘任制。

二、免职

1. 选任制公务员的免职

任期届满不再连任，所任职务自然免除。

任期内辞职、被罢免、被撤职的，所任职务免除。

2. 准选任制公务员的免职

任期届满不被提名和不被决定任命的，所任职务自然免除。

有关机关认为公务员不适合继续担任职务时，可决定免去其职务，不必使用罢免、撤职、辞职等方式。

3. 委任制公务员的免职

公务员职位发生变化（如转任、晋升或降职），应当免去其原任职务；公务员因各种原因不能履行职责的（如退休、离职学习连续一年以上、因健康原因不能坚持正常工作连续一年以上），应当免去所任职务。

对委任制公务员的免职，先由公务员所在单位提出拟免职建议，然后由任免机关人事部门审核，并由任免机关审批，最后由任免机关下发免职通知。

三、辞职

1. 提出与接受

辞职是公务员的权利。

公务员辞去公职，应当向任免机关提出书面申请。任免机关自接到申请之日起三十日内予以审批，其中对领导成员辞去公职的申请，应当自接到申请之日起九十日内予以审批。

担任领导职务的公务员，因工作变动依照法律规定需要辞去现任职务的，应当履行辞职手续。

如果辞职不被接受，提出辞职者必须继续履行所担任职务。

2. 自愿辞职、引咎辞职和责令辞职（见图 11—22）

担任领导职务的公务员，因个人或者其他原因，可以自愿提出辞去领导职务。

领导成员因工作严重失误、失职造成重大损失或者恶劣社会影响的，或者对重大事故负有领导责任的，应当引咎辞去领导职务。

领导成员应当引咎辞职或者因其他原因不再适合担任现任领导职务，本人不提出辞职的，应当责令其辞去领导职务。

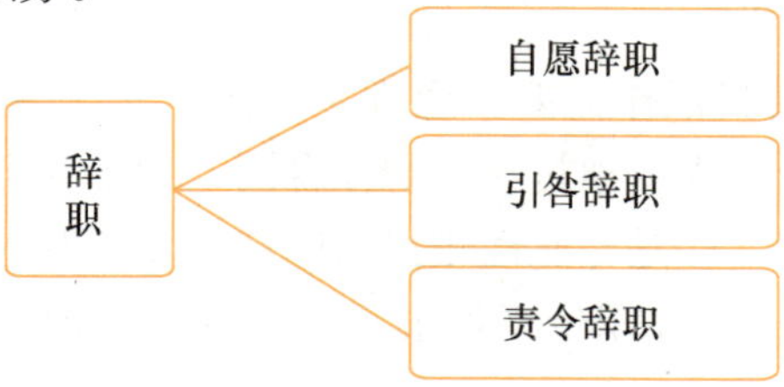

图 11—22 领导干部的辞职

3. 公务员不得提出辞职的情形

公务员有下列情形之一的，不得辞去公职（见图 11—23）：

（1）未满国家规定的最低服务年限的；

（2）在涉及国家秘密等特殊职位任职或者离开上述职位不满国家规定的脱密期限的；

（3）重要公务尚未处理完毕，且须由本人继续处理的；

（4）正在接受审计、纪律审查，或者涉嫌犯罪，司法程序尚未终结的；

（5）法律、行政法规规定的其他不得辞去公职的情形。

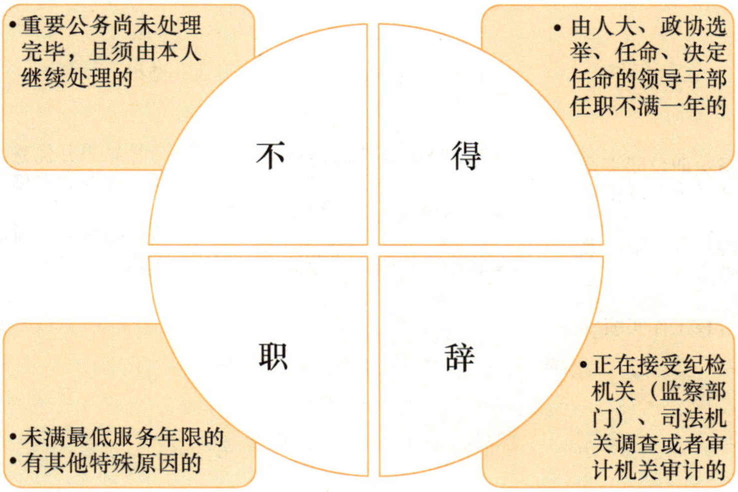

图 11—23 公务员不得提出辞职的情形

第六节 公务员的考核与惩戒

一、公务员的考核（见图 11—24）

考核是指公务员主管部门和各机关按照管理权限，依据一定的程序和方法，对所属公务员的政治业务素质和履行岗位职责、完成工作目标的情况，所进行的考察、分析与评价。考核是确定公务员的职务、级别、工资，以及提升、奖励、培训、辞退的依据和参考。

考核以公务员的职位职责及所承担的工作任务为基本依据，对公务员的德、能、勤、绩、廉进行全面考核；重点考核工作实绩。

德是指政治品质、遵守职业道德和社会公德的情况及个人品德；能，即业务知识和工作能力；勤是指事业心、工作态度、工作作风和表现；绩是指工作实绩，即完成工作的数量、质量、效益和贡献；廉是指廉洁自律情况。

对不同层次、不同级别的公务员，德、能、勤、绩、廉考核的侧重有所不同。

考核分为平时考核和定期考核。定期考核以平时考核为基础。

对非领导成员公务员的定期考核采取年度考核的方式。先由个人按照职位职责和有关要求进行总结，主管领导在听取群众意见后，提出考核等次建议，由本机关负责人或者授权的考核委员会确定考核等次。

对领导成员的定期考核，由主管机关按照有关规定办理。

定期考核的结果分为优秀、称职、基本称职和不称职四个等次。

定期考核的结果应当以书面形式通知公务员本人。

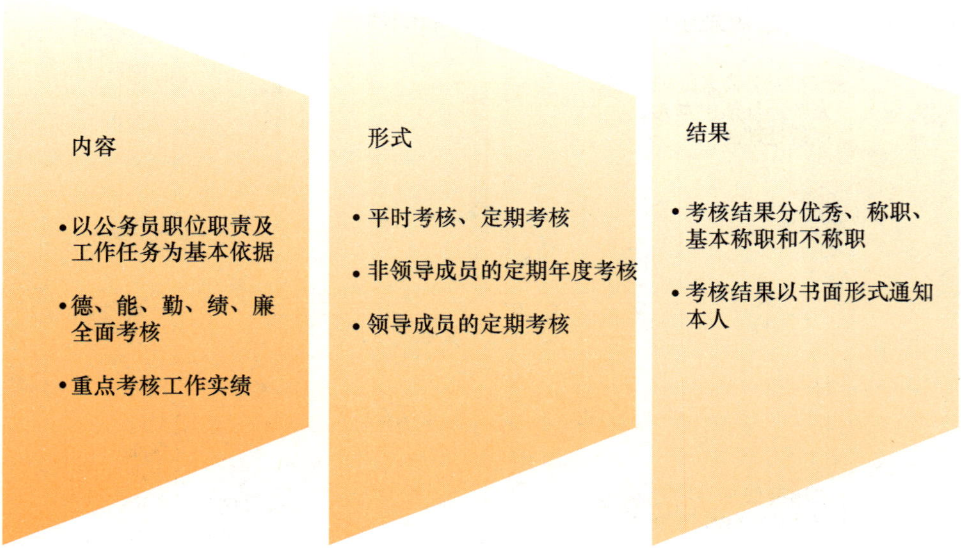

图 11—24　公务员的考核

二、公务员的惩戒

公务员不得有下列行为，否则应受惩罚：

(1) 散布有损国家声誉的言论，组织或者参加旨在反对国家的集会、游行、示威等活动；

(2) 组织或者参加非法组织，组织或者参加罢工；

(3) 玩忽职守，贻误工作；

(4) 拒绝执行上级依法作出的决定和命令；

(5) 压制批评，打击报复；

(6) 弄虚作假，误导、欺骗领导和公众；

(7) 贪污、行贿、受贿，利用职务之便为自己或者他人谋取私利；

(8) 违反财经纪律，浪费国家资财；

(9) 滥用职权，侵害公民、法人或者其他组织的合法权益；

(10) 泄露国家秘密或者工作秘密；

(11) 在对外交往中损害国家荣誉和利益；

(12) 参与或者支持色情、吸毒、赌博、迷信等活动；

(13) 违反职业道德、社会公德；

(14) 从事或者参与营利性活动，在企业或者其他营利性组织中兼任职务；

（15）旷工或者因公外出、请假期满无正当理由逾期不归；

（16）违反纪律的其他行为。

1. 处分程序

机关在调查处理公务员的违纪行为并对公务员的违纪行为做出处分决定时，一般要经过初查（初步确认公务员是否犯有违法违纪行为，是否有必要追究纪律责任），立案，调查取证，如实告知被调查的公务员并听取其陈述、申辩，做出处分决定或撤销案件，通知（机关以书面形式将处分决定通知公务员本人）六个阶段（见图 11—25）。

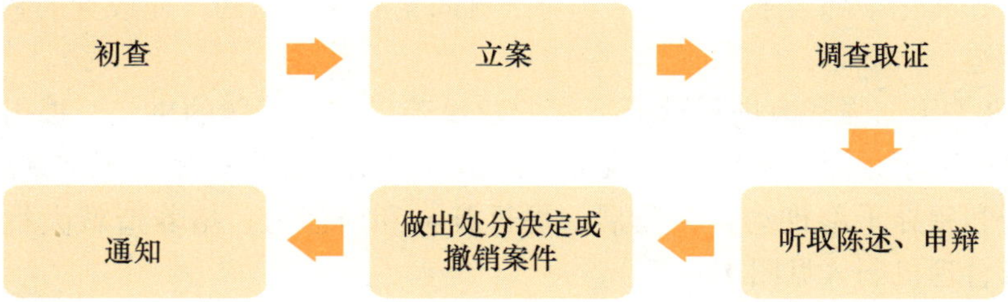

图 11—25 公务员违纪处理程序

2. 处分的等级

处分分为：警告、记过、记大过、降级、撤职、开除。

受处分的期限为：警告，六个月；记过，十二个月；记大过，十八个月；降级、撤职，二十四个月（见图 11—26）。

公务员受处分期间，受警告处分的，在处分期间，不得晋升职务和级别，但可以晋升工资档次；受警告处分以外的记过、记大过、降级、撤职处分的，在受处分期间，不得晋升职务、级别，也不得晋升工资档次；受撤职处分的，应当降低职务层次重新确定职务，并按新任职务确定相应的级别。

公务员受开除以外的处分，在受处分期间有悔改表现，且没有再发生违纪行为的，处分期满后，由处分决定机关解除处分，并以书面形式通知本人。解除处分后，晋升工资档次、级别和职务不再受原处分的影响，其权利、义务与未受处分公务员相同。但是，解除降级、撤职处分的，不视为恢复原级别、原职务。

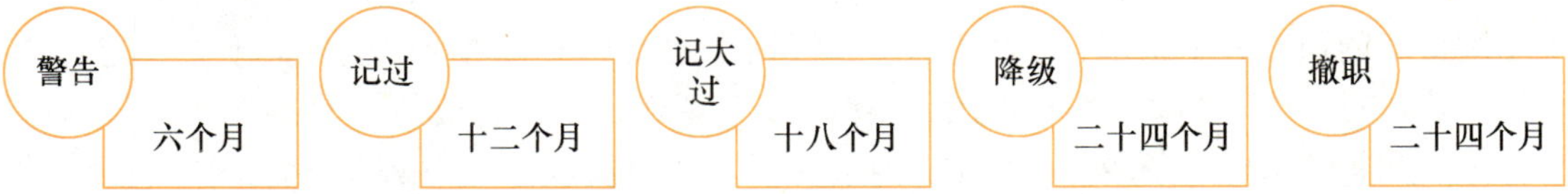

图 11—26 处分的形式与处分期限

第七节 干部人事制度改革

一、干部人事制度改革的重要性与紧迫性

2009 年 9 月 18 日，中共十七届中央委员会第四次全体会议通过了《中共中央关于加

强和改进新形势下党的建设若干重大问题的决定》，将深化干部人事制度改革作为加强和改进新形势下党的建设重大问题之一。

2009 年 12 月，中共中央办公厅发布《2010—2020 年深化干部人事制度改革规划纲要》。中共中央办公厅在《关于印发〈2010—2020 年深化干部人事制度改革规划纲要〉的通知》中指出：干部人事制度改革是党的建设的重要内容，也是政治体制改革的重要组成部分。

2009 年 12 月，中共中央政治局委员、中央书记处书记、中央组织部部长李源潮答记者问时，表示：深化干部人事制度改革，对于巩固党的执政基础、完成党的执政使命极端重要、极为紧迫。

《中共中央关于加强和改进新形势下党的建设若干重大问题的决定》提出了深化干部人事制度改革的五个方面：坚持德才兼备、以德为先用人标准；完善干部选拔任用机制；提高领导班子和领导干部推动科学发展、促进社会和谐能力；培养造就大批优秀年轻干部；健全干部管理机制（见图 11—27）。

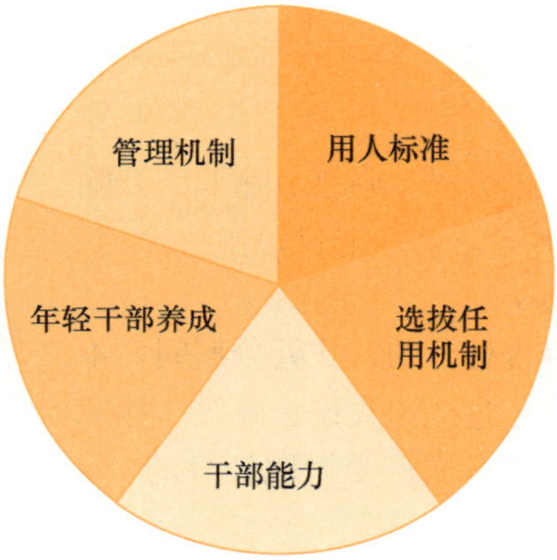

图 11—27　深化干部人事制度改革的五个方面

二、深化干部人事制度改革的指导思想和基本目标

2009 年 12 月，中共中央办公厅在《关于印发〈2010—2020 年深化干部人事制度改革规划纲要〉的通知》中指出：《规划纲要》根据十七大和十七届四中全会关于党的建设的总体部署，对 2010—2020 年深化干部人事制度改革作出了全面规划，是推进干部人事制度改革的纲领性文件；各级党委要通过深化干部人事制度改革，不断提高干部人事工作的科学化、民主化、制度化水平，建设善于推动科学发展、促进社会和谐的高素质干部队伍，为实现全面建设小康社会奋斗目标提供坚强组织保证。

1. 指导思想

高举中国特色社会主义旗帜，以邓小平理论、“三个代表”重要思想和科学发展观为指导，按照加强党的执政能力建设和先进性建设的要求，坚持党管干部原则，坚持德才兼备、以德为先用人标准，坚持民主、公开、竞争、择优方针，坚持科学化、民主化、制度化方向，解放思想、勇于创新，着力解决领导班子和干部队伍建设中的关键问题、干部人事工作中的重点难点问题和干部群众反映强烈的突出问题（见图 11—28），树立坚定信念、注重品行、科学发展、崇尚实干、重视基层、鼓励创新、群众公认的正确用人导向（见图11—29），提高选人用人公信度，把各方面优秀人才集聚到党和国家事业中来，为实现全面建成小康社会奋斗目标提供坚强组织保证。

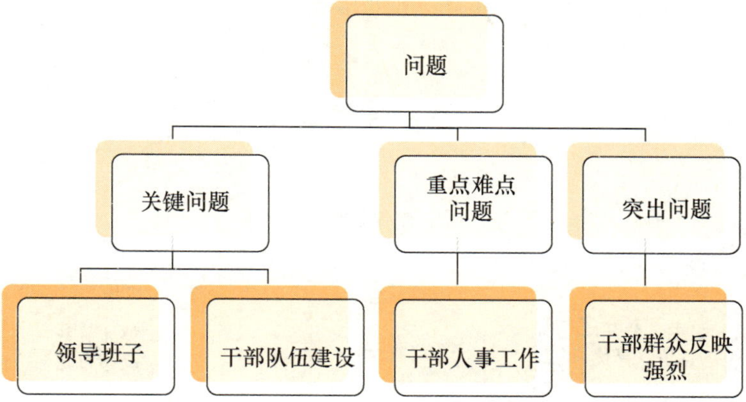

图11—28　深化干部人事制度改革需要解决的问题

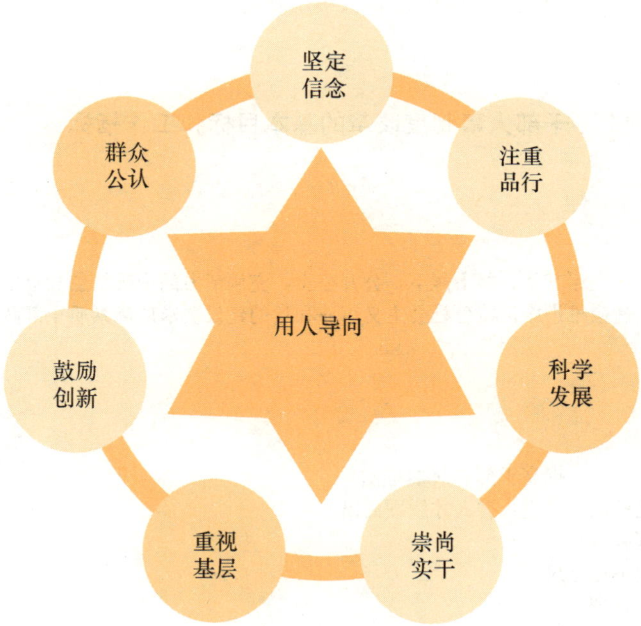

图11—29　正确的用人导向的基本标准

2. 基本原则

坚持党管干部原则。用人权是中共最重要的执政权之一；坚持科学化、民主化、制度化的建设方向；坚持德才兼备、以德为先的用人标准；贯彻民主、公开、竞争、择优的改革方针。扩大干部工作民主是深化干部人事制度改革的基本方向，公开是扩大民主的前提，竞争是选拔培养优秀人才行之有效的途径，择优是干部人事制度改革的目的（见图11—30）。

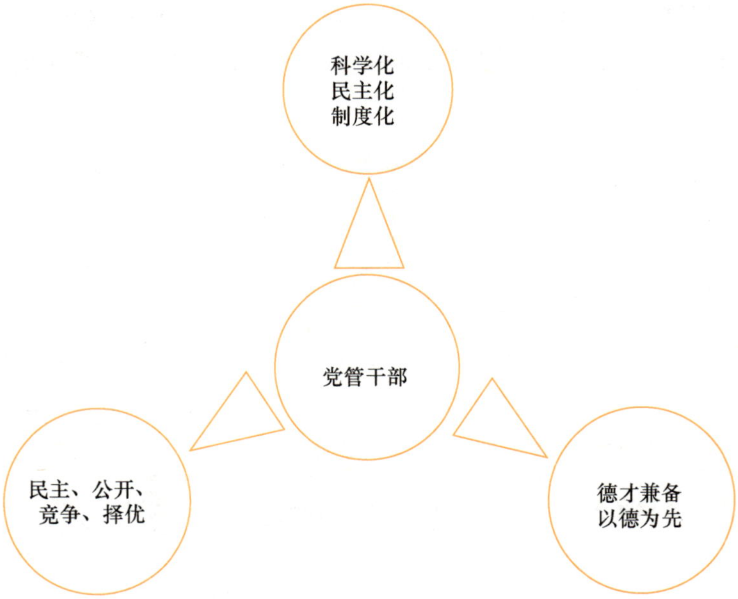

图 11—30 干部人事制度改革的基本原则

参考资料

干部人事制度改革的基本目标和工作指标

基本目标

- 形成广纳群贤、人尽其才、能上能下、公开公正、充满活力的中国特色社会主义干部人事制度
- 培养造就一支适应推进中国特色社会主义事业和党的建设要求的高素质干部队伍

工作指标

- 扩大干部工作民主，提高干部群众参与度
- 健全竞争择优机制，促进优秀人才脱颖而出
- 完善干部管理制度
- 遏制用人上的不正之风
- 深化分级分类管理

三、当前和今后一个时期干部人事制度改革的主要任务

建立健全主体清晰、程序科学、责任明确的干部选拔任用提名制度；健全促进科学发展的领导班子和领导干部考核评价机制；完善公开选拔、竞争上岗等竞争性选拔干部方式；推进干部教育培训的改革创新，提高领导班子和领导干部推动科学发展、促进社会和谐的能力；完善年轻干部、后备干部培养选拔制度，建立来自基层一线党政领导干部培养选拔链；健全干部管理机制；加大干部交流力度，完善干部交流制度；提高选人用人公信

度（见图 11—31）。

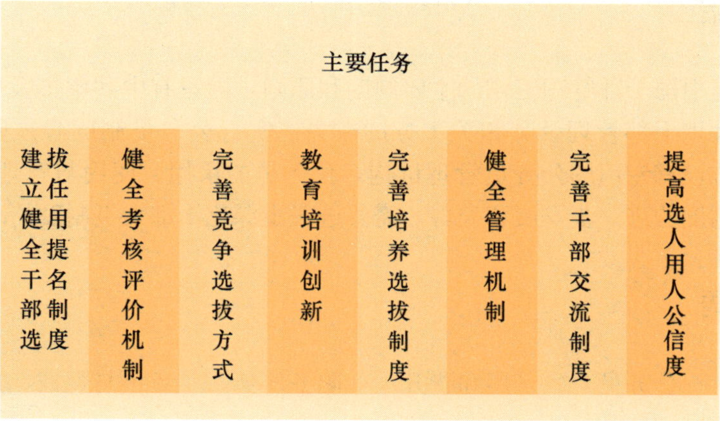

图 11—31　干部人事制度改革的主要任务

历年发布的有关干部人事制度改革的重要政策文件见图 11—32。

1995年

- 《党政领导干部选拔任用工作暂行条例》

2000年

- 《深化干部人事制度改革纲要》
- 《关于加快推进事业单位人事制度改革的意见》
- 《关于深化科研事业单位人事制度改革的实施意见》

2002年

- 《党政领导干部选拔任用工作条例》

2004年

- 《公开选拔党政领导干部工作暂行规定》
- 《党政机关竞争上岗工作暂行规定》
- 《党政领导干部辞职暂行规定》
- 《地方党委全委会对下一级党政正职拟任人选和推荐人选表决办法》
- 《关于党政领导干部辞职从事经营活动有关问题的意见》
- 《关于对党政领导干部在企业兼职进行清理的通知》

2006年

- 《体现科学发展观要求的地方党政领导班子和领导干部综合考核评价试行办法》

2009年

- 《地方党政领导班子和领导干部综合考核评价办法（试行）》
- 《党政工作部门领导班子和领导干部综合考核评价办法（试行）》
- 《党政领导班子和领导干部年度考核办法（试行）》

2010年

- 《2010—2020年深化干部人事制度改革规划纲要》

图 11—32　历年发布的有关干部人事制度改革的重要政策文件

本章小结

党管干部是中国干部管理工作的主要制度和原则，即只有中共中央及中共的各级地方委员会才拥有处理干部管理及其相关事务的权力。实行公务员制度必须坚持党管干部原则。中央和地方设有专门的公务员管理机构，公务员的录用、使用与管理制度初步形成。干部与公务员制度的进一步发展和完善，需要进一步深化干部人事制度的改革。

关键术语

国家干部　　公务员　　录用和晋升　　职务任免　　考核与惩戒　　干部人事制度改革

复习思考题

1. 干部和公务员的概念。
2. 党管干部。
3. 实行公务员制度必须坚持的原则。
4. 公务员的条件、义务和权利。
5. 公务员的录用方式。
6. 公务员的职务任用方式。
7. 公务员考核的内容、形式和结果。

第十二章 纪检和监察制度

中共党的纪律检查机关是对应于中央和地方各级党的委员会设置的、从事于专门党纪监督的机关。中共纪律检查机关的主要任务是：检查党章、党规和党的决议的执行情况，对党员进行党纪教育、检查和处理等。监察机关是各级国家行政机关行使监察职能的机关，对国家行政机关及其公务员和国家行政机关任命的其他人员实施监察。监察部对国务院各部门及其公务员，对国务院及国务院各部门任命的其他人员，对省、自治区、直辖市政府及其领导人员实施监察。监察机关对监察对象的执法、廉政、效能情况进行监察。地方监察机关分别承担各自的监察职责。

重点问题

党的纪律检查机关的地位、职责
各级纪律检查委员会之间的关系
纪委办案流程
监察机关的概念
监察机关的职责、权限和可以采取的监察措施
纪委、监察机关、反贪污贿赂总局、国家预防腐败局工作职责关系

第一节　中共的纪律检查机关

一、纪律检查机关的性质与地位

中共纪律检查机关是对应于中共中央和地方各级党的委员会设置的、专门从事于中共党纪监督的机关。

1949 年 11 月，中共重新设立中央纪律检查委员会。1955 年 3 月，中共全国代表会议

决定撤销纪律检查机关，设立各级监察委员会。八大党章规定各级监察委员会由各级党的委员会选举产生。九大、十大党章撤销了监察委员会。十一大恢复设立纪律检查机关，规定各级纪律检查委员会由各级党的委员会选举产生。自十二大开始，党章规定纪律检查委员会由代表大会选举产生。

中央纪律检查委员会由全国代表大会选举产生，地方各级和基层纪律检查委员会由地方各级和基层代表大会选举产生。中央纪律检查委员会全体会议选举产生常务委员会和书记、副书记，并将选举结果报中央委员会批准；地方各级纪律检查委员会全体会议选举常务委员会和书记、副书记，并由同级党委通过，报上级党委批准。基层党委设立纪律检查委员会还是设立纪律检查委员，由上一级党委决定；党的总支部委员会和支部委员会设纪律检查委员。各级纪律检查委员会之间的关系见图 12—1。

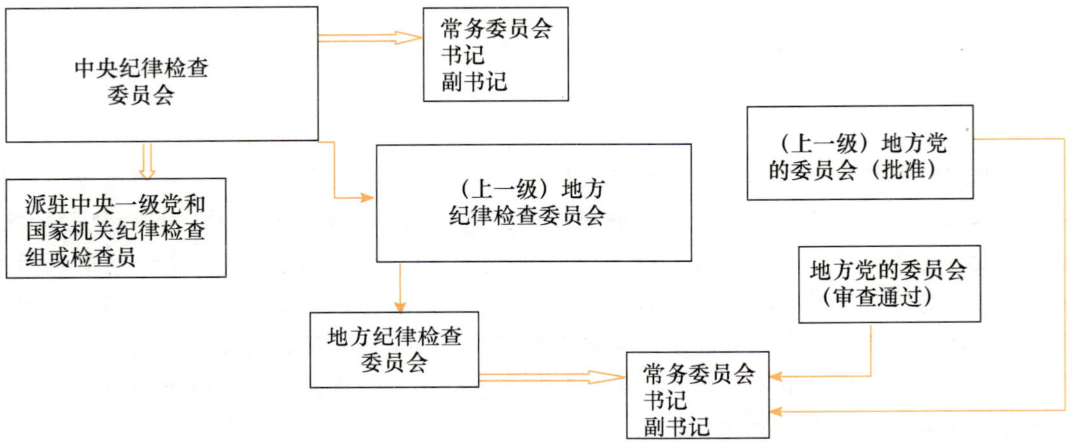

图 12—1　各级纪律检查委员会之间的关系

注：空心箭头表示选举；实线箭头及其方向，表示权力指向和领导关系。

中央纪律检查委员会在中央委员会的领导下进行工作，地方各级纪律检查委员会和基层纪律检查委员会在同级党委和上级纪律检查委员会双重领导下进行工作。

各级纪律检查机关每届的任期与同级党委的任期相同。

二、纪律检查机关的主要任务和职责

1. 纪律检查机关的主要任务

纪律检查机关的主要任务是：检查党章、党规和党的决议的执行情况，对党员进行党纪教育，检查和处理重要的或复杂的违犯党章、党规的案件，决定有关纪律处分问题，受理党员的控告和申诉。

2. 纪律检查委员会的职责

中央纪委在中央委员会领导下，党的地方各级纪委和基层纪委在同级党委和上级纪委领导下，在党内监督方面履行下列职责：

（1）协助同级党的委员会组织协调党内监督工作，组织开展对党内监督工作的督促检查；

（2）对党员领导干部履行职责和行使权力情况进行监督；

（3）检查和处理党的组织和党员违反党的章程和其他党内法规的比较重要或复杂的案件；

（4）向同级党委和上一级纪委报告党内监督工作情况，提出建议，依照权限组织起草、制定有关规定和制度，作出关于维护党纪的决定；

（5）受理对党组织和党员违犯党纪行为的检举和党员的控告、申诉，保障党员的权利。

3. 纪律检查委员会委员的责任、权力

各级纪律检查委员会委员在党内监督方面的责任、权力，主要有：

（1）对所在委员会及其派驻机构、派出的巡视机构的工作进行监督；

（2）对所在委员会常委、委员和派驻机构、派出的巡视机构的负责人进行监督；

（3）地方各级纪委委员和基层纪委委员，可以以实名书面形式或其他形式向纪委常委会、同级党委反映其所在纪检机关及其派出机构的问题、所监督对象机关的党员领导干部的问题，委员对所在委员会其他委员、常委的意见可以向上一级党委和纪委反映；

（4）中央纪委委员对中央纪委常委的意见，可以以实名书面形式或其他形式向中央纪委常委会或中央政治局常委会反映。

三、中央纪律检查委员会

中央纪律检查委员会是中国共产党的最高纪律检查机关。1949 年 11 月根据中共中央的决定设立。1955 年 3 月，中国共产党全国代表会议决定设立中央监察委员会，代替中央纪律检查委员会。九大正式取消纪律检查机关。1978 年 12 月，十一届三中全会重新设立中央纪律检查委员会，在中央委员会领导下进行工作。中共纪律检查机构沿革详情见表 12—1。

中央纪律检查委员会的主要任务是：维护党的章程和其他党内法规，协助党的委员会加强党风建设，检查党的路线方针政策和决议的执行情况；对党员进行遵守纪律的教育，作出关于维护党纪的决定；检查和处理党的组织和党员违反党章和其他党内法规的比较重要或复杂的案件，决定或取消对这些案件中党员的处分；受理党员的控告和申诉；等等。

中央纪律检查委员会可以向中央一级的党和国家机关派驻纪律检查组或纪律检查员。纪律检查组或纪律检查员可以列席该机关党的领导组织的有关会议，该机关党的领导组织必须支持他们的工作。

表 12—1 中共纪律检查机构沿革

时期	中央纪律检查机关的领导人	中央纪律检查机关的地位	中央纪委（监委）委员人数
1949.11—1955.3	朱德	是同级党的委员会的一个工作部门，在同级党委领导下进行工作；上级党的纪律检查委员会，有权改变或取消下级党的纪律检查委员会的决定	11 人

1955.3—1969.4 1955年3月，党的全国代表会议决定设立中央和地方各级监察委员会，代替纪律检查委员会	董必武	各级监察委员会在各级党委指导下进行工作，在监察机构上下级之间，上级监察委员会有权检查下级监察委员会的工作，下级监察委员会应向上级监察委员会报告工作	21人 1962年9月开始增加为60人 九大党章取消监察委员会
1978.12— 1987.10	陈云	十一大党章规定，各级纪律检查委员会由同级党的委员会选举产生，并在同级党委的领导下工作 十二大党章规定：党的纪律检查委员会由同级党的代表大会选举产生；中央纪律检查委员会在中央委员会领导下工作，地方各级纪律检查委员会在同级党的委员会和上级纪律检查委员会的双重领导下工作；中央纪律检查委员第一书记必须从中央政治局常委中产生	十一届三中全会恢复设立中央纪律检查委员会，100人 十二大，132人
1987.10— 1992.10	乔石	十三大延续十二大有关规定；取消关于中央纪律检查委员会第一书记必须从中央政治局常委中产生的规定；纪律检查委员会不处理法纪和政纪案件；撤销了在国家各部门设立的监察组	十三大，69人
1992.10— 2002.11	尉健行	设置、领导体制等基本制度没有变化。十四大后党的纪律检查机构和国家监察机构合署办公	十四大，108人 十五大，115人
2002.11— 2007.10	吴官正	设置、领导体制等基本制度没有变化	十六大，121人
2007.10—	贺国强	设置、领导体制等基本制度没有变化	十七大，127人
2012.11—	王岐山	设置、领导体制等基本制度没有变化	十八大，130人

四、纪律检查机关的权限与办案程序

纪律检查机关在处理特别重要或复杂的案件时，要向同级党委报告有关问题或处理结果；当发现同级党委委员有违纪违规行为时，可以先行初步核实，如果需要立案检查的，应报同级党委批准；涉及常务委员的，经报同级党委后再报上一级纪律检查委员会批准。

上级纪律检查委员会有权检查下级纪律检查委员会的工作，并且有权批准和改变下级纪律检查委员会对于案件所作的决定，如果所要改变的该下级纪律检查委员会的决定，已经得到它的同级党委的批准，这种改变必须经过它的上一级党委的批准。

纪律检查委员会如果对同级党委处理案件的决定有不同意见，可以请求上一级纪律检查委员会予以复查；如果发现同级党委或它的成员有违纪情况，在同级党委不予以解决或不给予正确解决的时候，有权向上级纪律检查委员会提出申诉，请求协助处理。

纪律检查委会员办案流程详见图12—2。

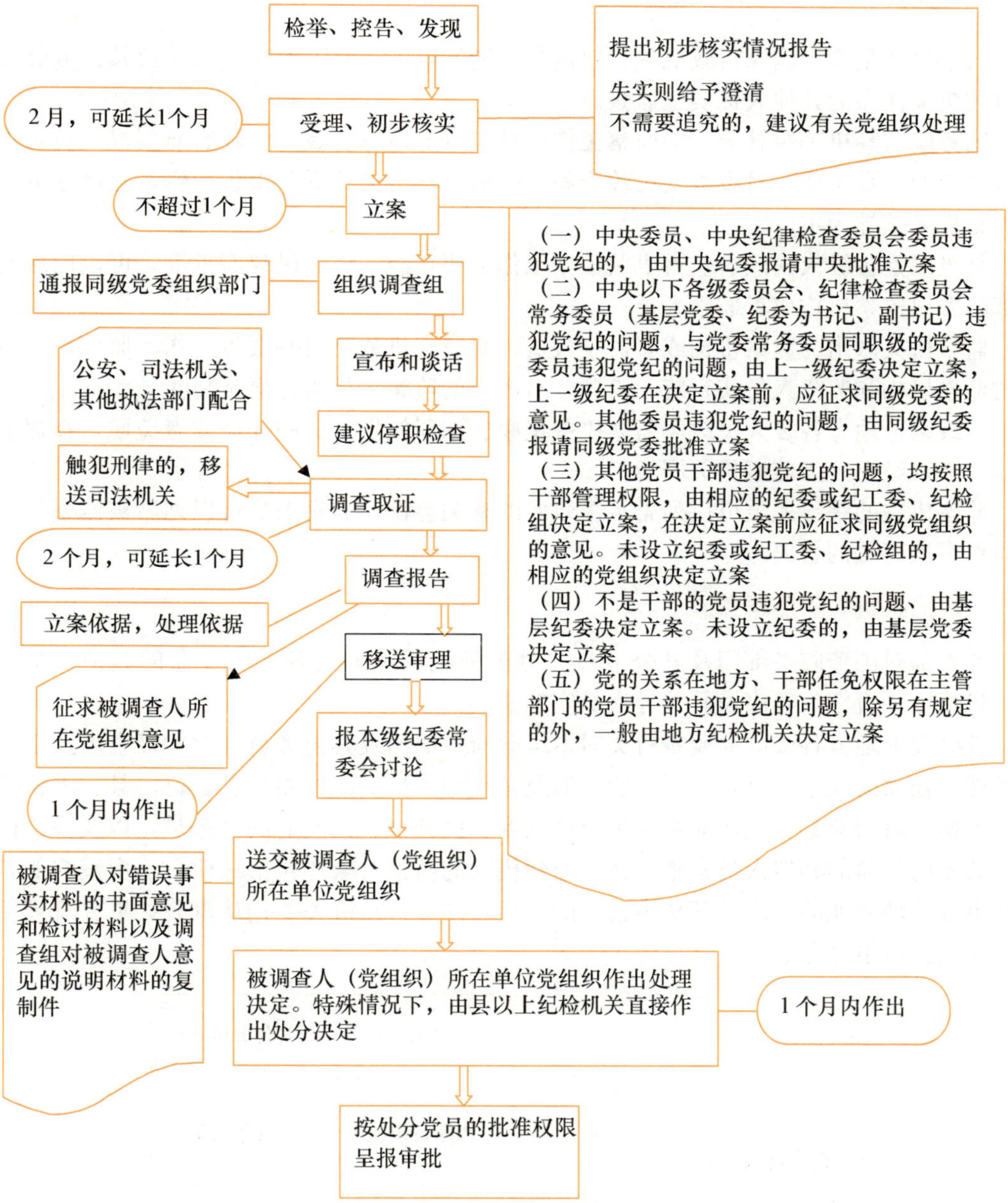

图12—2　纪律检查委员会办案流程

第二节　监察机关

一、监察机关的性质与地位

监察机关是各级国家行政机关行使监察职能的机关，对国家行政机关及其公务员和国家行政机关任命的其他人员实施监察。

国务院监察机关主管全国的监察工作。县级以上地方各级人民政府监察机关负责本行政区域内的监察工作，对本级人民政府和上一级监察机关负责并报告工作，监察业务以上级监察机关领导为主。

县级以上各级人民政府监察机关根据工作需要，经本级人民政府批准，可以向政府所属部门派出监察机构或者监察人员。

监察机关派出的监察机构或者监察人员，对监察机关负责并报告工作。监察机关对派出的监察机构和监察人员实行统一管理，对派出的监察人员实行交流制度。

县级以上地方各级人民政府监察机关正职、副职领导人员的任命或者免职，在提请决定前，必须经上一级监察机关同意。

监察机关的领导人员可以列席本级政府的有关会议，监察人员可以列席被监察部门的与监察事项有关的会议。

二、监察机关的监察对象

监察部对国务院各部门及其公务员，对国务院及国务院各部门任命的其他人员，对省、自治区、直辖市政府及其领导人员实施监察。

县级以上地方各级政府监察机关对本级政府各部门及其公务员，对本级政府及本级政府各部门任命的其他人员，对下一级政府及其领导人员实施监察。县、自治县、不设区的市、市辖区政府监察机关还对本辖区所属的乡、民族乡、镇政府的公务员，以及乡、民族乡、镇政府任命的其他人员实施监察。监察机关的监察对象还包括法律、法规授权的具有公共事务管理职能的组织及其从事公务的人员，国家行政机关委托从事公共事务管理活动的组织及其从事公务的人员（见图 12—3）。

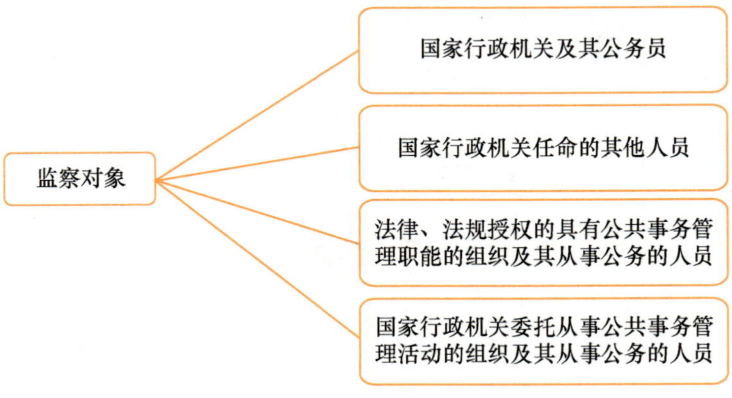

图 12—3　监察机关的监察对象

三、监察机关的职责与权限

1. 监察机关的职责

监察机关对监察对象执法、廉政、效能情况进行监察，履行下列职责：

（1）检查国家行政机关在遵守和执行法律、法规和政府的决定、命令中的问题；

（2）受理对国家行政机关及其公务员和国家行政机关任命的其他人员违反行政纪律行为的控告、检举；

（3）调查处理国家行政机关及其公务员和国家行政机关任命的其他人员违反行政纪律的行为；

（4）受理国家行政机关公务员和国家行政机关任命的其他人员不服主管行政机关给予处分决定的申诉，以及法律、行政法规规定的其他由监察机关受理的申诉；

（5）法律、行政法规规定由监察机关履行的其他职责。

此外，监察机关还负责组织协调、检查指导政务公开工作和纠正不正之风工作。

2. 监察机关的权限

（1）要求被监察的部门和人员提供与监察事项有关的文件、资料、财务账目及其他有关的材料，进行查阅或者予以复制；

（2）要求被监察的部门和人员就监察事项涉及的问题作出解释和说明；

（3）责令被监察的部门和人员停止违反法律、法规和行政纪律的行为。

3. 监察机关在调查违反行政纪律行为时可采取的措施

（1）一般监察措施。

1）暂予扣留、封存可以证明违反行政纪律行为的文件、资料、财务账目及其他有关的材料；

2）责令案件涉嫌单位和涉嫌人员在调查期间不得变卖、转移与案件有关的财物；

3）责令有违反行政纪律嫌疑的人员在指定的时间、地点就调查事项涉及的问题作出解释和说明，但是不得对其实行拘禁或者变相拘禁；

4）建议有关机关暂停有严重违反行政纪律嫌疑的人员执行职务。

（2）提请有关部门采取措施。

监察机关在调查贪污、贿赂、挪用公款等违反行政纪律的行为时，经县级以上监察机关领导人员批准，可以查询案件涉嫌单位和涉嫌人员在银行或者其他金融机构的存款；必要时，可以提请人民法院采取保全措施，依法冻结涉嫌人员在银行或者其他金融机构的存款。

监察机关在办理违反行政纪律案件中，可以提请有关行政部门、机构予以协助。被提请协助的行政部门、机构应当根据监察机关提请协助办理的事项和要求，在职权范围内予以协助。

（3）做出监察建议和监察决定。

监察机关遇有下列情形之一的，可以提出监察建议：

1）拒不执行法律、法规或者违反法律、法规以及政府的决定、命令，应当予以纠正的；

2）本级政府所属部门和下级政府作出的决定、命令、指示违反法律、法规或者国家政策，应当予以纠正或者撤销的；

3）给国家、集体利益和公民合法权益造成损害，需要采取补救措施的；

4）录用、任免、奖惩决定明显不适当，应当予以纠正的；

5）依照有关法律、法规的规定，应当给予行政处罚的；

6）需要给予责令公开道歉、停职检查、引咎辞职、责令辞职、免职等问责处理的；

7）需要完善廉政、勤政制度的；

8）其他需要提出监察建议的。

遇有下列情形之一的，可以作出监察决定或者提出监察建议：违反行政纪律，依法应当给予警告、记过、记大过、降级、撤职、开除处分的；违反行政纪律取得的财物，依法应当没收、追缴或者责令退赔的。

监察机关依法作出的监察决定，有关部门和人员应当执行。监察机关依法提出的监察建议，有关部门无正当理由的，应当采纳。

参考资料

实施监察的程序

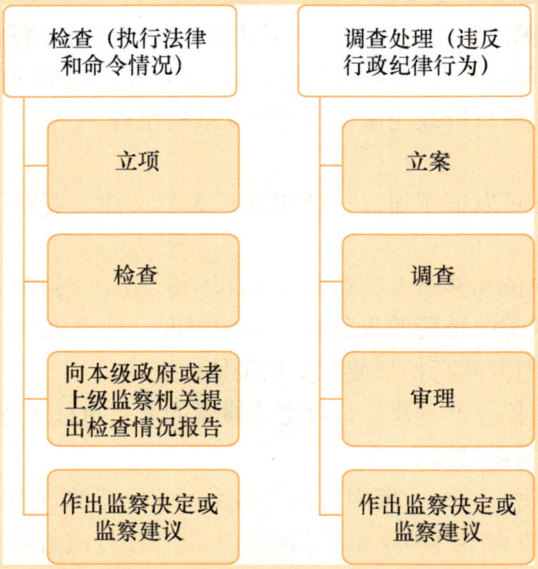

第三节　惩治和预防腐败工作制度建设

一、反贪污贿赂机构的设立

1. 国家预防腐败局

2003 年 10 月，第 58 届联合国大会通过了《联合国反腐败公约》。公约提出预防和打击并重的原则，强调在打击腐败的同时，要综合运用立法、司法、行政等多种手段预防腐败。各缔约国为此应设专门机构，并赋予这些机构以必要的独立性、物资和专职工作人员。2005 年，我国正式加入《联合国反腐败公约》，2007 年 9 月设立国家预防腐败局。

国家预防腐败局负责全国预防腐败工作的组织协调、综合规划、政策制定、检查指导；协调指导企业、事业单位、社会团体、中介机构和其他社会组织的预防腐败工作；负责在司法协助、引渡、被判刑人的移管、刑事诉讼的移交、执法合作、联合侦查和特殊侦查手段等方面，开展预防腐败的国际合作和国际援助（见图 12—4）。

国家预防腐败局

- 负责全国预防腐败工作的组织协调、综合规划、政策制定、检查指导
- 协调指导企业、事业单位、社会团体、中介机构和其他社会组织的预防腐败工作
- 负责预防腐败的国际合作和国际援助

图 12—4 国家预防腐败局的主要职责

我国纪检监察制度、反腐败制度的建设与发展历程见图 12—5。

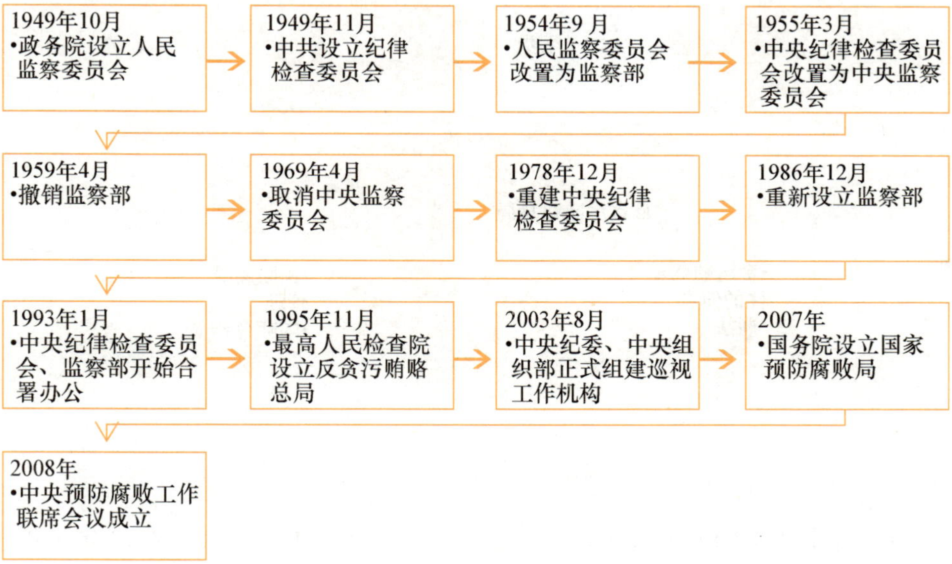

图 12—5 纪检监察制度、反腐败制度的建设与发展

2. 最高人民检察院反贪污贿赂总局

1995 年 11 月，最高人民检察院设立反贪污贿赂总局。反贪污贿赂局是检察院的一个重要职能部门，负责侦查国家工作人员贪污贿赂犯罪案件。

最高人民检察院反贪污贿赂总局负责对全国检察机关办理贪污贿赂、挪用公款、巨额财产来源不明、隐瞒境外存款、私分国有资产、私分罚没财物等犯罪案件的侦查、预审工作进行指导；参与重大贪污贿赂等犯罪案件的侦查；直接立案侦查全国性重大贪污贿赂等犯罪案件；组织、协调、指挥重特大贪污贿赂等犯罪案件的侦查；负责重特大贪污贿赂等

犯罪案件的侦查协作；研究分析全国贪污贿赂等犯罪的特点、规律，提出惩治对策；承办下级人民检察院反贪污贿赂工作中疑难问题的请示；研究、制定贪污贿赂检察业务工作细则、规定（见图 12—6）。

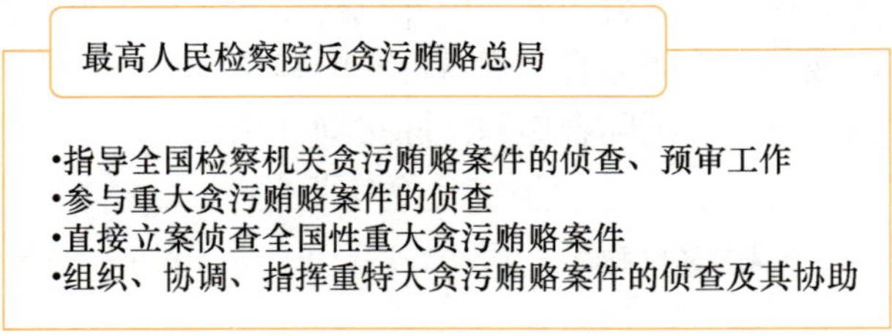

图 12—6　最高人民检察院反贪污贿赂总局主要职责

参考资料

纪委、监察机关、反贪污贿赂总局、国家预防腐败局工作职责关系

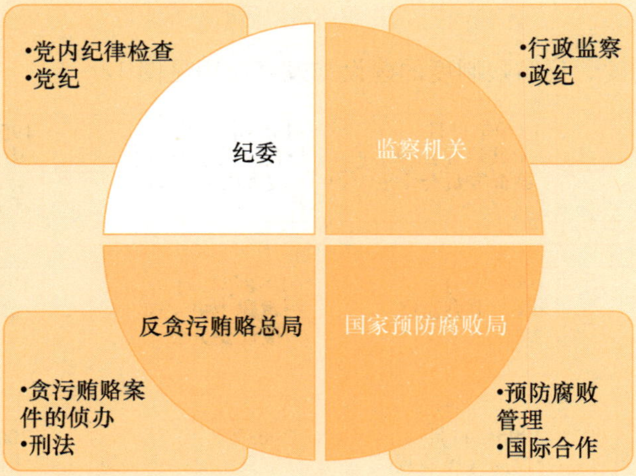

二、中共中央关于惩治和预防腐败工作的基本构想

2008 年，中共中央印发了《建立健全惩治和预防腐败体系 2008—2012 年工作规划》，要求经过五年时间，建成惩治和预防腐败体系基本框架，初步建立拒腐防变教育长效机制，健全反腐倡廉法规制度，基本形成权力运行监控机制，从源头上深化防治腐败体制，使党风政风明显改进，腐败现象进一步受到遏制，人民群众满意度有新的提高。

1. 具体措施

（1）开展反腐倡廉教育。

（2）完善反腐倡廉法规，健全反腐倡廉制度。

主要集中在完善党内民主、党内监督规章制度，健全党内民主集中制的具体制度，完善违纪行为惩处制度，完善反腐败领导体制和工作机制，加强反腐倡廉国家立法工作等方面。

（3）强化监督制约。

加强对领导机关、领导干部特别是各级领导班子主要负责人的监督；探索建立同级党代表大会代表、全委会对常委会工作评议监督制度；加强巡视工作；加强纪检监察机关派驻机构的统一管理等。

加强对干部人事权、司法权、行政审批权和行政执法权行使的监督；加强对财政资金和金融的监管；加强对国有资产的监管。

发挥各个监督主体的作用，如党内监督、人大监督、政府专门机关以及工会、共青团、妇联等人民团体的监督等。支持和保证司法监督、政协监督、舆论监督和群众监督。

开展执法监察、廉政监察和效能监察，加强行政服务中心的建设和管理；落实地（厅）级及以下党政主要领导干部经济责任审计制度，试行省（部）级主要领导干部经济责任审计；加强对重点专项资金和重大投资项目的审计，公告审计结果等。

实施《中华人民共和国政府信息公开条例》，推进政府上网工程，增强决策透明度和公众参与度。

建立健全决策权、执行权、监督权既相互制约又相互协调的权力结构和运行机制。

保持惩治腐败的强劲势头。

（4）深化体制机制制度改革。

主要包括：推进干部人事和司法体制改革，完善干部选拔任用制度。地方党委讨论任用重要干部推行无记名投票表决，建立公务员正常退出机制，完善干部考核评价体系；优化司法职权配置；加快推进政企分开、政资分开、政事分开、政府与市场中介组织分开；转变政府职能，建设服务政府、责任政府、法治政府和廉洁政府；扩大公共服务，完善社会管理。

推进财税、金融和投资体制改革。深化预算管理制度改革，逐步向社会公开预算内容和转移支付情况；推进国有企业改革；推进现代市场体系建设。

开展专项治理，重点解决物价、生态环境保护、食品药品质量、安全生产、征地拆迁等方面的问题；强化对社保基金、住房公积金和扶贫救灾专项资金的监管；落实行风建设责任制，办好政风行风热线。

提高执纪执法水平，坚持依纪依法办案。改进办案方式和手段；健全查处案件的协调机制，加大查处案件的组织协调力度。由纪委书记担任同级党委反腐败协调小组组长，加强对重大案件的协调、指导和督办，完善跨区域协作办案及防逃、追逃、追赃机制；建立健全国际执法合作、司法协助和涉案人员外逃预警、遣返、引渡，以及涉案资产追回等工作机制，加强反腐败国际合作和交流。

2. 预防腐败工作联席会议制度

按照《建立健全惩治和预防腐败体系 2008—2012 年工作规划》的要求，2008 年开始，中共在各级党委设立了由纪委书记担任组长的反腐败协调小组，以加强各级纪检监察机关对违法违纪重大案件的协调、指导和督办力度。同年，中央预防腐败工作联席会议成立。联席会议由中央纪委、中央组织部、全国人大法工委、最高人民法院、最高人民检察院、国家发改委、监察部、财政部、中国人民银行、审计署、国务院国资委、国家预防腐败局、国务院法制办13个部门和单位组成（见图12—7)。预防腐败工作联席会议制度，有利于各成员单位沟通情况、通报工作、交流信息、整合资源，统筹协调预防腐败工作的各项政策措施，形成预防腐败工作整体合力。

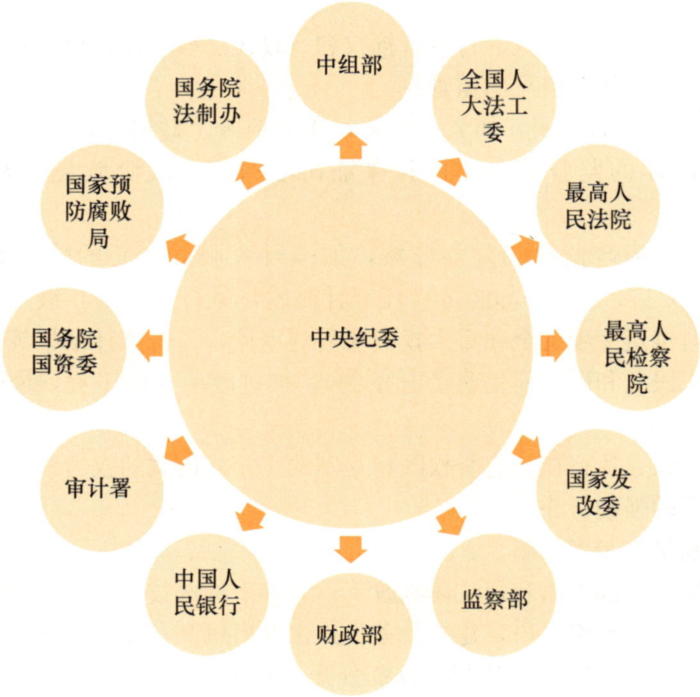

图12—7　中央预防腐败工作联席会议成员单位

本章小结

中共的纪律检查机关是对应于中央和地方各级党的委员会设置的、从事于专门党纪监督的机关。其主要任务是：检查党章、党规和党的决议的执行情况，对党员进行党纪教育，检查和处理重要的或复杂的违反党章、党规的案件，决定有关纪律处分问题，受理党员的控告和申诉。中央纪律检查委员会是中共的最高纪律检查机关。监察机关是各级行政机关行使监察职能的机关，对国家行政机关及其公务员和国家行政机关任命的其他人员实施监察。除纪检监察机构外，负有反贪污贿赂、反腐败、反渎职工作职能的机构还有国家预防腐败局、最高人民检察院反贪污贿赂总局。按照中共中央的设想，建立健全惩治和预防腐败体系，需要在教育、法规建设、制度建设、监督制约机制建设和深化体制机制制度改革等方面，开展一系列工作。

关键术语

纪律检查机关　　监察机关　　监察程序　　反腐倡廉

复习思考题

1. 纪律检查机关的主要任务。
2. 各级纪律检查委员会之间的关系。
3. 纪律检查委员会的办案流程。
4. 监察机关的职责、权限和可以采取的监察措施。
5. 纪委、监察机关、反贪污贿赂总局、国家预防腐败局的工作职责关系。

第五编　社会政治生活制度

第十三章 政治协商制度

政治协商制度是中国的基本政治制度，是中国共产党领导的多党合作和政治协商制度的重要组成部分，是实行科学民主决策的重要环节，是中国共产党提高执政能力的重要途径。中国人民政治协商会议是中国人民爱国统一战线的组织，是中国共产党领导的多党合作和政治协商的重要机构，是中国政治生活中发扬社会主义民主的重要形式。政协全国委员会和地方委员会的主要职能是政治协商、民主监督、参政议政。

重点问题

政治协商制度的概念
政治协商制度的作用
政治协商的主要内容
政治协商会议的主要任务
全国政协开展工作的主要方式

第一节 政治协商制度

一、政治协商制度的含义与政治协商的内容

1. 政治协商制度的含义

宪法规定，中共领导的多党合作和政治协商制度是中华人民共和国的一项基本政治制度。政治协商制度是在中共的领导下，各民主党派、各人民团体、各少数民族和社会各界的代表，以中国人民政治协商会议为组织形式，对国家的大政方针以及政治、经济、文化和社会生活中的重要问题在决策之前举行协商和就决策执行过程中的重要问题进行协商的制度。

2. 政治协商的内容

包括：中共全国代表大会、中共中央委员会的重要文件；宪法和重要法律的修改建议；国家领导人的建议人选；关于推进改革开放的重要决定；国民经济和社会发展的中长期规划；关系国家全局的一些重大问题；通报重要文件和重要情况并听取意见，以及其他需要同民主党派协商的重要问题等；各党派参加人民政协工作的共同性事务以及有关爱国统一战线的其他重要问题（见图 13—1）。

图 13—1 协商内容

二、政治协商制度的地位与历史发展

1. 政治协商制度的地位

政治协商制度是中国的基本政治制度，是中国共产党领导的多党合作和政治协商制度的重要组成部分，是实行科学民主决策的重要环节，是中国共产党提高执政能力的重要途径（见图 13—2）。

政治协商制度是社会主义民主政治建设和政治体制改革的重要内容和中国特色社会主义理论的主要内容之一。

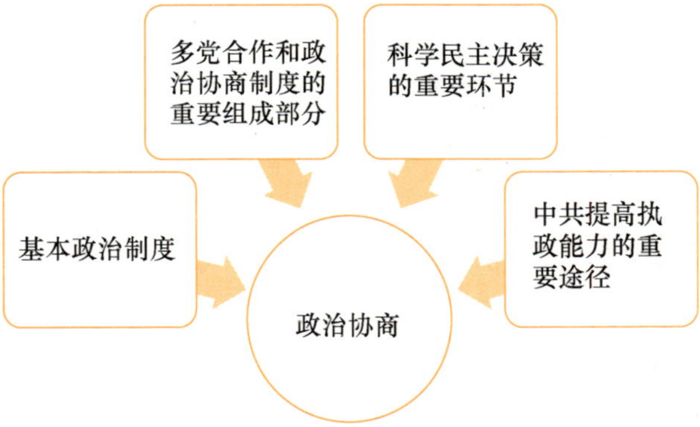

图 13—2 政治协商制度的重要性

2. 政治协商制度的历史发展

政治协商制度有长久的历史。早在中共建政之前，中共就通过统一战线的方式，与其他党派合作，实现自己的政治目标。1948 年，中共提出召开新政治协商会议，得到民主党派积极响应。1949 年，新政治协商会议召开，代表中国各阶层人民通过了《中国人民政治协商会议共同纲领》，宣告中华人民共和国成立。1954 年，毛泽东发表《关于政协的性质和任务》，阐明了政协的性质与任务。1956 年，中共确立“长期共存、互相监督”八字方针。1982 年，确立“长期共存、互相监督、肝胆相照、荣辱与共”十六字方针。1989 年底，中共中央经与各民主党派协商制定了《中共中央关于坚持和完善中国共产党领导的多党合作和政治协商制度的意见》。1992 年，中共十四大把完善中国共产党领导的多党合作和政治协商制度，作为建设有中国特色社会主义理论的主要内容之一。1993 年，八届全国人大一次会议通过的宪法修正案将“中国共产党领导的多党合作和政治协商制度将长期存在和发展”载入宪法。1995 年，全国政协制定《政协全国委员会关于政治协商、民主监督、参政议政的规定》；中共中央发出通知，要求各级党委加强和改善对政协工作的领导，在决策之前同政协进行协商。1997 年，中共十五大把坚持和完善中国共产党领导的多党合作和政治协商制度，提高到建设有中国特色社会主义政治的高度，列入社会主义初级阶段基本纲领，并把坚持和完善这一制度作为社会主义民主政治建设和政治体制改革的重要内容之一。2005 年，中共中央发布《中共中央关于进一步加强中国共产党领导的多党合作和政治协商制度建设的意见》。2006 年，中共中央发布《中共中央关于加强人民政协工作的意见》（见图 13—3）。

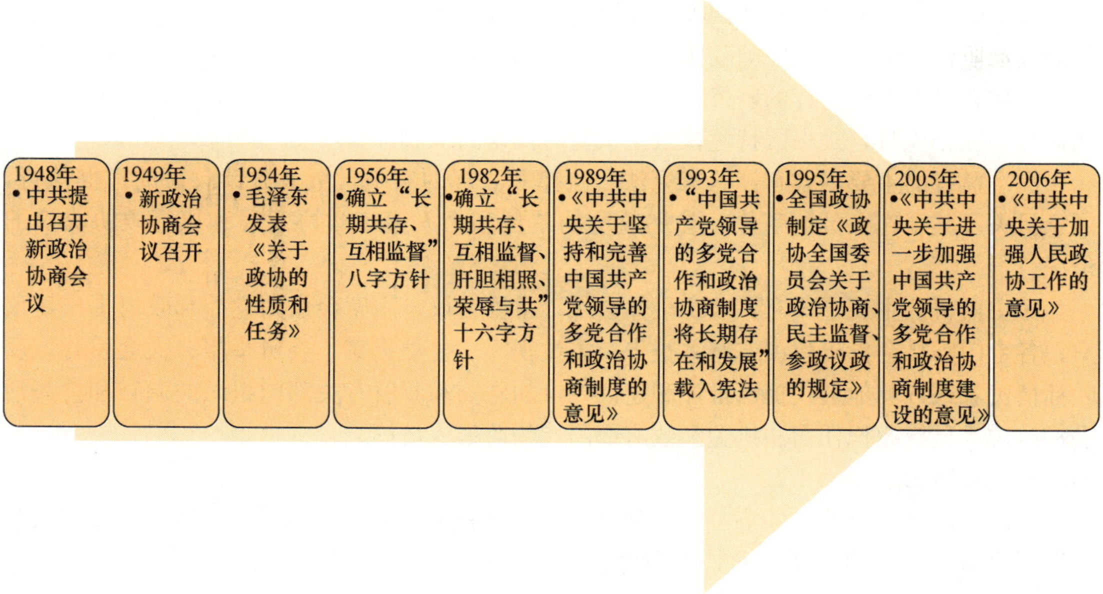

图 13—3 政治协商制度发展的主要政策阶段

第二节 中国人民政治协商会议

一、中国人民政治协商会议的性质

中国人民政治协商会议是中国人民爱国统一战线的组织，是中国共产党领导的多党合作和政治协商的重要机构，是中国政治生活中发扬社会主义民主的重要形式。

政协按照“大团结、大统一、囊括一切代表人物”的方针进行组织，具有组织上的广泛代表性和政治上的巨大包容性。

各党派团体、各族各界人士通过政协组织的会议和活动，协商议政。各民主党派在政协中可以以本党派名义发表意见，开展政治协商，体现具有中国特色的民主。

二、中国人民政治协商会议的基本职能

政协全国委员会和地方委员会的主要职能是政治协商、民主监督、参政议政（见图13—4）。

1. 政治协商

中国人民政治协商会议全国委员会和地方委员会可根据中国共产党、人民代表大会常务委员会、人民政府、民主党派、人民团体的提议，举行有各党派、团体的负责人和各族各界人士的代表参加的会议，进行协商，亦可建议上列单位将有关重要问题提交协商。

2. 民主监督

民主监督是对国家宪法、法律和法规的实施，重大方针政策的贯彻执行、国家机关及其工作人员的工作，通过建议和批评进行监督。

政协的民主监督是在坚持四项基本原则的基础上通过提出意见、批评、建议的方式进行的政治监督，它是参加中国政协的各党派团体和各族各界人士通过政协组织对国家机关及其工作人员的工作进行的监督，也是中国共产党在政协中与各民主党派和无党派人士之间进行的互相监督，是中国特色社会主义监督体系的组成部分。

民主监督的主要内容有：国家宪法、法律和法规的实施，重大方针政策的贯彻执行，国家机关及其工作人员的工作，参加政协的单位和个人遵守政协章程和执行政协决议的情况。

民主监督的主要形式有：政协全体会议、常委会议、主席会议向党委和政府提出建议案；各专门委员会提出建议或有关报告；委员视察、委员提案、委员举报、大会发言、反映社情民意或以其他形式提出批评和建议；参加党委和政府有关部门组织的调查和检查活动；政协委员应邀担任司法机关和政府部门特约监督人员等。

3. 参政议政

参政议政是对政治、经济、文化和社会生活中的重要问题以及人民普遍关心的问题，开展调查研究，反映社情民意，进行协商讨论。通过调研报告、提案、建议案或其他形式，向中国共产党和国家机关提出意见和建议。

政协的参政议政是政协履行职能的重要形式，是保证党政领导机关听取参加政协的各民主党派、人民团体和各族各界人士意见和建议的有效方式。

参政议政的内容主要有：选择人民关心、党政部门重视、政协有条件做的课题，组织调查和研究，向党政领导机关提出建议性意见；通过多种方式，发挥委员的专长和作用献计献策；参与政治、经济、文化和社会活动，对一些共同关心的事项开展评议等。

参政议政的主要形式有：反映社情民意，各种协商例会，各种专题议政会、专题研讨会、专题调研、委员视察、考察、政协委员参与中共党委与政府统一组织的检查和巡视。

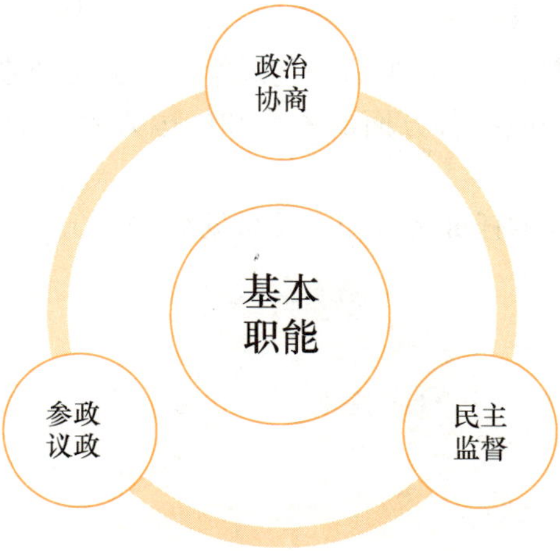

图 13—4　政协的基本职能

三、中国人民政治协商会议的设置与任务

1. 政协的设置

政协设全国委员会和地方委员会。

地方委员会的组成，根据当地情况，参照全国委员会的组成决定。

全国委员会和地方委员会，按照《中国人民政治协商会议章程》进行工作。

2. 政协的任务

（1）宣传。

宣传和执行国家的宪法、法律、法规和各项方针、政策；组织和推动委员学习马克思列宁主义、毛泽东思想、邓小平理论、“三个代表”重要思想和科学发展观；开展爱祖国、爱人民、爱劳动、爱科学、爱社会主义的公德以及革命的理想、道德和纪律的宣传教育工作。

（2）建议。

组织委员视察、参观和调查，就各项事业和群众生活的重要问题进行研究；联系国家机关和其他有关组织，在政治、法律、经济、教育、科学技术、文化艺术、医药卫生、体育等方面开展调查研究等活动，发挥委员的专长和作用；对国家机关和国家工作人员的工作提出建议和批评，协助国家机关改进工作，加强廉政建设。

（3）联系。

联系各方面人士，反映他们及其所联系的群众的意见和要求；宣传和协助贯彻执行国家的人才强国战略和知识分子政策；推动和协助社会力量兴办各种有利于社会主义建设的事业。

（4）统战。

开展同台湾同胞和各界人士的联系；加强同香港、澳门特别行政区同胞的联系和团结；反映少数民族的意见和要求；团结宗教界爱国人士和有宗教信仰者；加强同归侨、侨眷和海外侨胞的联系和团结；开展人民外交活动。

（5）自身建设。

根据统一战线组织的特点进行关于中国近代史、现代史资料的征集、研究和出版工作。

全国委员会加强同地方委员会的联系，沟通情况，交流经验，研究地方委员会带共同性的问题；调整和处理统一战线各方面的关系和中国人民政治协商会议内部合作的重要事项。

中国人民政治协商会议的任务及其相互关系见图 13—5。

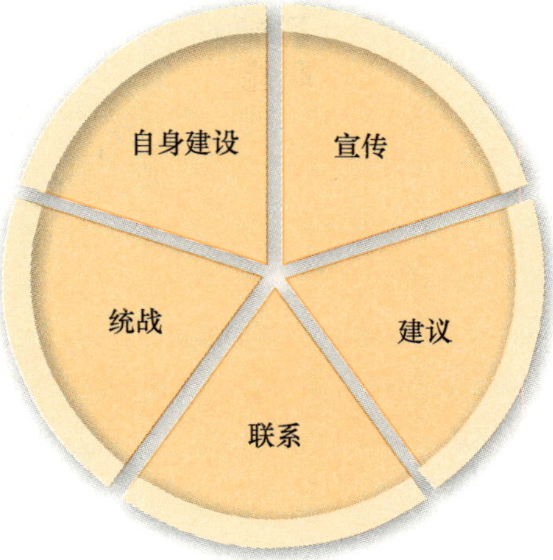

图 13—5 政协的任务及其相互关系

四、中国人民政治协商会议的发展

1. 政协的建立

1949 年 9 月 21 日，由中国共产党、各民主党派和无党派人士、各人民团体、各地区、人民解放军、各少数民族、海外华侨及其他爱国民主分子的代表组成的中国人民政治协商会议第一届全体会议在北平召开。会议通过《中国人民政治协商会议组织法》，选举产生了中国人民政治协商会议第一届全国委员会。

1954 年 9 月，第一届全国人民代表大会举行第一次会议，通过了《中华人民共和国宪法》，人民政协全体会议完成了代行全国人民代表大会职权的任务。12 月，政协第二届全国委员会第一次会议通过的《中国人民政治协商会议章程》规定，人民政协是人民民主统一战线组织，将继续存在和发挥作用。随之，各省、自治区、直辖市分别建立了人民政协的地方委员会。

2. 政协的发展

1978 年以后，各级政协开始了一个新的发展时期。目前，政协已经发展成为包括全体社会主义劳动者、社会主义事业的建设者、拥护社会主义的爱国者和拥护祖国统一的爱国者的，由各党派团体和各族各界代表人士组成的爱国统一战线组织。

政协发展的主题是团结和民主。在中国共产党领导下实行团结和民主，是中国政协性质的集中体现，是中国政协产生和发展的历史和现实依据，是中国政协未来的方向和使命。中国人民政治协商会议全体会议和全国委员会历次会议的会期见表 13—1。

历届政协全国委员会的委员数见图 13—6。

表 13—1 中国人民政治协商会议全体会议和全国委员会历次会议的会期

会议类型/届次	会次	会期
第一届全体会议		1949.9.21—30
第一届全国委员会（1949.10—1954.12）	第一次会议	1949.10.9
	第二次会议	1950.6.14—23
	第三次会议	1951.10.23—11.1
	第四次会议	1953.2.4—7
第二届全国委员会（1954.12—1959.4）	第一次会议	1954.12.21—25
	第二次会议	1956.1.30—2.7
	第三次会议	1957.3.5—20
第三届全国委员会（1959.4—1965.1）	第一次会议	1959.4.17—29
	第二次会议	1960.3.29—4.11
	第三次会议	1962.3.23—4.18
	第四次会议	1963.11.17—12.4
第四届全国委员会（1965.1—1978.3）	第一次会议	1964.12.20—65.1.5
第五届全国委员会（1978.3—1983.6）	第一次会议	1978.2.24—3.8
	第二次会议	1979.6.15—7.2
	第三次会议	1980.8.28—9.12
	第四次会议	1981.11.28—12.14
	第五次会议	1982.11.24—12.11
第六届全国委员会（1983.6—1988.4）	第一次会议	1983.6.4—22
	第二次会议	1984.5.12—26
	第三次会议	1985.3.25—4.8
	第四次会议	1986.3.23—4.11
	第五次会议	1987.3.24—4.8
第七届全国委员会（1988.4—1993.3）	第一次会议	1988.3.24—4.10
	第二次会议	1989.3.19—27
	第三次会议	1990.3.18—29
	第四次会议	1991.3.23—4.4
	第五次会议	1992.3.18—28
第八届全国委员会（1993.3—1998.3）	第一次会议	1993.3.14—27
	第二次会议	1994.3.8—19
	第三次会议	1995.3.3—14
	第四次会议	1996.3.3—13
	第五次会议	1997.2.27—3.12
第九届全国委员会（1998.3—2003.3）	第一次会议	1998.3.3—14
	第二次会议	1999.3.3—12
	第三次会议	2000.3.3—11
	第四次会议	2001.3.3—12
	第五次会议	2002.3.3—13
第十届全国委员会（2003.3—2008.3）	第一次会议	2003.3.3—15

续前表

会议类型/届次	会次	会期
	第二次会议	2004.3.3—12
	第三次会议	2005.3.3—12
	第四次会议	2006.3.3—13
	第五次会议	2007.3.3—15
第十一届全国委员会（2008.3—2013.3）	第一次会议	2008.3.3—14
	第二次会议	2009.3.3—12
	第三次会议	2010.3.3—13
	第四次会议	2011.3.3—13
	第五次会议	2012.3.3—13
第十二届全国委员会（2013.3—）	第一次会议	2013.3.3—12
	第二次会议	2014.3.3—12

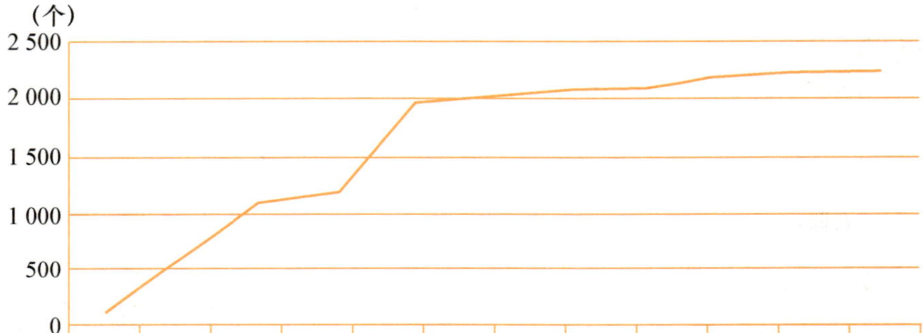

	第一届	第二届	第三届	第四届	第五届	第六届	第七届	第八届	第九届	第十届	第十一届	第十二届
委员数	180	559	1 071	1 199	1 988	2 039	2 081	2 093	2 195	2 238	2 237	2 237

图 13—6 历届政协全国委员会的委员数

第三节 中国人民政治协商会议全国委员会

一、全国委员会的组成

1. 全国委员会的组成与任期

全国委员会由各党派、人民团体、各少数民族和各界的代表，香港、澳门特别行政区同胞、台湾同胞和归国侨胞的代表，以及特别邀请的人士组成，包括中国共产党、八个民主党派人士，无党派人士，共青团、工会、妇联、青联、工商联、科协、台联、侨联八个主要人民团体，五十六个民族和五大宗教团体的代表人士，香港、澳门特别行政区同胞、台湾同胞和归国侨胞的代表，以及其他各个界别的代表人士（见图 13—7）。

凡赞成《中国人民政治协商会议章程》的党派和团体，经全国委员会常务委员会同意，得参加全国委员会。个人经全国委员会常务委员会邀请，亦得参加全国委员会。

每届全国委员会的参加单位、委员名额和人选及界别设置，经上届全国委员会主席会议审议同意后，由常务委员会协商决定。

每届全国委员会任期内，有必要增加或者变更参加单位、委员名额和决定人选时，经本届主席会议审议同意后，由常务委员会协商决定。

全国委员会每届任期五年。如遇非常情况，由常务委员会以全体组成人员的三分之二以上的多数通过，得延长任期。

全国委员会全体会议每年举行一次。常务委员会认为必要时，得临时召集之。

全国委员会设主席、副主席若干人、秘书长。

图 13—7　组成全国委员会的团体与个人

2. 全国委员会的界别

政协由界别组成。界别是政协的参加单位。

历届政协界别随国家形势的发展和经济社会结构的变化进行调整。

政协第十二届全国委员会届别见图 13—8。

历届政协全国委员会的届别数见图 13—9。

政协第十二届全国委员会界别

- 中国共产党/中国国民党革命委员会/中国民主同盟/中国民主建国会/中国民主促进会/中国农工民主党/中国致公党/九三学社/台湾民主自治同盟
- 无党派人士

  中国共产主义青年团/中华全国总工会/中华全国妇女联合会/中华全国青年联合会/中华全国工商业联合会/中国科学技术协会/中华全国台湾同胞联谊会/中华全国归国华侨联合会
- 文化艺术界/科学技术界/社会科学界/经济界/农业界/教育界/体育界/新闻出版界/医药卫生界/对外友好界/社会福利和社会保障界/少数民族界/宗教界
- 特邀香港人士/特邀澳门人士
- 特别邀请人士

图 13—8　政协第十二届全国委员会界别

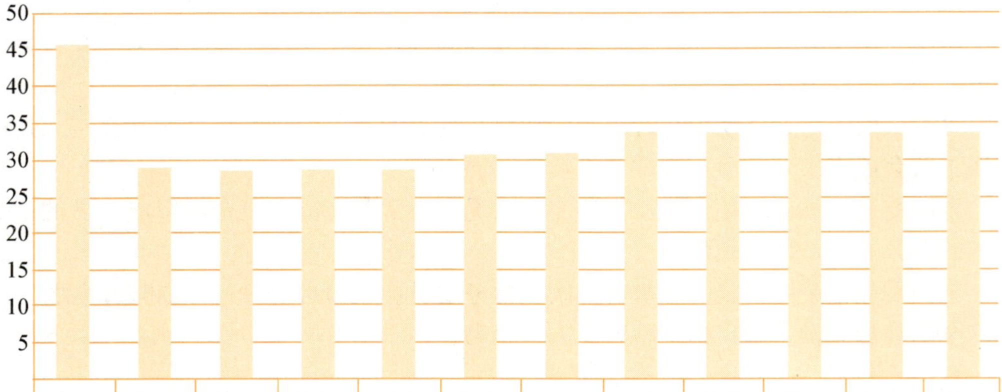

	第一届	第二届	第三届	第四届	第五届	第六届	第七届	第八届	第九届	第十届	第十一届	第十二届
界别	46	29	29	29	29	31	32	34	34	34	34	34

图 13—9　历届政协全国委员会的界别数

3. 全国委员会的职权

中国人民政治协商会议全国委员会全体会议行使下列职权：修改《中国人民政治协商会议章程》，监督章程的实施；选举全国委员会的主席、副主席、秘书长和常务委员；听取和审议常务委员会的工作报告；讨论本会重大工作方针、任务并作出决议；参与对国家大政方针的讨论，提出建议和批评。

二、全国委员会常务委员会

1. 常务委员会的地位与组成

全国委员会设常务委员会主持会务。

常务委员会由全国委员会主席、副主席、秘书长、常务委员组成，其候选人从政协委员中产生，由参加政协全国委员会的各党派团体、各族各界人士协商提名，经全国委员会全体会议选举产生。

全国委员会主席主持常务委员会的工作，副主席、秘书长协助主席工作

主席、副主席、秘书长组成主席会议，处理常务委员会的重要日常工作。

主席会议受常务委员会的委托，主持下一届第一次全体会议预备会议。

2. 常务委员会的职权

常务委员会解释《中国人民政治协商会议章程》，监督章程的实施；召集并主持中国人民政治协商会议全国委员会全体会议（每届第一次全体会议由主席团主持）；组织实现《中国人民政治协商会议章程》规定的任务；执行全国委员会全体会议的决议；全国委员会全体会议闭会期间，审查通过提交全国人民代表大会及其常务委员会或国务院的重要建议案，处理全国委员会的工作；根据秘书长的提议，任免中国人民政治协商会议全国委员会副秘书长；决定中国人民政治协商会议全国委员会工作机构的设置和变动，并任免其领导成员。

三、全国委员会的其他机构

1. 秘书长与秘书长会议

全国委员会设办公厅，在秘书长领导下进行工作；设副秘书长若干人，协助秘书长工作。

秘书长由全国委员会全体会议选举产生。副秘书长由秘书长提议、全国委员会常务委员会任免。

秘书长参加常务委员会和主席会议集体领导，协调各专门委员会并领导办公厅工作。

秘书长、副秘书长组成秘书长会议，在主席会议领导下进行工作。秘书长会议由秘书长主持。

秘书长会议的主要任务：讨论参加政协的各党派、无党派人士、各人民团体共同关心的问题，向主席会议、常务委员会提出意见和建议；协助主席、副主席组织实施全体会议、常务委员会会议、主席会议的决议；负责全体会议、常务委员会会议、主席会议、常务委员专题座谈会及协商座谈会的准备和服务工作；审议提交主席会议的各项文件及以办公厅名义发出的文件；讨论全国委员会、各民主党派中央和全国工商联机关共同事务和重要活动安排；调查研究地方各级政协的工作经验和共同存在的问题，就加强和改进政协工作，向主席会议和常务委员会提出建议；加强同国家机关、各党派团体、地方政协的联系与协作；为主席、副主席、常务委员和委员履行职责服务；完成主席、副主席交办的其他事项；负责政协机关建设；审议有关人事任免事项。

2. 专门委员会及其他工作机构

全国委员会根据工作需要设立若干专门委员会及其他工作机构。

专门委员会是在常务委员会和主席会议领导下，组织委员进行经常性活动的工作机构。

各专门委员会设主任一人，副主任、委员若干人。

中国人民政治协商会议全国委员会的结构见图 13—10。政协第十二届全国委员会的工作机构见图 13—11。

四、全国政协开展工作的主要方式

1. 举行会议

会议是政协履行职能和政协委员参政议政的主要形式之一。

全国委员会的会议主要有：全体会议、常务委员会会议、主席会议，以及秘书长会议、专门委员会会议。此外，还可根据需要召开专题座谈会、专题协商会、情况通报会、论证会、意见听取会、研讨会等。

（1）全国委员会全体会议。

全国委员会的全体会议是中国政协最高层次的协商形式。

全体会议由常务委员会召集并主持，每届第一次全体会议由预备会议选举产生的主席团主持。

全体会议每年举行一次，会期 7～15 天。一般在每年 3 月召开。

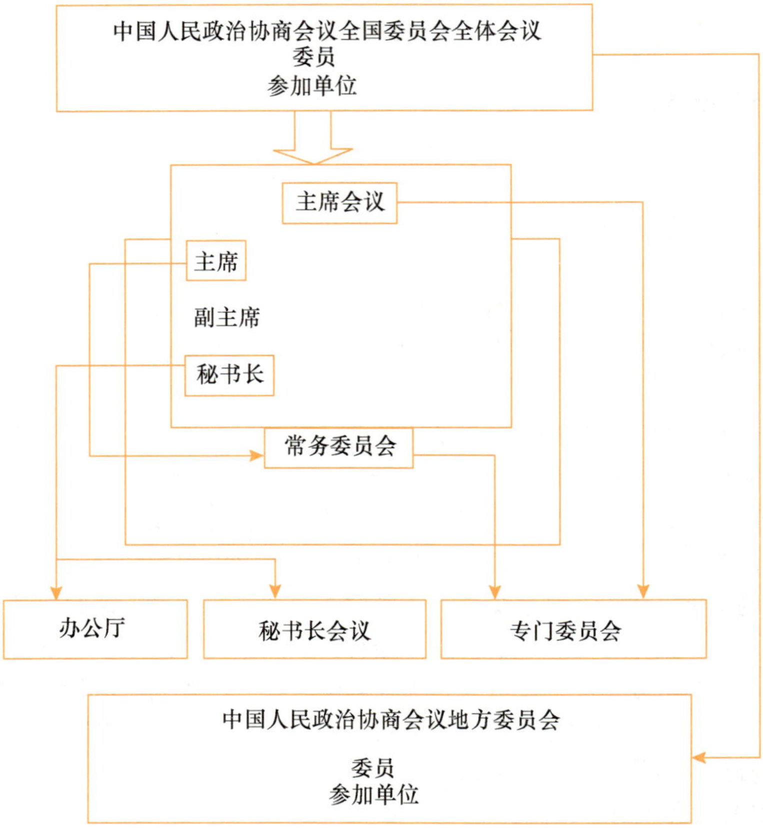

图 13—10 中国人民政治协商会议全国委员会结构图

全体会议须有三分之二以上的委员出席才能举行。

会议邀请中共中央、全国人大常委会、国务院、中央军委和最高人民法院、最高人民检察院领导人出席或旁听。

全体会议的主要任务是：选举全国委员会的主席、副主席、秘书长和常务委员，决定常务委员会组成人员的增加或变更；协商讨论国家的大政方针以及政治、经济、文化和社会生活中的重大问题，提出建议和批评；听取和审议常务委员会工作报告、提案工作情况的报告和其他报告；听取并讨论政府工作报告、国家计划和预算报告、最高人民法院工作报告、最高人民检察院工作报告以及其他重要报告，提出意见和建议。

全体会议的日程主要有：大会发言、界别联组讨论和分组讨论、列席全国人大会议等。

大会发言人选由会议秘书处确定。

全体会议虽然安排有大会发言日程，但更为常见的是书面发言，各党派、团体、界别、专门委员会、委员个人或联名，均可提交书面发言材料。

会议期间，委员按界别组成委员小组举行会议。小组会由本组委员推荐的委员小组组长主持，在委员小组组长产生之前由委员召集人主持。

若干小组联合组成联组会。联组会可由同一界别的委员小组合并而成，也可由不同界别的委员小组联合而成。联组会的主持人由参加联组会的各委员小组推举产生。

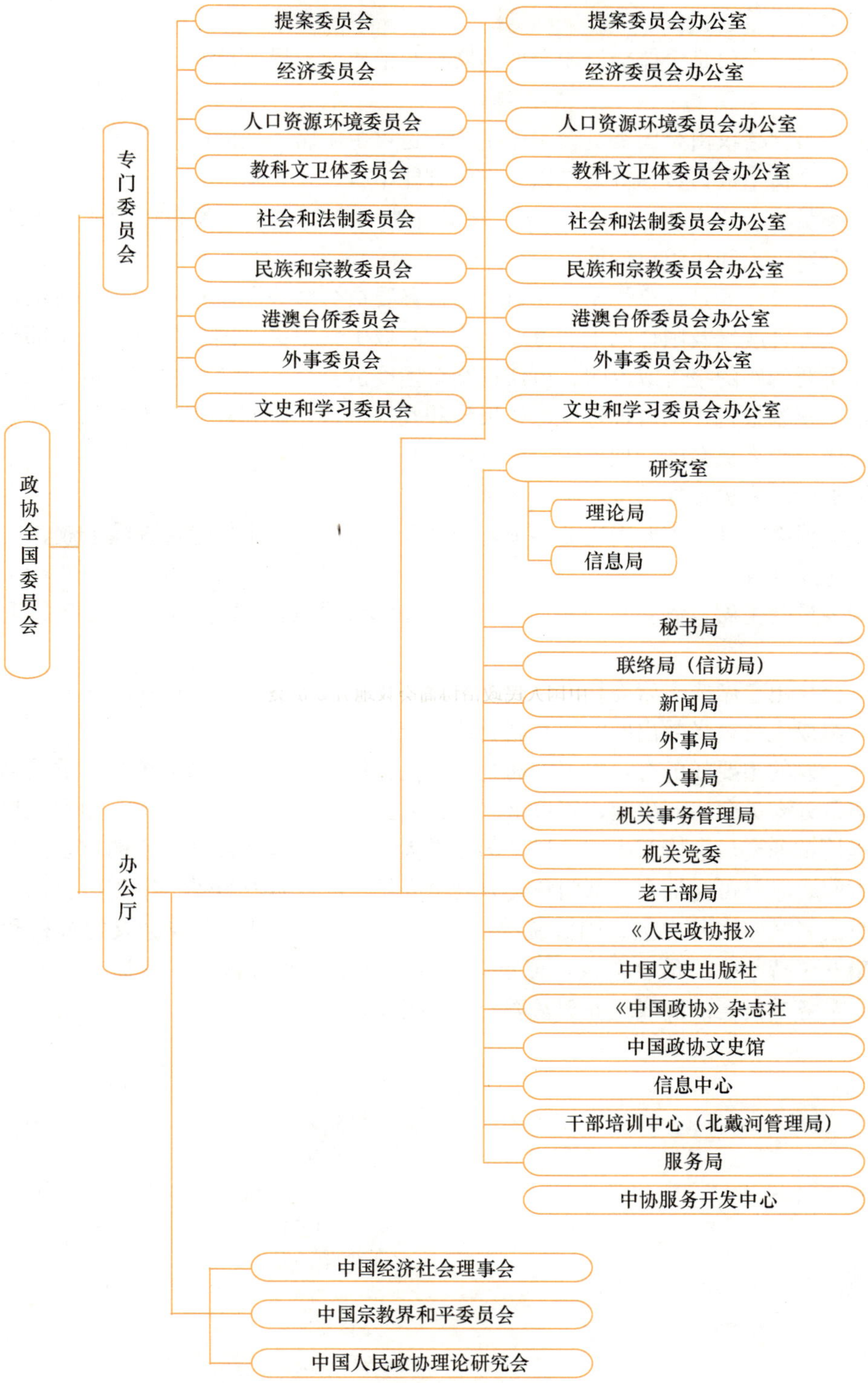

图 13—11　政协第十二届全国委员会的工作机构

注：专门委员会的办事机构是办公室，专门委员会办公室同时也是办公厅机关的内设机构，一般称为“局”，这些机构同时受专门委员会和办公厅的领导。

（2）常务委员会会议。

常务委员会会议是全体会议闭会期间履行政治协商、民主监督、参政议政职能的主要形式。

常务委员会会议由全国委员会主席主持，也可由主席委托的副主席主持，一般每季度举行一次。全体组成人员三分之二以上出席方能举行。

常务委员会会议会期一般3～4天。会议主要日程有：大会发言、听取报告或情况介绍、专题分组讨论和小组讨论等。

会议的主要任务是：审议全国委员会及常务委员会会务和工作中的重大事项；协商讨论国家重大方针政策及国计民生的重要问题，听取中共中央、国务院以及有关部门的负责人对有关重要问题的报告或说明；审议提交全国委员会全体会议的文件；审议重要的建议案、提案、视察报告、调研报告、出访报告和其他报告；研究政协工作中的重要事务；协商决定下届全国委员会的参加单位、委员名额和委员人选及界别设置；协商决定本届全国委员会增加或者变更参加单位、委员名额和人选等。

会议的议案或其他需要表决的事项，须经全体组成人员半数通过方能生效。

（3）主席会议。

全国委员会主席、副主席、秘书长组成主席会议，负责处理常务委员会的重要日常工作。

主席会议由主席或主席委托的副主席召集并主持，一般每月举行一次（见图13—12）。

全体组成人员过半数出席时，主席会议方能举行。

主席会议的主要任务有：审议本届全国委员会增加或者变更参加单位、委员名额和人选，提请常务委员会协商决定；审议下届全国委员会的参加单位、委员名额和人选及界别设置，提请常务委员会协商决定；讨论国家重大方针政策以及群众关心的重要问题，协商讨论重大问题时，可邀请有关部门负责人到会介绍情况、听取意见；审查以全国委员会或常务委员会名义向中共中央、国务院提出的重要建议案；拟定常委会议的日程和议程草案；召集并主持常务委员会会议，拟定会议的议程草案和日程，审议提交常委会议的文件；执行常务委员会的决议，处理常委会的重要日常工作等。

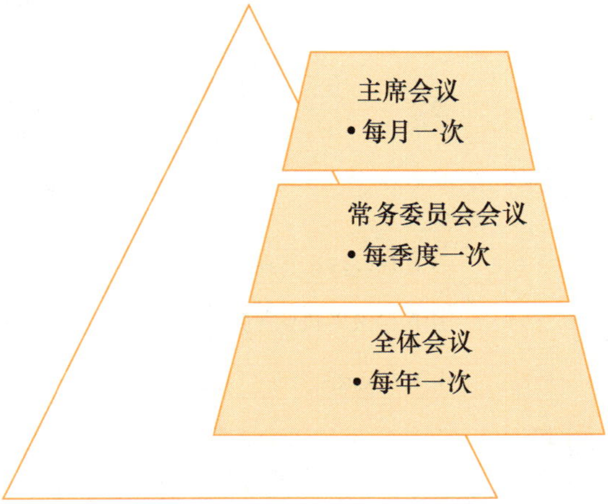

图13—12　主席会议、常务委员会会议、全体会议的举行频次

2. 提案

提案是政协委员和参加政协的各党派、各人民团体以及政协各专门委员会，向政协全体会议或者常务委员会提出的、经提案审查委员会或提案委员会审查立案后，交承办单位办理的书面意见和建议。

提案的提出一般有四种形式：政协委员以个人名义或者联名方式提出的提案；政协全体会议期间，以界别、小组或者联组名义提出的提案；参加政协的各党派、人民团体以本党派、团体名义提出的提案；政协各专门委员会以委员会名义提出的提案。

提案提出后，提案审查委员会、提案委员会对收到的提案进行审查，审查通过的予以立案。经过审查立案的提案，根据提案的内容和有关单位分工确定承办单位。

承办提案的中国共产党有关部门、国家机关有关部门、军队有关部门、有关人民团体等单位，根据法律、法规、政策和有关规定办理提案。

承办单位办理提案后，在规定的时间内答复，并将办理复文直接寄交第一提案人，同时抄送提案委员会办公室。如提案者在规定时间内未收到复文，可向提案委员会办公室查询。

全国委员会的提案流程见图 13—13。

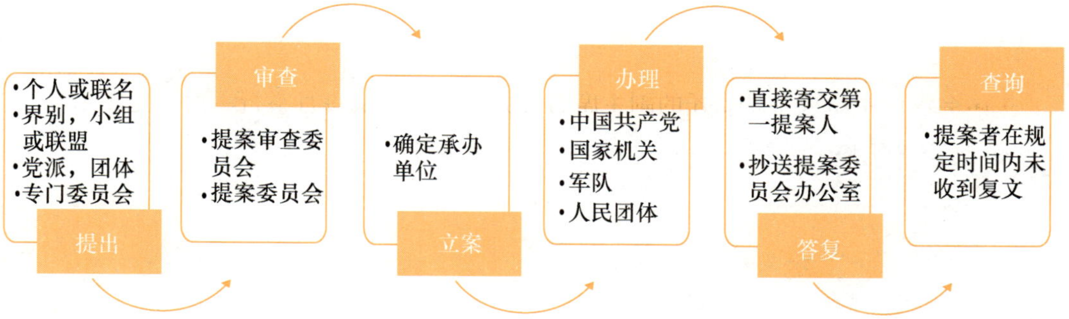

图 13—13 全国委员会的提案流程

3. 视察

视察是指在全体会议闭会期间，政协组织委员对国家重大方针政策的贯彻落实、重大项目的规划建设、人民普遍关注的重大问题的研究解决，所进行的巡视察看和咨政建言的过程和行为。

视察的范围包括：宪法、法律和法规的实施，重大方针政策的贯彻执行，政治、经济、文化和社会生活中的重要问题，国家机关及其工作人员的工作情况。

4. 专题调研

专题调研是委员以专门委员会为依托，围绕国家中心工作，选择某一专题进行调查研究，提出意见和建议，供党政部门决策参考的过程和形式。

专题调研是委员了解中共和国家方针政策贯彻落实情况，收集、反映社情民意的重要途径和方法，是委员参政议政的基础性工作。

5. 反映社情民意

政协组织各党派团体和各族各界人士，围绕国家大政方针、普遍关注的问题，汇集、分析情况，并向党政机关和有关部门反映意见和建议，帮助领导机关判断形势、进行有效决策的经常性、基础性工作。

6. 联络海外同胞

宣传有关祖国统一的方针政策；了解和研究有关台湾的政治、经济、社会等方面的重要情况，促进海峡两岸人员往来和经济文化交流；了解和反映港澳台侨人士的看法和意见，开展对港澳台同胞和海外华侨、华人联络工作。

主要渠道有：采取多种方式扩大与港澳台侨同胞的友好接触，邀请港澳台侨同胞人士参加各种重大的纪念活动，邀请港澳台侨同胞人士参加政协举办的各种联谊活动等。

7. 开展对外交往

立足于国家外交大局，开展同世界各国的友好往来与交流合作。政协对外交往的主要形式有：政协领导人与各国相关机构的领导人进行友好互访；政协组织与一些国家的相关机构建立联系并开展交流；在华举办或赴外国出席国际论坛；通过中国经济社会理事会和中国宗教界和平委员会这两个平台开展交流与合作。

政协的对外交往是中国总体外交的组成部分。

政协开展工作的方式见图13—14。

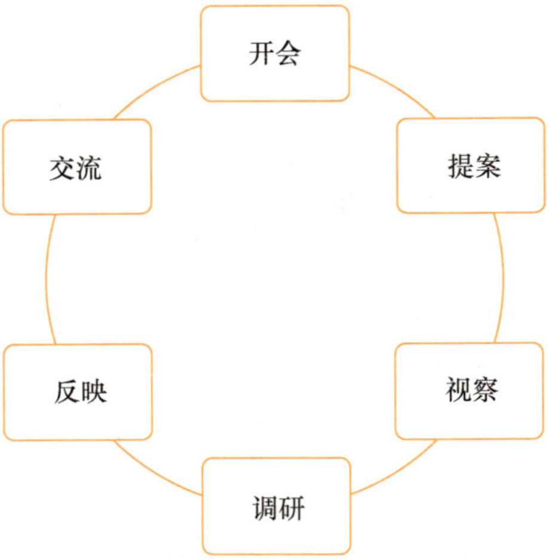

图13—14 政协开展工作的方式

第四节 地方委员会

一、地方委员会的设置

省、自治区、直辖市设中国人民政治协商会议的省、自治区、直辖市委员会；自治州、设区的市、县、自治县、不设区的市和市辖区，凡有条件的地方，均可设立中国人民政治协商会议各该地方的地方委员会。

每届地方委员会的参加单位、委员名额和人选及界别设置，经上届地方委员会主席会议审议同意后，由常务委员会协商决定。

每届地方委员会任期内，如有必要增加或者变更参加单位、委员名额和决定人选，经本届地方委员会主席会议审议同意后，由常务委员会协商决定。

地方委员会每届任期五年。地方委员会的全体会议每年至少举行一次。

截至2008年底，政协各级地方委员会3 118个，各级地方政协委员63.2万人。

二、地方委员会的职权

地方委员会全体会议行使下列职权：选举地方委员会的主席、副主席、秘书长和常务委员；听取和审议常务委员会的工作报告；讨论并通过有关的决议；参与对国家和地方事务的重要问题的讨论，提出建议和批评。

1. 常务委员会

地方委员会设常务委员会主持会务。

常务委员会由地方委员会主席、副主席、秘书长和常务委员组成，其候选人由参加各该地方委员会的各党派、团体、各民族和各界人士协商提名，经全体会议选举产生。

地方委员会常务委员会行使下列职权：召集并主持地方委员会全体会议；每届第一次全体会议前召开全体委员参加的预备会议，选举第一次全体会议主席团，由主席团主持第一次全体会议；组织实现《中国人民政治协商会议章程》规定的任务和全国委员会所作的全国性的决议以及上级地方委员会所作的全地区性的决议；执行地方委员会全体会议的决议；地方委员会全体会议闭会期间，审议通过提交同级地方人民代表大会及其常务委员会或人民政府的重要建议案；根据秘书长的提议，任免地方委员会的副秘书长；决定地方委员会工作机构的设置和变动，并任免其领导成员。

2. 主席与主席会议

地方委员会设主席、副主席若干人和秘书长。

地方委员会的主席主持常务委员会的工作。副主席、秘书长协助主席工作。

主席、副主席、秘书长组成主席会议，处理常务委员会的重要日常工作。

主席会议受常务委员会的委托，主持下一届第一次全体会议预备会议。

3. 工作机构

地方委员会可以按照需要设副秘书长一人至数人，协助秘书长工作。

省、自治区、直辖市的地方委员会设立办公厅。专门委员会及其他工作机构的设置，按照当地实际情况和工作需要，由常务委员会决定。

自治州、设区的市、县、自治县、不设区的市和市辖区的地方委员会的工作机构的设置，按照当地实际情况和工作需要，由常务委员会决定。

4. 上下级政协之间的关系

中国人民政治协商会议全国委员会对地方委员会的关系和地方委员会对下级地方委员会的关系是指导关系（见图13—15）。

中国人民政治协商会议地方委员会对全国委员会的全国性的决议，下级地方委员会对上级地方委员会的全地区性的决议，都有遵守和履行的义务。

上级政协组织对下级政协组织的关系是指导关系，形式主要有：下级政协列席上级政协的全体会议、常委会议及其他重要的工作会议；上级政协定期或不定期召开经验交流会等会议；上级政协的主席、副主席或其他领导人到下级政协视察指导工作；上级政协培训下级政协的领导人、政协委员和机关工作人员；上级政协就一些重要问题同下级政协开展联合调研。

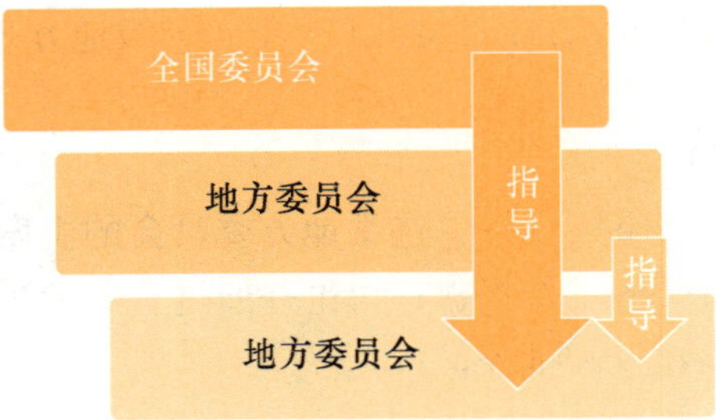

图 13—15　各级政协之间的关系

第五节　参加政协的单位和个人

一、参加主体（见图 13—16）

凡赞成《中国人民政治协商会议章程》的党派和团体，经中国人民政治协商会议全国委员会常务委员会协商同意，得参加全国委员会。

个人经中国人民政治协商会议全国委员会常务委员会协商邀请，得参加全国委员会。

参加地方委员会者，由各级地方委员会按照本条上述规定办理。

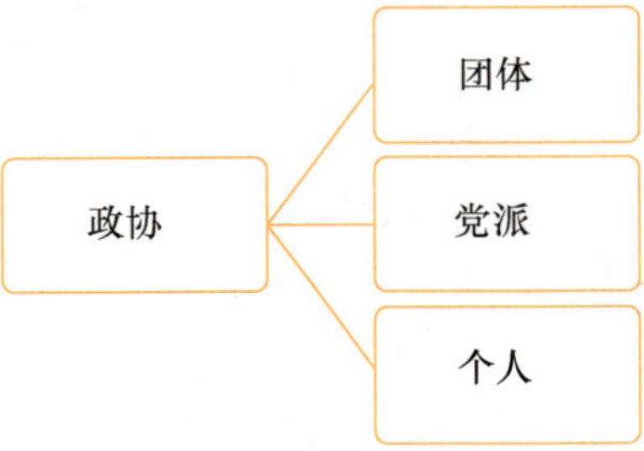

图 13—16　参加政协的主体类型

二、参加主体应当履行的义务

参加全国委员会或地方委员会的单位和个人，有遵守和履行《中国人民政治协商会议章程》的义务。

委员应热爱祖国，拥护中国共产党的领导和社会主义事业，维护民族团结和国家统一，遵守国家的宪法和法律，在本界别中有代表性，有社会影响和参政议政能力。

委员要密切联系群众，了解和反映他们的愿望和要求，参加本会组织的会议和活动。

各参加单位和个人对会议的决议，都有遵守和履行的义务。如有不同意见，在坚决执行的前提下可以声明保留。

参加政协的单位和个人，如果严重违反《中国人民政治协商会议章程》或全体会议和常务委员会的决议，由全国委员会常务委员会或地方委员会常务委员会分别依据情节给予警告处分，或撤销其参加中国人民政治协商会议全国委员会或地方委员会的资格。

三、参加主体的权利

委员有表决权、选举权和被选举权。全国委员会和地方委员会全体会议的议案，应经全体委员过半数通过。常务委员会的议案，应经常务委员会全体组成人员过半数通过。

参加政协的单位和个人，有通过政协会议和组织发表意见、参加讨论国家大政方针和各地方重大事务的权利，对国家机关和国家工作人员的工作提出建议和批评的权利，对违纪违法行为检举揭发、参与调查和检查的权利，有对政协工作提出批评和建议的权利，有声明退出的自由。

四、政协委员

1. 政协委员的来源

个人可以由全国或地方委员会邀请参加政协，担任政协委员。

政协第十二届全国委员会共有委员 2 237 人，其中，中共委员 893 人，占 39.9%；非中共委员 1 344 人，占 60.0%；妇女委员 399 名，占 17.8%；少数民族委员 258 名，占 11.5%。

委员中还包括：中国各大宗教团体负责人，56 个民族的代表，台湾、香港、澳门各界知名人士，外国血统的中国籍专家，新社会阶层的代表人物等（见图 13—17）。

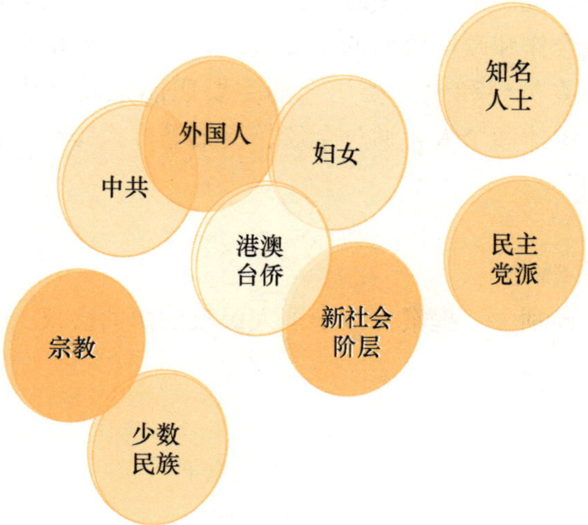

图 13—17 政协委员的多种社会身份

2. 政协委员的产生程序

（1）提名推荐。

各党派中央、各人民团体、无党派人士、各个界别等，协商提出全国委员会委员推荐名单。在地方的全国委员会委员，由各省、自治区、直辖市协商推荐。地方委员会委员推荐名单由地方各党派、无党派人士、各人民团体、各界别等协商提出。

（2）协商确定建议名单。

推荐名单由中共党委综合平衡，经与各推荐方协商后，形成建议名单。

（3）审议通过。

委员建议名单须提交主席会议审议同意，常务委员会协商决定，由常务委员会表决通过。

（4）公布。

常务委员会表决通过的委员名单，由办公厅（或办公室）分别通知推荐单位和待任委员本人，颁发委员证书，并通过新闻媒体向社会公布。

政协委员的产生程序见图 13—18。

图 13—18　政协委员的产生程序

本章小结

政治协商制度是指在中国共产党领导下，各政党、各人民团体、各少数民族和社会各界的代表，以中国人民政治协商会议为组织形式，就国家的大政方针进行民主协商的一种制度。政治协商的对象主要包括：一些重要的文件的制定、宪法和法律的修改，国家领导人的人选，以及重大的政策。中国人民政治协商会议是中国人民爱国统一战线的组织，是中国共产党领导的多党合作和政治协商的重要机构，是中国政治生活中发扬社会主义民主的重要形式。政协全国委员会和地方委员会的主要职能是政治协商、民主监督、参政议政。参加政协的党派、团体和个人，通过会议、提案等方式履行职责。

关键术语

政治协商制度　　界别　　提案　　中国人民政治协商会议　　政协委员

复习思考题

1. 政治协商制度。
2. 中国人民政治协商会议的基本职能、主要任务。
3. 全国政协开展工作的主要方式。
4. 政协委员的权利和产生程序。

第十四章 选举制度

选举是指选举人按照一定方式选择被选举人的行为和规则。在政治制度领域，选举制度是指享有选举权的公民按照法定程序组织代议机关、选择公职人员，并赋予国家政权以合法性的一系列制度和规范。当代中国的选举制度实行普遍、平等、直接和秘密投票原则。在选举实践中，目前实行县乡以下人大代表直接选举制，县乡以上人大代表间接选举制，各级国家机关组成人员间接选举制。选区和选举单位是选举过程中的基本构成单位，选民是享有选举权的公民。选区和选民单位选举代表。

重点问题

选举的重要意义
选举权与被选举权的获得
主持选举的机构及其职权
选区及选举单位的概念
选民的概念
代表候选人的概念
直接选举的程序
间接选举的程序

第一节 选举与选举制度

一、选举与选举制度

1. 选举与选举制度

选举是指选举人按照一定方式选择被选举人的行为和规则。

在政治制度领域，选举制度是指享有选举权的公民按照法定程序组织国家机关的代表、选择公职人员，并赋予国家政权以合法性的一系列制度和规范，包括选举的基本原则、选举权利的确定，组织选举的程序和方法，以及选民和代表之间的关系。

2. 选举的重要性

现代意义上的选举，其根本精神在于诉求公民对国家政权及其工作人员的选择权、决定权，这种唯一的权利构成了政治制度与政治权力的合法性。在这个意义上可以说，没有选举就没有政治制度和政治权力的合法性。

选举与选举制度本质上是现代民主政治的产物。从历史和政治实践的角度看，现代各国政治制度的变迁，某种程度上可以说是公民选举权利从无到有的变迁。公民选举权利的实现与否，根本上规定了国家政权与人民大众的关系，反映了国家政权的根本性质，是特定政治制度性质的重要标识。选举是所有承认“主权在民”原则政治共同体所实行的实现公民权利和公共权力理性、和平授受的特有方式，是现代民主社会国家公共权力机关获得合法性的根本途径，也是公民权利实现的根本方式。

选举是民主政治的基石，是现代国家政治制度的重要组成部分。通常说，真实、诚实而平等的选举具有以下作用：选举有助于实现国家政权的和平更替，有助于产生符合民意的政权和受公民控制的国家公职人员，有助于防止政权腐败，使公民有能力影响政权和参与政治。此外，选举还是一个社会民主政治的学校，是培育、提升公民民主意识、国家意识以及参政议政能力的重要场所和训练方式。

二、当代中国的选举制度

1. 当代中国选举制度的建立与发展

当代中国的选举制度是从新民主主义革命时期根据地选举制度发展而来的。1953 年 2 月 11 日，中央人民政府委员会第二十二次会议通过了《中华人民共和国全国人民代表大会和地方各级人民代表大会选举法》，标志着当代中国选举制度的正式形成。1979 年 7 月 1 日，第五届全国人民代表大会第二次会议全面修改了 1953 年选举法，颁布了新的选举法。1982 年、1986 年、1995 年、2004 年、2010 年，全国人大及其常委会又先后五次对 1979 年选举法进行了修正与补充（见图 14—1）。

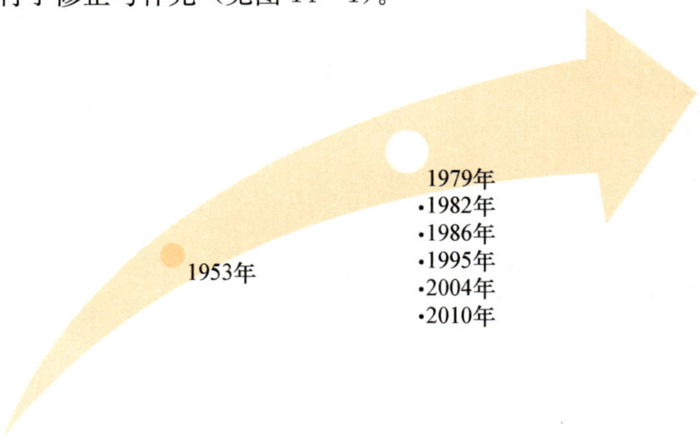

图 14—1　选举法的制定与修改

2. 中国选举制度的基本原则

当代中国选举制度的原则有：普遍选举权原则；平等选举权原则；直接选举和间接选举相结合原则；秘密投票原则。

普遍选举权原则主要表现为对选民资格的获得几乎毫无限制。《宪法》第三十四条规定："中华人民共和国年满十八周岁的公民，不分民族、种族、性别、职业、家庭出身、宗教信仰、教育程度、财产状况、居住期限，都有选举权和被选举权；但依照法律被剥夺政治权利的人除外。"仅只有被剥夺政治权利的人才不具有选举权。

平等选举权原则主要体现在选民投票权利的平等和每张选票所具有的效力平等方面，即每个选民在每次选举中只能在一个地方享有一次投票权，不承认也不允许任何选民因任何原因和理由而在选举中享有特权，侵占投票机会。2010 年，修改后的《全国人民代表大会和地方各级人民代表大会选举法》确定废除了以往实行的城乡选民选举权不平等的规定，规定按照每一代表所代表的城乡人口数相同的原则进行选举。

直接选举和间接选举相结合原则。在县、乡人大代表的选举中，实行直接选举，县、乡以上人大代表选举实行间接选举；各级国家机关组成人员实行间接选举（见图 14—2）。

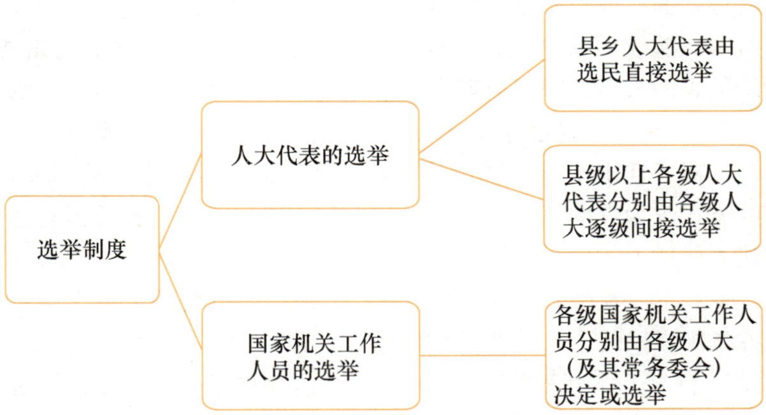

图 14—2　有中国特色的选举制度

秘密投票原则。《全国人民代表大会和地方各级人民代表大会选举法》规定，各级人民代表大会代表的选举一律采用无记名投票的方法。

3. 选举制度的发展变化

1953 年 2 月 11 日，中央人民政府委员会第二十二次会议通过《全国人民代表大会和地方各级人民代表大会选举法》，规定各省按每 80 万人选代表 1 人、直辖市和人口在 50 万以上的省辖市按每 10 万人选代表 1 人的比例，选举全国人大代表。对在任代表的撤换做了原则规定，即代表在任期间，经多数选民或选举单位认为必须撤换者，应撤回补选。没有规定是实行等额选举还是差额选举。

1979 年，五届全国人大二次会议通过新修订的《全国人民代表大会和地方各级人民代表大会选举法》。规定扩大直接选举人大代表的范围。规定无论直接选举还是间接选举，都应实行差额选举。将全国，省、自治区，自治州、县各层级的人大代表所代表的人口数之农村与城市比例，调整为 8∶1，5∶1，4∶1。规定全国人民代表大会代表的名额不超过

3 500 人，名额的分配由全国人大常委会根据情况决定；地方各级人大代表的名额，由省、自治区、直辖市的人大常委会根据情况自行确定。对代表的监督、罢免和补选作了规范，规定："全国和地方各级人民代表大会的代表，受选民和原选举单位的监督"，"选民或者选举单位都有权罢免自己选出的代表"，"罢免代表，由选民直接选出的，须经原选区过半数的选民通过；由各级人民代表大会选出的，须经各该级人民代表大会过半数的代表通过，在代表大会闭会期间，须经常务委员会过半数的委员通过"，"任何公民或者单位对违法乱纪或者严重失职的代表，都可以提出罢免的要求"，"代表在任期内，因故出缺，由原选区或者原选举单位补选"。赋予了选民和代表提名代表候选人的权利，规定任何选民或者代表，有三人以上附议，可推荐代表候选人。规定"各党派、团体和选民，都可以用各种形式宣传代表候选人。但在选举日须停止对代表候选人的宣传"。

1981 年 6 月 10 日，第五届全国人大常委会通过了《中国人民解放军选举全国人民代表大会和地方各级人民代表大会代表的办法》。

1982 年 12 月 10 日，第五届全国人民代表大会第五次会议对《全国人民代表大会和地方各级人民代表大会选举法》的若干规定进行了第一次修正，规定："县、自治县行政区域内，镇的人口特多的，或者不属于县级以下人民政府领导的企业事业组织的职工人数在全县总人口中所占比例较大的，经省、自治区、直辖市的人民代表大会常务委员会决定，农村每一代表所代表的人口数同镇或者企业事业组织职工每一代表所代表的人口数之比可以小于四比一直至一比一"。增加了对代表资格终止情况下补选的规定：地方各级人大代表"在任期内调离或者迁出本行政区域的，其代表资格自行终止，缺额另行补选"。将介绍代表候选人的方式改为"推荐代表候选人的党派、团体或者选民可以在选民小组会议上介绍所推荐的代表候选人的情况"。

1986 年 12 月 2 日，第六届全国人民代表大会常务委员会第十八次会议对《全国人民代表大会和地方各级人民代表大会选举法》进行了第二次修正，规定全国人民代表大会代表的名额不超过三千人；对代表罢免和补选的具体程序作了进一步规定：罢免代表和补选代表的程序和方式，由省、自治区、直辖市的人民代表大会常务委员会规定；简化了选民登记手续，确立选民登记一次登记、长期有效的原则；选民或者代表，十人以上联名，可以推荐代表候选人；取消了预选的规定。

1995 年 2 月 28 日，第八届全国人民代表大会常务委员会第十二次会议对《全国人民代表大会和地方各级人民代表大会选举法》进行了第三次修正，规定：将全国和省、自治区层级每一人大代表所代表的农村与城市人口数比例，统一修改为 4∶1；恢复了预选的规定；完善了人大代表的罢免和辞职程序，对罢免代表的程序，包括罢免案的提出、罢免案的内容、被提出罢免案的代表申辩权、罢免案的表决等内容作了规定；降低了罢免代表的门槛，增加了对县乡两级人大代表辞职的规定。

2004 年 10 月 27 日，第十届全国人民代表大会常务委员会第十二次会议对《全国人民代表大会和地方各级人民代表大会选举法》做了第四次修正，规定对于县级的人民代表大会代表，原选区选民五十人以上联名，对于乡级的人民代表大会代表，原选区选民三十人以上联名，可以向县级的人民代表大会常务委员会书面提出罢免要求；规定选举委员会可以组织代表候选人与选民见面，回答选民的问题；加大对破坏选举制裁的力度等。

2010年3月14日，第十一届全国人民代表大会第三次会议对《全国人民代表大会和地方各级人民代表大会选举法》做了第五次修正，规定："全国人民代表大会代表名额，由全国人民代表大会常务委员会根据各省、自治区、直辖市的人口数，按照每一代表所代表的城乡人口数相同的原则，以及保证各地区、各民族、各方面都有适当数量代表的要求进行分配"；规定全国和地方各级人大"应当有适当数量的基层代表，特别是工人、农民和知识分子代表"；规定"选举时应当设有秘密写票处"；禁止公民同时担任两个以上无隶属关系的行政区域的人大代表；规定"选举委员会根据选民的要求，应当组织代表候选人与选民见面"；规定"任何组织或者个人都不得以任何方式干预选民或者代表自由行使选举权"；增设"选举机构"专章，规定了选举委员会的产生与职责；在代表辞职程序方面，规定："常务委员会接受辞职，须经常委会组成人员的过半数通过。接受辞职的决议，须报送上一级人大常委会备案、公告"，"县级的人民代表大会常务委员会接受辞职，须经常务委员会组成人员的过半数通过"。"乡级的人民代表大会接受辞职，须经人民代表大会过半数的代表通过。接受辞职的，应当予以公告"。

不同时期选举法主要规定的对比见表14—1。

表14—1　　不同时期选举法主要规定的对比

<table>
<tr><th>年份</th><th>人大代表所代表的城乡人口数比例</th><th>等额/差额选举</th><th>介绍候选人的方式</th><th>投票方式</th></tr>
<tr><td>1953</td><td>（全国人大代表的名额）8∶1</td><td>（没有规定）</td><td>（没有规定）</td><td>乡、镇、市辖区，不设区的市和乡、镇出席县人大代表的选举，举手或无记名投票。县以上各级人大，无记名投票</td></tr>
<tr><td>1979</td><td>全国人大代表8∶1，省级人大代表5∶1，县级人大代表4∶1</td><td rowspan="6">差额</td><td>可以用各种形式宣传代表候选人</td><td rowspan="6">无记名投票</td></tr>
<tr><td>1982</td><td rowspan="2">特殊情况下，县级人大代表可小于4∶1直至1∶1</td><td>推荐代表候选人的党派、团体或者选民可以在选民小组会议上介绍所推荐的代表候选人的情况</td></tr>
<tr><td>1986</td><td rowspan="2">选举委员会或者人大主席团应当向选民或者代表介绍代表候选人的情况。推荐代表候选人的政党、人民团体和选民、代表可以在选民小组或者代表小组会议上介绍所推荐的代表候选人的情况</td></tr>
<tr><td>1995</td><td rowspan="2">4∶1</td></tr>
<tr><td>2004</td><td rowspan="2">选举委员会可以组织代表候选人与选民见面，回答选民的问题</td></tr>
<tr><td>2010</td><td>1∶1</td></tr>
</table>

第二节　选举领导机构

一、主持选举的机构

全国人民代表大会常务委员会主持全国人民代表大会代表的选举。

省、自治区、直辖市、设区的市、自治州的人民代表大会常务委员会主持本级人民代表大会代表的选举。

县级以上地方各级人大在选举上一级人大代表时，由各该级人大主席团主持。

不设区的市、市辖区、县、自治县、乡、民族乡、镇设立选举委员会，主持本级人民代表大会代表的选举。不设区的市、市辖区、县、自治县的选举委员会受本级人民代表大会常务委员会的领导。乡、民族乡、镇的选举委员会受不设区的市、市辖区、县、自治县的人民代表大会常务委员会的领导。

省、自治区、直辖市、设区的市、自治州的人民代表大会常务委员会指导本行政区域内县级以下人民代表大会代表的选举工作。

不设区的市、市辖区、县、自治县的选举委员会的组成人员由本级人民代表大会常务委员会任命。乡、民族乡、镇的选举委员会的组成人员由不设区的市、市辖区、县、自治县的人民代表大会常务委员会任命。

各级选举领导机构比较见表 14—2。

表 14—2　各级选举领导机构

层级	主持选举机构	领导选举机构	指导选举机构
全国	全国人大常委会		
省级	省级人大常委会		
市（州）级	市级人大常委会		
县（区）级	选举委员会	本级人大常委会 本级人大常委会任命选举委员会的组成人员	省级人大常委会
乡镇级	选举委员会	县级人大常委会 县级人大常委会任命选举委员会的组成人员	省级人大常委会

二、选举委员会

选举委员会是负责领导直接选举的机构，履行下列职责（见图 14—3）：

（1）划分选区，分配应选代表名额；

（2）选民登记，审查选民资格，公布选民名单；受理对于选民名单不同意见的申诉，并作出决定；

（3）确定选举日期；

（4）了解核实并组织介绍代表候选人的情况；根据较多数选民的意见，确定和公布正式代表候选人名单；

(5) 主持投票选举；

(6) 确定选举结果是否有效，公布当选代表名单；

(7) 受理对选举中违法行为的检举和控告，并做出处理和答复。

图 14—3 选举委员会的职责

第三节 选区、选举单位与选民

一、选区和选举单位

1. 选区

选区是直接选举中选民选举人大代表的基本单位。我国仅在不设区的市、市辖区、县、自治县、乡、民族乡、镇选举县、乡级人大代表时，划分选区。

选区划分是县乡人大同步换届选举的开端。选区的划分，对于选民参加选举、代表当选后的活动等有着直接的影响。

划分选区的基本原则是：便于同步开展县乡人大换届选举工作，便于选民参加选举活动和了解代表候选人，便于代表联系选民、开展活动、接受监督。

在实际执行中，农村按居住状况划分选区的比较多，城市按工作单位划分选区的比较多，但也可以按居住状况划分选区。

选区的划分在城镇和农村的具体区分见图 14—4。

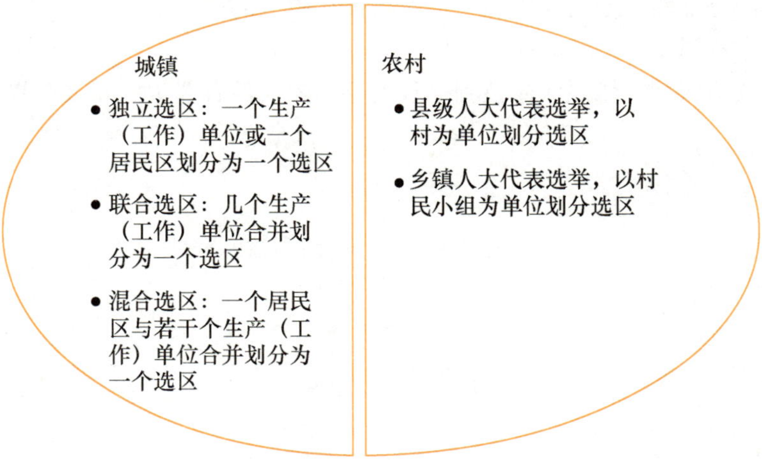

图 14—4 选区的划分

2. 选举单位

选举单位是指在间接选举中，依法产生上一级国家权力机关组成人员和本级国家政权机关组成人员的单位，即县级以上的各级人民代表大会。

3. 选区与选举单位的差异

选举单位与选区的不同主要在于，组成选举单位的人员仅限于本级人大代表，所选出的出席上一级人大的代表或本级国家政权机关组成人员，应向选举他的人大负责，而不直接向选民负责。

选区由选民组成，在本选区参加选举的人都是本选区的选民。代表应向选民负责，受选民监督；直接联系选民，听取和反映选民意见，向选民报告工作，回答选民的询问。选民有权监督和罢免自己选出的人大代表。

二、选民

选举权与被选举权是公民最基本、最重要的权利之一。中华人民共和国年满十八周岁的公民，不分民族、种族、性别、职业、家庭出身、宗教信仰、教育程度、财产状况和居住期限，都有选举权和被选举权。

选举权是指宪法和法律赋予公民参与选举，特别是选举代议机关代表的权利，包括投票权、选举参与权、推荐权、被推荐权、选举监督权、选举救济权等；被选举权是指公民被选举为国家代议机关代表、国家公职人员的权利。

享有选举权的公民被称为选民。

1. 选举权和被选举权的获得

获得选举权和被选举权需要满足以下条件（见图 14—5）：

（1）具有中国公民身份。

公民身份确认的唯一条件是取得国籍。符合以下条件者即可自动获得中国国籍：父母双方或一方为中国公民，本人出生在中国的；父母双方或一方为中国公民，本人出生在国外的；父母双方或一方为中国公民而定居在国外，除本人出生时即具有外国国籍之外的；父母无国籍或国籍不明，定居在中国，本人出生在中国的。

（2）年满十八周岁。

（3）享有政治权利。依照法律被剥夺政治权利的人没有选举权和被选举权。

图 14—5　获得选举权与被选举权的条件

2. 选民登记

选民登记是国家对公民选举权的确认，是公民取得选民资格的基本程序。有选举权的公民，只有经过选民登记程序，其选民资格才被确认，才能参加选举。有选举权的公民，不进行选民登记，不能参加选举。

选民登记按选区进行。经登记确认的选民资格长期有效。

选民名单应在选举日的二十日以前公布。

实行选民证投票的，应当发给选民证。

对于公布的选民名单有不同意见的，可以在选民名单公布之日起五日内向选举委员会提出申诉。选举委员会对申诉意见，应在三日内作出处理决定。申诉人如果对处理决定不服，可以在选举日的五日以前向人民法院起诉，人民法院应在选举日以前作出判决。人民法院的判决为最后决定。

选民登记与选民名单争议的处理见图 14—6。

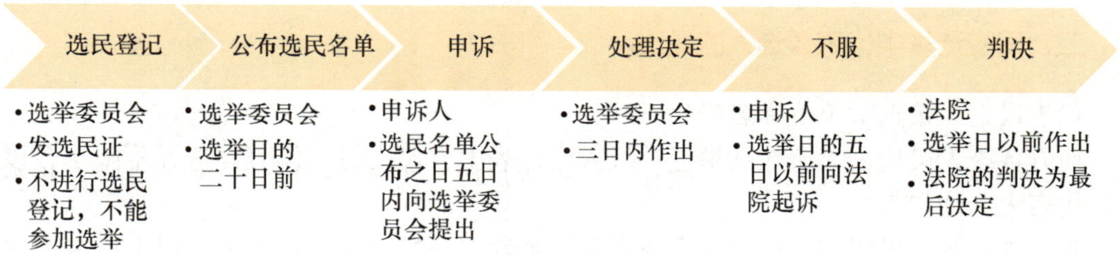

图 14—6　选民登记与选民名单争议的处理

第四节　代表候选人

一、直接选举中代表候选人的提出

按选区提名产生代表候选人。

本行政区域内各选区每一代表所代表的人口数应当大体相等。

每一选区选一名至三名代表。

各政党、各人民团体，可以联合或者单独推荐代表候选人。选民十人以上联名，也可以推荐代表候选人。

推荐者应向选举委员会介绍代表候选人的情况。接受推荐的代表候选人应当向选举委员会如实提供个人身份、简历等基本情况。提供的基本情况不实的，选举委员会应当向选民通报。

各政党、人民团体联合或者单独推荐的代表候选人的人数，每一选民或者代表参加联名推荐代表候选人的人数，均不得超过本选区应选代表的名额。

实行差额选举。代表候选人的人数应多于应选代表名额三分之一至一倍。

选举委员会汇总代表候选人推荐提名后，在选举日的十五日以前公布代表候选人名单及代表候选人的基本情况，并交各该选区的选民小组讨论、协商，确定正式代表候选人名单。

如果所提代表候选人的人数超过最高差额比例，由选举委员会交各该选区的选民小组讨论、协商，根据较多数选民的意见，确定正式代表候选人名单；对正式代表候选人不能形成较为一致意见的，进行预选，根据预选时得票多少的顺序，确定正式代表候选人名单。

正式代表候选人名单及代表候选人的基本情况应当在选举日的七日以前公布。

选举委员会应当向选民介绍代表候选人的情况。

推荐代表候选人的政党、人民团体和选民可以在选民小组或者代表小组会议上介绍所推荐的代表候选人的情况。

选举委员会根据选民的要求，应当组织代表候选人与选民见面，由代表候选人介绍本人的情况，回答选民的问题。

在选举日必须停止代表候选人的介绍。

二、间接选举中代表候选人的提出

代表候选人按选举单位提名产生。

地方各级人民代表大会在选举上一级人民代表大会代表时，代表候选人不限于各该级人民代表大会的代表。

各政党、各人民团体，可以联合或者单独推荐代表候选人。代表十人以上联名，也可以推荐代表候选人。

推荐者应向大会主席团介绍代表候选人的情况。接受推荐的代表候选人应当向大会主席团如实提供个人身份、简历等基本情况。提供的基本情况不实的，大会主席团应当向代表通报。

各政党、各人民团体联合或者单独推荐的代表候选人的人数，每一代表参加联名推荐的代表候选人的人数，均不得超过本选举单位应选代表的名额。

实行差额选举。代表候选人的人数应多于应选代表名额五分之一至二分之一。间接选举差额比例为五分之一至二分之一。

推荐者应向大会主席团介绍候选人的情况。

候选人名单提出后，由大会主席团印发全体代表酝酿、讨论。

三、代表候选人的介绍

人大主席团应当向代表介绍代表候选人的情况。

推荐代表候选人的政党、人民团体和代表可以在代表小组会议上介绍所推荐的代表候选人的情况。

在选举日必须停止代表候选人的介绍。

四、代表候选人的确定

地方各级人大在选举上一级人大代表时，提名、酝酿代表候选人的时间不得少于两天。

各该级人大主席团将依法提出的代表候选人名单及代表候选人的基本情况印发全体代表，由全体代表酝酿、讨论。

如果所提代表候选人的人数符合差额比例，直接进行投票选举。

如果所提代表候选人的人数超过规定的最高差额比例，进行预选，确定正式代表候选人名单，进行投票选举。

第五节　直接选举

一、直接选举的程序

各政党、各人民团体，可以联合或者单独推荐代表候选人。选民十人以上联名，可以推荐代表候选人。

推荐者应向选举委员会介绍代表候选人的情况。接受推荐的代表候选人应当向选举委员会如实提供个人身份、简历等基本情况。提供的基本情况不实的，选举委员会应当向选民或者代表通报。

各政党、各人民团体联合或者单独推荐的代表候选人的人数，每一选民或者代表参加联名推荐的代表候选人的人数，均不得超过本选区或者选举单位应选代表的名额。

直接选举的代表候选人的人数应多于应选代表名额三分之一至一倍。

代表候选人由各选区选民和各政党、各人民团体提名。选举委员会汇总后，将代表候选人名单及代表候选人的基本情况在选举日的十五日以前公布，并交各该选区的选民小组讨论、协商，确定正式代表候选人名单。

如果所提代表候选人的人数超过最高差额比例，由选举委员会交各该选区的选民小组讨论、协商，根据较多数选民的意见，确定正式代表候选人名单；对正式代表候选人不能形成较为一致意见的，进行预选，根据预选时得票多少的顺序，确定正式代表候选人名单。

正式代表候选人名单及代表候选人的基本情况应当在选举日的七日以前公布。

选民凭身份证或者选民证领取选票。

选举委员会设立投票站，进行选举。选民居住比较集中的，可以召开选举大会，进行选举；因患有疾病等原因行动不便或者居住分散并且交通不便的选民，可以在流动票箱投票。

选举采用无记名投票方法。

选举时应当设有秘密写票处。

投票结束后，由选民推选的监票、计票人员和选举委员会的人员将投票人数和票数加以核对，作出记录，并由监票人签字。

二、确认和公布选举结果

选区全体选民的过半数参加投票，选举有效。

代表候选人获得参加投票的选民过半数的选票时，始得当选。

获得过半数选票的代表候选人的人数超过应选代表名额时，以得票多的当选。如遇票数相等不能确定当选人时，应当就票数相等的候选人再次投票，以得票多的当选。

获得过半数选票的当选代表的人数少于应选代表的名额时，不足的名额另行选举。另行选举时，根据在第一次投票时得票多少的顺序，按照差额比例，确定候选人名单。如果只选一人，候选人应为二人。代表候选人以得票多的当选，但是得票数不得少于选票的三分之一。

选举结果由选举委员会确定是否有效，并予以宣布。

直接选举的程序见图 14—7。

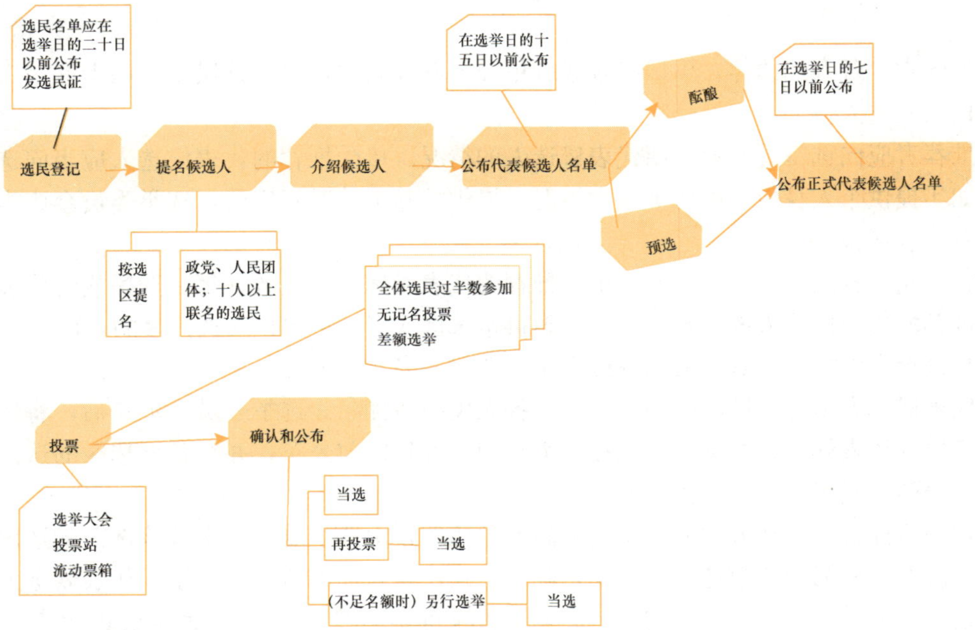

图 14—7 直接选举的程序

第六节 间接选举

一、间接选举中的选举权与被选举权

任何没有被剥夺政治权利的公民都有被选举权。

享有间接选举选举权的包括：县级以上各级人大代表（及军队中团级以上军人代表大会的代表），特别行政区全国人大代表选举会议的成员，台湾省全国人大代表协商选举会议的成员（见图 14—8）。

在间接选举中，享有被选举权的人并不限于本级人大代表、本级军人代表大会的代表、选举会议的成员及协商会议的成员。

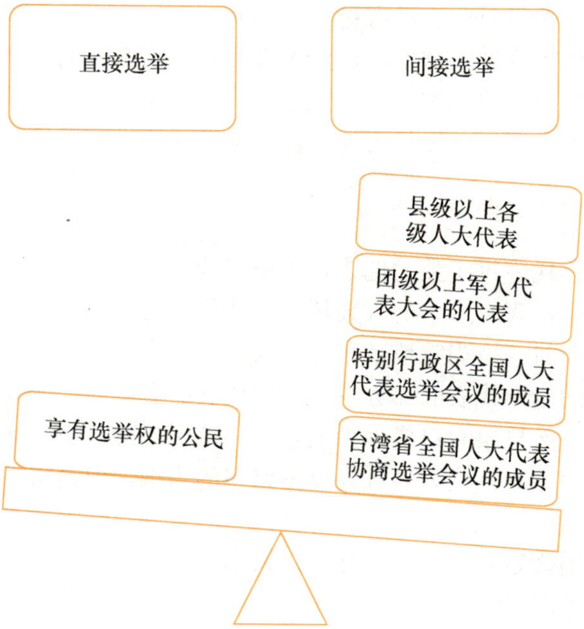

图 14—8　直接选举和间接选举中选举权的配置

二、间接选举程序

全国人民代表大会的代表，省、自治区、直辖市、设区的市、自治州的人民代表大会的代表，由下一级人民代表大会选举。

间接选举由各级人民代表大会主席团主持。

各政党、各人民团体，可以联合或者单独推荐代表候选人。代表十人以上联名，也可以推荐代表候选人。推荐者应向大会主席团介绍代表候选人的情况。接受推荐的代表候选人应当向大会主席团如实提供个人身份、简历等基本情况。提供的基本情况不实的，大会主席团应当向代表通报。

各政党、各人民团体联合或者单独推荐的代表候选人的人数，每一代表参加联名推荐的代表候选人的人数，不得超过本选举单位应选代表的名额。

实行差额选举。代表候选人的人数应多于应选代表名额五分之一至二分之一。

提名、酝酿代表候选人的时间不得少于两天。各级人大主席团将代表候选人名单及代表候选人的基本情况印发全体代表，由全体代表酝酿、讨论。如果所提代表候选人的人数符合差额比例，直接进行投票选举。如果所提代表候选人的人数超过最高差额比例，进行预选，根据预选时得票多少的顺序，按照本级人大的选举办法及所确定的差额比例，确定正式代表候选人名单，进行投票选举。

间接选举的代表候选人不限于各该级人大的代表。

人大主席团应当向代表介绍代表候选人的情况。推荐代表候选人的政党、人民团体和代表可以在代表小组会议上介绍所推荐的代表候选人的情况。但是，在选举日必须停止代表候选人的介绍。

实行无记名投票。选举时应当设有秘密写票处。

投票结束后，由代表推选的监票、计票人员和人大主席团的人员将投票人数和票数加以核对，作出记录，并由监票人签字。

出席会议的代表人数超过全体代表的半数，选举才能进行。

三、确认与公布选举结果

代表候选人获全体代表过半数的选票，始得当选。

获得过半数选票的代表候选人的人数超过应选代表名额时，以得票多的当选。如遇票数相等不能确定当选人时，应当就票数相等的候选人再次投票，以得票多的当选。

获得过半数选票的当选代表的人数少于应选代表的名额时，不足的名额另行选举。另行选举时，根据在第一次投票时得票多少的顺序，按照差额比例，确定候选人名单。如果只选一人，候选人应为二人。代表候选人以得票多的当选，但是得票数不得少于选票的三分之一。

选举由大会主席团确定是否有效，并予以宣布。

间接选举的程序见图 14—9。

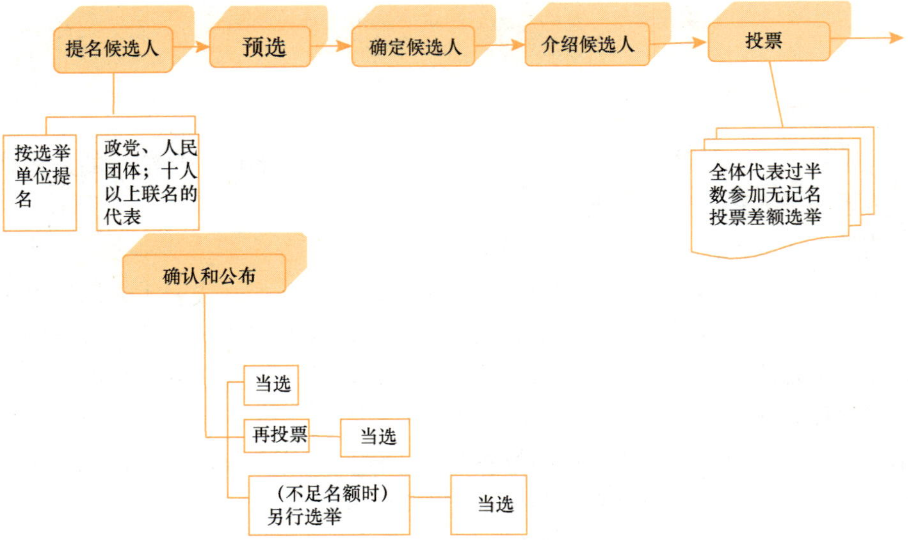

图 14—9 间接选举的程序

第七节 对代表的监督和罢免、辞职、补选

一、监督

全国和地方各级人民代表大会的代表，受选民和原选举单位的监督。

选民或者选举单位都有权罢免自己选出的代表。

二、直接选举代表的罢免

对于县级的人大代表，原选区选民五十人以上联名，对于乡级的人大代表，原选区选民三十人以上联名，可以向县级的人大常务委员会书面提出罢免要求。

县级的人大常委会应当将罢免要求和被提出罢免的代表的书面申辩意见印发原选区选民。

表决罢免要求，由县级的人大常委会派有关负责人员主持。

罢免县级和乡级的人大代表，须经原选区过半数的选民通过。

三、间接选举代表的罢免

县级以上的地方各级人大举行会议的时候，主席团或者十分之一以上代表联名，可以提出对由该级人大选出的上一级人大代表的罢免案。

在人大闭会期间，县级以上的地方各级人大常委会主任会议或者常委会五分之一以上组成人员联名，可以向常委会提出对由该级人大选出的上一级人大代表的罢免案。

县级以上的地方各级人大举行会议的时候，被提出罢免的代表有权在主席团会议和大会全体会议上提出申辩意见，或者书面提出申辩意见，由主席团印发会议。罢免案经会议审议后，由主席团提请全体会议表决。

县级以上的地方各级人大常委会举行会议的时候，被提出罢免的代表有权在主任会议和常务委员会全体会议上提出申辩意见，或者书面提出申辩意见，由主任会议印发会议。罢免案经会议审议后，由主任会议提请全体会议表决。

罢免代表采用无记名的表决方式。

罢免由县级以上的地方各级人大选出的代表，须经各该级人大过半数的代表通过；在代表大会闭会期间，须经常委会组成人员的过半数通过。

人大代表罢免程序比较见表 14—3。

表 14—3　　人大代表罢免程序比较

罢免案（要求）提出人			审议和通过		
	主体	形式	被提出罢免人的权利	审议	通过和公告
直接选举	乡镇三十人以上选民联名	书面罢免要求	在选民会议上或以书面形式提出申辩意见	县级人大常委会派员主持向原选区选民印发罢免要求、书面申辩意见	无记名表决，原选区过半数选民通过
	县区五十人以上选民联名				
间接选举	主席团十分之一以上代表联名人大常委会主任会议或五分之一以上人大常委会组成人员联名	书面罢免案	在主席团会议、大会全体会议或主任会议、常委会全体会议上提出申辩意见；或书面提出申辩意见，由主席团或主任会议印发会议	人大举行会议的时候，罢免案经会议审议后，由主席团提请全体会议表决。人大常委会举行会议时，罢免案经会议审议后，由主任会议提请全体会议表决	无记名表决，人大代表或人大常委会组成人员过半数通过。报送上一级人大常委会备案、公告

四、辞职

全国人大代表，省、自治区、直辖市、设区的市、自治州的人大代表，可以向选举他的人大的常委会书面提出辞职。常委会接受辞职，须经常委会组成人员的过半数通过。

接受辞职的决议，须报送上一级人大常委会备案、公告。

县级的人大代表可以向本级人大常委会书面提出辞职，乡级的人大代表可以向本级人大书面提出辞职。县级的人大常委会接受辞职，须经常委会组成人员的过半数通过。乡级的人大接受辞职，须经人大过半数的代表通过。

接受辞职的，应当予以公告。

县级以上的各级人大常委会组成人员，全国人大和省、自治区、直辖市、设区的市、自治州的人大的专门委员会成员，辞去代表职务的请求被接受的，其常委会组成人员、专门委员会成员的职务相应终止，由常委会予以公告。

乡、民族乡、镇的人大主席、副主席，辞去代表职务的请求被接受的，其主席、副主席的职务相应终止，由主席团予以公告。

人大代表辞职程序比较见表14—4。

表14—4 人大代表辞职程序比较

	提出辞职的对象	审议与接受	公告与备案
直接选举	乡级人大代表向本级人大书面提出	过半数人大代表通过	公告
	县级人大代表向本级人大常委会书面提出	常委会组成人员过半数通过	公告
间接选举	市（州）级人大代表向县级人大常委会书面提出	常委会组成人员过半数通过	报送上一级人大常委会备案、公告
	省级人大代表向市（州）级人大常委会书面提出		
	全国人大代表向省级人大常委会书面提出		

五、代表的出缺和补选

代表在任期内，因故出缺，由原选区或者原选举单位补选。

地方各级人大代表在任期内调离或者迁出本行政区域的，其代表资格自行终止，缺额另行补选。

县级以上的地方各级人大闭会期间，可以由本级人大常委会补选上一级人大代表。

补选出缺的代表时，代表候选人的名额可以多于应选代表的名额，也可以同应选代表的名额相等。

补选的具体办法，由省、自治区、直辖市的人大常委会规定。

六、罢免的备案和公告

罢免的决议，须报送上一级人大常委会备案、公告。

县级以上的各级人大常委会组成人员，全国人大和省、自治区、直辖市、设区的市、自治州的人大专门委员会成员的代表职务被罢免的，其常委会组成人员或者专门委员会成员的职务相应撤销，由主席团或者常委会予以公告。

乡、民族乡、镇的人大主席、副主席的代表职务被罢免的，其主席、副主席的职务相应撤销，由主席团予以公告。

第八节　对破坏选举的制裁

在选举过程中，对有下列行为之一的，给予治安管理处罚；构成犯罪的，依法追究刑事责任（见图 14—10）：

（1）以金钱或者其他财物贿赂选民或者代表，妨害选民和代表自由行使选举权和被选举权的；

（2）以暴力、威胁、欺骗或者其他非法手段妨害选民和代表自由行使选举权和被选举权的；

（3）伪造选举文件、虚报选举票数或者有其他违法行为的；

（4）对于控告、检举选举中违法行为的人，或者对于提出要求罢免代表的人进行压制、报复的。

国家工作人员有以上行为的，应当给予行政处分。

以违法行为当选的，其当选无效。

主持选举的机构发现有破坏选举的行为或者收到对破坏选举行为的举报，应当及时依法调查处理；需要追究法律责任的，及时移送有关机关予以处理。

破坏选举的行为

- 金钱、财物贿赂
- 暴力、威胁、欺骗
- 伪造、提供虚假信息
- 压制、打击、报复

图 14—10　破坏选举的行为

本章小结

选举是民主政治的基石，是现代国家政治制度的重要组成部分。选举也是区别不同社会和政治制度的试金石。当代有中国特色的选举制度是从新民主主义革命时期根据地选举制度发展而来的。随着选举实践的不断深化，中国的选举制度还将继续向前发展。选区是直接选举中选民选举人大代表的基本单位。选举单位是指在间接选举中，依法产生上一级国家权力机关组成人员和本级国家政权机关组成人员的单位，即县级以上的各级人民代表大会。选举单位与选区的不同主要在于，组成选举单位的人员仅限于本级人大代表，所选出的出席上一级人大的代表或本级国家政权机关组成人员，应向选举他的人大负责，而不直接向选民负责。享有选举权的公民被称为选民。选区和选民单位分别通过不同的选举程序选出代表候选人。选举制度对代表的监督和罢免、辞职、补选等有相应的规定。

关键术语

选举　　选区　　选举单位　　选民　　直接选举　　间接选举

复习思考题

1. 选举权与被选举权。
2. 主持选举的机构及其职权。
3. 选区及选举单位。
4. 选民的概念。
5. 代表候选人的概念。
6. 直接选举的程序。
7. 间接选举的程序。
8. 破坏选举的行为。

第十五章 基层自治制度

中国的基层群众自治制度，包括农村的村民委员会制度、城市的居民委员会制度和企事业单位中的职工代表大会制度。群众的自治权利包括公众依法行使民主选举、民主决策、民主管理和民主监督的权利，对所在基层组织的公共事务和公益事业实行民主自治，实行自我管理、自我教育和自我服务的权利。村民委员会、居民委员会是村民、居民自我管理、自我教育、自我服务的基层群众性自治组织。职工代表大会是企业实行民主管理的基本形式，是中国特色基层民主政治建设的重要组成部分。十八大报告提出了发展基层民主的具体措施。

重点问题

基层群众自治制度的构成
群众的自治权利
村民自治的主要内容
村民委员会和村民会议的组成和功能
居民委员会的组成和任务
职工代表大会的地位和性质
国有企业实行职代会制度必须坚持的基本原则
十八大报告提出的发展基层民主的主要措施

第一节 基层群众自治制度

一、基层群众自治制度

中国的基层群众自治制度，包括农村的村民委员会制度、城市的居民委员会制度和企事业单位中的职工代表大会制度（见图 15—1）。

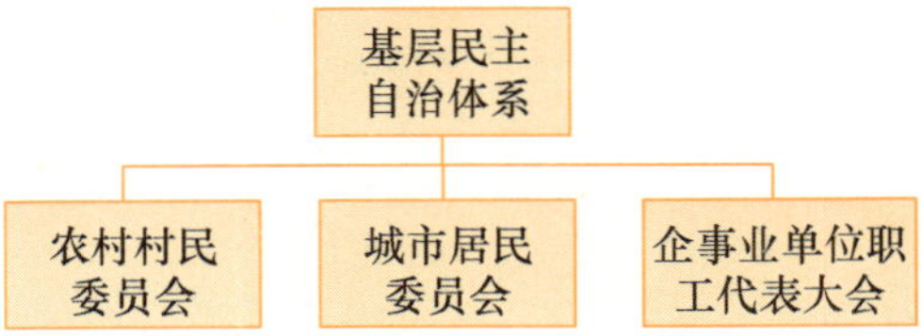

图 15—1　基层民主自治体系的构成

在基层群众自治组织中，公众依法直接行使民主选举、民主决策、民主管理和民主监督的权利，对所在基层组织的公共事务和公益事业实行民主自治，实行自我管理、自我教育和自我服务（见图 15—2）。

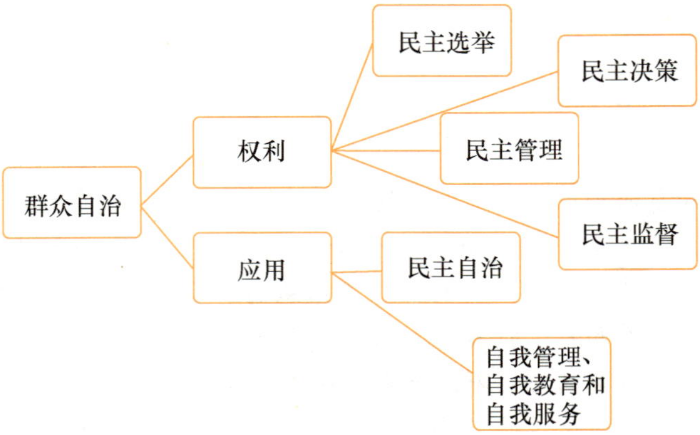

图 15—2　群众的自治权利及其应用

二、基层群众自治制度的发展

基层自治和民主制度的建设主要是在“文革”结束以后发展起来的。1981 年通过的《关于建国以来党的若干历史问题的决议》提出：要在“基层政权和基层社会生活中逐步实现人民的直接民主”。1982 年通过的新宪法对基层群众性自治组织村民委员会和居民委员会的性质和任务作了明确规定，同时规定在企业中实行民主管理，建立职工代表大会。根据宪法的规定，全国人大及其常委会制定了村民委员会组织法、城市居民委员会组织法，在全民所有制工业企业法、工会法、劳动法等法律中，规定了有关职工民主管理的内容。中共十六大报告强调：“扩大基层民主，是发展社会主义民主的基础性工作。健全基层自治组织和民主管理制度，完善公开办事制度，保证人民群众依法直接行使民主权利，管理基层公共事务和公益事业，对干部实行民主监督。完善村民自治，健全村党组织领导的充满活力的村民自治机制。完善城市居民自治，建设管理有序、文明祥和的新型社区。坚持和完善职工代表大会和其他形式的企事业民主管理制度，保障职工的合法权益。”中共十七大将“基层群众自治制度”首次写入党代会报告，正式与人民代表大会制度、中国共产党领导的多党合作和政治协商制度、民族区域自治制度一起，成为中国特色政治制度的组成部分，提出了发展基层民主的具体措施。中共十八大报告对建设中国特色社会主义民主政治、发展基层民主、保障人民权益等问题，也提出了一些战略构想。

第二节　村民委员会制度

一、1949 年以来我国农村管理体制的演变

1949 年中华人民共和国成立以后，农村基层政权的建设工作逐步展开。1954 年《宪法》规定：乡镇政权是农村地区最基层政权，村组织是乡镇政府的派出机构。1958 年，人民公社化运动改变了农村基层政权的组织形式，政社合一的人民公社体制取代乡政权，人民公社既是农村基层政权也是农村基本经济组织。人民公社之下设立生产大队、生产队。生产大队、生产队取代行政村和村民小组（自然村）。乡镇政权、村组织随之取消。

“文革”结束以后，全国各地农村基层社会开始逐渐出现自发突破人民公社政社合一体制的实践，群众运用各种形式探索实现更好的自我管理和自我服务的方式和途径，村民自治和政社分设运动展开。1982 年《宪法》第一次规定村民委员会是基层群众性自治组织，确立了村民委员会的组织结构和基本任务。1983 年 10 月，中共中央、国务院发布《关于实行政社分开建立乡政府的通知》，人民公社体制被终结。政社分设的同时，农村基层社会的组织形式也随之发生改变，绝大多数地方农村的生产大队被重新改建为村，设立村民委员会，自然村取代生产队，并据此设立村民小组。以“村”为单位的农村基层社会组织的格局被确立下来，村民自治制度开始迅速发展。

1987 年 11 月，六届全国人大二十三次会议通过了《村民委员会组织法（试行）》，以法律条文的形式将村民自治制度固定下来。《村民委员会组织法（试行）》的颁布，标志着村民自治已成为我国一项基本的政治制度。《村民委员会组织法（试行）》自 1988 年 6 月 1 日起在全国施行，到 1992 年全国各地都进行了农村基层民主选举。全国农村居民的平均参选率在 80%以上，有的地方高达 90%以上。截至 2004 年底，中国农村已建立 64.4 万个村民委员会。全国绝大多数省、自治区、直辖市都普遍完成了 5～6 届村委会换届选举。

1998 年 11 月 4 日，九届全国人大五次会议通过了《中华人民共和国村民委员会组织法》。自此，村民自治在中国农村进入了一个新的发展阶段。

乡村体制的演变见图 15—3。

乡镇—公社—乡镇

- 1958年，改乡镇政权为政社合一人民公社
- 1983年，改人民公社为乡镇政权

村—生产队—村

- 1958年，改村为生产大队、生产队
- 1982年，确立村民委员会为基层群众性自治组织
- 1998年，正式通过《村民委员会组织法》

图 15—3　乡村体制的演变

二、村民委员会

1. 村民委员会的组织与制度

(1) 村民委员会的设立(见图 15—4)。

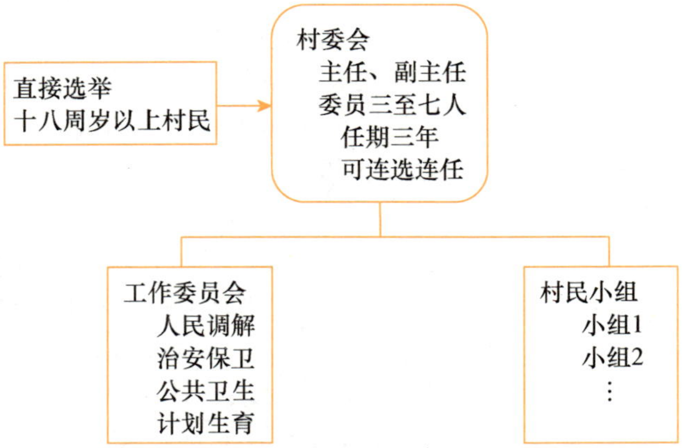

图 15—4 村委会的产生与组成

村民委员会根据村民居住状况、人口多少,按照便于群众自治的原则设立。

村民委员会的设立、撤销和范围调整,由乡(民族乡、镇)政府提出,经村民会议讨论同意后,报县级政府批准。

村委会由主任、副主任和委员三至七人组成。村民委员会每届任期三年,其成员可连选连任。

村民委员会成员由村民直接选举产生。本村十八周岁以上的村民,除依法被剥夺政治权利的人以外,都有选举权和被选举权。

村民委员会根据需要可以设立人民调解、治安保卫、公共卫生与计划生育等专门委员会。村民委员会成员可以兼任下属委员会的成员。人口少的村的村民委员会可以不设专门工作委员会,由村民委员会成员分工负责人民调解、治安保卫、公共卫生与计划生育等工作。

各工作委员会是村委会的下设机构,在村委会的统一领导下开展各自的工作,对村委会负责,接受村民会议监督,同时还要接受乡镇政府有关部门的业务指导。

村民委员会可以按照村民居住状况分设若干村民小组,小组长由村民小组会议推选。村民小组长是村委会了解情况、联系群众,及时听取村民意见和建议,改进工作的助手。村委会可以通过村民小组贯彻落实村民会议的决议、决定。

截至 2008 年底,全国共有村委会 60.4 万个,村委会成员 233.9 万人[①](见图 15—5)。

---

① 参见潘跃:《农村改革发展成就:亿万农民依法管理自己的事情》,见 http://cpc.people.com.cn/GB/64093/64387/8955337.html,2009-03-13。

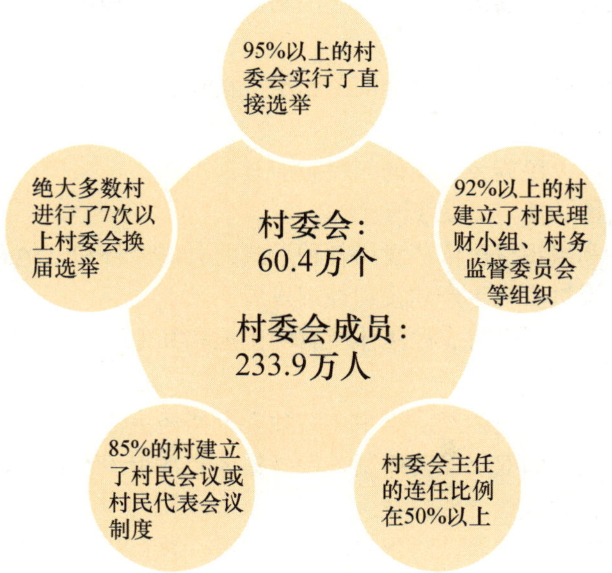

图 15—5　村民委员会基本情况（截至 2008 年底）

资料来源：潘跃：《农村改革发展成就：亿万农民依法管理自己的事情》，见 http://cpc.people.com.cn/GB/64093/64387/8955337.html，2009-03-13。

（2）村民委员会的性质与地位（见图 15—6）。

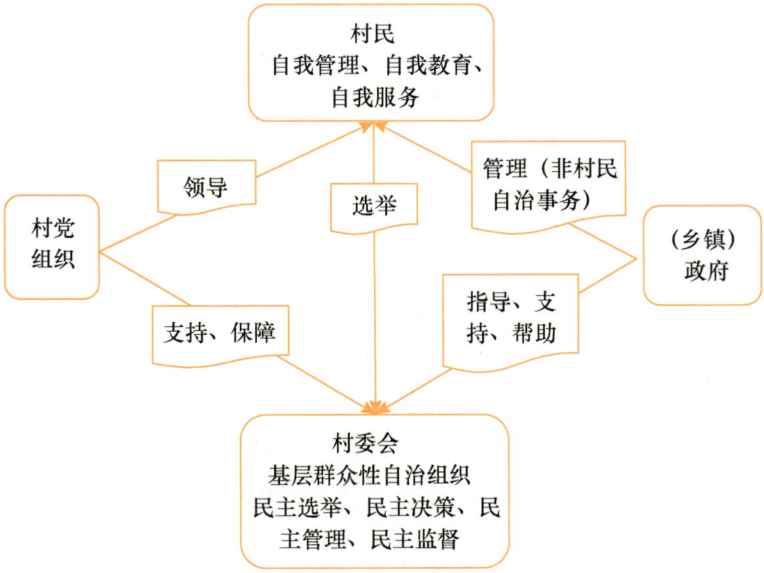

图 15—6　村民委员会的地位

村民委员会是村民自我管理、自我教育、自我服务的基层群众性自治组织，实行民主选举、民主决策、民主管理、民主监督。

村民委员会办理本村的公共事务和公益事业，调解民间纠纷，协助维护社会治安，向政府反映村民的意见、要求和提出建议。

中国共产党在农村的基层组织，依照宪法和法律，支持和保障村民开展自治活动、直接行使民主权利。

乡、民族乡、镇政府对村民委员会的工作给予指导、支持和帮助，但是不得干预依法属于村民自治范围内的事项。

村民委员会协助乡、民族乡、镇的人民政府开展工作。

（3）村民委员会的功能（见图 15—7）。

村民委员会支持和组织村民依法发展各种形式的合作经济和其他经济，承担本村生产的服务和协调工作，促进农村生产建设和经济发展。

村民委员会管理本村属于村农民集体所有的土地和其他财产，引导村民合理利用自然资源，保护和改善生态环境。

村民委员会尊重并支持集体经济组织依法独立行使经济活动的自主权，维护以家庭承包经营为基础、统分结合的双层经营体制，保障集体经济组织和村民、承包经营户、联户或者合伙的合法财产权和其他合法权益。

村民委员会宣传宪法、法律、法规和国家的政策，教育和推动村民履行法律规定的义务、爱护公共财产，维护村民的合法权益，发展文化教育，普及科技知识，促进男女平等，做好计划生育工作，促进村与村之间的团结、互助，开展多种形式的社会主义精神文明建设活动。

村民委员会支持服务性、公益性、互助性社会组织依法开展活动，推动农村社区建设。

多民族村民居住的村，村民委员会应当教育和引导各民族村民增进团结、互相尊重、互相帮助。

村民委员会及其成员应当遵守宪法、法律、法规和国家的政策，遵守并组织实施村民自治章程、村规民约，执行村民会议、村民代表会议的决定、决议，办事公道，廉洁奉公，热心为村民服务，接受村民监督。

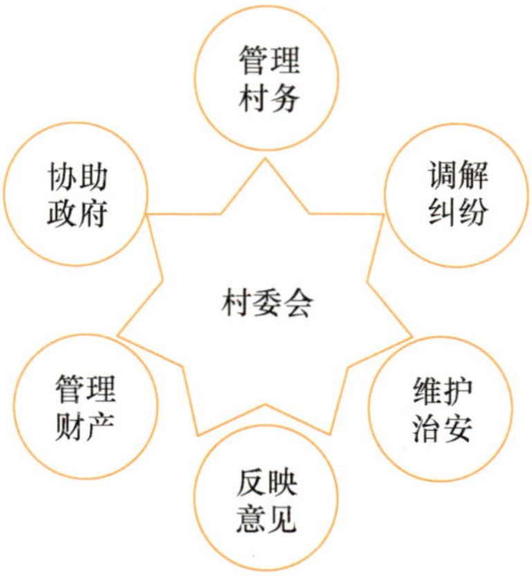

图 15—7 村民委员会的功能

（4）村民委员会的工作原则与制度（见图 15—8）。

村民委员会实行少数服从多数和公开透明的工作原则。

村民委员会实行村务公开制度。

村民委员会应当及时公布下列事项，接受村民的监督：由村民会议、村民代表会议讨论决定的事项及其实施情况；国家计划生育政策的落实方案；政府拨付和接受社会捐赠的救灾救助、补贴补助等资金、物资的管理使用情况；村民委员会协助政府开展工作的情况；涉及本村村民利益，村民普遍关心的其他事项。一般事项至少每季度公布一次；集体财务往来较多的，财务收支情况应当每月公布一次；涉及村民利益的重大事项应当随时公布。

村民委员会应当保证所公布事项的真实性，并接受村民的查询。

村民委员会进行工作，应当坚持说服教育，不得强迫命令，不得打击报复。

驻在农村的机关、团体、部队、全民所有制企业、事业单位的人员不参加村民委员会组织，不属于村办的集体所有制单位的人员可以不参加村民委员会组织。但是，他们都应当遵守有关村规民约。所在地的村民委员会、村民会议或者村民代表讨论和处理同这些单位有关的问题，应当与他们协商解决。

图 15—8　村民委员会的工作原则

2. 村民委员会的选举

村民委员会的选举流程见图 15—9，村委会成员的罢免见图 15—10。

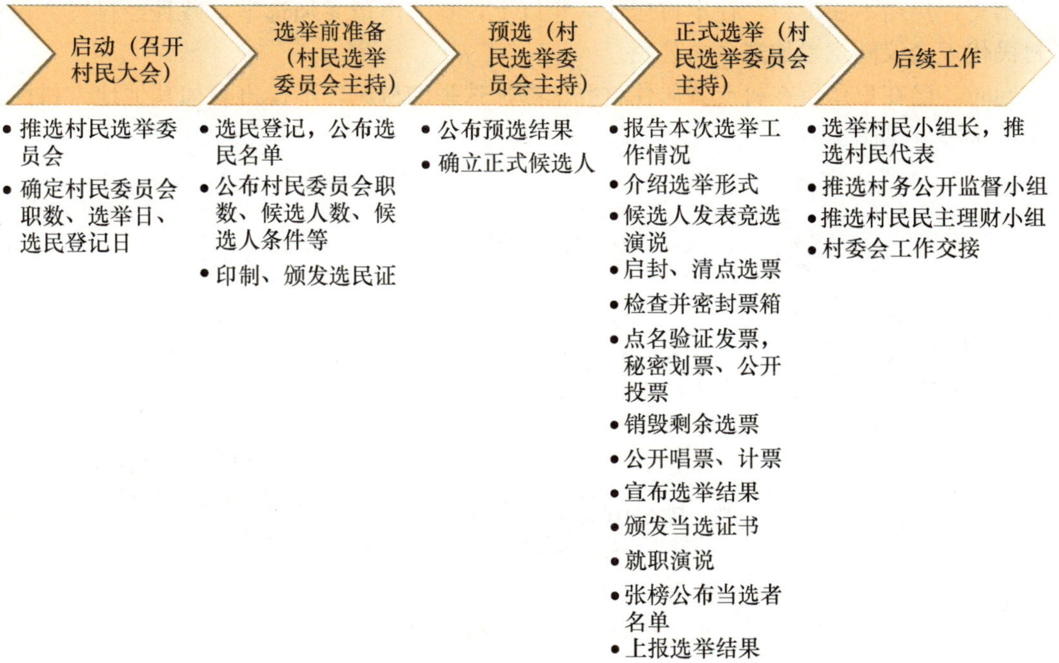

图 15—9　村民委员会的选举流程

图 15—10 村委会成员的罢免

（1）村民选举委员会。

村民选举委员会主持村民委员会的选举。

村民选举委员会由主任和委员组成，由村民会议、村民代表会议或者各村民小组会议推选产生。

村民选举委员会成员被提名为村民委员会成员候选人，应当退出村民选举委员会。

村民选举委员会成员退出村民选举委员会或者因其他原因出缺的，按照原推选结果依次递补，也可以另行推选。

（2）参加选举的村民的资格和范围。

《村民委员会组织法》规定：除依照法律被剥夺政治权利的人外，年满十八周岁的村民，不分民族、种族、性别、职业、家庭出身、宗教信仰、教育程度、财产状况、居住期限，都有选举权和被选举权。

户籍在本村是确认村民是否具有参加选举资格的重要条件。但并非所有具有本村户籍的村民都能够参加选举，不具有本村户籍的村民也不一定不具有参加选举资格。有资格参加选举的村民包括：

第一，户籍在本村并且在本村居住的村民；

第二，户籍在本村，不在本村居住，本人表示参加选举的村民；

第三，户籍不在本村，在本村居住一年以上，本人申请参加选举，并且经村民会议或者村民代表会议同意参加选举的公民。

同时，已在户籍所在村或者居住村登记参加选举的村民，不得再参加其他地方村民委员会的选举（见图 15—11）。

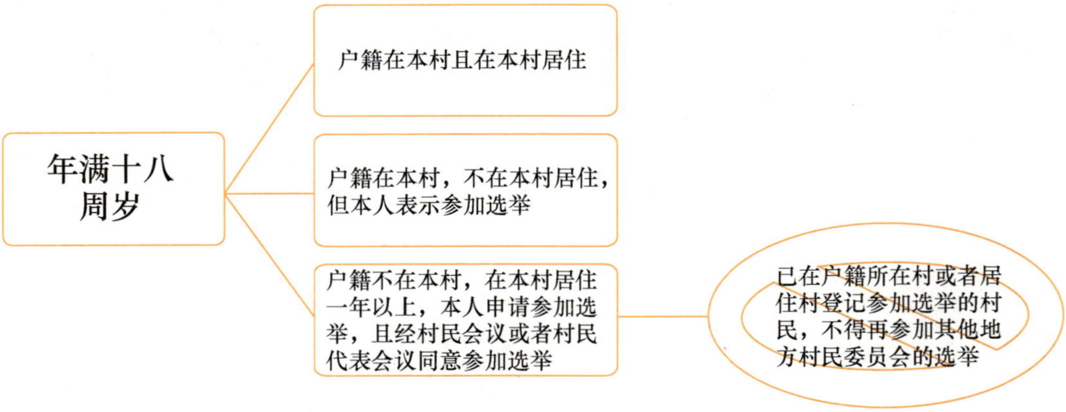

图 15—11 有选举资格的村民类型

三、村民会议

1. 村民会议

村民会议是村民自治的最高机关。村民会议由本村十八周岁以上的村民组成；村民会议审议村民委员会的年度工作报告，评议村民委员会成员的工作；有权撤销或者变更村民委员会不适当的决定；有权撤销或者变更村民代表会议不适当的决定；可以授权村民代表会议审议村民委员会的年度工作报告，评议村民委员会成员的工作，撤销或者变更村民委员会不适当的决定；村民委员会向村民会议负责并报告工作。

召开村民会议，应当有本村十八周岁以上村民的过半数参加，或者有本村三分之二以上的户的代表参加，所作决定应当经到会人员的过半数通过。

必要的时候，可以邀请驻在本村的企业、事业单位和群众组织派代表列席村民会议。

村民会议由村民委员会召集。有十分之一以上的村民提议，应当召集村民会议。

涉及村民利益的下列事项，村民委员会必须提请村民会议讨论决定，方可办理：乡统筹的收缴方法，村提留的收缴及使用；本村享受误工补贴的人数及补贴标准；从村集体经济所得收益的使用；村办学校、村建道路等村公益事业的经费筹集方案；村集体经济项目的立项、承包方案及村公益事业的建设承包方案；村民的承包经营方案；宅基地的使用方案；村民会议认为应当由村民会议讨论决定的涉及村民利益的其他事项（见图15—12）。

村民会议可以制定和修改村民自治章程、村规民约，并报乡、民族乡、镇政府备案。

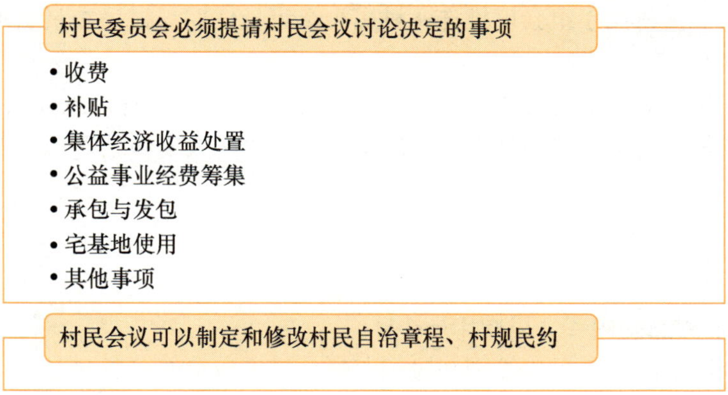

图 15—12 村民会议决定涉及村民利益的事项

2. 村民代表会议（见图 15—13）

人数较多或者居住分散的村，可以设立村民代表会议，讨论决定村民会议授权的事项。

村民代表会议由村民委员会成员和村民代表组成，村民代表应当占村民代表会议组成人员的五分之四以上，妇女村民代表应当占村民代表会议组成人员的三分之一以上。

村民代表由村民按每五户至十五户推选一人，或者由各村民小组推选若干人。

村民代表的任期与村民委员会的任期相同。村民代表可以连选连任。

村民代表应当向其推选户或者村民小组负责，接受村民监督。

村民代表会议由村民委员会召集。村民代表会议每季度召开一次。有五分之一以上的村民代表提议，应当召集村民代表会议。

村民代表会议有三分之二以上的组成人员参加方可召开，所作决定应当经到会人员的过半数同意。

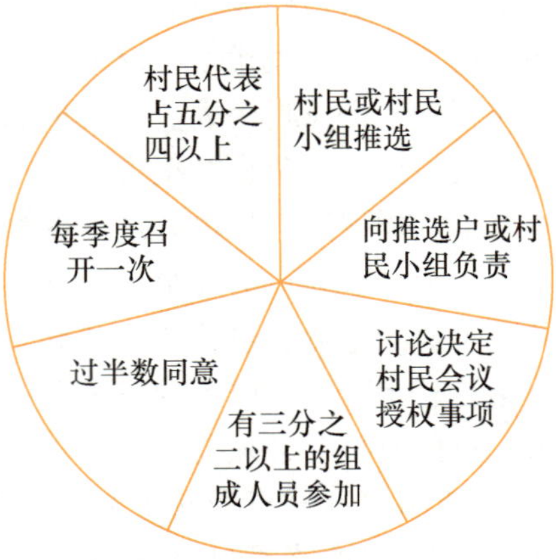

图 15—13 村民代表会议的性质与地位

3. 村民小组会议

召开村民小组会议，应当有本村民小组十八周岁以上的村民三分之二以上，或者本村民小组三分之二以上的户的代表参加，所作决定应当经到会人员的过半数同意。

村民小组组长由村民小组会议推选。村民小组组长任期与村民委员会的任期相同，可以连选连任。

属于村民小组的集体所有的土地、企业和其他财产的经营管理以及公益事项的办理，由村民小组会议依照有关法律的规定讨论决定，所作决定及实施情况应当及时向本村民小组的村民公布。

四、村民自治

1. 村民自治的主要内容（见图 15—14）

民主选举、民主决策、民主管理和民主监督是村民自治的主要内容。

民主选举，村民直接选举或罢免村民委员会成员，当场公布结果。

民主决策，凡涉及村民利益的重要事项，都由村民会议或村民代表会议讨论，按多数人的意见作出决定。

民主管理，依据国家法律法规和有关政策，结合本地实际情况，由全体村民讨论制定或修改村民自治章程或村规民约，实行自我管理、自我教育和自我服务。80%以上的村庄制定了村民自治章程或村规民约，建立了民主理财、财务审计、村务管理等制度。

民主监督，村民通过村务公开、民主评议村干部、村民委员会定期报告工作、对村干部进行离任审计等制度和形式，监督村民委员会工作情况和村干部行为。特别是村务公开，得到了村民的普遍欢迎。

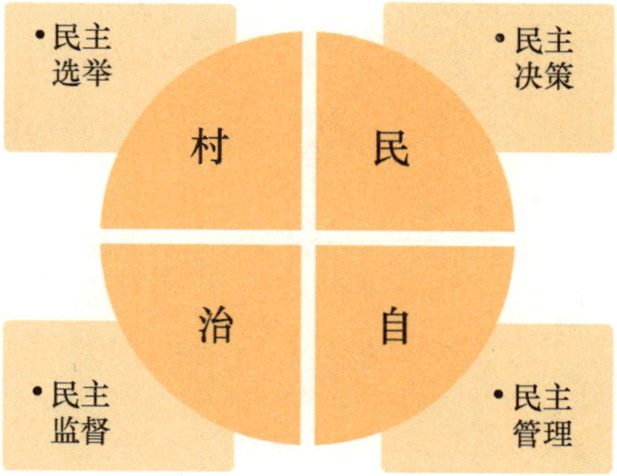

图 15—14 村民自治的主要内容

2. 对村自治机关的监督

村民、上级政府监督村自治机关（见图 15—15）。

村民委员会不及时公布应当公布的事项或者公布的事项不真实的，村民有权向乡、民族乡、镇的人民政府或者县级人民政府及其有关主管部门反映，有关人民政府或者主管部门应当负责调查核实，责令依法公布；经查证确有违法行为的，有关人员应当依法承担责任。

村应当建立村务监督委员会或者其他形式的村务监督机构，负责村民民主理财，监督村务公开等制度的落实，其成员由村民会议或者村民代表会议在村民中推选产生，其中应有具备财会、管理知识的人员。

村民委员会成员及其近亲属不得担任村务监督机构成员。

村务监督机构成员向村民会议和村民代表会议负责，可以列席村民委员会会议。

村民委员会成员以及由村民或者村集体承担误工补贴的聘用人员，应当接受村民会议或者村民代表会议对其履行职责情况的民主评议。民主评议每年至少进行一次，由村务监督机构主持。村民委员会成员连续两次被评议不称职的，其职务终止。

村民委员会和村务监督机构应当建立村务档案。村务档案包括：选举文件和选票，会议记录，土地发包方案和承包合同，经济合同，集体财务账目，集体资产登记文件，公益设施基本资料，基本建设资料，宅基地使用方案，征地补偿费使用及分配方案等。村务档案应当真实、准确、完整、规范。

村民委员会成员实行任期和离任经济责任审计。村民委员会成员的任期和离任经济责任审计，由县级政府农业部门、财政部门或者乡、民族乡、镇政府负责组织，审计结果应当公布，其中离任经济责任审计结果应当在下一届村民委员会选举之前公布。

村民委员会或者村民委员会成员作出的决定侵害村民合法权益的，受侵害的村民可以申请人民法院予以撤销，责任人依法承担法律责任。

村民委员会不依照法律、法规的规定履行法定义务的，由乡、民族乡、镇政府责令改正。

乡、民族乡、镇政府干预依法属于村民自治范围事项的，由上一级政府责令改正。

图 15—15　对村民委员会的监督

第三节　城市居民委员会

一、城市居民委员会的产生及发展（见图 15—16）

城市居民委员会在中华人民共和国成立之初即已在一些大城市中产生了。1949 年底到 1950 年初，一些城市中出现了由群众自己组织起来的防护队、防盗队和居民组等名称不一的群众性自治组织。1950 年 3 月，天津市根据居民居住状况建立了居民委员会。同时期，在湖北省武汉市的部分街道也开始建立了居民代表委员会和居民小组。

1953 年 6 月 8 日，彭真在《关于城市街道办事处、居民委员会组织和经费问题的报告》中指出，城市街道居民委员会的性质是群众性自治组织，而不是基层政权组织；它的主要任务是把工厂、商店、机关、学校以外的街道居民组织起来，在居民自愿的原则下，办理有关居民的公共福利事务，宣传政府的政策和法令，发动居民响应政府的号召，向基层政权反映居民的意见。居民委员会应当由居民小组通过选举产生，在城市基层政权或者派出机关的统一领导下进行工作。

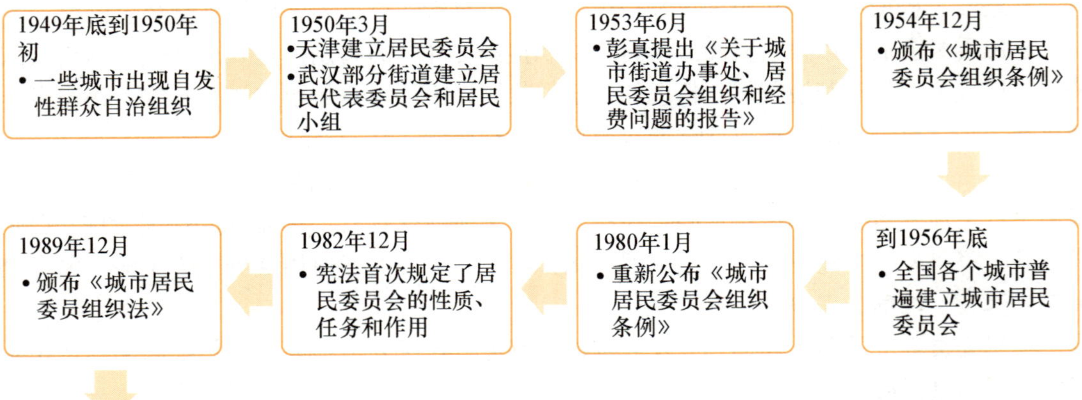

图 15—16　城市居民委员会制度的建立和发展

1954 年 12 月召开的第一届全国人大常委会第四次会议制定并颁布了《城市居民委员会组织条例》，第一次用法律的形式肯定了居民委员会的性质、地位和作用。到 1956 年底，城市居民委员会在全国各个城市普遍建立起来。

1980 年 1 月，全国人大常委会重新公布了《城市居民委员会组织条例》、《人民调解委员会暂行通则》和《治安保卫委员会暂行组织条例》。1982 年《宪法》首次规定了居民委员会的性质、任务和作用。全国各地对城市居民委员会的组织进行了整顿，并建立了符合现行宪法规定的体现城市居民自我管理、自我教育和自我服务精神的城市居民委员会，健全了城市居民委员会的组织机构和各项规章制度。

1989 年 12 月 26 日，全国人大常委会第十一次会议通过了《中华人民共和国城市居民委员会组织法》。截至 2006 年底，全国共有居委会 80 717 个，居民小组 123.5 万个。

二、居民委员会的组成

居民委员会根据居民居住状况，按照便于居民自治的原则，一般在一百户至七百户的范围内设立。

居民委员会的设立、撤销、规模调整，由不设区的市、市辖区的人民政府决定。

基层人民政府或者它的派出机关要对居民委员会的工作给予指导、支持和帮助。

居民委员会要协助基层政府或其派出机关开展工作。

三、居民委员会的任务

宣传宪法、法律、法规和国家的政策，维护居民的合法权益，教育居民履行依法应尽的义务，爱护公共财产，开展多种形式的社会主义精神文明建设活动；办理本居住地区居民的公共事务和公益事业；调解民间纠纷；协助维护社会治安；协助人民政府或者它的派出机关做好与居民利益有关的公共卫生、计划生育、优抚救济、青少年教育等项工作；向人民政府或者它的派出机关反映居民的意见、要求和提出建议（见图 15—17）。

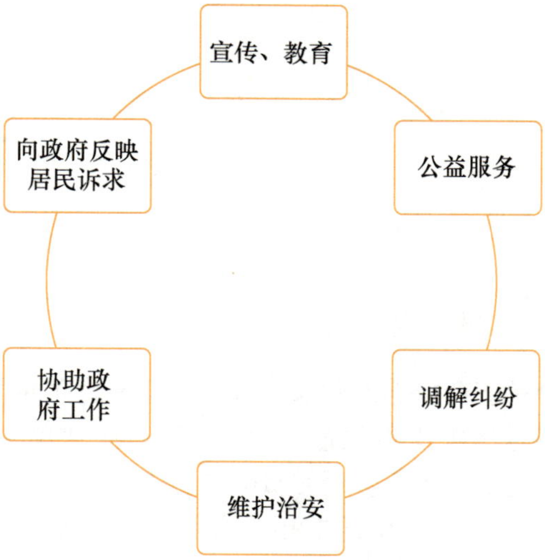

图 15—17　居委会的任务

四、居民委员会的机构

居民委员会由主任、副主任和委员共五至九人组成（见图 15—18）。

多民族居住地区，居民委员会中应当有人数较少的民族的成员。

居民委员会的主任、副主任和委员，由本居住地区全体有选举权的居民或者由每户派代表选举产生；根据居民意见，也可以由每个居民小组选举代表二至三人选举产生。

居民委员会每届任期三年，其成员可以连选连任。

居民委员会根据需要一般设有人民调解、治安保卫、公共卫生等委员会。

居民委员会可以分设若干居民小组，小组长由居民小组推选。

居民委员会的工作经费和来源，居民委员会成员的生活补贴费的范围、标准和来源，由不设区的市、市辖区的人民政府或者上级人民政府规定并拨付；经居民会议同意，可以从居民委员会的经济收入中给予适当补助。居民委员会的办公用房，由当地人民政府统筹解决。

机关、团体、部队、企业事业组织，不参加所在地的居民委员会，但应当支持所在地的居民委员会的工作。

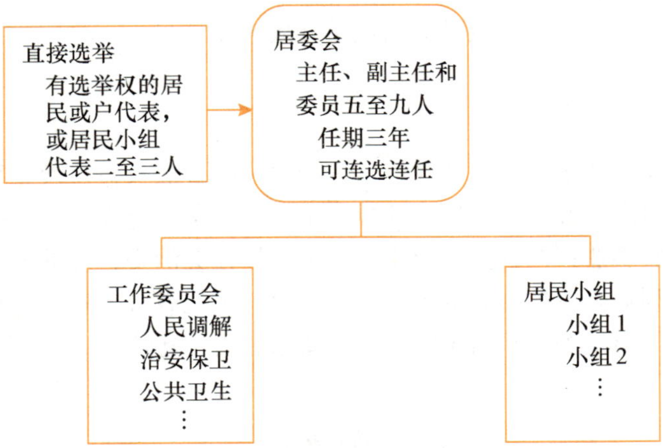

图 15—18　居委会的产生与组成

第四节　职工代表大会制度

一、职工代表大会制度的形成与发展（见图 15—19）

职工代表大会的前身是革命根据地时期公有制企业中建立的“职工大会”、“工人代表会议”等组织，职工通过这些组织参与企业管理，实行企业民主。1949 年中华人民共和国成立后，公有制企业普遍实行工厂管理委员会和职工代表会议制度。

随着职工代表大会制度在实践中的应用，有关的规章制度逐步得到完善。1956 年，中共八大提出建立党委领导下的厂长负责制和党委领导下的职工代表大会制度的新的企业领导体制。1957 年，中共中央要求将企业由工会主持的职工代表会议改为常任制的职工代表大会，以作为职工群众参加企业管理和监督行政的权力机构，职工代表大会的地位被提高到空前程度。1961 年，颁布《国营工业企业工作条例（草案）》（即工业七十条），提出：企业必须实行政治民主、技术民主和经济民主，必须保证职工当家作主的权利，所有企业都实行职工代表大会制度。

1978 年，邓小平在中国工会"九大"致辞中表示，所有的企业必须毫无例外地实行民主管理。1981 年 7 月，中共中央、国务院《国营工业企业职工代表大会暂行条例》指出：企业的"职工代表大会（或职工大会）是企业实行民主管理的基本形式，是职工群众参加决策和管理、监督干部的权力机构"，职工当家作主，民主管理企业，是社会主义企业同资本主义企业的根本区别之一，职工代表大会是提高职工群众主人翁责任感，发挥当家作主的积极性，办好社会主义企业的基本组织形式，每个企业必须切实地把职工代表大会制度建立起来。条例规定，职代会有讨论、审议、决定、通过重大方案，选举企业行政领导人员，就重大问题作出相应决议的权利。

1982 年《宪法》确认了职工代表大会制度。《宪法》规定："国营企业依照法律规定，通过职工代表大会和其他形式，实行民主管理。"此后，职工代表大会制度在全国公有制企业中普遍建立起来。

2007 年，中共十七大提出：要全心全意依靠工人阶级，完善以职工代表大会为基本形式的企事业单位民主管理制度，推进厂务公开，支持职工参与管理，维护职工合法权益。企事业单位职工代表大会制度成为基层民主自治体系的重要组成部分。

2012 年，中共十八大提出：全心全意依靠工人阶级，健全以职工代表大会为基本形式的企事业单位民主管理制度，保障职工参与管理和监督的民主权利。

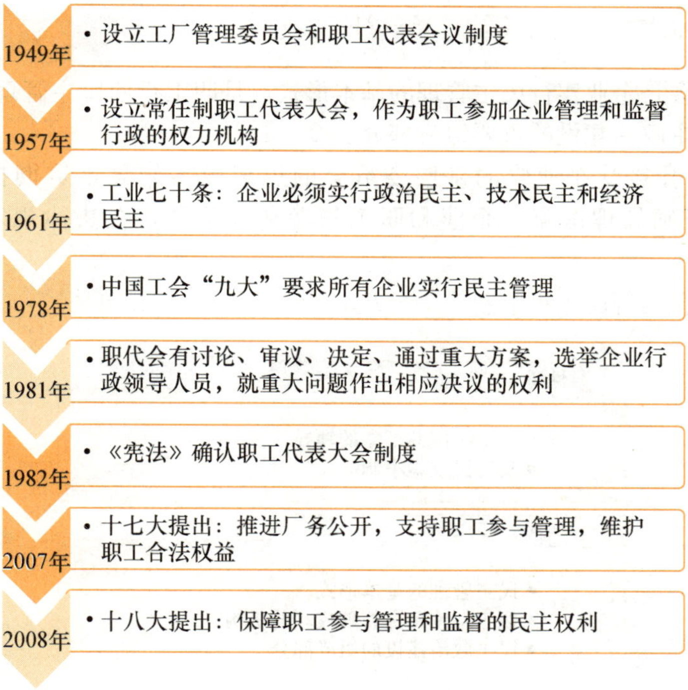

图 15—19　从权力机构到参与管理

建立职工代表大会制度的法律和政策依据见图 15—20。

法律、法规、文件

- 《国营工业企业工作条例（草案）》（中共中央，1961年）
- 《国营工业企业职工代表大会暂行条例》（中共中央、国务院，1981年7月）
- 《中华人民共和国宪法》（1982年12月）
- 《全民所有制工业企业职工代表大会条例》（中共中央、国务院，1986年9月）
- 《中华人民共和国全民所有制工业企业法》（1988年4月）
- 《中华人民共和国乡村集体所有制企业条例》（国务院，1990年6月）
- 《中华人民共和国城镇集体所有制企业条例》（国务院，1991年9月）
- 《中华人民共和国工会法》（1992年4月颁布，2001年10月修正）
- 《中华人民共和国公司法》（1993年12月颁布，1999年12月、2004年8月、2005年10月修正）
- 《中华人民共和国劳动法》（1994年7月）
- 《中共中央办公厅　国务院办公厅关于在国有企业、集体企业及其控股企业深入实行厂务公开制度的通知》（中办发［2002］13号）
- 《中共中央办公厅转发〈中共中央组织部、国务院国资委关于加强和改进中央企业党建工作的意见〉的通知》（中办发［2004］31号）
- 《企业工会工作条例》（总工发［2006］61号）
- 《关于建立和完善中央企业职工代表大会制度的指导意见》（国资委，2007年7月）

图 15—20　建立职工代表大会制度的法律和政策依据

二、职工代表大会的属性（见图 15—21）

职工代表大会是企业实行民主管理的基本形式，是职工行使民主管理权利的机构，是中国特色基层民主政治建设的重要组成部分。

职工代表大会接受企业党的基层委员会的思想政治领导，贯彻执行党和国家的方针、政策，正确处理国家、企业和职工三者利益关系，在法律规定的范围内行使职权。

职工代表大会实行民主集中制。

性质

- 接受中国共产党的领导
- 实行民主集中制

地位

- 民主管理的基本形式
- 职工行使民主管理权利的机构
- 民主政治建设的组成部分

图 15—21　职工代表大会的性质和地位

三、职工代表大会的职权

1. 全民所有制工业企业职工代表大会的职权

1986 年 9 月，中共中央、国务院颁发的《全民所有制工业企业职工代表大会条例》规定职工代表大会有权：定期听取厂长的工作报告，审议企业的经营方针、计划、财务预决算，就上述方案的实施作出决议；审议通过厂长提出的各类方案、工资奖金分配、劳动保护措施、奖惩办法及其他重要规章制度；审议决定职工福利基金使用、职工住宅分配和其他有关职工生活福利的重大事项；评议、监督企业各级领导干部，提出奖惩和任免建议；主管机关任免企业行政领导人员的职务时，必须充分考虑职工代表大会的意见。职工代表大会根据主管机关的部署，可以民主推荐厂长人选，也可以民主选举厂长，报主管机关审批；职工代表大会对厂长在其职权范围内决定的问题有不同意见时，可以向厂长提出建议，也可以报告上级工会；在职工代表大会上，可以由厂长代表行政、工会主席代表职工签订集体合同或共同协议，为企业发展的共同目标，互相承担义务，保证贯彻执行。

2. 乡村集体所有制企业职工代表大会的职权

1990 年制定《中华人民共和国乡村集体所有制企业条例》规定：企业职工有参加企业民主管理，对厂长（经理）和其他管理人员提出批评和控告的权利。企业职工大会或者职工代表大会有权对企业经营管理中的问题提出意见和建议，评议、监督厂长（经理）和其他管理人员，维护职工的合法权益。

3. 城镇集体所有制企业职工代表大会的职权

1991 年制定的《中华人民共和国城镇集体所有制企业条例》规定：“集体企业依照法律规定实行民主管理。职工（代表）大会是集体企业的权力机构，由其选举和罢免企业管理人员，决定经营管理的重大问题。”集体企业的职工（代表）大会在国家法律、法规的规定范围内行使下列职权：制定、修改集体企业章程；按照国家规定选举、罢免、聘用、解聘厂长（经理）、副厂长（副经理）；审议厂长（经理）提交的各项议案，决定企业经营管理的重大问题；审议并决定企业职工工资形式、工资调整方案、奖金和分红方案、职工住宅分配方案和其他有关职工生活福利的重大事项；审议并决定企业的职工奖惩办法和其他重要规章制度；法律、法规和企业章程规定的其他职权。

4. 中央企业职工代表大会制度的职权

2007 年 7 月，国资委《关于建立和完善中央企业职工代表大会制度的指导意见》规定职工代表大会的职权包括：

审议建议权，职代会听取企业工作报告，审议企业经营方针、中长期发展规划、年度计划、财务预决算等重要事项的报告；审议企业改制方案和重大改革措施；审议职工劳动安全卫生措施，职工教育培训计划、奖励方案和经费使用情况；听取企业经营方面的重大问题、制订重要规章制度的情况以及实行厂务公开及集体合同履行等情况的报告，并提出意见和建议。企业拟订的职务消费管理制度在履行内部决策程序前，应当通过职代会等形式听取职工意见。审议通过权，审议企业改制中的职工安置方案、职工奖惩办法及其他涉及职工切身利益的重要规章制度；审议经企业和工会协商提出的集体合同草案、企业年金方案、住房制度改革方案等涉及职工切身利益的重大事项。在审议方案的基础上，进行投票表决，形成通过或不通过的决议。监督评议权，职代会在企业党组织领导下，在国资委管理部门的指导和参与下，每年或定期组织职工代表听取企业领导人员报告履行职责和廉洁自律的情况，并由职工代表进行民主评议。民主评议的结果可根据干部管理权限，报国资委企业领导人员管理部门或董事会。民主选举权，职代会应依法选举、监督和罢免企业职工董事、职工监事；选举职代会专门委员会（小组）成员；选举企业劳动争议调解委员会中的职工代表；以及履行法律法规赋予职代会的其他权利。

不同性质企业职工代表大会职权的比较见图15—22。

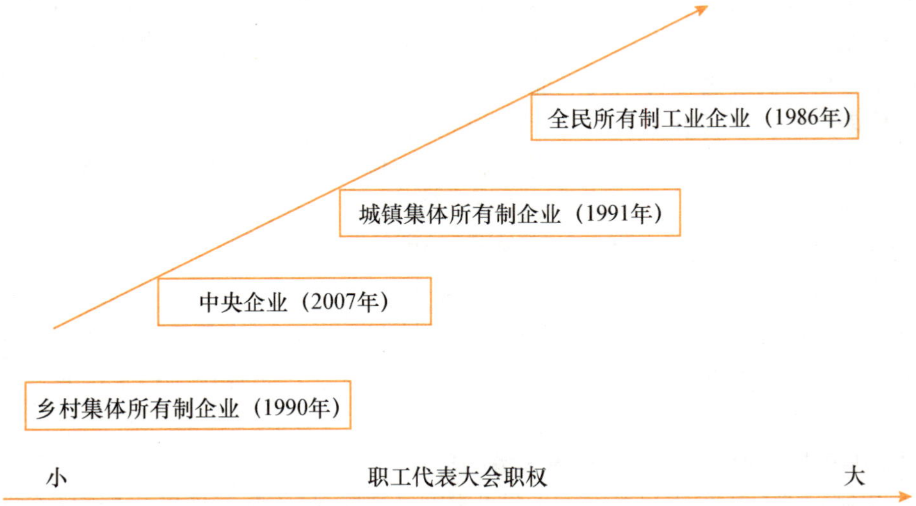

图15—22 不同性质企业职工代表大会职权的比较

四、国有企业实行职代会制度必须坚持的基本原则（见图15—23）

1. 中国共产党领导的原则

实行职代会制度，核心在于坚持中国共产党的领导。企业职代会必须坚持企业党委（党组）的领导，把贯彻全心全意依靠工人阶级的指导方针落到实处。

2. 推进基层民主政治建设原则

企业职代会以充分发扬民主、依法行使职权、促进公平正义、维护团结稳定为宗旨，保障职工的知情权、参与权、表达权、监督权，推进企业决策的科学化、民主化，推进和丰富基层民主政治建设的实践和成果。

3. 促进企业发展原则

企业职代会在国有资产管理体制改革和企业改革发展中，要充分调动和发挥职工的积极性、主动性、创造性，有效实现企业发展与职工发展的和谐统一，增强企业的核心竞争力和国际竞争力，努力实现企业又好又快地发展。

4. 推进现代企业制度建设原则

在遵循和维护职代会、董事会、监事会和经理层的职权的基础上，实现现代企业制度下职代会制度与公司董事会、监事会、经理层等治理结构的有效衔接，实现国家利益、出资人利益、企业利益和职工利益的协调发展，推进现代企业制度建设。

5. 促进劳动关系和谐原则

职代会必须以职工为本，进一步加大协调劳动关系和化解矛盾的力度，维护职工权益，努力建立规范有序、公正合理、互利共赢、和谐稳定的社会主义新型劳动关系，推动和谐企业建设。

图 15—23　国有企业实行职代会制度必须坚持的原则

五、职工代表大会与工会的关系

《工会法》规定："工会依照法律规定通过职工代表大会或者其他形式，组织职工参与本单位的民主决策、民主管理和民主监督。"

国有企业的工会是职工代表大会的工作机构，负责职工代表大会的日常工作，检查、督促职工代表大会决议的执行。集体企业的工会应当支持和组织职工参加民主管理和民主监督，维护职工选举和罢免管理人员、决定经营管理的重大问题的权力。其他企业、事业单位的工会依照法律规定，组织职工采取与企业、事业单位相适应的形式，参与企业、事业单位民主管理。

国有企业工会组织职工选举职工代表；提出职工代表大会议题的建议，主持职工代表大会的筹备工作和会议的组织工作；主持职工代表团（组）长、专门小组负责人联席会议；组织专门小组进行调查研究，向职工代表大会提出建议，检查督促大会决议的执行情况，发动职工落实职工代表大会决议；向职工进行民主管理的宣传教育，组织职工代表学习政策、业务和管理知识，提高职工代表素质；接受和处理职工代表的申诉和建议，维护职工代表的合法权益；组织企业民主管理的其他工作。

上级工会有指导、支持和维护职工代表大会正确行使职权的责任。

第五节　十八大报告提出的发展基层民主保障人民权益的主要措施

中共十八大报告对建设中国特色社会主义民主政治，发展基层民主，保障人民权益等问题，提出了一些战略构想。

一、坚持人民主体地位

坚持人民主体地位，保障人民知情权、参与权、表达权、监督权，保障人民权益，保证人民当家作主。

加强民主监督，让人民监督权力，让权力在阳光下运行。

凡是涉及群众切身利益的决策都要充分听取群众意见，凡是损害群众利益的做法都要坚决防止和纠正。

二、努力营造公平的社会环境

维护社会公平正义，加紧建设对保障社会公平正义具有重大作用的制度，逐步建立以权利公平、机会公平、规则公平为主要内容的社会公平保障体系，努力营造公平的社会环境，保证人民平等参与、平等发展权利。

着力解决收入分配差距较大问题，使发展成果更多更公平惠及全体人民。

三、扩大公民有序政治参与

加快推进社会主义民主政治制度化、规范化、程序化，从各层次各领域扩大公民有序政治参与，实现国家各项工作法治化。

健全民主制度、丰富民主形式，保证人民依法实行民主选举、民主决策、民主管理、民主监督；发挥法治在国家治理和社会管理中的重要作用，保证人民依法享有广泛权利和自由。

四、发展基层民主

在城乡社区治理、基层公共事务和公益事业中实行群众自我管理、自我服务、自我教育、自我监督。

健全基层党组织领导的充满活力的基层群众自治机制，以扩大有序参与、推进信息公开、加强议事协商、强化权力监督为重点，拓宽范围和途径，丰富内容和形式，保障人民享有更多更切实的民主权利。

依靠工人阶级，健全以职工代表大会为基本形式的企事业单位民主管理制度，保障职工参与管理和监督的民主权利。

发挥基层各类组织的协同作用，实现政府管理和基层民主有机结合。

本章小结

中共十七大将“基层群众自治制度”首次写入党代会报告，正式与人民代表大会制度、中国共产党领导的多党合作和政治协商制度、民族区域自治制度一起，成为中国特色政治制度的组成部分。中国的基层群众自治制度，包括农村的村民委员会制度、城市的居民委员会制度和企事业单位中的职工代表大会制度。在基层群众自治组织中，公众依法直接行使民主选举、民主决策、民主管理和民主监督的权利，对所在基层组织的公共事务和公益事业实行民主自治，实行自我管理、自我教育和自我服务。村民委员会是村民自我管理、自我教育、自我服务的基层群众性自治组织，实行民主选举、民主决策、民主管理、民主监督。居民委员会是居民自我管理、自我教育、自我服务的基层群众性自治组织。职工代表大会是企业实行民主管理的基本形式，是职工行使民主管理权利的机构，是中国特色基层民主政治建设的重要组成部分。十八大报告提出的发展基层民主的战略构想包括：坚持人民主体地位、努力营造公平的社会环境、扩大公民有序政治参与以及发展基层民主。

关键术语

基层群众自治制度　　村民委员会制度　　居民委员会制度　　职工代表大会制度　　村民自治　　民主管理

复习思考题

1. 基层群众自治制度。
2. 村民自治的内容和实质。
3. 村民委员会和村民会议的组成和功能。
4. 居民委员会组成和任务。
5. 职工代表大会的地位和性质。
6. 国有企业实行职代会制度必须坚持的基本原则。

第十六章 社会团体与群众组织制度

社会团体，是指中国公民自愿组成，为实现会员共同意愿，按照其章程开展活动的非营利性社会组织。政府对社会团体的成立与活动实行严格的控制与管理。一些社会团体享有特殊的政治地位与财政待遇，有些还承担特定的政治与行政职能。近些年来，社会团体的发展有新的突破，一些新形式、新机制的社会团体与民间组织在社会生活中正发挥越来越重要的作用。目前实行的社会团体与群众组织的管理制度已不能完全适应这种新的变化。

重点问题

社会团体的概念
社会团体的管理制度
中国主要的社会团体

第一节　社会团体

一、社会团体的性质及管理

1. 社会团体的性质

社会团体，是指中国公民自愿组成，为实现会员共同意愿，按照其章程开展活动的非营利性社会组织。

社会团体不得反对宪法确定的基本原则，不得危害国家的统一、安全和民族的团结，不得损害国家利益、社会公共利益以及其他组织和公民的合法权益，不得违背社会道德风尚，不得从事营利性经营活动。

2. 社会团体的管理

成立社会团体，应当经其业务主管单位审查同意，并进行登记。

国务院有关部门和县级以上地方各级政府有关部门、国务院或者县级以上地方各级政府授权的组织，是有关行业、学科或者业务范围内社会团体的业务主管单位。业务主管单位负责社会团体筹备申请、成立登记、变更登记、注销登记前的审查，监督、指导社会团体的活动，负责社会团体年度检查的初审，协助登记管理机关和其他有关部门查处社会团体的违法行为，会同有关机关指导社会团体的清算事宜。

国务院民政部门和县级以上地方各级政府民政部门是本级政府的社会团体登记管理机关。登记管理机关负责社会团体的成立、变更、注销的登记或者备案，对社会团体实施年度检查、监督检查及实施行政处罚。

二、社会团体的登记

申请成立社会团体，应当经其业务主管单位审查同意，由发起人向登记管理机关申请筹备。

成立社会团体，应当具备的条件见图 16—1。

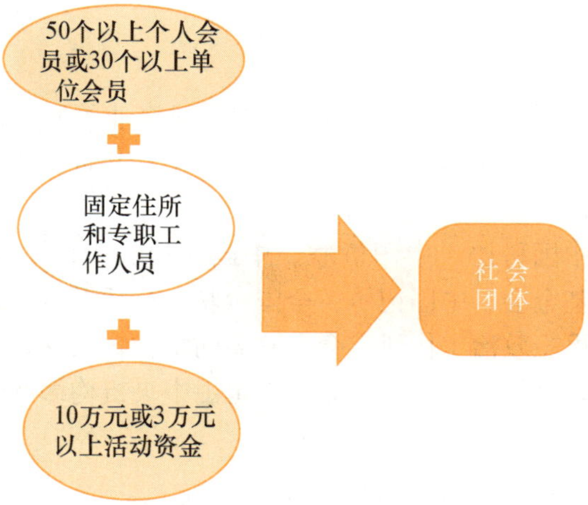

图 16—1　成立社会团体应当具备的条件

（1）有 50 个以上的个人会员或者 30 个以上的单位会员；个人会员、单位会员混合组成的，会员总数不得少于 50 个；

（2）有规范的名称、组织机构，有固定住所和专职工作人员；

（3）有合法的资产和经费来源，全国性的社会团体有 10 万元以上活动资金，地方性的社会团体和跨行政区域的社会团体有 3 万元以上活动资金。

社会团体成立后拟设立分支机构、代表机构的，应当经业务主管单位审查同意，向登记管理机关申请登记。社会团体的分支机构、代表机构不具有法人资格。社会团体的分支机构不得再设立分支机构。社会团体不得设立地域性的分支机构。

全国性的社会团体，由国务院的登记管理机关负责登记管理；地方性的社会团体，由所在地政府的登记管理机关负责登记管理；跨行政区域的社会团体，由所跨行政区域的共同上一级政府的登记管理机关负责登记管理。

全国性的社会团体的名称冠以“中国”、“全国”、“中华”等字样的，应当按照国家有关规定经过批准，地方性的社会团体的名称不得冠以“中国”、“全国”、“中华”等字样

（见图 16—2）。

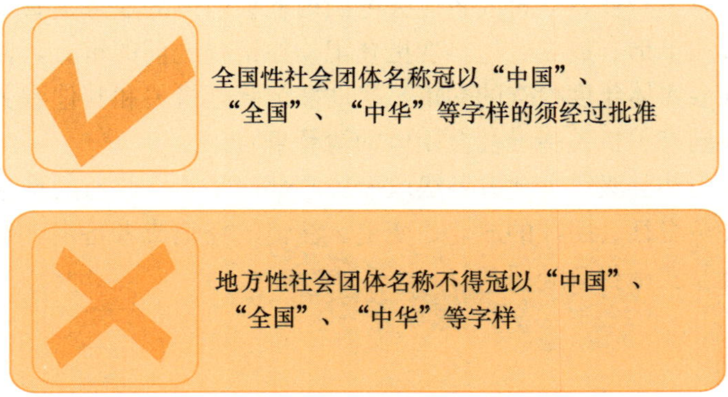

图 16—2　社会团体冠名的规定

无须登记和免予登记的社会团体见图 16—3。

三、全国性社会团体

全国性社会团体近 2 000 个。其中使用行政编制或事业编制，由国家财政拨款的社会团体约 200 个。在这近 200 个团体中，中华全国总工会、共青团中央、全国妇联的政治地位特殊，社会影响广泛。

此外，中国文联、中国科协、中国侨联、中国作协、中国法学会、对外友协、贸促会、中国残联、宋庆龄基金会、中国记协、全国台联、黄埔军校同学会、外交学会、中国红十字总会、中国职工思想政治工作研究会、欧美同学会，也在很大程度上行使着部分政府职能，政治地位特殊，其机构编制和领导职数也由中央机构编制管理部门直接确定。

2003—2009 年全国社团统计数据见图 16—4。

《社会团体登记管理条例》规定无须登记的社会团体

- 参加中国人民政治协商会议的人民团体
- 由国务院机构编制管理机关核定，并经国务院批准免于登记的团体
- 机关、团体、企业事业单位内部经本单位批准成立、在本单位内部活动的团体

经国务院批准可免予登记的社会团体

中国文学艺术界联合会、中国作家协会、中华全国新闻工作者协会、中国人民对外友好协会、中国人民外交学会、中国国际贸易促进委员会、中国残疾人联合会、中国宋庆龄基金会、中国法学会、中国红十字会、中国职工思想政治工作研究会、欧美同学会、中国留学人员联谊会、黄埔军校同学会、中华职业教育社

其他全国性主要社会团体

中国少年先锋队、中国青少年发展基金会、中华医学会、中华全国律师协会、中国市场学会、中国商业联合会、中华环境保护基金会、中国质量万里行促进会、中国人口学会、中国人口福利基金会、中国计划生育协会、中国国际文化交流中心、中国登山协会、中国摄影家协会、中国消费者协会、中华全国专利代理人协会、中国出版工作者协会、中国翻译工作者协会

图 16—3　无须登记和免予登记的社会团体

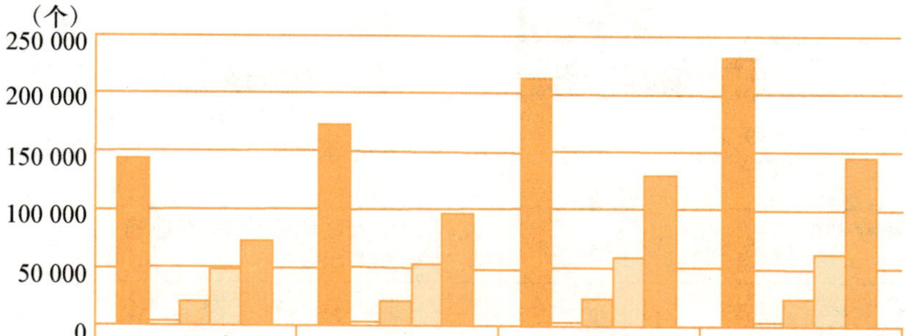

	2003年	2005年	2007年	2009年
全国总数	142 121	171 150	211 661	229 681
中央数	1 736	1 688	1 758	1 781
省级	21 030	21 119	22 416	22 810
地级	48 731	53 080	59 145	62 004
县级	70 624	95 263	128 612	143 080

图 16—4　2003—2009 年全国社团统计

资料来源：根据中国社会组织网数据整理而成。

第二节　中华全国总工会

中华全国总工会（简称全总）前身是中国劳动组合书记部，1925 年 5 月 1 日在广州成立。1948 年 8 月在哈尔滨召开的全国第六次劳动大会，恢复成立中华全国总工会。

一、性质与地位

1983 年 10 月，中国工会第十次代表大会通过的《中国工会章程》规定：凡在中国境内的企业、事业单位、机关和其他社会组织中，以工资收入为主要生活来源或者与用人单位建立劳动关系的体力劳动者和脑力劳动者，不分民族、种族、性别、职业、宗教信仰、教育程度，承认中国工会章程，都可以加入工会成为会员。

中国工会是中国共产党领导的职工自愿结合的工人阶级群众组织，是党联系职工群众的桥梁和纽带，是国家政权的重要社会支柱，是会员和职工权益的代表。

中国工会（及其前身）历届全国代表大会详情见表 16—1。

表 16—1　　中国工会（及其前身）历届全国代表大会

届次	召开时间	地点	人数	领导人
第一次全国劳动大会	1922.5.1—6	广州	代表 162 人，代表 100 多个工会组织、23 万余名会员	总部主任　邓中夏
第二次全国劳动大会	1925.5.1—7	广州	代表 281 人，代表 166 个工会组织、54 万余名会员	委员长　林伟民
第三次全国劳动大会	1926.5.1—12	广州	代表 502 人，代表全国 699 个总会和分会、124 万余名会员	委员长　苏兆征
第四次全国劳动大会	1927.6.19—28	汉口	代表 420 人，代表全国 280 万有组织工人	委员长　苏兆征

续前表

届次	召开时间	地点	人数	领导人
第五次全国劳动大会	1929.11.7—11	上海	代表29人，代表10多个地方及铁路、海员等产业的赤色工会会员3.9万余人	委员长　项　英
第六次全国劳动大会	1948.8.1—22	哈尔滨	代表518人，代表全国各地有组织工人283万多人	主　席　陈　云
中国工会第七次全国代表大会	1953.5.2—11	北京	代表830人，代表全国1 002万会员	名誉主席　刘少奇
中国工会第八次全国代表大会	1957.12.2—12	北京	代表989人，候补代表100人，代表全国1 360万会员	主　席　赖若愚
中国工会第九次全国代表大会	1978.10.11—21	北京	代表1 967人，代表全国5 000多万工会会员	主　席　倪志福
中国工会第十次全国代表大会	1983.10.19—29	北京	代表1 998人，特邀代表328人	主　席　倪志福
中国工会第十一次全国代表大会	1988.10.22—28	北京	代表1 515名，特邀代表282人，来宾21人	主　席　倪志福
中国工会第十二次全国代表大会	1993.10.24—30	北京	代表1 600人，特邀代表296人	主　席　尉健行
中国工会第十三次全国代表大会	1998.10.19—24	北京	代表1 652人，特邀代表207人，列席代表24人	主　席　尉健行
中国工会第十四次全国代表大会	2003.9.22—26	北京	代表1 698人，特邀代表253人，列席代表23人	主　席　王兆国
中国工会第十五次全国代表大会	2008.10.17—21	北京	代表1 800人，特邀代表289人	主　席　王兆国
中国工会第十六次全国代表大会	2013.10.18—22	北京	代表1 980人，特邀代表93人，港澳来宾40人	主　席　李建国

二、职能与职责

中国工会的主要社会职能是：维护职工的合法权益和民主权利；动员和组织职工群众参加建设和改革，完成经济和社会发展任务；参与企业的民主管理；教育职工不断提高思想道德和科学技术文化素质（简称“维护、建设、参与、教育”四项职能）。

中华全国总工会的主要职责是：(1) 围绕党和国家工作大局开展工作。(2) 组织和指导各级工会履行维护职能。(3) 对有关职工合法权益的重大问题进行调查研究，向党中央和国务院反映职工群众的思想、愿望和要求，提出意见和建议；参与涉及职工切身利益的政策、措施、制度和法律、法规草案的拟定；参与职工重大伤亡事故的调查处理。(4) 负责工会理论政策研究；研究指导工会自身改革和建设；指导各级工会组织的工作，推动建立平等协商、集体合同制度和监督保证机制的工作。(5) 协助省、自治区、直辖市党委管理省级总工会领导干部，协助中央国家机关有关部委（局）管理全国产业工会的领导干部；监督、检查全国总工会机关和直属单位党员干部党风廉政建设情况；研究制定工会干部的管理制度和培训规划，负责市以上工会和大型企事业单位工会领导干部的培训工作。(6) 协助国务院做好全国劳模的推荐、评选工作，负责全国劳模的管理工作；负责全国“五一”劳动奖章、奖状获得者的评选表彰和管理工作。(7) 负责工会经费和工会资产的管理、审查、审计工作；研究制定工会组织兴办职工劳动福利事业的有关制度和规定；负责对工会兴办职工劳动福利事业的指导、协调工作。(8) 负责工会国际联络工作及与香港、澳门特别行政区和台湾地区工会的交流工作。(9) 承担党中央、国务院交办的其他事项。

三、组织机构

中国工会实行产业和地方相结合的组织领导原则。

全国总工会是各地方总工会和各产业工会全国组织的领导机关。

工会的最高权力和领导机关是全国代表大会和它所产生的中华全国总工会执行委员会。全国代表大会每五年举行一次，大会选举产生中华全国总工会执行委员会，执行委员会在全国代表大会闭会期间领导全国工会工作；执行委员会选举产生主席团，主席团在执行委员会闭会期间行使执行委员会的职权；主席团下设书记处，书记处在主席团领导下主持中华全国总工会的日常工作，领导全国各地方总工会和各产业工会全国组织（见图 16—5）。

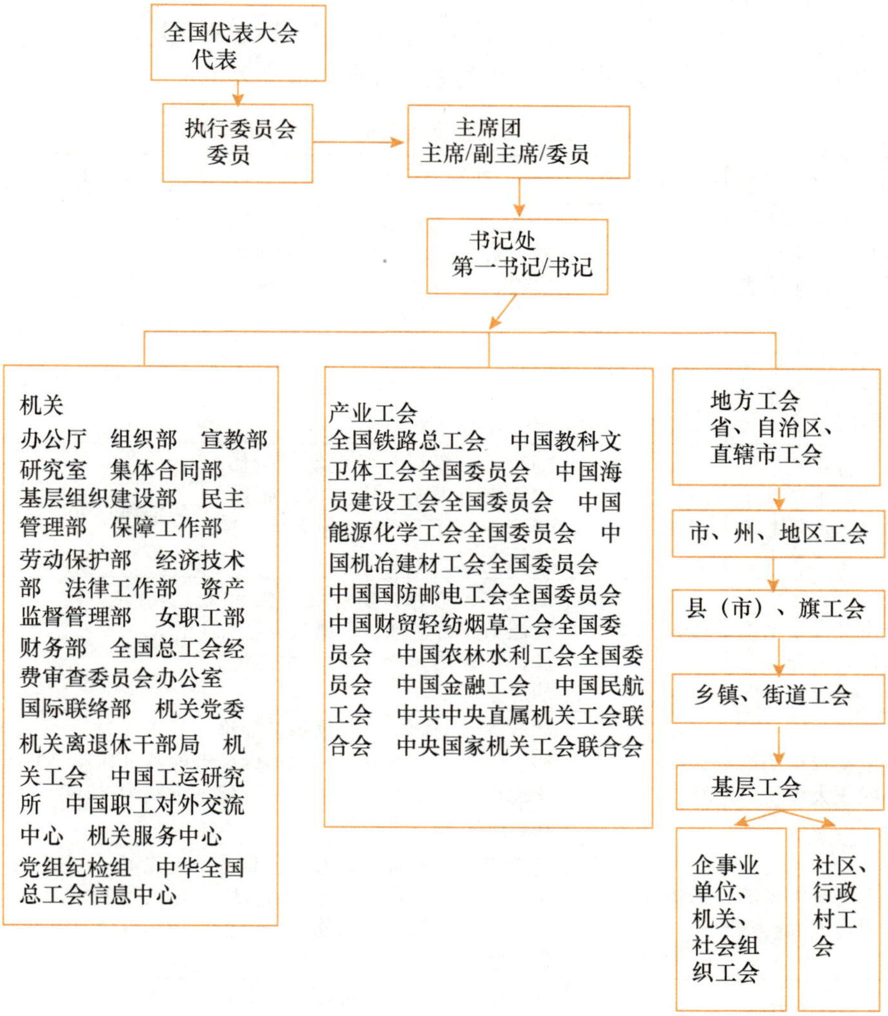

图 16—5 中国工会组织结构示意图

全国总工会由中共中央书记处领导。

截至 2006 年 7 月，中国的基层工会组织数量已经达到 117.4 万多个，工会会员超过 1.5 亿。

现任执委会主席为李建国。

第三节　中国共产主义青年团

一、共青团的发展

1920 年 8 月，中国共产党在上海组织了社会主义青年团。1922 年 5 月，中国社会主义青年团在广州召开第一次全国代表大会，成立了全国统一的组织。1925 年 1 月，团第三次全国代表大会决定将中国社会主义青年团改名为中国共产主义青年团。1949 年 4 月，中国共产主义青年团改称中国新民主主义青年团。1957 年 5 月，中国新民主主义青年团召开第三次全国代表大会，决定将的团的名称再改为中国共产主义青年团。

1949 年以后历次团代会及其选举产生的领导成员详情见表 16—2。

表 16—2　　1949 年以后历次团代会及其选举产生的领导成员

届次与名称	召开时间	选举产生的领导成员	选举产生的最高领导人
新民主主义青年团第一次（中国共产主义青年团第六次）全国代表大会	1949.4	廖承志、蒋南翔、李昌、荣高棠、宋一平、胡耀邦、刘导生、罗毅、许世平、高扬文、杨述、区棠亮、胡克实、章泽	冯文彬
新民主主义青年团第二次（中国共产主义青年团第七次）全国代表大会	1953.6.23—7.2	胡耀邦、廖承志、刘导生、罗毅、王宗槐、荣高棠、区棠亮、章泽、胡克实	
新民主主义青年团第三次（中国共产主义青年团第八次）全国代表大会	1957.5.15—25	刘西元、罗毅、胡克实、王伟、梁步庭、项南、杨海波、张超、李琦涛、王照华、路金栋、曾德林	胡耀邦
中国共产主义青年团第九次全国代表大会	1964.6.11—29	胡克实、王伟、杨海波、张超、王照华、路金栋、王道义、惠庶昌、张德华、李淑铮、徐惟成、胡启立	胡耀邦
中国共产主义青年团第十次全国代表大会	1978.10.16—26	胡启立、王敏生、胡德华、刘维明、周鹏程、高占祥、李海峰、李瑞环、克尤木·巴吾东、王建功、陈昊苏、何光暐	韩英（1978.10—1982.11）、王兆国（1982.11—12）
中国共产主义青年团第十一次全国代表大会	1982.12.20—30	胡锦涛、刘延东、李海峰、克尤木·巴吾东、陈昊苏、何光暐、张宝顺、李源潮、宋德福、李克强、洛桑、刘奇葆、冯军	王兆国（1982.12—1984.12）、胡锦涛（1984.12—1985.11）、宋德福（1985.11—1988.5）
中国共产主义青年团第十二次全国代表大会	1988.5.4—8	刘延东、李源潮、张宝顺、李克强、洛桑、刘奇葆、冯军、袁纯清	宋德福

续前表

届次与名称	召开时间	选举产生的领导成员	选举产生的最高领导人
中国共产主义青年团第十三次全国代表大会	1993.5.3—10	刘鹏、袁纯清、吉炳轩、赵实、巴音朝鲁、姜大明、孙金龙、周强、胡春华、黄丹华	李克强
中国共产主义青年团第十四次全国代表大会	1998.6.19—25	巴音朝鲁、孙金龙、胡春华、黄丹华、崔波、赵勇、胡伟、杨岳	周强
中国共产主义青年团第十五次全国代表大会	2003.7.22—26	赵勇、胡伟、杨岳、尔肯江·吐拉洪、王晓、张晓兰、贺军科、卢雍政	周强（2003.7—2006.11）、胡春华（2006.11—2008.5）
中国共产主义青年团第十六次全国代表大会	2008.6.10—13	杨岳、王晓、贺军科、卢雍政、罗梅、汪鸿雁	陆昊（2008.5—2013.3）
中国共产主义青年团第十七次全国代表大会	2013.6.17—20	贺军科、罗梅、汪鸿雁、周长奎、徐晓、傅振邦	秦宜智（2013.3—6）

团员的资格见图16—6。

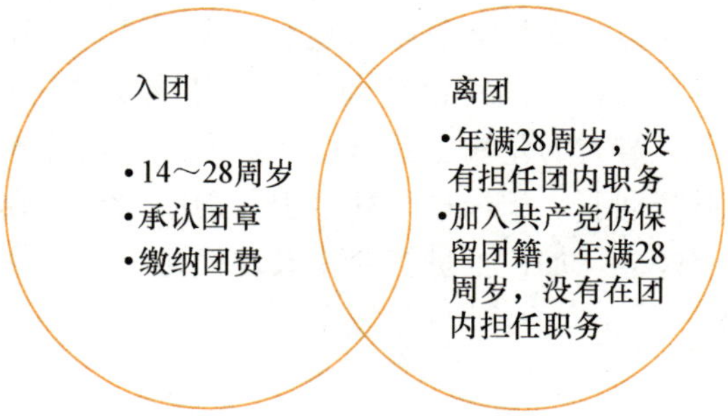

图16—6 团员的资格

团员与团组织情况见图16—7。

团员

• 7 543.9万名
• 其中，学生团员占51.34%。农牧渔民团员占26.94%，第二产业团员占7.34%，第三产业及其他行业团员占14.38%

基层团组织

• 294.6万名
• 其中，基层团委17.6万个，基层团工委2.3万个，团总支22.4万个，团支部252.3万个

专职团干

• 19.1万名
• 其中，党员12.7万人，大专以上学历14.4万人

图16—7 团员与团组织情况（截至2007年底）

资料来源：李亚杰：《中国共青团团员队伍：数量增长 结构改善》，见http://news.xinhuanet.com/newscenter/2008-05/05/content_8109317.htm，2008-05-05。

二、性质和作用

中国共产主义青年团是中国共产党领导的先进青年的群众组织，是广大青年在实践中学习中国特色社会主义和共产主义的学校，是中国共产党的助手和后备军。

中国共产主义青年团是党联系青年的桥梁和纽带，协助政府管理青年事务，同时代表和维护青年的具体利益；围绕党的中心任务，开展适合青年特点的独立活动；向党和政府反映青年的意见和要求；同各种危害青少年的现象作斗争，保护和促进青少年的健康成长。

三、基本任务

坚决拥护中国共产党的纲领，以马克思列宁主义、毛泽东思想、邓小平理论和“三个代表”重要思想和科学发展观为行动指南，解放思想，实事求是，与时俱进，团结全国各族青年，为把我国建设成为富强民主文明和谐的社会主义现代化国家，为最终实现共产主义而奋斗。

坚定不移地贯彻党在社会主义初级阶段的基本路线，以经济建设为中心，坚持四项基本原则，坚持改革开放，在建设中国特色社会主义的伟大实践中，造就有理想、有道德、有文化、有纪律的接班人，努力为党输送新鲜血液，为国家培养青年建设人才，团结带领广大青年，自力更生，艰苦创业，积极推动社会主义物质建设、政治建设、文化建设、社会建设，为全面建设小康社会，加快推进社会主义现代化贡献智慧和力量。

入团宣誓词见图 16—8。

> 我志愿加入中国共产主义青年团，坚决拥护中国共产党的领导，遵守团的章程、执行团的决议，履行团员义务，严守团的纪律，勤奋学习，积极工作，吃苦在前，享受在后，为共产主义事业而奋斗。

图 16—8　入团誓词

四、组织制度

团的中央委员会受中国共产党中央委员会领导，团的地方组织和基层组织受同级党的委员会领导，同时受团的上级组织领导。

团的全国领导机关，是团的全国代表大会和它产生的中央委员会。地方各级团的领导机关，是同级团的代表大会和它产生的团的委员会。团的各级委员会向同级代表大会负责并报告工作。

团的各级领导机关，除它们派出的代表机关外，都由选举产生。

团的下级组织既要向上级组织请示、报告工作，又要独立负责地解决自己职责范围内的问题。

团的全国代表大会每五年举行一次，由中央委员会召集。团的全国代表大会的职权是：审查和批准中央委员会的工作报告；讨论和决定全团的工作方针、任务和有关重大事项；修改团的章程；选举中央委员会。在全国代表大会闭会期间，中央委员会领导团的全部工作。

团的中央委员会全体会议选举常务委员若干人，组成常务委员会；选举第一书记一人和书记若干人，组成书记处。

中央委员会全体会议由常务委员会召集，每年至少举行一次。在中央委员会全体会议和常务委员会闭会期间，书记处行使中央委员会的职权。

团的省、自治区、直辖市、省辖市、自治州代表大会每五年举行一次。团的县（市、旗）、自治县、市辖区代表大会每三年举行一次。

团的地方各级委员会全体会议选举各该级委员会的常务委员会和书记、副书记。团的地方各级委员会全体会议由常务委员会召集，每年至少举行一次。在委员会全体会议闭会期间，由常务委员会行使委员会的职权。团的地方各级委员会的组成，必须经同级党的委员会和上级团的委员会批准。

企业、农村、机关、学校、科研院所、街道社区、社会组织、人民解放军连队、人民武装警察部队中队和其他基层单位，凡是有团员三人以上的，都应当建立团的基层组织。

团的基层组织分别设立团的基层委员会、总支部委员会、支部委员会。支部委员会、总支部委员会由团员大会选举产生，每届任期两年或三年，其中大、中学校学生支部委员会每届任期一年。基层委员会由团员大会或代表大会选举产生，每届任期三年至五年。

团的基层组织是团的工作和活动的基本单位，应充分发挥团结教育青年的核心作用。

共青团的组织结构见图 16—9。

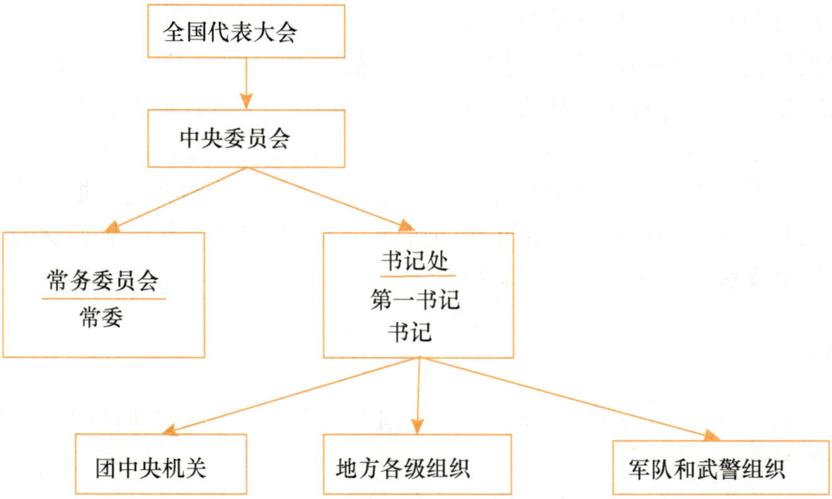

图 16—9　共青团的组织结构

五、团对少年儿童的组织和领导

中国少年先锋队是中国少年儿童的群众组织，是少年儿童学习中国特色社会主义和共产主义的学校，是建设社会主义和共产主义的预备队。

中国共产主义青年团受中国共产党的委托领导中国少年先锋队的工作，“全团带队”。

团以社会主义思想和共产主义精神教育少年儿童，引导他们听党的话，做共产主义事业的接班人。

中学团组织对少先队员开展入团前的培养教育，少先队推荐优秀少先队员作团的发展对象。

团选派优秀团员或者聘请教师、先进人物以及其他人员，担任少年先锋队的辅导员。对有显著成绩的辅导员和少先队工作者，团组织应当给予表扬和奖励。

第四节　中华全国妇女联合会

中华全国妇女联合会是中国共产党领导的为争取妇女解放而联合起来的中国各族各界妇女的群众组织，是中国共产党联系妇女群众的桥梁和纽带，是国家政权的重要社会支柱之一。

中华全国妇女联合会成立于 1949 年 3 月，原名为“中华全国民主妇女联合会”，1957 年改名为“中华人民共和国妇女联合会”，1978 年又改名为“中华全国妇女联合会”，简称全国妇联。

一、职能和任务

中华全国妇女联合会的基本职能是：团结、动员广大妇女参与经济建设和社会发展，代表和维护妇女利益，促进男女平等。

中华全国妇女联合会的任务是：团结、动员妇女投身改革开放和社会主义现代化建设；教育和引导妇女发扬自尊、自信、自立、自强精神，营造有利于妇女全面发展的社会环境；代表妇女参与国家和社会事务管理，参与有关妇女儿童法律、法规、规章和政策的制定，培养、推荐女性人才；维护妇女儿童权益，为受侵害的妇女儿童提供帮助；发展公益事业，协调和推动社会各界为妇女儿童办实事；巩固和扩大各族各界妇女的大团结，发展同世界各国妇女和妇女组织的友好交往。

二、组织机构

中华全国妇女联合会的最高领导机构是全国妇女代表大会和它所产生的中华全国妇女联合会执行委员会。

全国妇女代表大会每五年召开一次，讨论、决定全国妇女运动的方针、任务；审议和批准全国妇女联合会执行委员会的工作报告；修改妇女联合会的章程；选举全国妇女联合会执行委员会。

全国妇女代表大会闭会期间，中华全国妇女联合会执行委员会贯彻执行全国妇女代表大会的决议，讨论并决定妇女工作中的重大问题和人事安排事项。

中华全国妇女联合会执行委员会的全体会议，每年举行一次，由常务委员会召集。中华全国妇女联合会执行委员会的全体会议选举主席一人、副主席若干人、常务委员若干人，组成常务委员会。

中华全国妇女联合会常务委员会是执行委员会闭会期间的领导机构，常务委员会讨论决定妇女工作中的重要问题，定期向执行委员会报告工作，接受监督。常务委员会会议每半年举行一次。

中华全国妇女联合会常务委员会下设书记处，由常务委员会推选第一书记和书记若干人组成，主持日常工作。

1. 地方组织

地方各级妇女联合会的领导机构是地方各级妇女代表大会和它所产生的执行委员会。省、自治区、直辖市，设区的市、自治州，县、自治县、不设区的市和市辖区妇女代表大会，每五年举行一次。执行委员会选举常务委员会。常务委员会是执行委员会闭会期间的领导机构。常务委员会会议每半年举行一次。

2. 基层组织

乡镇、街道社区建立妇女联合会。乡镇、街道社区妇女联合会的领导机构是妇女代表大会，每三至五年举行一次。妇女代表大会闭会期间的领导机构是执行委员会。执行委员会全体会议，一般每年举行一次。

农村的行政村、乡镇企业、农林牧渔场、城市的居民委员会和专业市场等设立妇女代表会，有条件的行政村可建立妇女联合会。妇女代表会按居住区域、单位，由成年妇女选若干代表组成。

机关和教科文卫等事业单位、社会组织建立妇女委员会或妇女工作委员会。妇女委员会由本单位妇女大会或妇女代表大会选举产生，每届任期三至五年。

3. 团体会员

企业基层工会女职工委员会及其以上各级工会女职工委员会均是妇女联合会的团体会员。

凡在民政部门注册登记的以女性为主体会员的各类为社会、为妇女服务的社会团体，自愿申请，承认《中华全国妇女联合会章程》，经中华全国妇女联合会或当地妇女联合会同意，可作为妇女联合会的团体会员。

中华全国妇女联合会的组织结构见图 16—10。

三、经费保障

妇女联合会的行政经费、业务活动和事业发展经费，主要由政府拨款，列入各级财政预算，并随财政收入的增长和工作需要逐步增加。

各级妇女联合会可开展各种经营活动，兴办经济实体。

各级妇女联合会可接纳资金和其他物品的捐赠。

国家交各级妇女联合会占有、使用的不动产和妇女联合会所兴办的实体受法律保护，任何个人和单位不得侵占。妇女联合会所属的企事业单位，其隶属关系不得随意改变。

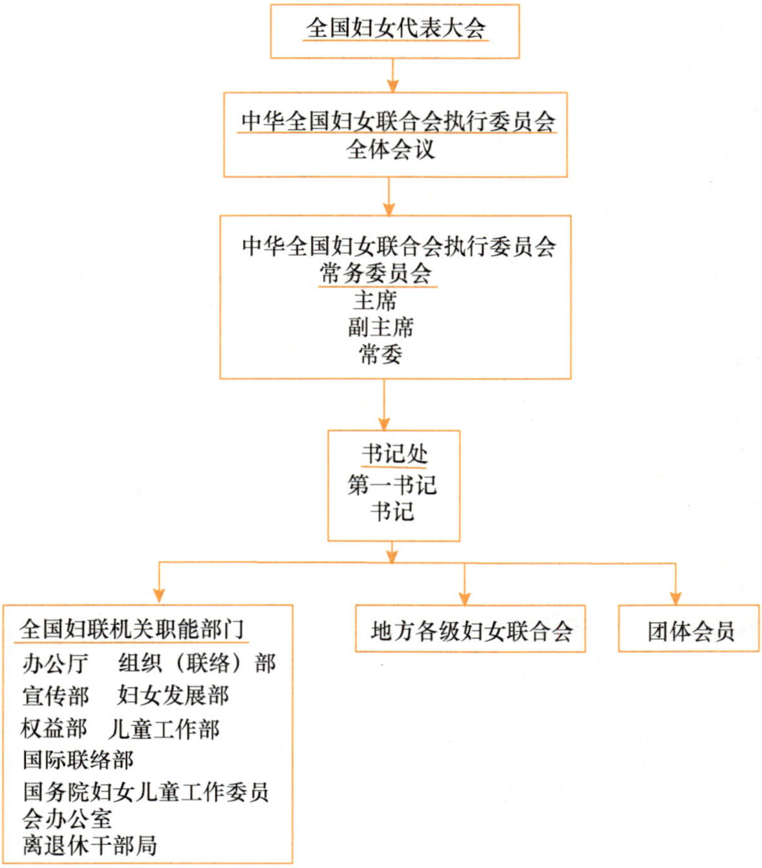

图 16—10　全国妇联的组织结构

第五节　其他主要社会团体

一、中国科学技术协会

中国科学技术协会简称中国科协，成立于 1958 年，是中国科学技术工作者的群众组织，是中国共产党领导下的人民团体，是党和政府联系科学技术工作者的桥梁和纽带，是国家推动科学技术事业发展的重要力量。

现有 167 个全国性科技学会，会员 430 多万，主席为韩启德。

中国科协的宗旨是：促进科学技术的繁荣和发展，促进科学技术的普及和推广，促进科学技术人才的成长和提高，促进科学技术与经济的结合；反映科学技术工作者的意见，维护科学技术工作者的合法权益，为科学技术工作者服务。

中国科协的任务是：开展学术交流；普及科学知识，传播科学思想和科学方法，推广先进技术，开展青少年科学技术教育活动，提高全民族科学文化素质；反映科学技术工作者的意见和要求，维护科学技术工作者的合法权益。组织科学技术工作者参与国家科学技术政策、法规制定和国家事务的政治协商、科学决策、民主监督工作；表彰奖励优秀科学技术工作者；开展科学论证、咨询服务，提出政策建议，接受委托承担项目评估、成果鉴定、专业技术职务资格评审等任务；开展民间国际科学技术交流活动，发展同国外的科学技术团体和科学技术工作者的友好交往；开展继续教育和培训工作。

二、中华全国工商业联合会

中华全国工商业联合会（简称全国工商联，又称中国民间商会）成立于1953年11月，是中国工商界组织的全国性的人民团体。全国工商联是中国共产党和中央政府联系非公有制经济人士的桥梁和纽带，是政府管理非公有制经济的助手。

1. 性质与职能

全国工商联的主要工作内容有：参与国家大政方针及政治、经济、社会生活中的重要问题的政治协商，参政议政，民主监督；引导会员积极参加国家经济建设，推动社会主义市场经济体制逐步完善，促进社会全面进步；做工商界代表人士政治安排的推荐工作；在非公有制经济人士中，宣传、贯彻党和国家的方针政策，加强思想政治工作，推动企业文化建设；代表并维护会员的合法权益，反映会员的意见、要求和建议；引导会员积极参与“光彩事业”；为会员提供信息和科技、管理、法律、会计、审计、融资、咨询等服务；开展工商专业培训，帮助会员改进经营管理，完善财会管理，提高生产技术和产品质量；组织会员举办和参加各种对内对外展销会、交易会，组织会员出国、出境考察访问，帮助会员开拓国内、国际市场；增进与香港特别行政区、澳门特别行政区及台湾地区和世界各国工商社团及工商经济界人士的联系和友谊，促进经济、技术和贸易合作；办好会办企业、事业；承办政府和有关部门的委托事项。

2. 组织机构

工商联按国家行政区划设置组织机构。全国工商联负责指导地方工商联和民间商会的工作。全国共有县以上工商联组织3 119个，形成覆盖全国的组织网络。工商联会员分为企业会员、团体会员和个人会员。地方工商联会员为全国工商联会员。截至2007年10月末，全国共有工商联会员213.9万。

全国工商联第一、二、三届主任委员陈叔通，第四届主任委员胡子昂，第五届主席胡子昂，第六届主席荣毅仁，第七、八届主席经叔平，第九、十、十一届主席黄孟复，现任全国工商联主席王钦敏。

三、中华全国归国华侨联合会

中华全国归国华侨联合会（简称中国侨联）成立于1956年10月12日，是由全国归侨、侨眷组成的全国性人民团体，是党和政府联系广大归侨、侨眷和海外侨胞的桥梁和纽带。中国侨联是全国性的一级人民团体，是全国政协的组成单位，各级侨联与同级工会、青年团、妇联等人民团体享有同等待遇。

中国侨联和地方侨联代表归侨、侨眷的利益，依法维护归侨、侨眷的合法权益，其基本职能是“群众工作、参政议政、维护侨益、海外联谊”。

侨联设海外联谊部、经济科技部、文化交流部、权益保障部等部门，以及中国侨联法律顾问委员会、中国侨商联合会、中国侨联青年委员会等社团组织。

四、中华全国青年联合会

中华全国青年联合会（简称全国青联）成立于1949年，是中国各青年团体的联合组织。全国青联现有52个会员团体和7.7万余名各级青联委员，工作对象覆盖3亿多中国青年。

全国青联致力于促进国家发展与世界和平，代表和维护青年的合法权益，促进青年参与和发展。其主要活动领域包括：思想教育、志愿服务、新农村建设、环境保护、权益维护、创新创业、青年文化、国际交流、港澳台交流等。

全国青联的最高权力机关是全国委员会，每届任期五年。全国委员会设主席一人，副主席若干人。全国委员会闭会期间，由常务委员会主持会务，常务委员会设秘书长一人、副秘书长若干人。

五、中华全国台湾同胞联谊会

中华全国台湾同胞联谊会（简称全国台联）于1981年12月22日在北京成立。全国台联历任会长为林丽韫、张克辉、杨国庆、梁国扬，现任会长汪毅夫。

全国台联是台湾各族同胞的爱国民众团体，是党和政府联系台湾同胞的桥梁和纽带。其宗旨是高举社会主义、爱国主义旗帜，团结联络居住在祖国大陆和台湾岛内、港澳及海外的台湾同胞，增进两岸同胞情谊和为台湾同胞谋福祉，为推动两岸关系和平发展，促进祖国统一进程。

全国台联联络居住在祖国大陆的台湾同胞，帮助他们了解政府的方针政策和台湾局势，参政议政，了解和反映其意见和要求，配合有关部门妥善处理；协助他们返乡探亲、扫墓、访友、旅游、定居和进行各项交流活动；加强与岛内台胞和港澳、海外台胞的沟通与联络，协助他们到祖国大陆经商、投资、建厂、求学、兴办公益事业和进行科技、文化、学术、体育等各项交流，对于前来祖国大陆寻祖、探亲、访友、求医、旅游等活动的台湾同胞，做好接待、服务工作。

全国台湾同胞代表会议是本会最高权力机构。其代表由居住在各省、自治区、直辖市的台湾同胞选举产生，也可以协商、特邀方式产生。代表会议每五年召开一次。代表会议审议理事会的工作报告，修改章程，选举理事，讨论和决定重要事项。

理事由全国台湾同胞代表会议民主选举产生，每届任期五年。理事会每年至少召开一次，其职权是：贯彻执行代表会议的决议，审议本会年度工作报告和计划，对会长、副会长的工作实行监督。在代表会议闭会期间，理事会可以增免个别理事。理事会选举会长一人，副会长、常务理事若干人，组成常务理事会，在理事会闭会期间行使理事会的职权。

地方各级台湾同胞联谊会的权力机构是地方各级台湾同胞代表会议，其理事和会长、副会长、常务理事分别由代表会议和理事会选举产生，选举结果报上一级台联备案。地方各级台湾同胞联谊会接受上级台湾同胞联谊会的业务指导。目前，祖国大陆除西藏以外的30个省、自治区、直辖市和台胞比较集中的地、市和县都相继建立了地方台联。

全国台联机构设置见图 16—11。

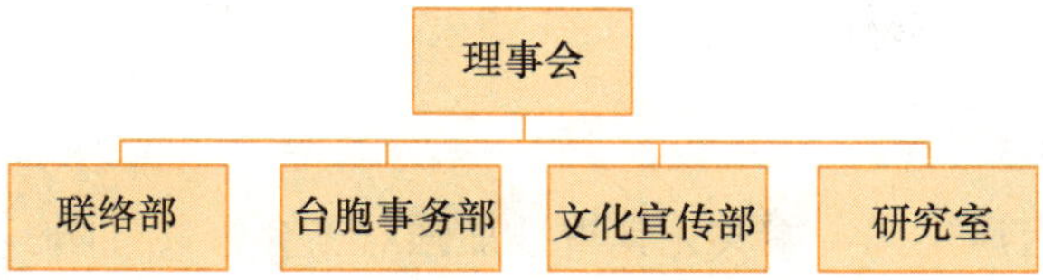

图 16—11 全国台联机构设置

第六节 社会团体中的中共党组织

一、不同类型社团党组织的建立

由国家确定职能、核定编制、核拨经费，工作人员按国家公务员管理的社会团体，其党组织的建立与一般党政机关相同。

普通经社会团体登记管理机关核准登记的社会团体，其常设办事机构专职人员中凡是有正式党员 3 人以上的，在筹备过程中应考虑建立党组织问题。业务主管部门或挂靠单位对应当建立党的基层组织而没有建立的，要帮助其尽快建立。

社会团体建立党组织，由其业务主管部门或挂靠单位的党组织审批。

社会团体已经建立党组织的，其常设办事机构专职人员中党员的组织关系应转入社会团体党组织；社会团体没有建立党组织的，其常设办事机构专职人员中党员的组织关系可转入业务主管部门或挂靠单位的党组织，参加党的活动。

二、党组织及其工作人员

社会团体党组织的设置形式根据党员人数和工作需要确定。党员 3 名以上，不足 50 名的，可成立党的支部委员会，其中党员不足 7 名的，可不成立支部委员会，只设书记 1 名；党员超过 50 名不足 100 名的，可成立党的总支部委员会；党员超过 100 名的可成立党的基层委员会。

社会团体党的基层委员会由党员大会或党员代表大会选举产生，党的总支部委员会和支部委员会由党员大会选举产生。

社会团体党组织一般不设专职党务干部，日常党务工作由社会团体党组织的党员兼任。规模较大、党员人数较多的社会团体，可设置党的工作机构和专职人员。

三、党组织的工作与任务

支持社会团体及其负责人按照社团章程中规定的宗旨、任务开展工作；发挥党员的先锋模范作用，积极开展业务活动，发挥社会团体在社会主义建设中的作用；监督社会团体负责人贯彻党的路线、方针、政策，遵守国家法律、法规。

社会团体党组织必须自觉接受批准其成立的业务主管部门或挂靠单位党组织的领导，定期汇报工作，重要问题应及时请示汇报。

社会团体业务主管部门或挂靠单位党组织要重视社会团体党组织工作，把加强社会团体党组织建设作为党组织工作的组成部分列入工作议程，定期研究，帮助社会团体党组织解决工作中的实际问题。

四、中共对工会、共青团、妇联的领导

与其他社会团体有所不同，中共尤其重视加强对工会、共青团、妇联的领导。

各级地方党委对同级工会、共青团、妇联的领导，主要指导其贯彻落实党的方针、政策和有关群众工作的指示；研究、决定本地区工会、共青团、妇联工作的重大问题；协商、推荐同级工会、共青团、妇联的主要负责人选；协调本地区工会、共青团、妇联同政府部门的关系以及这三个群众组织之间的关系（见图16—12）。

各级党委应建立健全必要的工作制度，及时研究工会、共青团、妇联提请党委讨论的问题；党委专门研究工会、共青团、妇联的工作，每年不少于两次；党委的有关会议应吸收工会、共青团、妇联的主要负责人参加或列席。

在提名党委委员候选人时，应考虑同级工会、共青团、妇联的党员负责人。经济发达、职工人数多的地方，在提名党委常委候选人时，应考虑同级工会的党员主要负责人。共青团、妇联的党员主要负责人可以作为本级党委的常委候选人。

在日常工作方面，工会、共青团、妇联受同级党委和各自上级组织的双重领导，以同级党委领导为主。

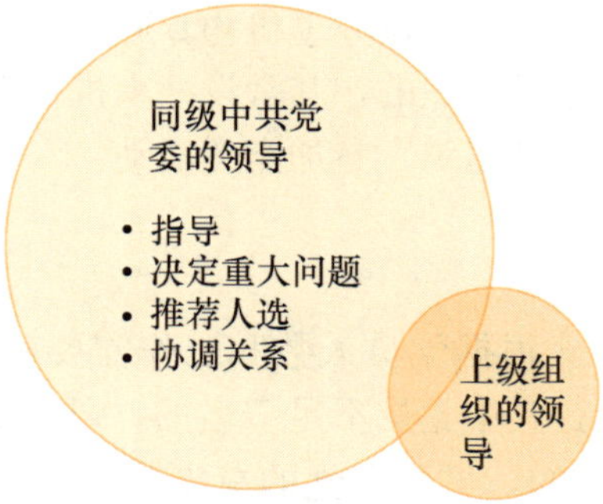

图16—12　同级党委、上级组织对共青团、工会、妇联的领导

本章小结

社会团体是指中国公民自愿组成，为实现会员共同意愿，按照其章程开展活动的非营利性社会组织。成立社会团体，应当经其业务主管单位审查同意，并进行登记。中华全国总工会是中国共产党领导的职工自愿结合的工人阶级群众组织，是党联系职工群众的桥梁和纽带，是国家政权的重要社会支柱，是会员和职工权益的代表。中华全国妇女联合会是中国共产党领导的为争取妇女解放而联合起来的中国各族各界妇女的群众组织，是中国共产党联系妇女群众的桥梁和纽带，是国家政权的重要社会支柱之一。中国共产主义青年团是党联系青年的桥梁和纽带，协助政府管理青年事务。其他有影响力的全国性社会团体包括中国科学技术协会等。一些社会团体由国家确定职能、核定编制、核拨经费，工作人员

按国家公务员管理。在日常工作方面，工会、共青团、妇联受同级党委和各自上级组织的双重领导，以同级党委领导为主。

关键术语

社会团体　登记　中华全国总工会　中华全国妇女联合会　中国共产主义青年团

复习思考题

1. 社会团体的概念和性质。
2. 成立社会团体应当具备的条件。
3. 中华全国总工会的主要职责。
4. 中国共产主义青年团的基本任务。

图书在版编目（CIP）数据

当代中国政治制度/杨凤春编著．—北京：中国人民大学出版社，2014.8
高等学校通识课程系列教材
ISBN 978-7-300-19957-3

Ⅰ.①当…　Ⅱ.①杨…　Ⅲ.①政治制度-中国-高等学校-教材　Ⅳ.①D621

中国版本图书馆 CIP 数据核字（2014）第 201305 号

高等学校通识课程系列教材
当代中国政治制度
杨凤春　编著
Dangdai Zhongguo Zhengzhi Zhidu

出版发行	中国人民大学出版社		
社　　址	北京中关村大街 31 号	**邮政编码**	100080
电　　话	010－62511242（总编室）		010－62511770（质管部）
	010－82501766（邮购部）		010－62514148（门市部）
	010－62515195（发行公司）		010－62515275（盗版举报）
网　　址	http://www.crup.com.cn		
经　　销	新华书店		
印　　刷	北京玺诚印务有限公司		
规　　格	185 mm×260 mm　16 开本	**版　　次**	2014 年 9 月第 1 版
印　　张	23 插页 1	**印　　次**	2021 年 7 月第 8 次印刷
字　　数	522 000	**定　　价**	49.80 元

教学支持说明

（教学课件）

中国人民大学出版社政治与公共管理出版分社秉承“出教材学术精品，育人文社科英才”的出版宗旨，多年来，出版了大批高质量的公共管理、教育学、政治学、政治理论公共课教材和学术著作。

为服务一线老师的教学工作，我们为本教材制作了相应的 PowerPoint 教学课件，任何一位采用本书为授课教材的老师都可免费获得课件。为保证这些课件仅为授课教师获得，烦请您填写如下材料并邮寄或传真给我们，我们将在收到信件或传真后 48 小时内通过 E-mail 给您发送有关课件。关于人大出版社政治与公共管理出版分社的其他图书信息，请登录 http://www.crup.com.cn/gggl 查询。

我们的联系方式：

地址：（100872）北京市中关村大街甲 59 号文化大厦 1202 室
中国人民大学出版社政治与公共管理出版分社

电话：（010）82502724　62514775（传真）

E-mail：ggglcbfs@vip.163.com

兹证明__________大学/学院__________院/系__________专业__________学年第__________学期开设的__________课程，采用中国人民大学出版社出版的__________（书名、作者）作为本课程教材。授课教师为__________，授课班级共________个、学生________人。授课教师需要与本书配套的教学课件。

联 系 人：____________________

通信地址：____________________

邮　　编：____________________

电　　话：____________________

E-mail：____________________

系/院主任：__________（签字）

（系/院办公室章）

________年______月______日